Wille und Gegenstand

Die idealistische Kritik der kantischen Besitzlehre

von

Christian Müller

Walter de Gruyter · Berlin · New York

Gedruckt mit Unterstützung der Geschwister Boehringer Ingelheim Stiftung für Geisteswissenschaften, Ingelheim am Rhein.

♾ Gedruckt auf säurefreiem Papier,
das die US-ANSI-Norm über Haltbarkeit erfüllt.

ISBN-13: 978-3-11-019049-6
ISBN-10: 3-11-019049-4

ISSN 0344-8142

Bibliografische Information der Deutschen Nationalbibliothek

Die Deutsche Nationalbibliothek verzeichnet diese Publikation in der Deutschen Nationalbibliografie; detaillierte bibliografische Daten sind im Internet über http://dnb.d-nb.de abrufbar.

Printed in Germany
Einbandgestaltung: Christopher Schneider, Berlin
Druck und buchbinderische Verarbeitung: Hubert & Co., Göttingen

Meinen Eltern

Vorwort

Die vorliegende Arbeit wurde im Wintersemester 2005/2006 von der Rechtswissenschaftlichen Fakultät der Universität Regensburg als Dissertation angenommen.

Mein Dank gilt an dieser Stelle meinem Doktorvater, Herrn Prof. Dr. Michael Pawlik LL.M., der die Bearbeitung des Themas vorgeschlagen und die Entstehung der Arbeit kritisch begleitet hat. Er war meinen Gedanken gegenüber stets aufgeschlossen und hat die Arbeit durch wertvolle Anregungen und konstruktive Einwände bereichert. Nicht zuletzt danke ich ihm dafür, dass er trotz seiner zahlreichen anderweitigen Verpflichtungen das Erstgutachten so rasch erstellt hat. Dank schulde ich darüber hinaus Herrn Prof. Dr. Hans-Jürgen Becker, der das Zweitgutachten angefertigt hat.

Die Studienstiftung des deutschen Volkes hat die Entstehung der Dissertation durch ein großzügiges Doktorandenstipendium unterstützt. Die Drucklegung wurde ermöglicht durch einen Druckkostenzuschuss der Geschwister Boehringer Ingelheim Stiftung für Geisteswissenschaften. Ich danke den Herausgebern für die Aufnahme der Arbeit in die Reihe „Quellen und Studien zur Philosophie" sowie dem Verlag Walter de Gruyter für die freundliche und reibungslose Zusammenarbeit.

Ganz herzlich bedanken möchte ich mich schließlich bei meiner Freundin Nina Adam. Sie hat mich bei der Erstellung der Arbeit liebevoll unterstützt und stand mir stets mit Rat und Tat zur Seite.

Hamburg, im August 2006 — Christian Müller

Inhalt

Einleitung

Die praktische Philosophie Hegels unterscheidet sich von derjenigen Kants vor allem darin, wie sie das Verhältnis des Willens zu seinem Gegenstand bestimmt. Kant scheidet diese beiden Antipoden voneinander. Die „Autonomie des Willens", so heißt es in der *Grundlegung zur Metaphysik der Sitten*, „ist die Beschaffenheit des Willens, dadurch derselbe ihm selbst (unabhängig von aller Beschaffenheit der Gegenstände des Wollens) ein Gesetz ist"[1]. Orientiere der Mensch sich in seinem Handeln hingegen an den innerweltlichen Gegenständen, „so kommt jederzeit Heteronomie heraus. Der Wille giebt alsdann sich nicht selbst, sondern das Object durch sein Verhältniß zum Willen giebt diesem das Gesetz"[2]. Die Konsequenz dieses Ansatzes ist eine „radikale Ausblendungsstrategie"[3], die den freien Willen jeglicher Materialität entkleidet und auf das ihm allein inhärierende Formelement der Gesetzmäßigkeit verweist: Jene Prinzipien, „die ein Object (Materie) des Begehrungsvermögens [...] voraussetzen", verlieren durch die Abstraktion von aller Äußerlichkeit ihre Qualität als mögliche praktische Autoritäten; sie sind „empirisch und können keine praktische Gesetze abgeben"[4]. Kants Freiheitskonzept kann deshalb als ein solches der „Ablösung und Reinigung"[5] bezeichnet werden; es ist durch die strikte Separation von Wille und Willensgegenstand gekennzeichnet.

In seinem Hauptwerk zur politischen Philosophie, den *Grundlinien der Philosophie des Rechts* von 1821, versucht Hegel, diesen Dualismus zu überwinden. Seine Theorie des „objektiven Geistes" argumentiert von einem Standpunkt aus, auf dem der Wille das ihn umgebende Umfeld nicht als Schranke, sondern als seine Verwirklichungsbedingung begreift. Das hegelsche Freiheitsparadigma der Sittlichkeit scheidet Wille und Willensgegenstand nicht voneinander, sondern versteht letzteren als adäquate Realisierung des ersteren. Die mit dieser Synthesis verbundene Ablehnung der Dichotomie Kants gelangt deutlich zum Ausdruck in Hegels berühm-

1 *Kant* Grundlegung zur Metaphysik der Sitten (IV), S. 440.

2 *Kant* Grundlegung zur Metaphysik der Sitten (IV), S. 441.

3 *Pawlik* Das unerlaubte Verhalten beim Betrug, S. 25.

4 *Kant* Kritik der praktischen Vernunft (V), S. 21.

5 *Siep* Hegels Metaphysik der Sitten, S. 188.

tem Diktum von der Vernünftigkeit des Wirklichen: „Was vernünftig ist, das ist wirklich; und was wirklich ist, das ist vernünftig“[6]. Dieser Einheitssatz weist darauf hin, dass die Vernunft stets wirklichkeitsorientiert und die Wirklichkeit immer schon vernunftdurchdrungen ist. Er stellt klar, dass Hegels praktische Philosophie eine Theorie der Entäußerung der Freiheit ist, dass sie also die Daseinsformen der Freiheit – bzw., in der Terminologie des Eingangsparagraphen der *Grundlinien*, „die Idee des Rechts, [d.h., C.M.] den Begriff des Rechts und dessen Verwirklichung“ – thematisiert. Während Kant den Freiheitsbegriff maßgeblich aus der Unabhängigkeit des Willens herleitet, erblickt Hegel die Freiheit des Willens also darin, dass dieser sich verwirklicht und sich in seinen Gegenständen wiedererkennt.

Diese beiden Standpunkte des Willens gegenüber der Wirklichkeit werden in der Sekundärliteratur zu Kant und Hegel – in Anlehnung an die Überschriften des zweiten und dritten Kapitels der *Grundlinien* – zumeist als „Moralität“ und „Sittlichkeit“ bezeichnet[7]. Der Streit um die jeweiligen Vorzüge beider Freiheitskonzepte bestimmt die Diskussion der politischen Philosophie bis heute. Hegel selber setzt sich mit der kantischen Freiheitslehre an verschiedenen Stellen seines Werkes explizit auseinander. Ihm zufolge impliziert die kantische Abstraktion von allen Willensgegenständen einen unüberwindbaren Dualismus, der sich als spezifische Einseitigkeit sowohl des Willensbegriffs wie auch des Gegenstandsverständnisses äußere. So sei ein vollständig intelligibel gedachter Wille einerseits besonders radikal: Obwohl die reine praktische Vernunft eine materiell gehaltvolle Normgebung zu sein beanspruche, konvergiere sie letzten Endes mit dem Gedanken völliger Leere; das kantische Sittengesetz sei daher zu keiner normativ gehaltvollen Aussage fähig. Ein solcher Wille sei andererseits aber auch völlig ohnmächtig, denn ihm stehe sein Gegenstand äußerlich und undurchdringbar gegenüber; und die Interpretation der Welt als dem Subjekt äußerlich, fremd und von der „Realisierung der Vernunftforderungen immer gleich weit entfernt“[8] habe zur Folge, dass das Gebot des Sittengesetzes unerfüllbar und insofern ein perennierendes Sollen sei. Hegels Kritik an Kants Konzept des „reinen Willens“ lässt sich also in der These zusammenfassen, dass die Beschränkung der Freiheit auf die Innerlichkeit des Subjekts ein Fehlverständnis

6 *Hegel* Enzyklopädie der philosophischen Wissenschaften I (8), § 6, S. 47; *ders.* Grundlinien der Philosophie des Rechts (7), S. 24.

7 Vgl. nur *Kuhlmann* Moralität und Sittlichkeit.

8 *Kuhlmann* Moralität und Sittlichkeit, S. 7; vgl. auch *Hegel* Enzyklopädie der philosophischen Wissenschaften III (10), § 510, S. 316: Der dualistischen Ethik zufolge ist es „zufällig, ob sie [die Welt, C.M.] mit den subjektiven Zwecken zusammenstimmt, ob das Gute sich in ihr realisiert und das Böse, der an und für sich nichtige Zweck, in ihr nichtig ist“.

der Idealisierungs- und Objektivierungsleistung des Geistes markiere und auf einer Verkennung und fälschlichen Nichtbeachtung der Verwirklichungsbedingungen des freien Willens beruhe. Hegel zufolge ist ein vollständig reiner Wille in letzter Konsequenz ein Wille ohne jeden Gegenstandsbezug, d.h. ein zur Untätigkeit verdammter, jeglicher innerweltlicher Relevanz entbehrender Wille.

Die Berechtigung dieser Kritik kann erst dann abschließend beurteilt werden, wenn systemimmanent nachgewiesen ist, dass der Gegenstandsbezug des abstrakten Willens tatsächlich scheitert. Für die vollständige Explikation der Dualismuskritik ist also eine Analyse jener Lehrstücke notwendig, in denen im kantischen System die Materie des Willens in den Blick kommt. Diese sind im Bereich der Moral die Tugendlehre und im Bereich des Rechts die Privatrechtslehre. Die Tugendlehre erörtert a priori gebotene Pflichtzwecke; sie stellt sich also neben das formal-inhaltsleere Sittengesetz und vervollständigt die kantische Moralphilosophie um das Moment der Materialität[9]. Ähnliches leistet das Eigentum für das Recht: Die Privatrechtslehre ist eine Lehre der Willkürgegenstände; sie ergänzt also die im allgemeinen Rechtsprinzip zunächst bloß formal gedachte rechtliche Willkür um den Materialitätsaspekt und legt auf diese Weise die Bedingungen der Möglichkeit der Vereinbarung von rechtlicher Freiheit und Gegenstandsbezug dar[10]. Mehr noch als die Tugendlehre „schematisiert“[11] sie die kantische Freiheitstheorie; denn sie zeigt nicht bloß die Möglichkeit intelligibler Zwecke auf, sondern verknüpft den freien Willen mit den Dingen der phänomenalen Natur. Durch das Eigentum erlangt der Wille ein innerweltliches Standbein: Er manifestiert sich in den Gegenständen und erfährt dadurch seine Konkretisierung und Realisierung. Hegel hat seine Kantkritik leider ohne den notwendigen Rekurs auf die Tugendlehre und die Privatrechtslehre formuliert; und auch in der reichen Morphologie der nachfolgenden Bemühungen anderer Autoren, diese Kritik zu interpretieren und zu rekonstruieren, wird die Bedeutung der materialen Pflichtzwecke und des Eigentums zumeist übersehen. Die vorliegende Arbeit versucht, diese Lücke im Hinblick auf die rechtliche Freiheit, d.h. mit Blick auf die Eigentumskategorie, zu schließen und Hegels Einwände gegen den kantischen Dualismus in Bezug zur Kategorie des intelligiblen Besitzes zu setzen[12].

---

9 Dazu ausführlich unten S. 46 ff..

10 Dazu ausführlich unten S. 79 ff..

11 So *Heidemann* Prinzip und Wirklichkeit in der kantischen Ethik, S. 233 ff. (mit explizitem Hinweis auf die kantische Besitzlehre auf S. 247 f.).

12 Eine kritische Überprüfung der materialen Pflichtzwecke der Tugendlehre im Lichte der hegelschen Kantkritik kann an dieser Stelle nicht erfolgen; sie muss bislang als Forschungslücke bezeichnet werden.

Dabei soll zweierlei gezeigt werden. Zum einen wirft die Eigentumsproblematik ein neues Licht auf Hegels Dualismuskritik, denn sie lenkt den Blick auf jene Systemteile der praktischen Philosophien Kants und Hegels, die in der Sekundärliteratur zu dieser Kritik bislang nur wenig Beachtung gefunden haben, deren sorgfältige Analyse aber – wie gerade gesehen – für eine umfassende Überprüfung der Berechtigung dieser Kritik notwendig ist. Die Verbindung der Darstellung von Hegels Kantkritik mit der Darstellung des Eigentumskapitels der *Metaphysischen Anfangsgründe der Rechtslehre* hebt die Debatte um Kant und Hegel auf ein Niveau, auf dem es möglich wird, die Einwände Hegels als Hinweis auf eine immanente Schwäche des kantischen Systems zu begreifen und anhand von Widersprüchen innerhalb der kantischen Argumentation darzustellen. Denn wenn, wie Hegel behauptet, der Gegenstandsbezug des abstrakten Willens tatsächlich scheitert, so dürfte eine gehaltvolle Eigentumslehre – als Lehre von der freiheitstheoretisch relevanten Bezugnahme auf Objekte – auf der Grundlage des kantischen Freiheitsbegriffes nicht möglich sein. Die Bezugnahme auf die Eigentumslehren beider Philosophen zeigt zugleich, dass sich Hegels Auseinandersetzung mit Kants Philosophie bei weitem nicht auf das vielbeschworene Begriffspaar „Moralität" und „Sittlichkeit" reduzieren lässt. Hegels Kantkritik beginnt nicht erst im Systemteil der Sittlichkeit; vielmehr weist bereits das erste Kapitel der *Grundlinien*, das von Hegel sogenannte „abstrakte Recht", über Kants Dichotomie entschieden hinaus; denn schon das abstrakte Recht thematisiert das „Dasein des freien Willens", also „die Freiheit, als Idee"[13].

Zum anderen dient eine solche Untersuchung aber auch einem vertieften Verständnis der Eigentumskategorie selber; denn sie legt dar, auf welche Weisen dieses Recht gedacht werden kann und welche Schwierigkeiten ein weltabgewandtes, Recht und Wirklichkeit strikt scheidendes Eigentumskonzept bereitet. In Hegels Theorie ist das Eigentum – dem Synthesisanspruch des objektiven Geistes folgend – monistisch konzipiert, und es ist seiner zentralen freiheitstheoretischen Bedeutung gemäß als Anfangskategorie der *Grundlinien* dasjenige Rechtsinstitut, das das Programm der Freiheitsvergegenständlichung in Reinform markiert[14]. So schreibt Hegel in den *Grundlinien* etwa: „die Person muss sich eine äußere

13 *Hegel* Grundlinien der Philosophie des Rechts (7), § 29, S. 80; vgl. dazu auch *Kaulbach* Studien zur späten Rechtsphilosophie Kants und ihrer transzendentalen Methode, S. 75.

14 Es ist daher kein Zufall, dass Hegel in der *Enzyklopädie* das Theorieprogramm des objektiven Geistes bereits in der Einleitung in die Geistphilosophie ausgerechnet am Eigentum exemplifiziert: *Hegel* Enzyklopädie der philosophischen Wissenschaften III (10), § 385 Z, S. 33 f.; siehe dazu unten S. 143 ff..

Sphäre ihrer Freiheit geben, um als Idee zu sein"[15]. Noch deutlicher heißt es in der Vorlesungsnachschrift von 1819/20, im Eigentum gebe „die Freiheit sich Dasein. Der Begriff wird sonach Idee"[16]. In Hegels System ist das Eigentum die Keimzelle des objektiven Geistes: Der Begriff des Eigentums bezeichnet in ganz allgemeiner Weise die erste Form der Objektivität rechtlichen Personseins und repräsentiert die Willensemanation in unverfälschter Form[17]. In der kantischen Freiheitslehre wird das Eigentum hingegen, und damit zeigt sich die Berechtigung von Hegels Dualismuskritik, zu einer höchst problematischen Kategorie: Einerseits soll es als Rechtsinstitut Ausdruck der Autonomie des Menschen sein – also die Abstraktion von allen Willensgegenständen aufrechterhalten –, andererseits soll es aber gerade ein Verhältnis des Willens zum Willensgegenstand beschreiben. Kants Eigentumslehre sieht sich also dem Dilemma ausgesetzt, entweder als Systembruch innerhalb der dualistischen Systemprämissen zu erscheinen oder ihre Funktion zu verfehlen. In der hiesigen Abhandlung soll gezeigt werden, dass Kant sich in den *Metaphysischen Anfangsgründen der Rechtslehre* für die zweite Alternative entschieden hat: Sein Eigentumsbegriff ist durch die Beibehaltung der strikten Separation von Wille und Willensgegenstand geprägt. Im Eigentum kantischer Couleur stehen sich Wille und Gegenstand deshalb äußerlich gegenüber: Der Wille ordnet sich den Dingen über, und die Dinge verweigern dem Willen ihren Zugriff. Diese Äußerlichkeit zeigt sich in jeder der Ausgestaltungen, die das Eigentum im einzelnen annimmt: im Rahmen von dessen Deduktion, im Fehlen eines Gebrauchskapitels und nicht zuletzt in Kants Ablehnung der Arbeitstheorie. Allen Theoriestücken des Eigentumskapitels der *Metaphysik der Sitten* liegt die Auffassung zugrunde, dass die Abhängigkeit des Willens von empirischen Einflüssen dessen Freiheit desavouieren würde und dass der tatsächliche Willenszugriff auf die Gegenstände in freiheitstheoretischer Hinsicht bedeutungslos ist.

Die Untersuchung gliedert sich folgendermaßen: In einem einleitenden Kapitel werden die allgemeinen Strukturen der Willensbegriffe Kants und Hegels dargelegt und auf die jeweiligen Konzeptionen des genuin rechtlichen Willens übertragen. Das zweite Kapitel diskutiert die bekannten Kantkritiken Hegels und stellt sie in den Zusammenhang zur

---

15 *Hegel* Grundlinien der Philosophie des Rechts (7), § 41, S. 102.

16 *Hegel* Philosophie des Rechts; Die Vorlesung von 1819/20 in einer Nachschrift, S. 70.

17 In den nachfolgenden Kategorien des Vertrages und der Strafe tritt der Aspekt der Freiheitsvergegenständlichung demgegenüber in den Hintergrund: Der Vertrag expliziert in erster Linie die Daseinsstruktur der Freiheit als äußerlich manifestierte, wechselseitige Anerkennung, und die Strafe thematisiert die Verwirklichung der Freiheit auf einer zweiten, durch die Unrechtskategorie vermittelten Stufe. Das Eigentum zeichnet sich im Kontext der hegelschen Kantkritik also durch Einfachheit aus: Es fokussiert den Blick auf die im hiesigen Kontext ausschließlich interessante Objektivation des Willens.

Eigentumsproblematik. Der Schwerpunkt der Abhandlung liegt auf dem dritten Abschnitt, der in einer Analyse des Sachenrechtskapitels der *Metaphysischen Anfangsgründe der Rechtslehre* die eingangs dargelegten Willensgrundsätze auf die kantische Konzeption des Eigentums überträgt und die Kategorie des intelligiblen Besitzes im Lichte der hegelschen Einheitskonzeption diskutiert.

Die Dialektik des abstrakten Willens

I. Überblick über den Gang der Argumentation

Im hiesigen Kapitel wird gezeigt, dass Kant und Hegel den freien Willen kontrovers strukturieren: Während Hegel den Gegenstandsbezug als notwendiges Konstitutionselement des Willens begreift, blendet Kant die Materie des Wollens strikt aus. Die Untersuchung beginnt mit einer Darstellung der Methode, anhand derer Hegel Kategorien entwickelt wie auch kritisiert: Diese setzt sich zusammen aus den Verfahrensweisen der Abstraktion und der Konkretion (II.). Anschließend wird gezeigt, dass Kant im Rahmen der begrifflichen Konstitution des Willens das Verfahren der Abstraktion anwendet und dass sein Freiheitsbegriff daher nach hegelschen Maßstäben aporetisch ist. Hegel sucht diese Mängel durch einen konkreten Willensbegriff zu überwinden (III.). Abschließend wird nachgewiesen, dass diese Strukturen auch für den rechtlichen Willen gelten: Kants Beschreibung desselben ist abstrakt, diejenige Hegels ist konkret (IV.).

II. Vorbemerkungen zur Methode Hegels

Die Methode, so schreibt Hegel in der Einleitung in die *Wissenschaft der Logik*, ist

> von ihrem Gegenstande und Inhalte nichts Unterschiedenes [...]; – denn es ist der Inhalt in sich, die Dialektik, die er an ihm selbst hat, welche ihn fortbewegt. Es ist klar, daß keine Darstellungen für wissenschaftlich gelten können, welche nicht den Gang dieser Methode gehen und ihrem einfachen Rhythmus gemäß sind, denn es ist der Gang der Sache selbst[1].

Die in diesem Allegat postulierte Gleichsetzung von Methode und Inhalt gebietet es, die Darstellung von Hegels Auseinandersetzung mit der kantischen Philosophie mit einem Methodenkapitel einzuleiten. Denn wenn, wie es an einer anderen Stelle heißt, „in der Wissenschaft [...] der Inhalt wesentlich an die Form gebunden“ ist[2], so ist jede Inhaltskritik zugleich

1 *Hegel* Wissenschaft der Logik I (5), S. 50.

2 *Hegel* Grundlinien der Philosophie des Rechts (7), S. 13.

auch Methodenkritik. Das Bemühen, Hegels Methode einheitlich darzustellen, sieht sich jedoch erheblichen Schwierigkeiten ausgesetzt. Abschnitte, in denen die Methode allgemein, also unabhängig vom jeweils thematischen Ableitungsschritt gefasst wird, finden sich im hegelschen Werk nur selten; zudem sind sie meist stark verkürzt. Und auch die mögliche Rekonstruktion einer solchen Methodenlehre anhand einer Untersuchung der Kategorien der Logik wie der Realphilosophie gestaltet sich problematisch – zu heterogen sind die Ableitungsschritte im einzelnen. Die vorliegende Darstellung beschränkt sich daher auf jene Aspekte des hegelschen Begründungsverfahrens, die für dessen Kantkritik bedeutsam sind. Zunächst wird die Methode der Kategorienentwicklung der *Wissenschaft der Logik* kurz umrissen (1.); sodann wird dargelegt, dass diese Methode auch für die Beurteilung philosophischer Systeme gilt (2.).

1. Abstraktion, Dialektik, Spekulation

a. Abstraktion

Das Prinzip der Entwicklung logischer Kategorien konstituiert sich aus den „drei Formen des Logischen", die Hegel in der *Enzyklopädie der philosophischen Wissenschaften* unterscheidet: „α) die abstrakte oder verständige, β) die dialektische oder negativ-vernünftige, γ) die spekulative oder positiv-vernünftige"[3]. Das „abstrakte oder verständige" Denken wird näher bestimmt als ein solches, das „bei der festen Bestimmtheit und der Unterschiedenheit derselben gegen andere stehen[bleibt]; ein solches beschränktes Abstraktes gilt ihm als für sich bestehend und seiend"[4]. Das abstrakte Denken sieht also von gewissen Bestimmungen ab; es trennt zwischen verschiedenen Momenten, indem es die einen ausgliedert und sich auf die anderen beschränkt: „Wenn ich alle Bestimmungen von einem Gegenstand weglasse, so bleibt nichts übrig. Wenn ich dagegen eine Bestimmung weglasse und eine andere heraushebe, so ist dies abstrakt"[5]. Hegel verwendet den Begriff der Abstraktion im ursprünglichen Wortsinn[6]: als Abtrennung, Ausgrenzung, Weglassen. In seinem grundlegenden Werk

3 *Hegel* Enzyklopädie der philosophischen Wissenschaften I (8), § 79, S. 168; ebenso *ders.* Philosophische Enzyklopädie für die Oberklasse (4), § 12, S. 12; vgl. auch *ders.* Wissenschaft der Logik I (5), S. 16: „Der Verstand bestimmt und hält die Bestimmungen fest; die Vernunft ist negativ und dialektisch, weil sie die Bestimmungen des Verstandes in nichts auflöst; sie ist positiv, weil sie das Allgemeine erzeugt und das Besondere darin begreift".

4 *Hegel* Enzyklopädie der philosophischen Wissenschaften I (8), § 80, 169.

5 *Hegel* Logik für die Mittelklasse (4), § 3, S. 163.

6 Vgl. *Schnädelbach* Hegels praktische Philosophie, S. 202.

zur dialektischen Methode spezifiziert Kesselring den hegelschen Begriff der Abstraktion, indem er ihn auf das Absehen von einem Moment in einem Gegensatzpaar einschränkt[7]. In der Optik des Abstrakten kommt eine logische Kategorie also als getrennt von ihrem Gegenbegriff in den Blick: Das Abstrakte fixiert die jeweilige Kategorie und löst sie aus ihrem Bedingungsverhältnis mit ihrer Antipodin. Als Beispiel mag hier eine Kategorie dienen, die im Rahmen von Hegels Kantkritik bedeutsam ist: die Unendlichkeit. Abstrakt ist diese, wenn sie von ihrem Gegenbegriff – der Endlichkeit – strikt geschieden wird, wenn sie also ausschließlich als ein Anderes der Endlichkeit beschrieben wird: Das Unendliche ist „als bloße Negation des Endlichen reine Abstraktion“[8].

Die Abstraktion steht für Hegel damit in enger Beziehung zur Negation und zur Reflexion. Der Terminus der (einfachen) Negation ist mit dem der Abstraktion gleichbedeutend[9]: Auch die Negation ist – in der hegelschen Redeweise – das Absehen von einer Bestimmung in einem Gegensatzpaar[10]. So ist etwa der Verstand abstrakt, denn „er sieht nur x, nicht auch y“[11]. Hegel verwendet die Termini „Abstraktion“ und „Negation“ an verschiedenen Stellen seines Werkes äquivok: Mehrfach spricht er von der „abstrakten Negativität“[12]; und in der *Phänomenologie des Geistes* heißt es, die durch die Separationsleistung des Verstandes bewirkte „Reinheit des Begriffs ist die absolute Abstraktion oder Negativität“[13]. Die Reflexion schließlich ist jene Abstraktion, die dem Verfahren der Gegenstandskonstitution des Verstandes zugrunde liegt: Die Verstandesobjekte sind demnach prinzipiell abstrakt, weil der Verstand reflektiert. Der Begriff der Reflexion meint bei Hegel den äußerlichen Selbstbezug[14]: Der Verstand konzentriert sich auf die von ihm selbst hervorgebrachten Begriffe, betrachtet diese dabei aber äußerlich, als ein ihm gegenüberstehendes Fremdes. Der Verstand trennt also zwischen Vorgang und Resultat des Denkens und ist in dieser Separation abstrakt. Dieser wechselseitige

---

7 *Kesselring* Die Produktivität der Antinomie, S. 142.

8 *Hegel* Vorlesungen über die Philosophie der Religion I (16), S. 311 f.; vgl. auch *ders.* Wissenschaft der Logik I (5), S. 152: „So das Unendliche gegen das Endliche in qualitativer Beziehung von Anderen zueinander gesetzt, ist es das Schlecht-Unendliche, das Unendliche des Verstandes zu nennen“.

9 *Kesselring* Die Produktivität der Antinomie, S. 142.

10 Das Negative ist das „Entzweiende, Produzierende, Tätige, entgegengesetzt dem Einfachen“, also das Abstrakte: *Hegel* Vorlesungen über die Geschichte der Philosophie II (19), S. 472; vgl. auch *Hartmann* Die ontologische Option, S. 7: „Die Negation kann aufgefaßt werden als Ausschluß von Anderem“.

11 *Kesselring* Die Produktivität der Antinomie, S. 142.

12 *Hegel* Wissenschaft der Logik I (5), S. 124; *ders.* Grundlinien der Philosophie des Rechts (7), S. 52; *ders.* Vorlesungen über die Geschichte der Philosophie II (19), S. 522.

13 *Hegel* Phänomenologie des Geistes (3), S. 581.

14 Vgl. *Kesselring* Die Produktivität der Antinomie, S. 141.

Bezug von Reflexion und Abstraktion wurde bereits von Schelling gesehen: „Jenes Absondern des Handelns vom Produzierten heißt im gewöhnlichen Sprachgebrauch Abstraktion. Als die erste Bedingung der Reflexion erscheint also die Abstraktion“[15]. Das Verfahren der Abstraktion ist also das grundsätzliche Programm des Verstandes: Dieser abstrahiert nicht bloß im Rahmen der Gegenstandsanalyse, sondern bereits im Verfahren der Gegenstandsgenese.

b. Dialektik

Ein abstrakter Begriff ist Hegel zufolge antinomisch; den Aufweis dieser Antinomien nennt Hegel Dialektik[16]. Die Dialektik ist also eine negative Argumentation, die bloß destruiert und kein positives Resultat liefert[17]. Eine Darstellung ihrer Vorgehensweise sieht sich erheblichen Schwierigkeiten ausgesetzt, da Hegel es unterlassen hat, eine ausgearbeitete und abgeschlossene Theorie der Dialektik zu entwickeln. Dennoch kann es in der Sekundärliteratur – vor allem aufgrund der Arbeiten Hösles und Kesselrings[18] – mittlerweile als gesichert gelten, dass sich die dialektische Grundoperation der *Wissenschaft der Logik* trotz aller Differenzen im einzelnen auf die Argumentationsfigur des performativen Widerspruchs stützt.

Der Begriff des performativen Widerspruchs entstammt der dreidimensionalen Semiotik, die sich in Syntaktik, Semantik und Pragmatik untergliedert. Die Semantik ist die Lehre der Bedeutung eines Zeichens, die Pragmatik die der Verwendung des Zeichens. Ein Widerspruch ist genau dann performativ, wenn er sich nicht auf semantischer, sondern auf pragmatischer Ebene ereignet: Bei ihm divergieren Bedeutung und Verwendung des Zeichens. Hegel kannte weder die Semiotik noch die moderne Antinomiendiskussion. Es ist daher nicht verwunderlich, dass er die Dialektik weder in der Terminologie der Semiotik als Widerspruchsmodell

15 *Schelling* System des transzendentalen Idealismus, S. 175. Schelling weist an dieser Stelle auch auf die Notwendigkeit der Abstraktion hin, sofern Reflexion überhaupt möglich sein soll: „Solange die Intelligenz nichts von ihrem Handeln Verschiedenes ist, ist kein Bewußtsein desselben möglich. Durch die Abstraktion selbst wird sie etwas von ihrem Produzierten Verschiedenes, welches letztere aber eben deswegen jetzt nicht mehr als ein Handeln, sondern nur als ein Produziertes erscheinen kann“.

16 Die folgenden Ausführungen orientieren sich an *Braitling* Hegels Subjektivitätsbegriff, S. 133 ff. und *Hösle* Hegels System, S. 198 ff..

17 *Hegel* Vorlesungen über die Geschichte der Philosophie I (18), S. 304: „Das Resultat dieser Dialektik ist Null, das Negative; das Affirmative darin kommt noch nicht vor“.

18 *Hösle* Hegels System, S. 198 ff.; *Kesselring* Die Produktivität der Antinomie; siehe außerdem *Braitling* Hegels Subjektivitätsbegriff, S. 142 ff..

im Spannungsfeld von Semantik und Pragmatik beschreibt, noch in sprechakttheoretischen Termini – als Antinomienaufweis zwischen propositionaler und illokutionärer Sprachebene. Hegel rügt den Widerspruch zwischen Behauptung und Verwendung einer Kategorie vielmehr als Auseinanderfallen der Begriffsmomente Form und Inhalt: Indem eine abstrakte Kategorie qua abstrakter Form Anderes präsupponiert, als sie explizit (inhaltlich) behauptet, divergieren ihre Form und ihr Inhalt: ihr fehlt die absolute Form, „die sich selbst zum Inhalte bestimmt und identisch mit ihm bleibt“[19]. Die absolute Form zeichnet sich also dadurch aus, dass in ihr alle Abstraktion überwunden ist: In ihr entfällt jeglicher Widerspruch zwischen Ausgedrücktem und Präsupponiertem. Die Verwobenheit von Pragmatik und Semantik äußert sich im hegelschen System also als wechselseitige Bezogenheit von Form und Inhalt: Inhalt der Wissenschaft ist „eine Materie, der die Form nicht ein Äußerliches ist, da diese Materie [...] die absolute Form selbst ist“[20]; Inhalt der Logik sind insofern die Bestimmungen der absoluten Form[21]. Das eingangs angeführte Postulat der Gleichsetzung von Methode und Gegenstand einer jeden Wissenschaft findet an dieser Stelle daher seine Bestätigung: ohne Formbezug ist Inhaltlichkeit nicht widerspruchsfrei denkbar[22].

Für die exakte Analyse eines performativen Widerspruchs ist es unerlässlich, die pragmatische Dimension zu fokussieren, innerhalb derer er sich entfaltet. Diese besteht im Mitteilungscharakter der jeweiligen Aussage bzw. Kategorie[23]: Nur als mitgeteilte kann eine solche überhaupt in einem performativen Sinn antinomisch sein. Einer jeden logischen Kategorie ist daher immer schon ein Mitteilungscharakter zu unterstellen: Die Logik ist zu lesen als eine „Bedeutungstheorie [...], die all die je schon in Anspruch zu nehmenden Grundbedeutungen unseres Denkens bzw. Sprechens entwirft“[24] – eine Theorie also, „innerhalb derer sich die Notwendigkeit der pragmatischen Ebene folgerichtig aus semantischen Gege-

19 *Hegel* Enzyklopädie der philosophischen Wissenschaften II (10), S. 378 f..

20 *Hegel* Wissenschaft der Logik I (5), S. 44.

21 *Hegel* Wissenschaft der Logik II (6), S. 265; vgl. auch *ders.* Wissenschaft der Logik I (5), S. 66: „Die Methode ist mit dem Inhalt, die Form mit dem Prinzip vereint“; *ders.* Wissenschaft der Logik II (6), S. 188: Die „inhaltliche Bestimmung des Absoluten ist es, absolute Form zu sein“; *ders.* Enzyklopädie der philosophischen Wissenschaften I (8), S. 307: Der „Begriff als unendliche, schöpferische Form“; *ders.* aaO., S. 389: „Als Form ist die Idee nichts als die Methode des Systems des logischen“; *ders.* aaO., S. 314: „Der Begriff als absolute Form ist alle Bestimmtheit“.

22 *Hegel* Wissenschaft der Logik II (6), S. 113; vgl. dazu auch Hegels Kritik an der herkömmlichen Charakterisierung der Logik als einer Wissenschaft nicht des Inhalts, sondern ausschließlich der Form des Denkens: *ders.* Wissenschaft der Logik I (5), S. 35 ff.; ferner *ders.* Grundlinien der Philosophie des Rechts (7), S. 13.

23 *Braitling* Hegels Subjektivitätsbegriff, S. 124.

24 *Braitling* Hegels Subjektivitätsbegriff, S. 125 f..

benheiten ergibt“[25]. Was aber ist die dadurch je schon mitausgesagte pragmatische Prätention? In der hegelschen Terminologie von Form und Inhalt ist dies die Frage nach der Form einer jeden Kategorie. Diese ist begrifflich: Logische Kategorien sind, als „Bestimmungen des Denkens“[26], reine Begriffe[27]. Die mit einer jeden Kategorie mitausgesagte Prätention ist also die der Begriffsangemessenheit ihres Inhalts. Einer jeden Kategorie kann die Behauptung unterstellt werden[28], dass sie dem Begriff gemäß sei – und das heißt im hegelschen System: dass sie das Absolute vollständig erfasse. Diese pragmatische Dimension logischer Kategorien hebt Braitling in besonders klarer Weise hervor:

> Das grundsätzliche Merkmal jenes pragmatischen Anspruchs besteht in dessen unbedingtem Auftreten dergestalt, daß gleichsam behauptet wird, mit einer jeweiligen Kategorie das Absolute bereits zur Genüge bestimmt zu haben. D.h. mit dem Auftreten einer jeweiligen Kategorie der Logik ist immer auch die Inanspruchnahme der vollständigen Bestimmung des Absoluten verbunden[29].

Ein abstrakter Begriff vermag diesen Anspruch aber nicht einzulösen: Die statische Gegenüberstellung von Einbezogenem und Ausgeschlossenem impliziert, dass er einseitig ist; und eben diese Einseitigkeit ist mit seinem Absolutheitsanspruch unvereinbar. Ein abstrakter Begriff ist also aporetisch, da er Selbstreferenz verweigert: Wendete man ihn in seinem Absolutheitsanspruch auf sich selbst an, so wäre dies widersprüchlich. Hegel demonstriert die Antinomie des Abstrakten eindrucksvoll anhand der bereits oben angeführten Kategorie der Unendlichkeit: Indem das abstrakte Unendliche alles Endliche statisch ausschließt, begreift es sich als ein Anderes des Endlichen. Damit ist es aber selbst endlich; denn es ist ein durch dieses Andere begrenztes Etwas. In den Worten Hegels: Dem Unendlichen bleibt „das Endliche als Dasein gegenüber[...]; es sind damit zwei Bestimmtheiten; es gibt zwei Welten, eine unendliche und eine endli-

---

25 *Braitling* Hegels Subjektivitätsbegriff, S. 125 f..

26 *Hegel* Wissenschaft der Logik I (5), S. 44.

27 Den Anfangsparagraphen der *Philosophischen Enzyklopädie für die Oberklasse* zufolge ist die Logik „die Wissenschaft des reinen Verstandes und der reinen Vernunft“ (*Hegel* Philosophische Enzyklopädie für die Oberklasse [4], § 12, S. 11); ebenso wird die Funktion der Logik bestimmt in: *ders.* Wissenschaft der Logik II (6), S. 470: „In die Logik [...] gehören nur die Voraussetzungen des reinen Begriffs“.

28 Dieses Selbstverständnis logischer Kategorien ist teils eine Zuschreibung (etwa in der sich ausdrücklich selbst beschränkenden Kategorie der Endlichkeit); teils ist sie expliziter Begriffsinhalt (etwa in der Kategorie der Unendlichkeit). Dazu im einzelnen *Hösle* Hegels System, S. 201. – Schelling sieht die Defizienz der Abstraktion darin, daß sie aufgrund fehlender Synthesis nicht zum Urteil führt: „Die transzendentale Abstraktion ist Bedingung des Urteils, aber nicht das Urteil selbst. Sie erklärt nur, wie die Intelligenz dazu kommt, Objekt und Begriff zu trennen, nicht aber, wie sie beide im Urteil wieder vereint“ (*Schelling* System des transzendentalen Idealismus, S. 186).

29 *Braitling* Hegels Subjektivitätsbegriff, S. 142.

che, und in ihrer Beziehung ist das Unendliche nur Grenze des Endlichen und ist damit nur ein bestimmtes, selbst endliches Unendliches“[30]. Wie noch zu zeigen sein wird, bündelt diese Argumentation bereits Hegels gesamte Kantkritik wie in einem Brennglas: Hegel wirft Kant vor, die Unendlichkeit abstrakt zu beschreiben und daher der genannten Aporie zu verfallen.

Der durch die Dialektik aufgezeigte Widerspruch abstrakter Kategorien lässt sich anhand des Prinzips der bestimmten Negation weiter spezifizieren. Der Absolutheitsanspruch abstrakter Kategorien äußert sich maßgeblich in deren Selbstverständnis, als eigenständige Kategorien unabhängig zu sein. Eine abstrakte, Bestimmungen ausschließende Kategorie versteht ihre Absolutheit als Selbstbezüglichkeit: Sie versucht, sich unabhängig vom Ausgeschlossenen zu konstituieren. Das Abstraktionsverfahren stellt das methodische Programm dar, eine Kategorie inhaltlich ohne Fremdbezug zu bestimmen: Die ihr zugrundeliegende Negation ist ein Absehen vom Anderen. Ein derartiger, reiner Selbstbezug ist Hegel zufolge jedoch unmöglich; denn die Negation, aus der sich der abstrakte Begriff konstituiert, bestimmt diesen zugleich. Der Gedanke, der dieser Argumentation Hegels zugrunde liegt, ist der der bestimmten Negation: Die Erkenntnis, dass die Negation von A nicht nichts, sondern als Negation von A zugleich A ist[31] – in dem Sinne, dass die Negation von A A verhaftet bleibt, weil sie sich nur unter Bezugnahme auf A bestimmen lässt. Die Negation kann in diesem Sinne

> aufgefaßt werden als Ausschluß von Anderem, so daß ein Begriff bestimmter ist, insofern er anderen Begriffsinhalt ausschließt [...]: es ist kraft einer Negation, die einen Begriff mit seinem Gegenbegriff verbindet, dass ein Begriff nicht stehen bleiben kann[32].

Hegel expliziert das Prinzip der bestimmten Negation in der *Wissenschaft der Logik*:

> Das Einzige, um den wissenschaftlichen Fortgang zu gewinnen – und um dessen ganz einfache Einsicht sich wesentlich zu bemühen ist –, ist die Erkenntnis des logischen Satzes, daß das Negative ebensosehr positiv ist, oder daß das Widersprechende sich nicht in Null, in das abstrakte Nichts auflöst, sondern wesentlich nur in die Negation seines besonderen Inhalts, oder daß eine solche Negation nicht alle Negation, sondern die Negation der bestimmten Sache, die sich auflöst, somit bestimmte Negation ist; daß also im Resultate wesentlich das enthalten ist, woraus es resultiert[33].

---

30 *Hegel* Wissenschaft der Logik I (5), S. 152.

31 *Schnädelbach* Hegels praktische Philosophie, S. 181.

32 *Hartmann* Die ontologische Option, S. 7.

33 *Hegel* Wissenschaft der Logik II (6), S. 49.

Erläutern lässt sich dieser Zusammenhang wiederum am Beispiel der Kategorie der Unendlichkeit: Diese ist, wie der Name schon verrät, ausschließlich durch die Verneinung der Endlichkeit definiert; ohne den Bezug zur Endlichkeit wäre sie eine inhaltlich völlig leere, sinnlose Größe. In der Realphilosophie äußert sich dies als Angewiesenheit einer jeden Kategorie auf ihren Gegenbegriff; auf diesen Zusammenhang wird noch genauer einzugehen sein. Vorläufig genügt es, festzustellen, dass das Abstraktionsverfahren den Grundsatz „omnis determinatio est negatio“[34] missachtet und daher sinnentleerte Termini produziert. Ein abstrakter Begriff wird in seiner vermeintlichen Unabhängigkeit vom Ausgeschlossenen als frei postuliert und gerät dennoch aufgrund seiner Unfähigkeit, das Fremde einzuschließen, in ein Dependenzverhältnis zu eben jenem. Die Dialektik deckt diesen Zusammenhang auf; sie kann deshalb beschrieben werden als eine Reflexion auf die Reflexion bzw. als „Negation der Negation“[35]: Indem sie das Negationsverfahren selbst negiert, ist sie, als „Negation der Bestimmung“[36], das „Aufheben der ersten abstrakten Negation“[37].

c. Spekulation

Die Dialektik ist als Nachweis dieser Unzulänglichkeiten des Abstrakten „das eigene Sichaufheben solcher endlichen Bestimmungen und ihr Übergehen in ihre entgegengesetzten“[38]; sie „macht daher die bewegende Seele des wissenschaftlichen Fortgehens aus und ist das Prinzip, wodurch immanenter Zusammenhang und Notwendigkeit in den Inhalt der Wissen-

34 Hegel verweist häufig auf diesen Grundsatz: *Hegel* Friedrich Heinrich Jacobis Werke (4), S. 434; *ders.* Vorlesungen über die Geschichte der Philosophie I (18), S. 288 (am Beispiel des Parmenides); *ders.* Vorlesungen über die Geschichte der Philosophie III (20), S. 164 (am Beispiel Spinozas); vgl. auch *ders.* Phänomenologie des Geistes (3), S. 57: „als das bestimmte Negative ist es ebenso ein positiver Inhalt“; *ders.* aaO., S. 123: „das Positive ist nur als Beziehung auf ein Negatives“; *ders.* Enzyklopädie der philosophischen Wissenschaften I (8), S. 245: „Negatives und Positives sind an sich dasselbe“.

35 Hegel macht sich die Denkfigur der „Negation der Negation“ immer wieder zunutze, um Begriffe zu explizieren; so ist etwa die Kategorie des Etwas die „erste Negation der Negation“ überhaupt (*Hegel* Wissenschaft der Logik I [5], S. 123), die Strafe ist die Negation der Negation des Rechts (*ders.* Grundlinien der Philosophie des Rechts [7], S. 186), und die Zeit ist die Negation der Negation des Raumes (*ders.* Enzyklopädie der philosophischen Wissenschaften II [9], S. 48).

36 *Hegel* Grundlinien der Philosophie des Rechts (7), S. 52.

37 *Hegel* Grundlinien der Philosophie des Rechts (7), S. 52; siehe dazu ausführlich *Kesselring* Die Produktivität der Antinomie, S. 146 ff..

38 *Hegel* Enzyklopädie der philosophischen Wissenschaften I (8), § 81, S. 172.

schaft kommt"[39]. Die Einseitigkeit einer abstrakten Kategorie wird durch die Gegenüberstellung ihres kontradiktorischen Gegenbegriffes gerügt. Dieser ist als Negation der Position ebenso einseitig[40]; auch er ist performativ widersprüchlich. Dieser dilemmatische Begriffsantagonismus findet seine Auflösung in der Spekulation: der Einführung einer synthetischen, beide Größen vermittelnden Kategorie. Hegel hat durch die Verbindung des Prinzips des performativen Widerspruchs mit dem Prinzip der bestimmten Negation ein Verfahren entwickelt, das die Notwendigkeit der Bildung von Begriffen zur Folge hat, die scheinbar gegensätzliche Bestimmungen in sich aufnehmen. Deren Syntheseleistung besteht in dem gleichzeitigen Aufweis von Berechtigung wie Nichtberechtigung der untergeordneten Begriffe: Diese bleiben als Momente der übergeordneten Kategorie erhalten. Verdeutlicht werden soll die Methode der Spekulation wiederum am Beispiel der Unendlichkeit. Wie gesehen, ist die abstrakte, alles Endliche ausschließende Unendlichkeit selber endlich. Dies führt zur Position der Endlichkeit: Diese behauptet sich als absolut und ist eben dadurch selber unendlich. Die Auflösung dieses dialektischen Dilemmas liefert die Synthese der Spekulation: die Einführung der Kategorie der „konkreten Unendlichkeit", die in der Endlichkeit gedacht wird[41], und für die Hegel den für die Eigentumsproblematik noch bedeutsamen Terminus der „Idealität" bereithält[42]. Anders als die bloß negative Dialektik hat die Spekulation ein „positives Resultat, weil sie einen bestimmten Inhalt hat"[43]. Diese Bestimmtheit kennzeichnet Hegel als „konkret": Das Spekulativ-Vernünftige ist „ein Konkretes, weil es nicht einfach formelle Einheit, sondern Einheit unterschiedener Bestimmungen ist"[44]. Das Konkrete ist dem Abstrakten also entgegengesetzt: Es trennt Bestimmungen nicht ab, sondern synthetisiert diese. Während die Abstraktion beschrieben wird als ein Verfahren des Ausschlusses, ist die Konkretion ein solches des Aufhebens, d.h. des Einbezuges: „Das Absolute selbst [...] ist darum die Identität der Identität und der Nichtidentität; Entgegensetzen und Eins-

---

39 *Hegel* Enzyklopädie der philosophischen Wissenschaften I (8), § 81, S. 173.

40 *Braitling* Hegels Subjektivitätsbegriff, S. 145.

41 *Hegel* Wissenschaft der Logik I (5), S. 158: „Dies gibt denn die [...] Einheit des Endlichen und des Unendlichen, die Einheit, die selbst das Unendliche ist, welches sich selbst und die Endlichkeit in sich begreift, – also das Unendliche in einem anderen Sinne als in dem, wonach das Endliche von ihm abgetrennt und auf die andere Seite gestellt ist".

42 *Hegel* Wissenschaft der Logik I (5), S. 165: „Das Ideelle ist das Endliche, wie es im wahrhaften Unendlichen ist, – als eine Bestimmung, Inhalt, der unterschieden, aber nicht selbständig seiend, sondern als Moment ist"; zum Begriff der Idealität siehe näher unten S. 145 ff..

43 *Hegel* Enzyklopädie der philosophischen Wissenschaften I (8), § 82, S. 176 f..

44 *Hegel* Enzyklopädie der philosophischen Wissenschaften I (8), § 82, S. 177.

sein zugleich"[45]. Leider hat Hegel das Prinzip dieser Synthese nicht expliziert; und auch mit Blick auf die Sekundärliteratur muss eine Analyse der hegelschen Spekulation – im Gegensatz zur Dialektik – als Forschungsdesiderat bezeichnet werden. Kesselring konzediert entsprechend, dass die Aufhebung des Abstrakten im Konkreten „freilich bloß wie ein Programm" klinge: „Hegel belässt die Einzelheiten dieses Punktes im Unklaren, womit das zentrale Problem seiner Dialektik [genauer: Spekulation, C.M.] letztlich dunkel bleibt"[46]. Das ist insbesondere deswegen bedauerlich, weil der Problematik der performativen Antinomien gewöhnlich nicht durch Konkretion, sondern durch weitere Abstraktion begegnet wird: durch eine strikte Trennung von Objektsprache und Metasprache[47]. An dieser Stelle genügt es jedoch, festzustellen, dass Hegel die Aporien des Abstrakten löst, indem er synthetisiert, das heißt einen gewissermaßen „übergegensätzlichen"[48] Begriff einführt. Wie diese Syntheseleistung im einzelnen beschrieben werden kann, soll im Rahmen der für die Kantkritik relevanten hegelschen Kategorien dargelegt werden.

Die Prinzipien der Abstraktion, der Dialektik und der Spekulation konstituieren ein Verfahren der Begriffsbildung, dem innere Notwendigkeit zukommt und das Hegel daher als „Entwicklung" bezeichnet. Den Terminus der Entwicklung entwirft er im Spannungsfeld der Begrifflichkeit von „Dynamis" und „Energeia"[49] und stellt damit klar, dass der Gang der Logik als Explikation eines Innerlichen gefasst werden muss. Was ist darunter zu verstehen? Hegel erläutert den Begriff der Entwicklung anhand verschiedener Beispiele[50]: So ist etwa das Kind bereits ein Mensch, auch wenn es die Vernunft nur als Vermögen in sich trägt; beim erwachsenen Menschen hingegen ist die Vernunft entwickelt, da sich ihre Möglichkeit verwirklicht hat. Analog dazu ist im Keim bereits die gesamte Pflanze als Potenz enthalten; und die Entwicklung zur Pflanze ist lediglich die Umsetzung eines Programms, das in diesem Keim selbst angelegt ist. Entsprechend verwirklicht sich auch im Verlauf der Logik lediglich das, was bereits der ersten Kategorie – dem abstrakten Sein – als Vermögen inhäriert. Denn wenn eine jede Kategorie die vorhergehende weiterführt, indem sie die in dieser erkannten Antinomien überwindet, so heißt dies,

45 *Hegel* Vergleichung des Schellingschen Prinzips der Philosophie mit dem Fichteschen (2), S. 96; vgl. auch *ders.* Vorlesungen über die Geschichte der Philosophie III (20), S. 474: Die Idee ist „wesentlich konkret, die Einheit von unterschiedenen Bestimmungen".

46 *Kesselring* Die Produktivität der Antinomie, S. 133; siehe aber auch die Entgegnung bei *Braitling* Hegels Subjektivitätsbegriff, S. 148 f..

47 Vgl. zum Verhältnis der hegelschen Methode zur Problematik des negativen Selbstbezuges der performativen Antinomien aber ausführlich *Hösle* Hegels System, S. 205.

48 *Hartmann* Die ontologische Option, S. 7.

49 *Hegel* Vorlesungen über die Geschichte der Philosophie I (18), S. 39 ff..

50 *Hegel* Vorlesungen über die Geschichte der Philosophie I (18), S. 39 ff..

dass sie mit ihrer Vorgängerin präsupponiert ist: Sie expliziert deren Widersprüche und transformiert sie – in hegelscher Terminologie – aus der Form des Ansichseins in die des Fürsichseins. Aufgrund dieser inneren Notwendigkeit ist die Kategorienabfolge der Logik keine lose Begriffsreihung, sondern eine vernünftige Struktur. Sie verliert sich nicht „in bloße ungemessene Veränderung“[51], sondern erhält das anfängliche Gedankengut, indem es das nachfolgende als dessen Resultat erscheinen lässt.

2. Die Methode der Kritik philosophischer Systeme

Das dargelegte Prinzip der Entwicklung logischer Kategorien gewinnt seine Relevanz für die hiesige Untersuchung aus dem Umstand, dass es Hegel zufolge auch für den Ablauf der Philosophiegeschichte konstitutiv ist. Hegel geht von der geschichtsmetaphysischen Prämisse aus, dass die historische Abfolge der Philosophien einen Sinnzusammenhang bilde, der dem der Logik entspreche: So wie eine jede logische Kategorie durch ihre Vorgängerin bedingt sei, so sei auch ein jedes philosophisches System vom jeweiligen philosophiehistorischen Kontext abhängig. Ein jedes philosophisches System könne als Antwort auf die in den zeitlich früheren Denkgebäuden aufgeworfenen Fragen und Probleme gelesen werden, so dass die Notwendigkeit des Ganges der Philosophiehistorie eine immanente sei[52]. Vor dem Hintergrund dieser Annahme lässt sich die Geschichte der Philosophie als Entwicklung charakterisieren; und da sie nicht die Entwicklung beliebiger Objekte, sondern die Entwicklung von Gedachtem, d.h. „Herausgehen, Sichauseinanderlegen und zugleich Zusichkommen“[53] von Begriffen ist, ist sie im hegelschen System die empirische Ausführungsform der Logik: So wie sich in der Logik Begriffe durch ein immanentes Fortschreiten aus den jeweils vorhergehenden Begriffen entwickeln, so entwickeln sich in der Geschichte der Philosophie gedachte Prinzipien aus zeitlich früher gedachten Prinzipien. Hegel hat die Analogie von Philosophiegeschichte und Logik deutlich hervorgehoben:

51 *Hegel* Vorlesungen über die Geschichte der Philosophie I (18), S. 40 f..

52 Hegel hat diese Überzeugung im Vorwort zu den Philosophievorlesungen mit aller Deutlichkeit ausgesprochen: „Die Taten der Geschichte der Philosophie sind keine Abenteuer [...], nicht nur eine Sammlung von zufälligen Begebenheiten, Fahrten irrender Ritter, die sich für sich herumschlagen, absichtslos abmühen und deren Wirksamkeit spurlos verschwunden ist. Ebensowenig hat sich hier einer etwas ausgeklügelt, dort ein anderer [...], sondern in der Bewegung des denkenden Geistes ist wesentlich Zusammenhang. Es geht vernünftig zu.“ (*Hegel* Vorlesungen über die Geschichte der Philosophie I [18], S. 38).

53 *Hegel* Vorlesungen über die Geschichte der Philosophie I [18], S. 41; Gegenstände der Philosophiegeschichte sind die „Taten des Denkens“ (*ders.* aaO., S. 21).

> Nach dieser Idee behaupte ich nun, daß die Aufeinanderfolge der Systeme der Philosophie in der Geschichte dieselbe ist als die Aufeinanderfolge in der logischen Ableitung der Begriffsbestimmungen der Idee. Ich behaupte, daß, wenn man die Grundbegriffe der in der Geschichte der Philosophie erschienenen Systeme rein dessen entkleidet, was ihre äußerliche Gestaltung, ihre Anwendung auf das Besondere und dergleichen betrifft, so erhält man die verschiedenen Stufen der Bestimmung der Idee selbst in ihrem logischen Begriffe. Umgekehrt, den logischen Fortgang für sich genommen, so hat man darin nach seinen Hauptmomenten den Fortgang der geschichtlichen Erscheinungen; – aber man muß freilich diese reinen Begriffe in dem zu erkennen wissen, was die geschichtliche Gestalt enthält[54].

Die Selbstresumption des Begriffes vollzieht sich im hegelschen System also auf zwei Weisen: Zum einen gelangt die absolute Idee auf dem Wege der spekulativ-notwendigen Begriffsabfolge zu ihrer Selbstvergewisserung; als Synthese der systematisch deduzierten Kategorien, die ihre Darstellung in der *Wissenschaft der Logik* findet. Zum anderen präsentiert sie sich als innerweltlich-zeitgebundene, zufällig scheinende Abfolge verschiedener Denkgebäude: als Geschichte der Philosophie, die dieser Aufgabenbestimmung entsprechend einer ähnlichen, systematisch geschlossenen Darstellung bedarf[55]. In beiden Disziplinen wird sich das Absolute gegenständlich:

> Wie die spekulative Logik die idealen Konstituenten dieser Wissenschaft schrittweise dialektisch aufzeigt bis zur Selbsterkenntnis der Idee, so zeigt die Geschichte der Philosophie – ebenfalls dialektisch – deren zeitliches Werden auf. Die Entwicklung führt in beiden Fällen nach Hegel vom Abstrakten und Unbestimmten zum Konkreten, sich selbst Bestimmenden[56].

Hegels berüchtigte Parallelisierung der begrifflich-notwendigen Kategorienabfolge in der *Wissenschaft der Logik* mit dem natürlichen Gang der

54 *Hegel* Vorlesungen über die Geschichte der Philosophie I (18), S. 49; vgl. auch Hegels Ausführungen in: *ders.* Vorlesungen über die Geschichte der Philosophie III (20), S. 478 f..

55 „Die eine Weise dieses Hervorgehens, die Ableitung der Gestaltungen, die gedachte erkannte Notwendigkeit der Bestimmungen darzustellen, ist die Aufgabe und das Geschäft der Philosophie selbst; und indem es die reine Idee ist, auf die es hier ankommt, [...] so ist jene Darstellung vornehmlich die Aufgabe und das Geschäft der logischen Philosophie. Die andere Weise aber, daß die unterschiedenen Stufen und Entwicklungsmomente in der Zeit, in der Weise des Geschehens, an diesen besonderen Orten, unter diesem oder jenem Volke, unter diesen politischen Umständen und unter diesen Verwicklungen mit denselben hervortreten – kurz, unter dieser empirischen Form –, dies ist das Schauspiel, welches uns die Geschichte der Philosophie zeigt. Diese Ansicht ist es, welche die einzig würdige für diese Wissenschaft ist“ (*Hegel* Vorlesungen über die Geschichte der Philosophie I [18], S. 48).

56 *Düsing* Hegel und die Geschichte der Philosophie, S. 28 f..

Philosophiegeschichte mag befremdlich erscheinen[57]. Sie gebietet jedoch eine spezifische, im einzelnen noch näher zu bestimmende Zugriffsweise auf ein jedes philosophisches System: Buchstabiert die Philosophiehistorie die Kategorienabfolge der Logik im Alphabet der geschichtlichen Erscheinungen, so gleicht auch die Interpretation der einzelnen Denker der Beurteilung logischer Kategorien[58].

Für Hegels Beurteilung der kantischen Philosophie bedeutet das folgendes: Erstens muss das philosophische System Kants auf ein Grundprinzip rückführbar sein. Es muss aufgewiesen werden können, dass es in seiner Gesamtheit aus einem ihm zugrundeliegenden Begriff resultiert. Dieser Befund ist für ein angemessenes Verständnis der hegelschen Kantkritik von enormer Bedeutung. Hegels Kantinterpretation erschließt sich dem Rezipienten nur, sofern ihre fundamentale Prämisse berücksichtigt wird: die Prämisse, dass die kantische Philosophie als Ausgestaltung eines ihr zugrundeliegenden, einheitlichen Prinzips zu begreifen sei, das alle Teilbereiche dieser Philosophie bestimmt. Angesichts der philosophiehistorischen Einordnung Kants muss es sich dabei um ein hochgradig komplexes Prinzip handeln: Kant muss als unmittelbarer Vorgänger Hegels verständlich sein.

Zweitens muss dieses Prinzip eine auch im hegelschen System inhaltlich anerkannte Aussage treffen. Die Gliederung der logischen Methode in Abstraktion, Dialektik und Spekulation und die Übertragung dieser Methode auf die Philosophiegeschichte hat zur Folge, dass ein jedes philosophisches Denkgebäude, wie auch jede Kategorie, eine affirmative und eine negative Seite hat[59]. Affirmativ ist es, weil es eine inhaltlich richtige Aussage trifft. Wenn die Philosophiegeschichte von Hegel als „Entwicklung des

57 Deutliche Kritik findet sich bei *Hösle* Hegels System, S. 211; *ders.* Wahrheit und Geschichte, S. 85 ff.; anders aber *Burkhardt* Hegels Kritik an Kants theoretischer Philosophie, S. 110: „Unterstellt man aber die Richtigkeit der in der spekulativen Logik entwickelten Kategorien und die Einlösbarkeit des Programms einer ‚Wissenschaft der Logik' qua Theorie des Absoluten, so erfüllt das genannte Prinzip durchaus die erwähnten Forderungen".

58 Die Wissenschaft der Philosophiegeschichte setzt die Wissenschaft der Logik mithin voraus: Eine systematisch angemessene, dem Entwicklungscharakter der historischen Abfolge gerecht werdende Würdigung der einzelnen Denker ist nur möglich, sofern zuvor die absolute Idee als Zielkategorie des Programms der Logik erwiesen wurde. Entsprechend räumt Hegel ein, man müsse „die Erkenntnis der Idee schon mitbringen", um die Geschichte der Philosophie als „Entwicklung der Idee zu erkennen" (*Hegel* Vorlesungen über die Geschichte der Philosophie I [18], S. 49; ausführlich zum ganzen *Burkhardt* Hegels Kritik an Kants theoretischer Philosophie, S. 109).

59 „Das Verhalten gegen eine Philosophie muß also eine affirmative und eine negative Seite enthalten; dann erst lassen wir einer Philosophie Gerechtigkeit widerfahren". Hegel betont, ganz im Sinne seiner in der *Wissenschaft der Logik* ausgeführten Kritik am Sollensbegriff, die Bedeutung der affirmativen Seite: „Das Affirmative wird später erkannt, im Leben wie in der Wissenschaft; widerlegen ist mithin leichter als rechtfertigen." (*Hegel* Vorlesungen über die Geschichte der Philosophie I [18], S. 57).

Konkreten"[60] beschrieben wird, so heißt das, dass sich eine jede philosophische Strömung der vorangegangenen Denktradition verdankt: Sie kann deren Problembewusstsein, ihre Erkenntnisgewinne, die gestellten Fragen und Antworten – kurz: das prinzipielle Weltverständnis der überlieferten Systeme – voraussetzen. So wie synthetische Begriffe der Logik inhaltlich desto gehaltvoller sind, je mehr Begriffsbestimmungen sie als Teilmomente unter sich fassen, so ist eine späte Philosophie komplexer als eine anfängliche. Hegels Interpretation der Philosophiegeschichte als einer vernünftigen impliziert eine stetige Aufwärtsbewegung dieser Geschichte in dem Sinne, dass jede nachfolgende philosophische Position die jeweils vorhergehende in sich aufgenommen und insofern überwunden hat. Entsprechend ist „die späteste, jüngste, neueste Philosophie die entwickeltste, reichste und tiefste"[61]. „In ihr muß alles, was zunächst als ein Vergangenes erscheint, aufbewahrt und enthalten, sie muß selbst ein Spiegel der ganzen Geschichte sein"[62]. Vor diesem Hintergrund ist Hegels Kantkritik nicht als radikale Ablehnung, sondern als konstruktive Fortführung der kantischen Philosophie zu lesen. Seine Moralitätskritik will nicht behaupten, dass das Phänomen der Moralität nicht existiere. Sie besagt lediglich, dass der Sollensstandpunkt sich zu Unrecht verabsolutiere und als letztgültigen betrachte. Die inhaltliche Aussage einer jeden philosophischen Theorie gilt deshalb auch heute noch:

> Die Prinzipien sind erhalten, die neueste Philosophie ist das Resultat aller vorhergehenden Prinzipien; so ist keine Philosophie widerlegt worden. Was widerlegt worden, ist nicht das Prinzip dieser Philosophie, sondern nur dies, daß dies Prinzip das Letzte, die absolute Bestimmung sei[63].

Drittens schließlich muss gezeigt werden, dass Kants Philosophie abstrakt ist und dass sie aufgrund ihrer Abstraktionen in Aporien stürzt, die nur spekulativ überwunden werden können. Die negative Seite einer abstrakten Kategorie besteht in der Differenz zwischen ihrem Absolutheitsanspruch und ihrer Einseitigkeit, d.h. der Begrenztheit ihres Referenzbereiches. Gleiches gilt für philosophische Systeme: Das ihnen zugrunde liegende Prinzip postuliert einen Vollständigkeitsanspruch und kann doch

---

60 Der Weg der Philosophie präsentiert sich als ein solcher vom Abstrakten zum Konkreten: „Das Anfängliche ist das Abstrakteste, weil es das Anfängliche ist, sich noch nicht fortbewegt hat; die letzte Gestalt, die aus dieser Fortbewegung als einem fortgehenden Bestimmen hervorgeht, ist die konkreteste." (*Hegel* Vorlesungen über die Geschichte der Philosophie I [18], S. 61).

61 *Hegel* Vorlesungen über die Geschichte der Philosophie I (18), S. 61.

62 *Hegel* Vorlesungen über die Geschichte der Philosophie I (18), S. 61.

63 *Hegel* Vorlesungen über die Geschichte der Philosophie I (18), S. 56.

das Absolute bloß bedingt erfassen[64]. Endliche Philosophien zeichnen sich ebenso wie endliche Kategorien durch eine Unangemessenheit von Form und Inhalt aus; sie haben deshalb nur eine begrenzte Gültigkeitsdauer: „eine Philosophie, die nicht die absolute, mit dem Inhalt identische Form hat, muß vorübergehen, weil ihre Form nicht die wahre ist"[65]. Das bedeutet zweierlei: Zum einen müssen sich die Implikationen dieses Widerspruchs in sämtlichen Einzelbereichen der kantischen Philosophie, mithin auch in der Rechtslehre, als eine ihr eigentümliche Theorieschwäche äußern. In dieser Bezogenheit auf die prinzipiell endliche Form der kantischen Philosophie erweist sich die Rechtskritik als nicht arbiträr: Sie verweist nicht bloß auf eine zufällig falsche Gedankenführung oder einen beliebigen Fehlschluss, dessen arbiträre, weil äußerliche Ursache etwa in der so oft beschworenen Senilität des „alten Kant" zu sehen sei. Vielmehr bettet Hegel seine Kritik ein in ein umfassendes, alle Teilbereiche des kantischen Systems bedenkendes und verwerfendes Urteil, das den Anspruch erhebt, sämtliche Mängel dieses Systems auf einen grundlegenden Widerspruch zurückzuführen. Hegels Kritik an Kant versteht sich als systematische Kritik: Sie deckt nicht bloß Fehler in dessen Argumentationen auf, sondern zeigt darüber hinaus deren Zusammenhang; sie weist nicht bloß auf Unzulänglichkeiten, sondern überdies auf deren einheitliche Ursache hin. Ist das Prinzip des performativen Selbstwiderspruchs verantwortlich für die Vergänglichkeit einzelner Philosophien, so kann Philosophiekritik zum anderen grundsätzlich nur innersystematische Kritik in der Form des apagogischen Beweises sein. Eine Kritik, die ihr Fundament nicht in ihrem Gegenstand, sondern in einem außer diesem liegenden Prinzip zu finden sucht, steht diesem Gegenstand ebenso äußerlich gegenüber, wie der Inhalt der Form in endlichen Philosophien; sie setzt sich damit eben jenem Vorwurf des Fehlens der absoluten Form aus, an dem sie gerade ansetzen müsste. So kann beispielsweise eine sich vom Begriff der Moralität her explizierende Philosophie nicht deshalb verworfen werden, weil die Kategorie der Sittlichkeit eine größere Leistungsstärke aufweise. Vielmehr muss die grundsätzliche Aporie des Moralitätsbegriffes aufgezeigt werden; und an diesem Nachweis innerer Unstimmigkeit ist ein

64 Die Endlichkeit einer logischen Kategorie besagt nicht, dass diese keinen Referenzbereich habe. Sie verweist lediglich auf deren Unfähigkeit, komplexere Entitäten adäquat zu erfassen (*Hösle* Hegels System, S. 173 unter Hinweis auf: *Hegel* Brief an Duboc vom 29. 4. 1823 [Briefe III], S. 11). So gilt nach einem Beispiel Hösles (aaO.) das Kausalverhältnis für Naturerscheinungen; seine Anwendung auf die realphilosophischen Kategorien des Lebens und des Geistes ist allerdings ausgeschlossen (vgl. *Hegel* Wissenschaft der Logik II [6], S. 227 ff.). Gleiches gilt für philosophische Systeme: So konnte Kant zwar den Standpunkt des abstrakten Rechts erfassen, nicht jedoch ein Recht des Wohls konstatieren und musste deshalb angesichts der sozialen Frage stumm bleiben (siehe dazu näher unten S. 70 ff.).

65 *Hegel* Vorlesungen über die Geschichte der Philosophie I (18), S. 56.

Maßstab gefunden, anhand dessen der Begriff der Leistungsstärke einer anderen praktischen Kategorie überhaupt erst definiert werden kann.

> Es hilft [also] nicht, daß ich mein System oder meinen Satz beweise und dann schließe: also ist der entgegengesetzte falsch; für diesen anderen Satz erscheint jener immer als etwas Fremdes, als ein Äußeres. Das Falsche muß nicht darum als falsch dargetan werden, weil das Entgegengesetzte wahr ist, sondern an ihm selbst[66].

III. Die Struktur des Willens

Die historische Einordnung der kantischen Philosophie hat zur Folge, dass Hegel sein System nicht als Bruch zu jenem verstanden wissen will, sondern vielmehr die Kontinuität zur Problem- und Fragestellung Kants betont[67]. So bestimmt er das dieser Philosophie zugrundeliegende Prinzip, ausgehend von dem sich eine Kritik überhaupt erst konstituieren kann, als sein eigenes: „das Prinzip der Spekulation, die Identität des Subjekts und Objekts“[68]. Kants großes philosophiegeschichtliches Verdienst besteht Hegel zufolge im Postulat des Vernunftprimats; indem Kant die Vernunft zum Leitprinzip philosophischer Erkenntnis erhoben habe, habe er den Grundgedanken des spekulativen Idealismus bereits ausgesprochen, womit Kant „das unsterbliche Verdienst bleibt“, „den Anfang einer Philosophie überhaupt gemacht zu haben“[69]. Hegel sieht in der einheitsstiftende Funktion der Vernunft den Zentralgedanken, der das kantische Werk zusammenhält. So verweise bereits die grundsätzliche Fragestellung der *Kritik der reinen Vernunft* auf die identitätsstiftende Synthesisfunktion der Vernunft:

> Wie sind synthetische Urteile a priori möglich? Dieses Problem drückt nichts anderes aus als die Idee, daß in dem synthetischen Urteil Subjekt und Prädikat, jenes das Besondere, dieses das Allgemeine, jenes in der Form des Seins, dies in der Form des Denkens, – dieses Ungleichartige zugleich a priori, d.h. absolut identisch sind. Die Möglichkeit dieses Setzens ist allein die Vernunft, welche nichts anderes ist als diese Identität solcher Ungleichartigen[70].

Das synthetische Urteil a priori ist für Hegel ein Begriff „von Unterschiedenem, das ebenso untrennbar ist, einem Identischen, das an ihm selbst

66 Diese Vorgehensweise lobt Hegel am Beispiel des Zenon: *Hegel* Vorlesungen über die Geschichte der Philosophie I (18), S. 302; vgl. ferner *ders.* Vorlesungen über die Geschichte der Philosophie III (20), S. 386; *ders.* Wissenschaft der Logik II (6), S. 250.

67 *Hegel* Wissenschaft der Logik I (5), S. 59: „die Kantische Philosophie macht die Grundlage der neueren deutschen Philosophie aus“.

68 *Hegel* Differenz des Fichteschen und Schellingschen Systems (2), Vorerinnerung, S. 10.

69 *Hegel* Glauben und Wissen (2), S. 338.

70 *Hegel* Glauben und Wissen (2), S. 304.

ungetrennt Unterschied ist"[71]. Kant habe damit das „das echte Prinzip der Spekulation" „kühn ausgesprochen"[72]. Und auch in der praktischen Philosophie habe Kant erstmals der Vernunft zu der ihr gebührenden Autorität verholfen: Das „Befriedigende an der Kantischen Philosophie" sei „der Standpunkt der Absolutheit"[73]. Indem Kant die Bedingungen der Möglichkeit von Freiheit in der Vernunft verortet, habe „die Erkenntnis des Willens [...] ihren festen Grund und Ausgangspunkt durch den Gedanken seiner unendlichen Autonomie gewonnen"[74]. Und auch das Recht erscheine bei Kant erstmals in der Optik der Vernunft: Mit Kant habe die philosophische Tradition „angefangen, das Recht auf die Freiheit zu gründen"[75]. Hegels Kritik an Kant ist also von der Überzeugung geprägt, dass dieser das Prinzip der Spekulation bereits erfasst habe; allein die Durchführung des spekulativ-idealistischen Programms sei ihm misslungen. Dieses Missverhältnis von Programm und Ausführung bietet das Potential für eine innersystematische Kritik im oben beschriebenen Sinn[76]: Sofern die These der Unangemessenheit der Ausführung des zugrundegelegten Konzepts zutrifft, muss die Philosophie Kants und damit auch dessen Rechtslehre in Aporien verfallen. Hegel ist dieser Auffassung; in den *Vorlesungen über die Geschichte der Philosophie* wirft er Kant eine geradezu „gedankenlose Inkonsequenz"[77] vor und schließt seine Kantdarstellung mit den Worten: „Er hat historisch die Momente des Ganzen angegeben; es ist gute Einleitung in die Philosophie. Der Mangel der Kantischen Philosophie liegt in dem Auseinanderfallen der Elemente der absoluten Form"[78]. Im folgenden soll dargestellt werden, worin Hegel den Selbstwiderspruch zwischen Ausgeführtem und Auszuführendem, zwischen Form und Inhalt in der kantischen Philosophie erblickt.

---

71 *Hegel* Wissenschaft der Logik I (5), S. 204.

72 *Hegel* Differenz des Fichteschen und Schellingschen Systems (2), Vorerinnerung, S. 11. Zur Plausibilität der an dieser Stelle von Hegel vorgenommenen Kant-Deutung vgl. *Burkhardt* Hegels Kritik an Kants theoretischer Philosophie, S. 113 f.. Burkhardt bemerkt zu Recht, dass eine Untersuchung des hegelschen Versuchs der Prinzipialisierung der kantischen Philosophie „zu den dringenden Desideraten der Forschung" zählt (*ders.* aaO., S. 115).

73 *Hegel* Vorlesungen über die Geschichte der Philosophie III (20), S. 366.

74 *Hegel* Grundlinien der Philosophie des Rechts (7), § 135 Anm., S. 252; vgl. auch *ders.* Vorlesungen über die Geschichte der Philosophie III (20), S. 365: „Die Rousseausche Bestimmung, daß der Wille an und für sich frei ist, hat Kant aufgestellt".

75 *Hegel* Vorlesungen über die Geschichte der Philosophie III (20), S. 365.

76 *Burkhardt* Hegels Kritik an Kants theoretischer Philosophie, S. 112, S. 123.

77 *Hegel* Vorlesungen über die Geschichte der Philosophie III (20), S. 388.

78 *Hegel* Vorlesungen über die Geschichte der Philosophie III (20), S. 386.

1. Der Begriff

a. Intellectus archetypus und intellectus ectypus

In einem Brief an Duboc verweist Hegel – von diesem gebeten, eine knappe Erläuterung seiner spekulativen Konzeption der Idee zu geben – auf Kants „Gedanken eines anschauenden Verstandes"; dieser könne „sehr gut als Einleitung für die weitern Ansichten dienen"[79]. Als „anschauend" bezeichnet Kant in der *Kritik der reinen Vernunft* einen Verstand, „in welchem durch das Selbstbewußtsein zugleich alles Mannigfaltige gegeben würde"[80]. Ein solcher intellectus archetypus, „durch dessen Vorstellung zugleich die Objekte dieser Vorstellung existierten", bedarf keines eigenständigen Aktes der „Synthesis der Mannigfaltigen zu der Einheit des Bewußtseins"[81]; denn die Synthesis ist bei ihm immer schon vorausgesetzt. Dem intellectus archetypus stellt Kant den intellectus ectypus gegenüber: Dieser ist nicht intuitiv, sondern diskursiv[82], d.h. er denkt in Allgemeinbegriffen und muss „in den Sinnen die Anschauung suchen"[83]. Während ein intuitiver Verstand Gegenstände nach selbstgegebenen Regeln produziert, konstituiert der diskursive Verstand fremdgegebene Gegenstände nach nicht selbsterschaffenen Regeln[84]. Der diskursive Verstand ist ein Vermögen der Begriffe, für das es „zufällig sein muß, welcherlei und wie sehr verschieden das Besondere sein mag, das ihm in der Natur gegeben werden, und das unter seine Begriffe gebracht werden kann"[85]. Er ist daher ein Vermögen abstrakter, alle Besonderheit ausschließender Begriffe. Der intuitive Verstand hingegen ist ein Vermögen konkreter Begriffe, d.h. solcher Begriffe, die die Besonderheiten nicht statisch ausschließen, sondern in sich enthalten bzw. aus sich selbst heraus produzieren. Hegel zufolge hat Kant durch den Begriff des anschauenden Verstandes den Gedanken der Idee ausgesprochen: „Die Vorstellung eines intuitiven Verstandes [...] ist das Allgemeine zugleich als an ihm konkret gedacht. In diesen Vorstellungen allein zeigt daher die Kantische Philoso-

---

79 *Hegel* Brief an Duboc vom 30. 7. 1822 (Briefe II), S. 327.

80 *Kant* Kritik der reinen Vernunft, B 135 (S. 138); vgl. auch *ders.* Kritik der Urteilskraft, B 348 ff./A344 ff. (S. 360 ff.).

81 *Kant* Kritik der reinen Vernunft, B 139 (S. 140).

82 *Kant* Kritik der reinen Vernunft, B 93/A 68 (S. 109): Die Erkenntnis des menschlichen Verstandes ist „eine Erkenntnis durch Begriffe, nicht intuitiv, sondern diskursiv"; ebenso *ders.* Kritik der Urteilskraft, B 347/A 343 (S. 359): „Unser Verstand ist ein Vermögen der Begriffe, d.i. ein diskursiver Verstand".

83 *Kant* Kritik der reinen Vernunft, B 135 (S. 138).

84 *Collmer* Aktuelle Perspektiven einer immanenten Hegel-Kritik, S. 92.

85 *Kant* Kritik der Urteilskraft, B 347/A 343 (S. 359 f.).

phie sich spekulativ"[86]. Der kantische intuitive Verstand entspricht also dem, was Hegel „spekulative Vernunft" oder „konkretes Allgemeines" nennt[87]; der diskursive Verstand dem, was er als „abstrakten Verstand" bezeichnet. Für den kantischen Terminus der Vernunft – den Inbegriff der Prinzipien, die einen geregelten Gebrauch der gegenstandskonstituierenden Regeln des diskursiven Verstandes ermöglichen – fehlt ein Pendant in der hegelschen Terminologie.

Kant zufolge haben wir von einem anschauenden Verstand – hegelisch gesprochen: von einem konkreten Allgemeinen – „nicht den mindesten Begriff"[88]: Zwar zeigt die *Kritik der Urteilskraft* die Notwendigkeit der Betrachtung empirischer Gesetze „nach einer solchen Einheit [...], als ob gleichfalls ein Verstand (wenn gleich nicht der unsrige) sie zum Behuf unserer Erkenntnisvermögen, um ein System der Erfahrung nach besonderen Naturgesetzen möglich zu machen, gegeben hätte"[89]; jedoch kann nicht „wirklich ein solcher Verstand angenommen werden [...] (denn es ist nur die reflektierende Urteilskraft, der diese Idee zum Prinzip dient, zum Reflektieren, nicht zum Bestimmen)"[90]. Kants Ablehnung des einheitlichen intellectus archetypus ist für Hegel unverständlich:

> Es wird immer als etwas Verwunderungswürdiges ausgezeichnet werden, wie die Kantische Philosophie dasjenige Verhältnis des Denkens zum sinnlichen Dasein,

86 *Hegel* Enzyklopädie der philosophischen Wissenschaften I (8), § 55, S. 140.

87 Ob Hegel den Begriff des anschauenden Verstandes im kantischen Sinne verstanden hat, ist ausgesprochen fraglich. Begriffsbestimmungen des anschauenden Verstandes finden sich an verschiedenen Stellen seines Werkes. In den *Vorlesungen über die Geschichte der Philosophie* heißt es: Das, „was die Vereinigung unmittelbar in sich enthält, ist ein Denken, in dem die Besonderheit schon enthalten ist. Das ist der kantische intuitive Verstand oder intelligente Anschauung, anschauende Intelligenz" (*Hegel* Vorlesungen über die Geschichte der Philosophie III [20], S. 432). In *Glauben und Wissen* bestimmt Hegel den anschauenden Verstand als einen solchen, „für welchen Möglichkeit und Wirklichkeit eins sind, für welchen Begriffe (die bloß auf die Möglichkeit eines Gegenstandes gehen) und sinnliche Anschauungen (welche uns etwas geben, ohne es dadurch doch als Gegenstand erkennen zu lassen) beide wegfallen, – eines intuitiven Verstandes, welcher nicht vom Allgemeinen zum Besonderen und so zum Einzelnen (durch Begriffe) gehe, für welchen die Zufälligkeit in der Zusammenstimmung der Natur in ihren Produkten nach besonderen Gesetzen zum Verstande nicht angetroffen wird, in welchem als urbildlichem Verstande die Möglichkeit der Teile usf., ihrer Beschaffenheit und Verbindung nach, vom Ganzen abhängen" (*ders.* Glauben und Wissen [2], S. 324 f.). An derselben Stelle setzt Hegel den Begriff des intuitiven Verstandes ferner mit dem Begriff der transzendentalen Einbildungskraft gleich (ebenso in: *ders.* Vorlesungen über die Geschichte der Philosophie III [20], S. 347). Kulenkampff bescheinigt Hegel, er gebe damit zwar eine „unorthodoxe, aber keineswegs sinnwidrige Kant-Interpretation" (*ders.* Antinomie und Dialektik, S. 41). Vgl. auch *Collmer* Aktuelle Perspektiven einer immanenten Hegel-Kritik, S. 89 ff. und *Taylor* Hegel, S. 393 f..

88 *Kant* Prolegomena zu einer jeden künftigen Metaphysik (IV), S. 316; ebenso *ders.* Kritik der reinen Vernunft, B 312/A 256 (S. 282).

89 *Kant* Kritik der Urteilskraft, B XXVII/A XXV (S. 89).

90 *Kant* Kritik der Urteilskraft, B XXVII f./A XXV f. (S. 89).

> bei dem sie stehen blieb, für ein nur relatives Verhältnis der bloßen Erscheinung erkannte und eine höhere Einheit beider in der [...] Idee eines anschauenden Verstandes sehr wohl erkannte und aussprach, doch bei jenem realen Verhältnisse und bei der Behauptung stehen geblieben ist, daß der Begriff schlechthin von der Realität getrennt sei und bleibe[91].

Hegels Interpretation der kantischen Philosophie gelangt daher zu dem Ergebnis, dass in der *Kritik der Urteilskraft* zwar

> der Gedanke eines anderen Verhältnisses vom Allgemeinen des Verstandes zum Besonderen der Anschauung aufgestellt [ist], als in der Lehre von der theoretischen und praktischen Vernunft zugrunde liegt. Es verknüpft sich damit aber nicht die Einsicht, daß jenes das wahrhafte, ja die Wahrheit selbst ist[92].

Der Unterschied zwischen dem Begriff des diskursiven (abstrakten) Verstandes und dem des urbildlichen Verstandes (der Vernunft im Sinne Hegels) bildet also die das Grundgerüst der hegelschen Kantkritik; er ist daher näher zu explizieren. Die Darstellung soll in Hegels Terminologie erfolgen und sich an seiner Interpretation des kantischen intuitiven Verstandes ausrichten: als Erläuterung dessen, was Hegel im Begriffskapitel der *Wissenschaft der Logik* als „konkretes Allgemeines" im Unterschied zum „abstrakten Allgemeinen" bezeichnet. Die Darlegung der Momente des Begriffs bereitet zudem den im nächsten Abschnitt thematischen Vergleich der Willenskonzepte Kants und Hegels vor; denn die Struktur des Begriffs ist im hegelschen System auch für den Willen konstitutiv.

b. Abstrakte und konkrete Allgemeinheit

Der Begriff dirimiert sich in „die Momente der Allgemeinheit [...], der Besonderheit [...] und der Einzelheit"[93]. Das Moment der Allgemeinheit kann auf zwei Weisen gedacht werden: als abstraktes und als konkretes Allgemeines. Der abstrakte Verstand fasst den Begriff als ein alle Besonderheit ausschließendes Allgemeines[94]; er versteht ihn als ein Unbestimmtes, das viele Bestimmungen unter sich hat. Das Besondere beschreibt er im Gegensatz dazu als eine Bestimmung, der die Allgemeinheit als den verschiedenen Bestimmungen Gemeinschaftliches übergeordnet ist. Allgemeinheit und Besonderheit sind für den abstrakten Verstand Antipoden: Sie bilden als Unbestimmtes und Bestimmtes ein Gegensatzpaar.

91 *Hegel* Wissenschaft der Logik II (6), S. 264.

92 *Hegel* Enzyklopädie der philosophischen Wissenschaften I (8), § 56, S. 140.

93 *Hegel* Enzyklopädie der philosophischen Wissenschaften I (8), § 163, S. 311.

94 Die in diesem Satz vorgenommene Gleichsetzung von Begriff und Allgemeinheit ist berechtigt, da „der Begriff in jedem seiner Momente ganz er selbst bleibt" (*Schick* Hegels Wissenschaft der Logik, S. 186; vgl. auch *Hegel* Wissenschaft der Logik II [6], S. 273).

Indem das Allgemeine in dieser Beziehung zum Besonderen als ein „bloß [...] Gemeinschaftliches“[95] gedacht wird, dem das Besondere nach rein äußerlichen Gesichtspunkten subordiniert ist, ist es in seinem radikalen Ausschluss aller Besonderheit abstrakt. „Man spricht demgemäß vom Begriff der Farbe, der Pflanze, des Tieres, usw., und diese Begriffe sollen dadurch entstehen, daß bei Hinweglassung des Besonderen, wodurch sich die verschiedenen Farben, Pflanzen, Tiere usw. voneinander unterscheiden, das denselben Gemeinschaftliche festgehalten werde“[96]. Der abstrakte Begriff wird vom Verstand als allgemein gekennzeichnet, weil er für mehreres gilt; und „er kann für mehreres gelten, weil er Produkt einer Abstraktion vom Einzelnen ist“[97]. Die Charakterisierung des Verhältnisses von Allgemeinheit und Besonderheit als eines der äußerlichen Subordination ist in der philosophischen Literatur häufig anzutreffen; sie findet sich schon bei Porphyrios in der Unterscheidung von „Genos“ und „Eidos“[98]: Die Gattung sei – so Porphyrios – ein Allgemeines, „dem die Art untergeordnet ist“[99], und die Art „das, was unter der beschriebenen Gattung steht“[100].

Das Zusammenfassen vieler verschiedener Einzelner unter einen abstrakten Oberbegriff ist für die Orientierungs- und Ordnungsleistung der Wissenschaften zwar nützlich; das Absolute vermag die Kategorie des Verstandesallgemeinen indes nicht zu erfassen. Unterstellt man ihr den Anspruch, als oberster Kategorie das Absolute vollständig zu bestimmen, so stürzt sie in eben jene Aporien, denen das Abstrakte dem eingangs Gesagten zufolge stets unterliegt. Das Programm der uneingeschränkten Allgemeinheit durch Abstraktion – und das heißt in der Optik dieses Absolutheitsanspruchs: das Programm der Erlangung universeller Gültigkeit durch ein Absehen von jeder Bestimmung, die Relativität bedeuten würde – konvergiert letzten Endes mit dem Gedanken völliger Leere. Der Versuch, einem Begriff absolute Geltung ausschließlich durch Negation zu verleihen, destruiert diesen Begriff zugleich: Der gänzlich allgemeine Begriff wird als vollständig abstrakt zu einem „sinnlose[n], ja leere[n] Gebilde“[101]. Je allgemeiner ein Begriff ist, desto inhaltsleerer ist er: Das Verstandesallgemeine versucht sich als „absolute Identität mit sich“[102], als

95 *Hegel* Enzyklopädie der philosophischen Wissenschaften I (8), § 163 Z, S. 312.
96 *Hegel* Enzyklopädie der philosophischen Wissenschaften I (8), § 163 Z, S. 311 f..
97 *Schick* Hegels Wissenschaft der Logik, S. 186.
98 Vgl. *Hanisch* Dialektische Logik und politisches Argument, S. 33 ff..
99 *Porphyrios* Einleitung in die Kategorien, S. 2.
100 *Porphyrios* Einleitung in die Kategorien, S. 4.
101 *Braitling* Hegels Subjektivitätsbegriff, S. 162.
102 *Hegel* Wissenschaft der Logik II (6), S. 274.

„reine Beziehung des Begriffs auf sich selbst“[103], mithin als bloß selbstbezüglich zu konstituieren; es kann seine spezifische Bestimmung jedoch nur durch die bestimmte Negation, das heißt durch Fremdbezug erlangen. Da es alle Besonderheit statisch ausgliedert, ist ihm diese Referenz auf Anderes von vornherein ausgeschlossen; mehr noch: Es ist performativ widersprüchlich, denn es ist in seiner Unterschiedenheit vom Besonderen selbst ein Besonderes[104] und kann sich entsprechend nicht außerhalb jeder Besonderheit konstituieren. Hegel weist auf diese Antinomie ausdrücklich hin: Das „Allgemeine, gegen welches das Besondere bestimmt ist, ist [...] selbst auch nur eines der Gegenüberstehenden“[105]; indem es im Besonderen seine Schranke hat, ist es selbst nicht allgemein. Hegel verwirft die Kategorie des Verstandesallgemeinen also; er gelangt zu dem Resultat, dass „das abstrakt Allgemeine [...] somit zwar der Begriff [ist], aber als Begriffloses, als Begriff, der nicht als solcher gesetzt ist“[106].

In positiv-spekulativer, nicht bloß dialektisch-destruierender Hinsicht wendet sich Hegel gegen das abstrakte Verstandesallgemeine mit dem Diktum: „Auch der bestimmte Begriff bleibt [...] in sich unendlich freier Begriff“[107]. Der trotz seiner Bestimmtheit freie Begriff – das konkrete Allgemeine – entwickelt sich nicht durch Abstraktionen aus dem Besonderen, indem es „zur höheren und höchsten Gattung aufsteigt“, sondern es vereinigt sich mit dem Besonderen „durch die Einzelheit, zu welcher das Allgemeine in der Bestimmtheit selbst herunter steigt“[108]. Um diese recht dunkle Aussage zu verdeutlichen, muss ein kurzer Blick auf den Gang der Kategorienentwicklung vor dem Begriffskapitel der *Wissenschaft der Logik* geworfen werden. Die letzte Kategorie der Wesenslogik ist die sich aus der Kausalität entwickelnde Wechselwirkung. Ergebnis des Kausalitätskapitels ist die Erkenntnis, dass Ursache und Wirkung einander bedingen: Jede dieser Antipodinnen bestimmt sich ausschließlich durch die andere. Zwar behaupten beide Kategorien auf Bedeutungsebene eine Asymmetrie untereinander, indem sich die letztere als durch die erstere bedingt charakterisiert. Auf begrifflicher Ebene ist jedoch auch die Ursache auf die Wirkung angewiesen, denn die „Ursache ist nur Ursache, insofern sie eine Wirkung hervorbringt; und die Ursache ist nichts als diese Bestimmung, eine Wirkung zu haben, und die Wirkung nichts als dies, eine Ursache zu haben“[109]. Dieser Widerspruch zwischen Ausge-

103 *Hegel* Wissenschaft der Logik II (6), S. 274.
104 *Schnädelbach* Hegels praktische Philosophie, S. 181.
105 *Hegel* Wissenschaft der Logik II (6), S. 281.
106 *Hegel* Wissenschaft der Logik II (6), S. 284.
107 *Hegel* Wissenschaft der Logik II (6), S. 278.
108 *Hegel* Wissenschaft der Logik II (6), S. 296.
109 *Hegel* Wissenschaft der Logik II (6), S. 224

drücktem und Präsupponiertem[110] findet seine Auflösung in der Kategorie der Wechselwirkung, in der die Gleichberechtigung beider Kategorien einen expliziten Ausdruck erfährt. Auch die Wechselwirkung ist jedoch noch defizitär, denn sie beschreibt die in ihr enthaltenen Komponenten als zwar gleichberechtigte, jedoch einander äußerlich gegenüberstehende Fremde. Die Wechselwirkung vermag das Absolute nicht zu erfassen, da jedes seiner Momente in seiner Bedingtheit vom jeweils Anderen eingeschränkt ist. Der Begriff schließlich überwindet auch diese Beschränkung: Er ist die „unendliche negative Beziehung auf sich, – negative überhaupt, in der das Unterscheiden und Vermitteln zu einer Ursprünglichkeit gegeneinander selbständiger Wirklichen wird, – unendliche Beziehung auf sich selbst, indem die Selbständigkeit derselben eben nur als ihre Identität ist“[111]. Die in der Wechselwirkung äußerliche Differenz wird im Begriff also in eine einheitliche Struktur integriert[112]: Der Begriff ist die negative Beziehung auf sich, denn er differenziert sich selbst in seine besonderen Momente, die sich dennoch identisch bleiben.

Anhand dieser Struktur ist eine neue, konkrete Zuordnung der Begriffskategorien Allgemeinheit, Besonderheit und Einzelheit möglich: Der Begriff dirimiert sich in seine besonderen Momente. Diese Momente sind durch den Begriff selbst vermittelt: Sie sind insofern einander identisch. In dieser Vermittlungsleistung des Besonderen besteht die Allgemeinheit des Begriffs: Sie ist – anders als das Verstandesallgemeine – nicht ein Produziertes, nicht Resultat der Abstraktion, sondern der Prozess der Vermittlung des Besonderen selbst. Der prozessuale Charakter des Allgemeinen zeigt sich bereits in der Kategorie der Kausalität. Das Allgemeine erscheint dort in der Gestalt des Naturgesetzes, insbesondere in dessen Gleichheitszeichen[113]. Die Einheit von Ursache und Wirkung ist deren Relation zueinander; diese bildet deren allgemeines Moment. Genau so, als Prozess der Einheitsfindung, ist das Allgemeine auch im Begriff zu denken: Der Begriff ist allgemein, weil er in seiner Selbstunterscheidung bei sich bleibt; er ist allgemein, weil jedes seiner besonderen Momente „es selbst und sein Gegenteil [ist], was wieder es selbst als seine gesetzte Bestimmtheit ist; es greift über dasselbe über und ist in ihm bei sich selbst. So ist [... das Allgemeine] die Totalität und Prinzip seiner Verschiedenheit, die ganz nur durch es selbst bestimmt ist“[114]. Hegels Interpretation der Allgemeinheit als Prozess der Vermittlung zwischen den besonderen Mo-

---

110 So die Interpretation von *Hösle* Hegels System, S. 230.

111 *Hegel* Enzyklopädie der philosophischen Wissenschaften I (8), § 157, S. 302 f..

112 *Hösle* Hegels System, S. 231.

113 *Schick* Hegels Wissenschaft der Logik, S. 191.

114 *Hegel* Wissenschaft der Logik II (6), S. 279.

menten lässt sich am Beispiel äußerer Zweckmäßigkeit verdeutlichen[115]: Wenn etwa der Zweck oder die Funktionsweise einer Maschine unbekannt sind, so heißt dies, dass die einzelnen Teile der Maschine nicht in Bezug zueinander gesetzt werden können. Dass mir die allgemeine Bestimmung der Maschine fehlt, besagt in diesem Kontext, dass ich deren Einzelteile einander nicht zuordnen kann. An diesem Beispiel zeigt sich auch, dass das Allgemeine als Vermittlungsprozess des Besonderen zugleich das Prinzip der Diversifikation ist. Denn wenn mir der allgemeine Begriff der Maschine fehlt, so „werde ich [...] auch den Unterschied ihrer Teile zunächst nur begrifflos, unbestimmt bezeichnen können"[116]. Das Allgemeine ist damit vom Besonderen nicht mehr zu trennen: Beide Begriffsmomente bilden eine Totalität, die Hegel als Einzelheit bezeichnet. Das Besondere verhält sich zum Allgemeinen also als dessen Spezifikation. Es steht nicht gleichrangig neben diesem, sondern ist in der Allgemeinheit enthalten. Aber auch das Allgemeine ist „nicht bloß ein Gemeinschaftliches, welchem gegenüber das Besondere seinen Bestand für sich hat, sondern vielmehr das sich selbst Besondernde (spezifizierende) und in seinem Anderen in ungetrübter Klarheit bei sich selbst bleibende"[117]. Hegels Bestimmung des Allgemeinen unterscheidet sich damit deutlich vom Gattungsbegriff porphyreischer Provenienz: Er lehnt eine mengentheoretisch-extensionale Deutung des Begriffs ab. Indem sich das Allgemeine den besonderen Bestimmungen nicht überordnet, sondern sie als in sich enthalten denkt, ist es konkret; „unter dieses wird nicht ein gegebenes Besonderes subsumiert, sondern in jenem Bestimmen und in der Auflösung desselben hat sich das Besondere schon mit bestimmt"[118]. Die Ein-

---

115 Das Beispiel stammt von *Schick* Hegels Wissenschaft der Logik, S. 204.

116 *Schick* Hegels Wissenschaft der Logik, S. 204.

117 *Hegel* Enzyklopädie der philosophischen Wissenschaften I (8), § 163 Z, S. 312.

118 *Hegel* Wissenschaft der Logik I (5), S. 16 f.. Hegels Unterscheidung von abstrakter und konkreter Allgemeinheit lässt sich auch verdeutlichen durch Kants ähnliche Differenzierung zwischen dem Analytisch-Allgemeinen und dem Synthetisch-Allgemeinen: „Unser Verstand nämlich hat die Eigenschaft, daß er in seinem Erkenntnisse [...] vom Analytisch-Allgemeinen (von Begriffen) zum Besondern (der gegebenen empirischen Anschauung) gehen muß; wobei er also in Ansehung der Mannigfaltigkeit des letztern nichts bestimmt [...]. Nun können wir uns aber auch einen Verstand denken, der [...] vom Synthetisch-Allgemeinen (der Anschauung eines Ganzen, als eines solchen) zum Besondern geht, d.i. vom Ganzen zu den Teilen [...]. Wollen wir uns also nicht die Möglichkeit des Ganzen als von den Teilen, wie es unserm diskursiven Verstande gemäß ist, sondern, nach Maßgabe des intuitiven (urbildlichen), die Möglichkeit der Teile (ihrer Beschaffenheit und Verbindung nach) als vom Ganzen abhängig vorstellen: so kann dieses, nach eben derselben Eigentümlichkeit unseres Verstandes, nicht so geschehen, daß das Ganze den Grund der Möglichkeit der Verknüpfung der Teile (welches in der diskursiven Erkenntnisart Widerspruch sein würde), sondern nur, daß die Vorstellung eines Ganzen den Grund der Möglichkeit der Form desselben und der dazu gehörigen Verknüpfung der Teile enthalte" (*Kant* Kritik der Urteilskraft, B 348 ff./A 344 ff. [S. 361]).

zelheit ist als Totalität des Begriffs das „bestimmte Allgemeine“[119], in ihr ist „die Bestimmung keine Schranke für das Allgemeine, sondern [... dieses] erhält sich darin und ist positiv mit sich identisch“[120]. Hegel zufolge ist „die tiefere Bedeutung des Begriffs dem allgemeinen Sprachgebrauch keineswegs so fremd [...], als dies zunächst der Fall zu sein scheint“. Er erläutert dies anhand einer Argumentation, die an die Problematik des hermeneutischen Zirkels erinnert:

> Man spricht von der Ableitung eines Inhalts, so z.B. der das Eigentum betreffenden Rechtsbestimmungen aus dem Begriff des Eigentums, und ebenso umgekehrt von der Zurückführung eines solchen Inhalts auf den Begriff. Damit aber wird anerkannt, daß der Begriff nicht bloß eine an sich inhaltslose Form ist, da einerseits aus einer solchen nichts abzuleiten wäre und andererseits durch die Zurückführung eines gegebenen Inhalts auf die leere Form des Begriffs derselbe nur seiner Bestimmtheit würde beraubt, aber nicht erkannt werden[121].

Dennoch wirft die Struktur der Einzelheit erhebliche Verständnisschwierigkeiten[122] auf; diese Probleme werden dadurch gefördert, dass „im Feld des allgemeinen Begriffs [...] die Beispiele rar“ werden[123]. Zur Verdeutlichung dieser schwierigen Kategorie sollen daher kurz die wenigen Beispiele, die Hegel für sie bereithält, angeführt werden. Hegel exemplifiziert die konkrete Allgemeinheit im Kapitel über den allgemeinen Begriff anhand der Kategorien des Lebens, des Geistes sowie des Ich[124]. Insbesondere das Ich stellt er als realphilosophisches Pendant des konkreten Begriffs vor[125]. An einer späteren Stelle führt er aus, dass das abstrakte Denken diese Begriffe nicht erfassen könne, „weil [... es] von ihren Erzeugnissen die Einzelheit, das Prinzip der Individualität und Persönlichkeit, abhält und so zu nichts als leb- und geistlosen, farb- und gestaltlosen Allgemeinheiten kommt“[126]. Diese Bemerkungen erhellen die Struktur der Einzelheit erheblich: Sie ist offenbar als Subjektivität zu begreifen, die sich in jeweils besondere Daseinselemente objektiviert, in ihrer Fähigkeit zur Idealisie-

---

119 *Hegel* Wissenschaft der Logik II (6), S. 296, S. 298.

120 *Hegel* Wissenschaft der Logik II (6), S. 276.

121 *Hegel* Enzyklopädie der philosophischen Wissenschaften I (8), § 160 Z, S. 308.

122 Vgl. *Schick* Hegels Wissenschaft der Logik, S. 217: „Dieses Verständnis von Einzelheit geht freilich aller – auch erkenntnisphilosophischen – Gewohnheit zuwider“. *Braitling* Hegels Subjektivitätsbegriff, S. 167 ff. und *Hösle* Hegels System, S. 233 ff. weisen darauf hin, dass das Kapitel über das Einzelne in systemuntypischer Weise zweigliedrig strukturiert ist, wobei sich beide Teile unvermittelt gegenüberstehen: Im ersten Teil wird die Einzelheit im hiesigen Sinne, als Allgemeinheit und Besonderheit miteinander vermittelnde Subjektivität, verstanden; im zweiten Teil hingegen im üblichen Sinn, als „qualitatives Eins oder Dieses“ (*Hegel* Wissenschaft der Logik II [6], S. 300).

123 *Schick* Hegels Wissenschaft der Logik, S. 192.

124 *Hegel* Wissenschaft der Logik II (6), S. 279.

125 *Hegel* Wissenschaft der Logik II (6), S. 253.

126 *Hegel* Wissenschaft der Logik II (6), S. 297.

rung zugleich aber immer auch allgemein ist. Die Subjektivitätsstruktur des Ich erfüllt in der Tat die genannten Bedingungen: Dieses ist einerseits „absolutes Bewußtsein, welches sich Anderem gegenüberstellt und es ausschließt; individuelle Persönlichkeit"[127]; andererseits aber auch eine sich in allen Bestimmungen durchhaltende Allgemeinheit[128], denn das Ich ist trotz seines mannigfaltigen Facettenreichtums als beständige Totalität identifizierbar. Bestätigt wird diese Interpretation durch eine Passage der *Wissenschaft der Logik*, in der Hegel die Einzelheit geradezu neuplatonisch erfasst:

> Das Allgemeine [...], wenn es sich [...] in eine Bestimmung setzt, bleibt [...] darin, was es ist. Es ist die Seele des Konkreten, dem es inwohnt, ungehindert und sich selbst gleich in dessen Mannigfaltigkeit und Verschiedenheit. Es wird nicht mit in das Werden gerissen, sondern kontinuiert sich ungetrübt durch dasselbe und hat die Kraft unveränderlicher, unsterblicher Selbsterhaltung[129].

Die Gleichsetzung von Einzelheit und Subjektivität hat freilich zur Folge, dass Hegel der Natur Begrifflichkeit absprechen muss: „Es ist dies die Ohnmacht der Natur, die Strenge des Begriffs nicht festhalten und darstellen zu können und in diese begriffslose blinde Mannigfaltigkeit sich zu verlaufen"[130]; auf diese Kritik wird noch ausführlich zu sprechen kommen sein[131]. Vorläufig genügt es, festzuhalten, dass der Begriff im hegelschen Sinne eine genuin subjektive und dadurch idealisierende, je besondere Bestimmungen zu einer Totalität zusammenschließende Struktur ist. Diese Totalität ist in sich unterschieden und doch einheitlich: Sie bezieht sich auf Fremdes und ist in diesem Fremdbezug „einfache Beziehung auf sich selbst"[132]. Diese spekulative Verbindung von Selbstreferenz durch Fremdbezug kennzeichnet für Hegel Freiheit: Mit dem Begriff ist die noch in der Wechselwirkung vorhandene Abhängigkeit von anderem überwunden; er ist daher „das absolut Unendliche, Unbedingte und Freie"[133].

Die Ergebnisse dieses Abschnitts seien kurz zusammengefasst: Hegel kritisiert die Vorstellung, dass der Begriff ein von der Substanz verschiedenes, durch Abstraktion gewonnenes Produkt des Verstandes sei. Die Einheits-Vielheits-Dialektik der Begriffsmomente Allgemeinheit und Besonderheit zeigt vielmehr, dass der Begriff konkret gedacht werden muss: Sie zeigt, dass er als Allgemeines nicht ein von der Sache Verschiedenes,

---

127 *Hegel* Wissenschaft der Logik II (6), S. 253.

128 *Hösle* Hegels System, S. 234.

129 *Hegel* Wissenschaft der Logik II (6), S. 276.

130 *Hegel* Wissenschaft der Logik II (6), S. 282; vgl. zu Hegels Kritik an der Natur *Hanisch* Dialektische Logik und politisches Argument, S. 47.

131 Siehe dazu unten S. 144 ff..

132 *Hegel* Wissenschaft der Logik II (6), S. 274 f..

133 *Hegel* Wissenschaft der Logik II (6), S. 274.

sondern wesentlich mit ihr identisch ist. Der Begriff ist insofern die „Wahrheit der Substanz“[134]. Anders, so Hegels Argument, wäre überhaupt nicht erklärbar, wie sich Begriffe auf Sachen beziehen könnten, d.h. wie eine Identität von Begriff und begriffenem Gegenstand herzustellen wäre[135]: Der Begriff verkommt zu einem leeren Gebilde und die Sache zu einem nicht beschreibbaren Dieses. Die Konvergenz von Allgemeinheit und Besonderheit in der Kategorie der Einzelheit markiert also die Synthese von Objektivität und Subjektivität: Die Vorstellung, Begriffe seien bloß subjektive Reflexionen auf äußere Dinge, wird durch sie hinfällig. Hegel bringt diesen Einheitsgedanken in den dem Begriff nachfolgenden Kategorien der *Logik* deutlich zum Ausdruck, etwa wenn er die daseiende Rose als Urteil beschreibt[136]. Die hegelsche Begriffslehre kulminiert mithin in dem Versuch, Begriff und Substanz als Einheit zu denken, d.h. dem traditionell bloß subjektiv verstandenen Begriff objektive Geltung zu verleihen[137].

c. Grundzüge der hegelschen Kantkritik

Hegels Kritik an Kant findet ihren Ausgangspunkt in der These, dass dieser den Begriff auf entgegengesetzte Weise – als bloß subjektiv – beschreibe. Diese Übertragung der Kritik am Verstandesallgemeinen auf die kantische Philosophie scheint auf den ersten Blick völlig abwegig zu sein, denn das Anliegen der Transzendentalphilosophie besteht gerade in dem Bemühen, die Objektivität der Verstandesleistungen aufzuzeigen. Und dennoch ist mit Kants Ablehnung des intellectus archetypus tatsächlich ein abstraktes Verhältnis von Allgemeinheit und Besonderheit vorprogrammiert. Indem Kant den Verstand als ein abstrakt-begriffliches Vermögen zur Ordnung des gegebenen Anschauungsmaterials konzipiert, verstrickt er sich in einen unauflösbaren, weil nicht begriffenen Dualismus[138]: Statt das im Begriff des anschauenden Verstandes angelegte

134 *Hegel* Wissenschaft der Logik II (6), S. 246.

135 *Schick* Hegels Wissenschaft der Logik, S. 56.

136 *Hegel* Enzyklopädie der philosophischen Wissenschaften I (6), § 166 Z, S. 317 f..

137 Eine ausführliche Würdigung dieses Versuchs findet sich bei *Schick* Hegels Wissenschaft der Logik.

138 Zu beachten ist jedoch, dass Hegel Kant zugesteht, die Aporien des Verstandes durchaus gesehen zu haben, und zwar in der transzendentalen Dialektik: „In der neueren Zeit ist es vornehmlich Kant gewesen, der die Dialektik wieder in Erinnerung gebracht und dieselbe aufs neue in ihre Würde gesetzt hat, und zwar durch die [...] Durchführung der sogenannten Antinomien der Vernunft“ (*Hegel* Enzyklopädie der philosophischen Wissenschaften I [8], § 81 Z 1, S. 174). Kant habe also die Prinzipien der Abstraktion und der Dialektik begriffen, sei jedoch nicht zur Spekulation gelangt.

spekulative Einheitsprinzip durchzuführen, muss er eine prinzipielle Separation zwischen Allgemeinem und Besonderem postulieren, die sich in seinem System als Trennung von Begrifflichem und Empirischem artikuliert. Dies führt zu eben jener Sinnentleerung des Begriffs, die Hegel an der Kategorie des abstrakten Allgemeinen rügt: So wie das Allgemeine sich nur durch die Negation des Besonderen inhaltlich bestimmt und insofern vom Besonderen abhängig ist, so ist im kantischen System der Verstand auf die Anschauung angewiesen, um überhaupt inhaltliche Erkenntnis zu erlangen. Die Kategorien des Verstandes fungieren in Kants Philosophie als formale Ordnungsmuster des Anschauungsmaterials und vermögen aus sich selbst heraus die Gegenstandskonstitution nicht zu leisten. Resultat der ersten Kritik ist die Feststellung, dass „Anschauung und Begriffe [...] die Elemente aller unsrer Erkenntnis aus[machen], so daß weder Begriffe, ohne ihnen auf einige Art korrespondierende Anschauung, noch Anschauung ohne Begriffe, ein Erkenntnis abgeben können“[139]. Diese Unfähigkeit des Begriffes, aus sich selbst heraus Erkenntnis zu schöpfen, führt – so Hegel – zum Primat der Sinnlichkeit. Indem sich die Vernunft ihren Inhalt diktieren lasse, sei sie „eine mit Endlichkeit affizierte Vernunft“[140], der eine „absolute“[141], weil nicht begriffene Sinnlichkeit gegenüberstehe. Die von Kant postulierte strikte Trennung von allgemeinem Begriff und besonderer Anschauung ist – das zeigt die Dialektik des Begriffs – nicht möglich: Beide Kategorien vermögen sich nur durch die Negation ihres Gegenbegriffes inhaltlich zu konstituieren. In Kants berühmtem Diktum „Gedanken ohne Inhalt sind leer, Anschauungen ohne Begriffe sind blind“[142] bestätigt sich vor diesem Hintergrund lediglich die hegelsche Subjektivitätsstruktur, derzufolge Selbstbezug ohne Fremdbezug in abstrakter Inhaltsleere verbleibt.

Die vom intellectus ectypus vorgenommene Trennung von Begriff und Begriffsgegenstand führt auf diese Weise zu einem Autoritätsverlust der Vernunft, der mit ihrem Anspruch nicht vereinbar ist[143]; denn die statische Gegenüberstellung von Begrifflichem und Nichtbegrifflichem impliziert die Nichterkennbarkeit des Absoluten: Da die Vernunft sich mit einem ihr Fremden konfrontiert sieht, weiß sie sich in ihrem Anwendungsbereich beschränkt. Kant wollte mit dieser Selbstbeschränkung der reinen Vernunft die Philosophie bekanntlich auf eine feste Grundlage stellen. Hegel zufolge ist sie eine schlichte contradictio exercita: Indem die

139 *Kant* Kritik der reinen Vernunft, B 74/A 50 (S. 97).

140 *Hegel* Glauben und Wissen (2), S. 298.

141 *Hegel* Glauben und Wissen (2), S. 299.

142 *Kant* Kritik der reinen Vernunft, B 75/A 51 (S. 98).

143 Hegel definiert die Vernunft in diesem Sinne als „das Vermögen des Unbedingten“ (*ders.* Enzyklopädie der philosophischen Wissenschaften I [8], § 45, S. 121).

Vernunft auf etwas ihr Fremdes angewiesen ist, ist ihr Geltungsumfang eingeschränkt, während sie zugleich diese Eingeschränktheit selbst thematisiert. „Das Resultat [des Dualismus] ist, daß die Vernunft unfähig sei, das Unendliche zu erkennen“[144], während sie als Vernunft diese Unfähigkeit zugleich absolut und in diesem Sinne unendlich behauptet. In der *Enzyklopädie* weist Hegel auf diese Antinomie ausdrücklich hin:

> In jedem dualistischen System, insbesondere aber im Kantischen, gibt sich sein Grundmangel durch die Inkonsequenz, das zu vereinen, was einen Augenblick vorher als selbständig, somit als unvereinbar erklärt worden ist, zu erkennen. [...] Es ist [...] die größte Inkonsequenz, einerseits zuzugeben, daß der Verstand nur Erscheinungen erkennt, und andererseits dies Erkennen als etwas Absolutes zu behaupten, indem man sagt: das Erkennen könne nicht weiter, dies sei die natürliche, absolute Schranke des menschlichen Wissens[145].

Noch deutlicher heißt es in der *Wissenschaft der Logik*[146]:

> Auf diesem Standpunkte wird dem Objekte eine unbekannte Dingheit-an-sich hinter dem Erkennen zugeschrieben und dieselbe und damit auch die Wahrheit als ein absolutes Jenseits für das Erkennen betrachtet. [...] Aus dieser Bestimmung des endlichen Erkennens erhellt unmittelbar, daß es ein Widerspruch ist, der sich selbst aufhebt, – der Widerspruch einer Wahrheit, die zugleich nicht Wahrheit sein soll, – eines Erkennens dessen, was ist, welches zugleich das Ding-an-sich nicht erkennt.

Hegel steht damit der Grundoperation des „kritischen Geschäfts“ skeptisch gegenüber: dieses sei aporetisch, da eine Beschränkung der Vernunft deren Selbstbeschreibung desavouiere und eine Selbstthemativität der Vernunft mit deren Absolutheitsanspruch verbunden sei[147]. Eine moderne Rekonstruktion dieses Argumentes findet sich bei Puntel:

> Kants (meta-)transzendentale Sätze beinhalten eine Präsupposition, die aber in diesen Sätzen selbst ausdrücklich negiert wird. Es entsteht ein Widerspruch zwischen Präsupposition und expliziter Behauptung: ein Selbstwiderspruch [...]. Die

144 *Hegel* Wissenschaft der Logik I (5), S. 52.

145 *Hegel* Enzyklopädie der philosophischen Wissenschaften I (8), § 60, S. 143. Hegel findet harte Worte für die kritische Philosophie: Diese habe „dem Nichtwissen des Ewigen und Göttlichen ein gutes Gewissen gemacht, indem sie nämlich versichert hat, bewiesen zu haben, daß vom Ewigen und Göttlichen, vom Wahren nichts gewußt werden könne; diese vermeinte Erkenntnis hat sich sogar den Namen Philosophie angemaßt, und nichts ist der Seichtigkeit des Wissens sowohl als des Charakters willkommener gewesen, nichts so willkommen von ihr ergriffen worden als diese Lehre, wodurch eben diese Unwissenheit, diese Seichtigkeit und Schalheit für das Vortreffliche, für das Ziel und Resultat alles intellektuellen Strebens ausgegeben worden ist“ (*ders.* Enzyklopädie der philosophischen Wissenschaften III [10], S. 403; siehe auch *ders.* Vorlesungen über die Philosophie der Religion I [16], S. 182, S. 193; *ders.* Vorlesungen über die Geschichte der Philosophie III [20], S. 362).

146 *Hegel* Wissenschaft der Logik II (6), S. 500.

147 Das sei „der beständige Widerspruch der Kantischen Philosophie; er hat die höchsten Gegensätze aufgestellt [...]. Er spricht die Einseitigkeit der Gegensätze aus und ebenso ihre Einheit“ (*Hegel* Vorlesungen über die Geschichte der Philosophie III [20], S. 381).

Präsupposition der Kantischen (meta)transzendentalen Sätze besteht nämlich darin, daß diese den ‚logischen Raum' uneingeschränkt in Anspruch nehmen; andererseits aber schränken sie explizit den logischen Raum radikal ein[148].

2. Der Wille

Dieser Widerspruch bildet den Ausgangspunkt für Hegels Kritik an der praktischen Philosophie Kants. So wie Hegel Kant im allgemeinen vorwirft, bloß einen abstrakten und keinen konkreten Begriff zu kennen, so charakterisiert er auch dessen Beschreibung des freien Willens als abstrakt[149]. Im folgenden sollen daher die Willenskonzepte Kants und Hegels dargestellt werden. Begonnen werden soll dabei mit der Darstellung des freien Willens in der Philosophie Hegels (a.); danach werden Kants Willensbegriff und Hegels diesbezügliche Kritik näher beleuchtet (b.).

a. Der konkrete Wille

Das realphilosophische Pendant des Begriffs ist das Ich[150]; das Ich in praktischer Hinsicht ist der Wille[151]. Der konkrete Wille weist daher eine dem konkreten Begriff analoge Struktur auf. Er gliedert sich in

> α) das Element der reinen Unbestimmtheit [...]; die reine schrankenlose Unendlichkeit der absoluten Abstraktion oder Allgemeinheit[152],
>
> β) [...] das Übergehen aus unterschiedsloser Unbestimmtheit zur Unterscheidung, Bestimmen und Setzen einer Bestimmtheit [...] – das absolute Moment der Endlichkeit oder Besonderung des Ich[153],

---

148 *Puntel* Transzendentaler und absoluter Idealismus, S. 214 f.; zustimmend *Burkhardt* Hegels Kritik an Kants theoretischer Philosophie, S. 124; *Hösle* Hegels System, S. 20. *Kroner* Von Kant bis Hegel, S. 189, drückt diesen Widerspruch folgendermaßen aus: „Sobald diese Vernunft auf sich selbst reflektiert, sobald das Denken seiner selbst inne wird, sich auf sich selbst zurückbesinnt, wird das Problem seiner Einheit unvermeidlich. Nur weil Kant diese Selbstbesinnung in der zweiten Potenz unterläßt, vermag er dem Probleme und seiner Lösung auszuweichen".

149 „Für das, was das praktische Denken sich zum Gesetze mache, für das Kriterium des Bestimmens seiner in sich selbst, ist wieder nichts anderes vorhanden als dieselbe abstrakte Identität des Verstandes, daß kein Widerspruch in dem Bestimmen stattfinde; – die praktische Vernunft kommt damit über den Formalismus nicht hinaus, welcher das Letzte der theoretischen Vernunft sein soll" (*Hegel* Enzyklopädie der philosophischen Wissenschaften I [8], § 54, S. 138).

150 Siehe oben S. 31.

151 *Hegel* Grundlinien der Philosophie des Rechts (7), §§ 5-7, S. 49-57; insbesondere § 7, S. 54: „Der Wille ist [...] die Selbstbestimmung des Ich".

152 *Hegel* Grundlinien der Philosophie des Rechts (7), § 5, S. 49.

153 *Hegel* Grundlinien der Philosophie des Rechts (7), § 6, S. 52.

> γ) [...] die Einheit dieser beiden Momente; – die in sich reflektierte und dadurch zur Allgemeinheit zurückgeführte Besonderheit; – Einzelheit[154].

In § 5 der *Grundlinien* erörtert Hegel den Willen ausgehend vom abstrakten Begriff des Verstandesallgemeinen[155]. Ein derart allgemeiner Wille begreift die besonderen Willensinhalte nicht in sich, sondern „steht über dem Inhalt, den unterschiedenen Trieben, sowie über den weiteren einzelnen Arten ihrer Verwirklichung und Befriedigung“[156]. Der abstrakt allgemeine Wille versucht, den Begriff der Freiheit bloß aus dem Prinzip des Wollens zu gewinnen, ohne Bezug auf bestimmte Zwecke, Bräuche oder sonstige Willkürgegenstände. Ein Beispiel des abstrakt allgemeinen Willens ist „die gewöhnlichste Vorstellung, die man bei der Freiheit hat, [...] die der Willkür“[157]. Sie besagt, dass Freiheit darin bestehe, „daß man tun könne, was man wolle“[158]; sie leitet die Freiheit also nicht aus der Bonität eines bestimmten Zweckes oder der soziokulturellen Eingebundenheit des handelnden Subjekts ab, sondern versteht sie als den Akt der Willkür selbst: als Möglichkeit des Wählens oder Verwerfens vorgegebener Handlungsoptionen. Das Willensmoment der Besonderheit setzt eine Bestimmtheit als Willensinhalt. Es fügt dem abstrakten „Ich will“ des allgemeinen Willens das „etwas“ hinzu, das gewollt ist[159]. Die Besonderheit des Willens ist dessen Realisationsbedingung; ohne dass dieser einen konkreten Inhalt will, ist seine Verwirklichung nicht denkbar: „Durch dies Setzen seiner selbst als eines bestimmten tritt Ich in das Dasein überhaupt“[160]. So wie abstrakte Verstandesbegriffe „bloße Schemen und Schatten“[161] sind, so ist der Wille in seinem allgemeinen Moment zunächst bloß ein möglicher: „Ein Wille, der [...] nur das abstrakt Allgemeine will, will nichts und ist deswegen kein Wille“[162]. Indem der abstrakt-allgemeine Wille von jeder inhaltlichen Bestimmtheit absieht, ist seine Freiheit eine „Freiheit der Leere“[163]. Ohne das Moment der Besonderheit ist der Wille also unvollständig. Zugleich schränkt dieses Moment den Willen aber ein; da diesem die besonderen Inhalte von außen vorgegeben werden, ist er auf Fremdes verwiesen: „Die Besonderung ist so das, was in der Regel

154 *Hegel* Grundlinien der Philosophie des Rechts (7), § 7, S. 54.

155 „Die verschiedenen Bestimmungen der Allgemeinheit ergeben sich in der Logik“ (*Hegel* Grundlinien der Philosophie des Rechts [7], § 24, S. 75).

156 *Hegel* Grundlinien der Philosophie des Rechts (7), § 14, S. 65.

157 *Hegel* Grundlinien der Philosophie des Rechts (7), § 15, S. 66.

158 *Hegel* Grundlinien der Philosophie des Rechts (7), § 15, S. 66.

159 *Hegel* Grundlinien der Philosophie des Rechts (7), § 6 handschriftliche Anmerkung, S. 53 sowie § 6 Z, S. 54.

160 *Hegel* Grundlinien der Philosophie des Rechts (7), § 6, S. 52.

161 *Hegel* Enzyklopädie der philosophischen Wissenschaften I (8), § 163, S. 312.

162 *Hegel* Grundlinien der Philosophie des Rechts (7), § 6 Z, S. 54.

163 *Hegel* Grundlinien der Philosophie des Rechts (7), § 5, S. 50.

Endlichkeit genannt wird"[164]. Der Wille muss also, „um [wirklicher, C.M.] Wille zu sein, sich überhaupt beschränken"[165].

Ohne das Moment der Besonderheit ist er unvollständig, mit ihm ist er endlich: Dieses den Freiheitsbegriff desavouierende Dilemma umreißt die Probleme, die einem abstrakten Willensbegriff erwachsen. Beheben lässt es sich nur, wenn der Wille konkret gedacht wird: als Einzelheit, d.h. als „in sich reflektierte und dadurch zur Allgemeinheit zurückgeführte Besonderheit"[166]. Die Struktur des freien, konkret-allgemeinen Begriffs ist daher auch für den freien Willen konstitutiv: Beim Allgemeinheitsmoment des Willens ist „weder an die Allgemeinheit der Reflexion, die Gemeinschaftlichkeit oder die Allheit zu denken noch an die abstrakte Allgemeinheit, welche außer dem Einzelnen auf der anderen Seite steht, die abstrakte Verstandesidentität"[167]. Vielmehr setzt auch der Willensbegriff ein Verständnis der „konkrete[n] und so für sich seiende[n] Allgemeinheit"[168] voraus. Der Wille entäußert sich demnach in verschiedene Besonderheiten. Von dieser Entäußerung ist er nicht zu trennen, in dem Sinne, dass er neben seiner Emanation als zweite ontologische Größe eigenständig bestünde. Vielmehr bilden die besonderen Gestaltungen, die sich der Wille gibt, eine von ihm nicht unterschiedene Totalität, die durch die Erkenntnis der Einheit in den Unterschieden entsteht. Das Moment der Allgemeinheit des Willens ist in diesem Sinne kein eigenständiges, von den je besonderen Willensäußerungen getrenntes Substrat, sondern es ist der Vermittlungsprozess selbst, der sich in den besonderen Inhalten ereignet: Es ist, in den Worten des § 24 der *Grundlinien*, „das über seinen Gegenstand übergreifende, durch seine Bestimmung hindurchgehende Allgemeine, das in ihr mit sich identisch ist"[169]. Ein auf diese Weise konkret-allgemeiner Wille ist frei, denn er bezieht sich nicht auf ein Fremdes, sondern erkennt das ihm Gegenüberstehende als Eigenes. Er ist ein „in sich reflektierte[r]"[170] Wille, denn er setzt die Unterschiede nicht außer sich, sondern in sich. Sofern Freiheit überhaupt in einem allgemeinen, von ihren konkreten Daseinsformen losgelösten Sinn definiert werden kann,

---

164 *Hegel* Grundlinien der Philosophie des Rechts (7), § 6 Z, S. 54.

165 *Hegel* Grundlinien der Philosophie des Rechts (7), § 6 Z, S. 54. Hegels Argument findet sich schon in Platons Dialog *Charmides*: In diesem verneint Sokrates die Frage, ob es möglich sei, eine reine Erkenntnis der Erkenntnis zu haben, mit dem Hinweis darauf, dass Erkenntnis immer Erkenntnis von etwas sei. *Braitling* Hegels Subjektivitätsbegriff, S. 108 ff. verweist auf die grundsätzliche Nähe des hegelschen Subjektivitätsbegriffes zu Platons Charmides.

166 *Hegel* Grundlinien der Philosophie des Rechts (7), § 7, S. 54.

167 *Hegel* Grundlinien der Philosophie des Rechts (7), § 24, S. 75.

168 *Hegel* Grundlinien der Philosophie des Rechts (7), § 24, S. 75.

169 *Hegel* Grundlinien der Philosophie des Rechts (7), § 24, S. 75.

170 *Hegel* Grundlinien der Philosophie des Rechts (7), § 9, S. 59.

so ist sie eben dieser Fremdbezug, der sich als Selbstbezug erkennt[171]: Frei ist der Wille, der sich selbst als seinen Inhalt setzt – der Wille also, „der den freien Willen will“[172]. Hegel bestimmt den Freiheitsbegriff mithin über das Verhältnis des Willens zu seinem Gegenstand: das Freiheitsprädikat bezeichnet einen Standpunkt, auf dem der Wille seinen Gegenstand nicht als Schranke, sondern als seine Wirklichkeit betrachtet. Die Freiheit dieses Willens besteht darin, dass er in keinem „Verhältnis der Abhängigkeit von etwas anderem“[173] steht: Er ist „schlechthin bei sich, weil er sich auf nichts als auf sich selbst bezieht“[174].

In den Paragraphen 25 bis 28 der *Grundlinien* beschreibt Hegel diesen Zusammenhang in der Begrifflichkeit von „Subjektivität“ und „Objektivität“. Auch diese Bestimmungen stehen sich nicht als abstrakte Antipoden gegenüber, sondern sind im Willen kongruent; denn die in der Theorie des objektiven Geistes thematische Willensemanation ist nichts anderes als die „Tätigkeit des Willens, den Widerspruch der Subjektivität und Objektivität aufzuheben“[175]. Mit dieser Begrifflichkeit knüpft Hegel an die Terminologie des Ideenkapitels der *Wissenschaft der Logik* an. Dieses bestimmt die Idee als Einheit des subjektiven Begriffs und der objektiven Realität[176] und untergliedert sie in die Idee des Wahren, die Idee des Guten und die absolute Idee. Jedes dieser Momente beschreibt ein anderes Verhältnis zwischen Begriff und Realität. Während die Idee des Wahren ihren Ausgangspunkt in der Objektivität nimmt und diese erkennt, beginnt die Idee des Guten mit der Subjektivität und prägt diese der Objektivität ein; in der absoluten Idee schließlich ist dieses Verhältnis ausgeglichen[177].

171 „Die Substanz des Geistes ist die Freiheit, d.h. das Nichtabhängigsein von einem Anderen, das Sichaufsichselbstbeziehen“ (*Hegel* Enzyklopädie der philosophischen Wissenschaften III [10], § 382 Z, S. 26).

172 *Hegel* Grundlinien der Philosophie des Rechts (7), § 27, S. 79.

173 *Hegel* Grundlinien der Philosophie des Rechts (7), § 23, S. 75.

174 *Hegel* Grundlinien der Philosophie des Rechts (7), § 23, S. 74 f..

175 *Hegel* Grundlinien der Philosophie des Rechts (7), § 28 S. 79.

176 *Hegel* Wissenschaft der Logik II (6), S. 465.

177 Vgl. dazu *Hösle* Hegels System, S. 253 und *Hegel* Enzyklopädie der philosophischen Wissenschaften I (8), § 225, S. 378: Das Aufheben der Differenz zwischen Subjektivem und Objektivem geschieht durch die „gedoppelte, als verschieden gesetzte Bewegung des Triebs, – die Einseitigkeit der Subjektivität der Idee aufzuheben vermittels der Aufnahme der seienden Welt in sich, in das subjektive Vorstellen und Denken, und die abstrakte Gewißheit seiner selbst mit dieser so als wahrhaft geltenden Objektivität als Inhalt zu füllen, – und umgekehrt die Einseitigkeit der objektiven Welt, die hiermit hier im Gegenteil nur als ein Schein, eine Sammlung von Zufälligkeiten und an sich nichtigen Gestalten gilt, aufzuheben, sie durch das Innere des Subjektiven, das hier als das wahrhaft seiende Objektive gilt, zu bestimmen und ihr dieses einzubilden“.

In den Worten Hegels:

> In der theoretischen Idee steht der subjektive Begriff [...] der objektiven Welt entgegen, aus der er sich den bestimmten Inhalt und die Erfüllung nimmt. In der praktischen Idee aber steht er als Wirkliches dem Wirklichen gegenüber [...]. Die Tätigkeit des Zwecks ist daher nicht gegen sich gerichtet, um eine gegebene Bestimmung in sich aufzunehmen und sich zu eigen zu machen, sondern vielmehr die eigene Bestimmung zu setzen und sich vermittels des Aufhebens der Bestimmungen der äußerlichen Welt die Realität in Form äußerlicher Wirklichkeit zu geben[178].

Damit zeigt sich, dass die Theorie des objektiven Geistes für Hegels Freiheitsverständnis eine zentrale Bedeutung hat: Freiheit ist, als Vermittlung von Subjekt und Objekt, der Akt der Einprägung des Willens in die Welt. Die praktische Idee ist der „Trieb, sich zu realisieren, der Zweck, der sich durch sich selbst in der objektiven Welt Objektivität geben und sich ausführen will“[179]. Zugleich zeigt sich aber auch, dass Hegels praktische Idee eine starke Affinität zum aristotelischen Begriff der Poiesis aufweist[180], also eigentlich nicht das intersubjektive Verhalten der Personen, sondern den gestalterischen Zugriff des Menschen auf die Welt diskutiert. Denn wenn Freiheit maßgeblich als Einprägung des Begriffes in die Realität verstanden wird, so sind intersubjektive Relationen allenfalls als Reflexe der vorgelagerten Subjekt-Objekt-Relation praxisrelevant. Dass Hegels praktische Philosophie tatsächlich poietische Züge trägt, wird sich im Rahmen der Darstellung der Eigentumskategorie noch deutlich zeigen: Es wird sich herausstellen, dass Hegel zufolge der gestalterisch-technische Vorgang der Sachformierung rechtsbegründend wirken kann.

b. Kants Willenskonzept und Hegels Kritik

Kant bestimmt den freien Willen nicht als konkreten, sondern als abstrakten. Das Ausschlussverfahren wendet Kant im Rahmen seiner Exposition des Freiheitsbegriffes derart offensichtlich an, dass die Charakterisierung desselben als abstrakt „pointiert gesagt [...] keine Hegelsche Interpretation [...] dar[stellt], sondern [...] schlicht Zitat“[181] ist: Kant selbst beschreibt Freiheit als „ein Etwas, das da übrig bleibt, wenn ich alles, was zur Sinnenwelt gehört, von den Bestimmungsgründen meines Willens ausgeschlossen habe“[182]. Das Programm der Abstraktion ist bereits in den Wor-

178 *Hegel* Wissenschaft der Logik II (6), S. 542 f..
179 *Hegel* Wissenschaft der Logik II (6), S. 541 f..
180 Dazu ausführlich *Hösle* Hegels System, S. 257.
181 *Dorschel* Die idealistische Kritik des Willens, S. 143.
182 *Kant* Grundlegung zur Metaphysik der Sitten (IV), S. 462.

ten angelegt, mit denen Kant seine praktische Philosophie eröffnet: „Es ist überall nichts in der Welt, ja überhaupt auch außer derselben zu denken möglich, was ohne Einschränkung für gut könnte gehalten werden, als allein ein guter Wille“[183]. Entscheidend an Kants Bestimmung des „sittlich Guten“ ist neben der normativ-ethischen Konkretion im „guten Willen“ die metaethische Prämisse, „sittlich gut“ heiße „ohne Einschränkung gut“. Als mögliche sittliche Autoritäten werden dadurch nicht nur soziokulturelle Gegebenheiten wie Brauch, Sitte oder Rechtsverbindlichkeiten ausgeschlossen; auch die von Kant angeführten Talente des Geistes, Eigenschaften des Temperaments, Glücksgaben und Charaktereigenschaften sind nur unter der Bedingung eines guten Willens gut. Der Wert der Sittlichkeit besteht Kant zufolge gerade in der Unabhängigkeit von jeglicher materieller Bedingtheit; er liegt allein im Prinzip des guten Willens. Die Struktur dieses Willens wird von Kant formal bestimmt: als „Vermögen, nach der Vorstellung der Gesetze, d.i. nach Principien, zu handeln“[184]. Den Inhalt des moralischen Gesetzes, das sich dem Menschen als Imperativ präsentiert, gewinnt Kant ebenfalls durch Abstraktion. Er unterscheidet drei Formen von Imperativen: Technische (oder Geschicklichkeits-) Imperative, die Handlungen als vernunftnotwendig (und somit gut) zur Erreichung einzelner gesteckter (letztlich zufälliger) Ziele gebieten, ferner pragmatische (oder Wohlfahrts-) Imperative, die Handlungen zur Erreichung von Glückseligkeit gebieten, sowie moralische Imperative, die Handlungen ohne Bewertung ihrer Tauglichkeit als Mittel zur Zweckerreichung als an sich gut gebieten. Der kategorische Imperativ wird insofern als jene Form der Willensbestimmung vorgestellt, die sich im Verlauf der Abstraktion von allen empirischen Zwecken[185] des Wollens herausdestilliert. So wie Kant die Orientierung des menschlichen Handelns an einer durch religiöse oder sittliche Überzeugungen dokumentierten Bonität eines bestimmten Zweckes als Freiheitsbeschränkung, d.h. als Heteronomie definiert, so versucht er, den Begriff der Autonomie durch ein Absehen von allen empirischen Zwecken zu gewinnen: Ein guter Wille ist ihm zufolge „nicht durch das, was er bewirkt oder ausrichtet, nicht durch seine Tauglichkeit zu Erreichung irgend eines vorgesetzten Zweckes, sondern allein durch das Wollen, d.i. an sich, gut“[186].

183 *Kant* Grundlegung zur Metaphysik der Sitten (IV), S. 393.

184 *Kant* Grundlegung zur Metaphysik der Sitten (IV), S. 412.

185 Kant verwendet die Begriffe „Materie der Willkür“, „Objekt des Begehrungsvermögens“, „Zweck“ und „Gegenstand des Willens“ äquivok; siehe unten S. 75, Fn. 331.

186 *Kant* Grundlegung zur Metaphysik der Sitten (IV), S. 394.

aa. Hegels Kritik des abstrakten Willens

Kant begreift diese Abstraktion als Befreiung: Der autonome Wille zeichne sich dadurch aus, dass er „unabhängig von empirischen Bedingungen“[187] sei; und das Sittengesetz sei ein Freiheitsgesetz, weil es „keine Bedingung enthält, auf die es eingeschränkt“[188] sei. Hegel kritisiert an dieser Abstraktion, dass sich die vermeintliche Entschränkung in eine Beschränkung und die postulierte Befreiung in Abhängigkeit verkehre; denn die Allgemeinheit bedarf der Besonderheit, um überhaupt ins Dasein zu treten, d.h. der Bezug auf einen besonderen empirischen Zweck ist die Verwirklichungsbedingung des reinen Willens: „Das reine Wollen, das sich auf keinen Inhalt beziehen kann, ist [...] letztlich Nichts-Wollen, formales Wollen-Wollen, wobei die Kette des Wollens beliebig verlängerbar ist“[189]. In seiner viel beachteten Moralitätskritik wirft Hegel dem abstrakten Willenskonzept Kants eine Verkennung dieser Struktur vor: Das kantische Sittengesetz sei in seiner Intelligibilität formell und inhaltsleer, so dass die praktische Vernunft einer Konkretisierung bedürfe, die nur unter Bezug auf die Empirie möglich sei[190]. Da der kategorische Imperativ aber keine Aussage über diesen Inhalt treffe, – diesen also nicht bestimme – liefere er sich dem Zufall aus. Kant charakterisiert schon den intellectus ectypus dadurch, dass es diesem „zufällig sein muß, welcherlei und wie sehr verschieden das Besondere sein mag, das ihm in der Natur gegeben werden, und das unter seine Begriffe gebracht werden kann“[191]. Das Verhältnis des Begriffs zur Anschauung ist für Kant also ein zufälliges[192]: Das Besondere steht dem Allgemeinen gleichgültig, als ein Fremdes, gegenüber. In der theoretischen Philosophie äußert sich dies dahingehend, dass der Zufall darüber entscheidet, welches Anschauungsmaterial den Verstandesbegriffen rezeptiv gegeben wird[193]. In Kants praktischer Philosophie ist es – so Hegel – zufällig, welche Zwecke am kategorischen Imperativ gemessen

187 *Kant* Kritik der praktischen Vernunft (V), S. 31.

188 *Kant* Grundlegung zur Metaphysik der Sitten (IV), S. 421.

189 *Deggau* Die Aporien der Rechtslehre Kants, S. 23; ebenso *Ludwig* Kategorischer Imperativ und Metaphysik der Sitten, S. 23.

190 *Ludwig* Kategorischer Imperativ und Metaphysik der Sitten, S. 22; vgl. auch *Hegel* Grundlinien der Philosophie des Rechts (7), § 9 handschriftliche Notiz, S. 60: „Alle Willensbestimmungen [...] sind Zwecke“.

191 *Kant* Kritik der Urteilskraft, B 347/A 343 (S. 359 f.).

192 Vgl. zum Begriff des Zufalls in Kants Philosophie: *Bauer-Drevermann* Der Begriff der Zufälligkeit in der Kritik der Urteilskraft.

193 „Diese Zufälligkeit findet sich ganz natürlich in dem Besondern, welches die Urteilskraft unter das Allgemeine der Verstandesbegriffe bringen soll; denn durch das Allgemeine unseres (menschlichen) Verstandes ist das Besondere nicht bestimmt; und es ist zufällig, auf wie vielerlei Art unterschiedene Dinge [...] unserer Wahrnehmung vorkommen können“ (*Kant* Kritik der Urteilskraft, B 346 f./A 342 f. [S. 359]).

werden; diese hängen von empirischen Faktoren wie dem zeitgeschichtlichen Eingebundensein des handelnden Subjekts, dessen individuellem Werdegang, seinen Fähigkeiten und Vorlieben ab[194]. Der Wille sei in seiner Intelligibilität also zwar durchgängig selbstbestimmt, in seiner Realisierung jedoch dem Zufall ausgesetzt. Hegel formuliert diese Problematik der Zufälligkeit als Frage nach dem Inhalt: In Kants Konzeption des freien Willens sei

> die Frage nach dem Inhalt des Willens oder der praktischen Vernunft noch nicht beantwortet. Wenn [...] gesagt wird, der Mensch solle das Gute zum Inhalt seines Willens machen, so rekurriert sofort die Frage nach dem Inhalt, d.h. nach der Bestimmtheit dieses Inhalts, und mit dem bloßen Prinzip der Übereinstimmung des Willens mit sich selbst [...] kommt man nicht von der Stelle[195].

In den *Grundlinien* verbindet Hegel diese Kritik der Zufälligkeit des Willensinhalts bei Kant darüber hinaus in geradezu verblüffender Weise mit seiner Kritik an der Willkür. Die Willkür begreift sich als frei aufgrund ihrer Fähigkeit des Wählens; ebenso wie der kantische Wille bezieht sie sich auf zufällig gegebene Gegenstände und versteht ihre Freiheit aus sich selbst heraus als den Akt des Wählens bzw. des Verwerfens selbst – als abstrakt-allgemeines Prinzip also. Hegel wirft der Willkür vor, die von ihr propagierte Freiheit sei aufgrund des fehlenden Bezugs zum Inhalt des Wollens eine Täuschung; er greift dabei auf ein Argument zurück, mit dem schon im vorkritischen Rationalismus – insbesondere durch Wolff – die These von der menschlichen Wahlfreiheit widerlegt wurde. Wolff bezeichnete die Freiheit der Willkür als eine Täuschung, weil deren Berufung auf die vermeintliche Spontaneität des Aktes der Wahl lediglich die Ursache der Entscheidungsfindung verdecke. Diese liege außerhalb des Subjekts: in äußeren Umständen, die bedingen, dass die Wahl auf eine bestimmte Weise und nicht anders ausfällt. Indem die Berufung auf die Freiheit der Willkür diese Ursachen verschleiere und stattdessen den Akt der Entscheidungsfindung als Grund des Handelns ausgebe, verwechsele sie Gründe mit Ursachen und postuliere Freiheit, wo keine sei. Der Ge-

---

194 So auch *Hommes* Das Problem des Rechts und die Philosophie der Subjektivität, S. 317: „Die Selbstbegründung der autonomen Vernunft führt dazu, daß in der praktischen Philosophie bei Kant der Mensch sich nur als jenen Willen begreift, der seiner reinen Form nach schon die höchste sittliche Wirklichkeit ist. Was solchem Willen noch fehlt, die konkrete inhaltliche Bestimmtheit, wird als sein zufälliges Material dann einfach von außen ‚empirisch aufgerafft'". Noch deutlicher formuliert Hommes diesen Zusammenhang für den Rechtsbereich: „Für das Recht hat dies eine eigene Konsequenz; denn wenn es nur indirekt seiner allgemeinen Form nach an der selbst noch einmal abstrakt angesetzten Sittlichkeit des guten Willens teil hat, dann kann es nicht mehr nach seiner inhaltlichen Bestimmtheit gedacht werden. Was es jeweils als konkrete Zusammenordnung der mannigfaltigen Willkür seinem Inhalt nach ist, das bleibt vielmehr historisch zufällig und dem, worum es dem Menschen eigentlich geht, fremd" (*ders.* aaO., S. 320).

195 *Hegel* Enzyklopädie der philosophischen Wissenschaften I (8), S. 139.

dankengang Wolffs ist keineswegs neu; bebildert wird er in der philosophischen Tradition durch die Geschichte von Buridans Esel[196]. Dieses Tier, so heißt es, sei von zwei qualitativ und quantitativ nicht unterscheidbaren Heuhaufen gleich weit entfernt gewesen. Trotz seines Hungers sei der Esel qualvoll verendet, denn da ihm kein Kriterium der Entscheidungsfindung geliefert wurde, habe er zwischen den identischen Heuhaufen nicht zu wählen vermocht. Sein Ende zeige, dass die Entscheidung der Willkür durch äußere Umstände bedingt sei: durch die unterschiedlichen Eigenschaften der Dinge, auf die sie sich richtet. Wolff selbst erläutert dies am Beispiel eines Menschen, der einen von mehreren vor ihm liegenden Dukaten ergreift:

> wenn man ihn fraget, warum er diesen und nicht einen andern wegnimmt? antwortet er: Er habe den ersten den besten genommen. Nehmlich der erste ist gewesen, der ihm am bequemsten zur Hand gelegen, und deswegen hat er ihn vor den besten gehalten, weil kein innerlicher Unterschied anzutreffen gewesen[197].

Wolffs Resultat lautet, dass die Entscheidung der Willkür nicht frei, sondern von kausalen Determinanten bedingt sei; in seinem Beispiel von der Lage des Dukaten oder beliebigen Eigenschaft des Handelnden, – etwa der, dass dieser Links- oder Rechtshänder ist. Hegel schließt sich diesem Votum an:

> Der Determinismus hat mit Recht der Gewißheit jener abstrakten Selbstbestimmung den Inhalt entgegengehalten, der als ein vorgefundener nicht in jener Gewißheit enthalten und daher ihr von außen kommt, obgleich dies Außen der Trieb, Vorstellung, überhaupt das, auf welche Weise es sei, so erfüllte Bewußtsein ist, daß der Inhalt nicht das Eigene der selbst bestimmenden Tätigkeit als solcher ist. Indem hiermit nur das formelle Element der freien Selbstbestimmung in der Willkür immanent, das andere Element aber ein ihr gegebenes ist, so kann die Willkür allerdings, wenn sie die Freiheit sein soll, eine Täuschung genannt werden[198].

Hegel überträgt diese Kritik an der Willkür auf den Freiheitsbegriff Kants: „Die Freiheit in aller Reflexionsphilosophie, wie in der Kantischen [...] ist nichts anderes als jene formale Selbsttätigkeit“[199]. Diese Aussage scheint (wie schon die Übertragung der Kritik an einer rein subjektiven Begriffsstruktur auf den intellectus ectypus) auf den ersten Blick völlig abwegig. Kant zufolge qualifiziert sich die Willkür für einen widerspruchsfreien Freiheitsbegriff gerade nicht; denn da sie zwischen empirischen Zwecken

196 Einen Überblick über die philosophische Debatte zu Buridans Esel seit Anaximander und Aristoteles bis hin zu Schopenhauer gibt: *Rescher* Choice without Preference, S. 142 ff., mit weiteren Nachweisen.

197 *Wolff* Vernünfftige Gedancken von Gott, der Welt und der Seele des Menschen, auch allen Dingen überhaupt, § 498, S. 304.

198 *Hegel* Grundlinien der Philosophie des Rechts (7), § 14, S. 66 f..

199 *Hegel* Grundlinien der Philosophie des Rechts (7), § 14, S. 66 f..

wählt, ist ihr Freiheitsprogramm ein solches der Heteronomie. Und doch ergeben sich Gemeinsamkeiten zwischen der Position Kants und dem Freiheitsverständnis der Willkür: Beide versuchen, den Begriff der Freiheit allein aus dem Akt des Willens selbst abzuleiten, ohne Ansehung der Gegenstände des Wollens. So wie die Willkür sich letztlich aber als von eben diesen Gegenständen abhängig erweist (weil sie ohne die Eigenschaften derselben gar nicht wählen könnte), so bedarf auch der zunächst zweckfrei vorgestellte Wille Kants der Konkretisierung in empirischen Zwecken. Die Willkür wie auch der zweckfreie kantische Wille sind ohne den Bezug auf die Gegenstände des Wollens untätig: Sie definieren sich als unabhängig und erweisen sich gerade dadurch als gebunden. Der kantische Wille weist eine der Willkür entsprechende Struktur auf, die aus der Abstraktheit beider Prinzipien resultiert: Beide versuchen sich als rein selbstbezüglich zu konstituieren und verkennen, dass dieser Selbstbezug immer schon auf einen Fremdbezug angewiesen ist[200]; beide sind daher, in hegelscher Terminologie, abstrakt-allgemein. Es ist deshalb inhaltlich vielleicht übertrieben, unter systematischen Gesichtspunkten aber nicht unberechtigt, wenn Hegel die kantische Moralphilosophie als „Prinzip der Unsittlichkeit"[201] bezeichnet; denn der kategorische Imperativ weist eine dem Prinzip des Bösen gewissermaßen spiegelbildliche Struktur auf[202]: Während das Böse die Besonderheit hypostasiert und das Willensmoment der Allgemeinheit strikt ausblendet[203], marginalisiert das kantische Freiheitsprinzip die Be-

200 Hegel sieht den maßgeblichen „Widerspruch" des kantischen Systems darin, „daß diese Unendlichkeit, die schlechthin bedingt ist durch die Abstraktion von einem Entgegengesetzten und schlechthin nichts ist außer diesem Gegensatz, doch zugleich als die absolute Spontaneität und Autonomie behauptet wird" (*ders.* Glauben und Wissen [2], S. 318).

201 *Hegel* Über die wissenschaftlichen Behandlungsarten des Naturrechts (2), S. 459.

202 Der vollständig böse Wille ist ebenso wie der vollständig reine Wille „nur ein Abstraktum" (*Hegel* Vorlesungen über die Philosophie der Religion II [17], S. 255).

203 Böse handelt der Mensch, wenn er „die eigene Besonderheit über das Allgemeine zum Prinzipe" macht (*Hegel* Grundlinien der Philosophie des Rechts [7], § 139, S. 261); der „böse Wille will ein der Allgemeinheit des Willens Entgegengesetztes" (*ders.* Grundlinien der Philosophie des Rechts [7], § 139 Z, S. 263). In den *Grundlinien* wird das Böse also als Hypostasierung des Willensmoments der Besonderheit gefasst. In der Religionsphilosophie beschreibt Hegel es ganz allgemein als das ins praktische gewendete Prinzip der Besonderung: „Bösesein heißt abstrakt, mich vereinzeln" (*ders.* Vorlesungen über die Philosophie der Religion II [17], S. 257). Da der Wille grundsätzlich nur als vereinzelter in die Realität gelangt, ist das Böse also dessen notwendiges Konstitutionselement; „der Mensch heißt" in diesem Sinne „von Natur böse" (*ders.* Grundlinien der Philosophie des Rechts [7], § 18, S. 69; siehe auch § 139, S. 261 f.). Diese „Notwendigkeit des Bösen" (*ders.* aaO., § 139, S. 262) zeigt die Konsequenz, mit der Hegel die Notwendigkeit des Willensprinzips der Besonderheit in seiner Philosophie anerkennt. Kants Versuch, den guten Willen durch die Abstraktion von aller Besonderheit zu konstituieren, läuft vor diesem Hintergrund auf das Programm eines vollständig unschuldigen Willens hinaus. „Unschuld heißt" der hegelschen Theorie der Erbsünde zufolge jedoch „willenlos sein, ohne böse und eben damit ohne gut zu sein" (*ders.* Vorlesungen über die Philosophie der Religion II [17], S. 253).

sonderheit und verweist allein auf das Allgemeinheitsmoment. Beide Prinzipien sind in ihrem radikalen Ausschluss des jeweils anderen defizitär[204].

bb. Kants Lösungsversuch des Paradoxons des abstrakten Willens

Kant hat das Problem der Abhängigkeit des Willens von Zwecksetzungen gesehen und in der *Metaphysik der Sitten* zu lösen versucht, und es ist bedauerlich, dass Hegel auf diesen Lösungsvorschlag in seiner Kritik der Zufälligkeit des Inhalts des kantischen Willens nicht eingegangen ist. Er findet sich in der *Metaphysik der Sitten* in der Lehre von den Zwecken, die zugleich Pflichten sind. Zur Darstellung dieses Lösungsversuchs soll der Blick noch einmal auf den kantischen Willensbegriff gelenkt werden.

In der Einleitung der *Metaphysik der Sitten* behandelt Kant das „Verhältnis der Vermögen des menschlichen Gemüths zu den Sittengesetzen"[205]; Kant definiert an dieser Stelle die Begriffe „Wille" und „Willkür". Die Willkür, so heißt es dort, ist das handlungsmächtige „Vermögen nach Belieben zu thun oder zu lassen"[206]. Die Willkür ist also ein Entscheidungsvermögen: Sie befähigt den Menschen, bestimmte Handlungsoptionen wahrzunehmen bzw. abzulehnen. Bei ihrer Wahl kann die Willkür sich von empirischen Zwecken leiten lassen wie etwa der Wohlfahrtsförderung; sie kann sich aber auch, als freie menschliche Willkür, von reiner Vernunft bestimmen lassen. Der Wille ist im Gegensatz dazu das „Begehrungsvermögen, dessen innerer Bestimmungsgrund [...] in der Vernunft des Subjects angetroffen wird"[207]. An dieser Bestimmung ist zweierlei bedeutsam. Zum einen unterscheidet Kant Wille und Willkür offenbar anhand ihrer Determinierbarkeit durch empirische Handlungszwecke. Während die Willkür den Menschen befähigt, zwischen rein vernünftigen und neigungsorientierten Handlungsoptionen zu wählen, stellt der Wille die Vernunftgrundsätze des Handelns überhaupt erst bereit; insofern ist es nur konsequent, wenn Kant schreibt:

> Der Wille ist also das Begehrungsvermögen, nicht sowohl (wie die Willkür) in Beziehung auf die Handlung, als vielmehr auf den Bestimmungsgrund der Willkür zur Handlung betrachtet, und hat selber vor sich eigentlich keinen Bestim-

204 Diese Defizienz des abstrakt-allgemeinen Willens spricht Hegel besonders plastisch in der *Enzyklopädie* an: „Die Freiheit des Geistes ist [...] nicht bloß eine außerhalb des Anderen, sondern eine im Anderen errungene Unabhängigkeit vom Anderen, – kommt nicht durch die Flucht vor dem Anderen, sondern durch dessen Überwindung zur Wirklichkeit" (*Hegel* Enzyklopädie der philosophischen Wissenschaften III [10], § 382 Z, S. 26).

205 *Kant* Metaphysische Anfangsgründe der Rechtslehre (VI), S. 211.

206 *Kant* Metaphysische Anfangsgründe der Rechtslehre (VI), S. 213.

207 *Kant* Metaphysische Anfangsgründe der Rechtslehre (VI), S. 213.

> mungsgrund, sondern ist, sofern sie die Willkür bestimmen kann, die praktische Vernunft selbst[208].

Indem der Wille mit der praktischen Vernunft ineins fällt, ist er also, anders als die Willkür, kein Vermögen des beliebigen Wählens. Vielmehr ist er – als Inbegriff vernünftiger Handlungsgrundsätze – einer der möglichen Bestimmungsgründe, durch die der Mensch sich bei seiner Wahl leiten lassen kann: Wenn die Willkür durch den Willen bestimmt wird, handelt der Mensch frei. Der Wille bezeichnet also die Fähigkeit, der Willkür neigungsunabhängige Handlungsoptionen vorzulegen; und die Willkür kann als frei bezeichnet werden, weil sie die Möglichkeit hat, sich für die vom Willen vorgelegten Vernunftgrundsätze zu entscheiden. Besonders deutlich drückt Kant diesen Gedanken in einer Textpassage der *Vorarbeiten zur Metaphysik der Sitten* aus: „Der Wille des Menschen", so heißt es dort,

> muß von der Willkühr unterschieden werden. Nur die letztere kann frey genannt werden und geht blos auf Erscheinungen d.i. auf actus die in der Sinnenwelt bestimmt sind. – Denn der Wille ist nicht unter dem Gesetz sondern er ist selbst der Gesetzgeber für die Willkühr und ist absolute praktische Spontaneität in Bestimmung der Willkühr. Eben darum ist er auch in allen Menschen Gut und es giebt kein gesetzwiedriges Wollen[209].

Die kantischen Zuordnungen der Vernunft zum Willensbegriff einerseits und der Wahlfreiheit zum Willkürbegriff andererseits stehen in Einklang mit der hegelschen Unterscheidung zwischen Wille und Willkür: Auch in den *Grundlinien der Philosophie des Rechts* wird der Wille als sittliche Vernunftinstanz verstanden im Gegensatz zur Willkür als einem Dezisionsvermögen[210]. Das zweite bemerkenswerte Definitionselement der kantischen Willensbestimmung ist der Begriff des Begehrungsvermögens. Kant charakterisiert den Willen ausdrücklich als Begehrungsvermögen, und er versteht unter diesem Terminus „das Vermögen durch seine Vorstellungen Ursache der Gegenstände dieser Vorstellungen zu sein"[211]. Der Wille ist – als Begehrungsvermögen – also charakterisiert durch eine Strebenstendenz: Indem er die Vernunftgrundsätze des Handelns bereitstellt, ist er ein Vermögen der Zielbestimmung des guten Handelns. Diese Feststellung steht in Einklang mit der Definition des Willens als reiner Vernunft; denn wenn der Wille das „Aufdeckungsvermögen des moralisch Richtigen"[212] und somit „Gesetzgeber für die Willkühr"[213] ist, so ist er gerade kein Dezisionsvermögen, sondern ein Vermögen der Zielsetzung.

208 *Kant* Metaphysische Anfangsgründe der Rechtslehre (VI), S. 213.
209 *Kant* Vorarbeiten zur Metaphysik der Sitten (XXIII), S. 248.
210 Vgl. *Hegel* Grundlinien der Philosophie des Rechts (7), §§ 14, 21, S. 65 ff., 71 ff..
211 *Kant* Metaphysische Anfangsgründe der Rechtslehre (VI), S. 211.
212 *Horn* Wille, Willensbestimmung, Begehrungsvermögen, S. 53.
213 *Kant* Vorarbeiten zur Metaphysik der Sitten (XXXIII), S. 248.

Damit zeigt sich, dass der Begriff des Willensgegenstandes – entgegen der oben dargestellten, gängigen Skizzierung der kantischen Freiheitslehre – durchaus als ein konstitutives Definitionselement auch des kantischen Willensbegriffes interpretiert werden kann. Denn der Wille abstrahiert nicht von den Gegenständen des Wollens, sondern er stellt im Gegenteil die Gegenstände des guten Handelns allererst bereit: Er setzt moralisch richtige Ziele. Diese Interpretation wird dadurch untermauert, dass Kant durchaus erkannt hat, dass ein Wille, der ohne jeden Zweck gedacht würde, eine contradictio in adjecto wäre; denn der Wille wird von Kant definiert als das „Begehrungsvermögen, sofern es nur durch Begriffe, d.i. der Vorstellung eines Zwecks gemäß zu handeln, bestimmbar ist“[214]. In Einklang damit steht es, wenn Kant schreibt: „ohne allen Zweck kann kein Wille sein“[215], oder wenn es in der *Kritik der praktischen Vernunft* heißt: „Nun ist freilich unleugbar, daß alles Wollen auch einen Gegenstand, mithin eine Materie haben müsse“[216]. Der Wille ist also – analog zur Anschauungsverwiesenheit der Gegenstandskonstitution des Verstandes – auf Zwecke angewiesen, um überhaupt inhaltliche Bestimmtheit zu erlangen. So wie Begriffe ohne Anschauung leer sind[217], so ist ein Wille ohne jede Zwecksetzung untätig[218].

---

214 *Kant* Kritik der Urteilskraft, B 33/A 33 (S.135).

215 *Kant* Über den Gemeinspruch: Das mag in der Theorie richtig sein, taugt aber nicht für die Praxis (VIII), S. 279.

216 *Kant* Kritik der praktischen Vernunft (V), S. 34.

217 *Kant* Kritik der reinen Vernunft, B 75/A 51 (S. 98).

218 Dazu eingehend *Dorschel* Die idealistische Kritik des Willens, S. 62; vgl. auch *Deggau* Die Architektonik der praktischen Philosophie Kants, S. 321 ff.. Auf die Strukturgleichheit von praktischer Vernunft und theoretischer Vernunft verweist auch – wenn auch in abgewandelter Form – Kaulbach: Das „Ich will“ sei „praktisches Pendant zu dem ‚Ich denke‘ der theoretischen Vernunft“ (*Kaulbach* Studien zur späten Rechtsphilosophie Kants und ihrer transzendentalen Methode, S. 12; siehe auch S. 78 f.). – Im Unterschied zur theoretischen Vernunft vermag die praktische Vernunft Kant zufolge ihre Gegenstände freilich aus sich selber heraus zu produzieren; vgl. dazu *Krüger* Philosophie und Moral in der Kantischen Kritik, S. 76 f.. Und dennoch ist es falsch, wenn etwa *Klinger* Die politische Funktion der transzendentalphilosophischen Theorie der Freiheit, S. 28, behauptet: „Die Bindung an eine Materie, die Kant für die theoretische Vernunft für unverzichtbar hält, [...] ist für die praktische Philosophie ungültig“. Auch die praktische Vernunft ist an die Materie des Wollens gebunden; in der Moral an die selbstgegebenen materialen Pflichtzwecke, und im Recht an die empirisch gegebenen Dinge. – Hegels Kritik unterläuft in gewissem Sinne die kantische Differenzierung der Anwendungsbereiche der theoretischen und der praktischen Vernunft. Kant zufolge ist die Vernunft im Erkennen stets auf die Anschauung verwiesen, während ihr im Handeln das Sittengesetz als Faktum der Vernunft gegeben ist. Reine Spontaneität ist also nur auf dem Gebiet der praktischen Vernunft möglich; das, was „Kant der theoretischen Vernunft abgesprochen – die freie Selbstbestimmung –, das hat derselbe“, in den Worten Hegels, „ der praktischen Vernunft ausdrücklich vindiziert“ (*Hegel* Enzyklopädie der philosophischen Wissenschaften I [8], § 54 Z, S. 138). Hegels Aufweis der Abhängigkeit des Willens von seinem Gegenstand ebnet diese Unterscheidung ein: In

Was hat die kantische Absage an die Objekte des Begehrungsvermögens als moralische Instanzen vor diesem Hintergrund zu bedeuten? Immerhin heißt es in der *Kritik der praktischen Vernunft* unmissverständlich: „Alle praktischen Principien, die ein Object (Materie) des Begehrungsvermögens als Bestimmungsgrund des Willens voraussetzen, sind insgesammt empirisch und können keine praktische Gesetze abgeben“[219]; Kant stellt dabei klar, dass er unter dem Begriff der Materie des Begehrungsvermögens „einen Gegenstand, dessen Wirklichkeit begehrt wird“ versteht[220]. Wie lassen sich die Interpretation des Willens als Zielbestimmungsvermögen des moralisch Richtigen einerseits und die Abstraktion von allen Gegenständen des Wollens andererseits miteinander in Einklang bringen? Wie Horn herausgearbeitet hat, handelt es sich hierbei um ein Prioritätsproblem von Form und Materie bei der Bestimmung moralisch gebotener Zwecke. Horn verweist dabei auf eine Textstelle aus der *Vorrede zur Religionsschrift*:

> Obzwar aber die Moral zu ihrem eigenen Behuf keiner Zweckvorstellung bedarf, die vor der Willensbestimmung vorhergehen müßte, so kann es doch wohl sein, daß sie auf einen solchen Zweck eine nothwendige Beziehung habe, nämlich nicht als auf den Grund, sondern als auf die nothwendigen Folgen der Maximen, die jenen gemäß genommen werden. – Denn ohne alle Zweckbeziehung kann gar keine Willensbestimmung im Menschen statt finden, weil sie nicht ohne alle Wirkung sein kann, deren Vorstellung, wenn gleich nicht als Bestimmungsgrund der Willkür und als ein in der Absicht vorhergehender Zweck, doch als Folge von ihrer Bestimmung durchs Gesetz zu einem Zwecke muß aufgenommen werden können (finis in consequentiam veniens), ohne welchen eine Willkür, die sich keinen weder objectiv noch subjectiv bestimmten Gegenstand (den sie hat, oder haben sollte) zur vorhabenden Handlung hinzudenkt, zwar wie sie, aber nicht wohin sie zu wirken habe, angewiesen, sich selbst nicht Gnüge thun kann. So bedarf es zwar für die Moral zum Rechthandeln keines Zwecks, sondern das Gesetz, welches die formale Bedingung des Gebrauchs der Freiheit überhaupt enthält, ist ihr genug. Aber aus der Moral geht doch ein Zweck hervor[221].

Wahrheit sei Kant in der praktischen Philosophie nicht über das hinausgekommen, „was das Letzte der theoretischen Vernunft sein soll“ (*ders.* aaO.). In *Glauben und Wissen* stellt Hegel deshalb insbesondere die praktische Philosophie Kants als aporetisch dar: Während die theoretische Vernunft, „welche sich die Mannigfaltigkeit vom Verstande geben läßt und diese nur zu regulieren hat, [...] keinen Anspruch auf eine autonomische Würde“ erhebe (*ders.* Glauben und Wissen [2], S. 318) , postuliere die praktische Vernunft ein innerhalb der dualistischen Systemprämissen nicht einlösbares Autonomiekonzept: „Dieser diesem System innewohnende und es zerstörende Widerspruch wird zur realen Inkonsequenz, indem diese absolute Leerheit [der theoretischen Vernunft, C.M.] sich als praktische Vernunft einen Inhalt geben und in der Form von Pflichten sich ausdehnen soll“ (*ders.* aaO.).

219 *Kant* Kritik der praktischen Vernunft (V), S. 21.

220 *Kant* Kritik der praktischen Vernunft (V), S. 21.

221 *Kant* Die Religion innerhalb der Grenzen der bloßen Vernunft (VI), S. 4 f..

Der moralische Zweck ist nicht der Grund, sondern die Folge des Sittengesetzes: Kant knüpft das Sittengesetz nicht an die Erfüllung bestimmter Zwecke, sondern er ermittelt das Sittengesetz zunächst durch eine Abstraktion von allen Gegenständen des Wollens und bestimmt sodann den moralischen Zweck. In anderen Worten: Kant kehrt die Methode der herkömmlichen Glückseligkeitslehren um[222]. Er ermittelt den Willensbegriff nicht aus einer vorgegebenen Definition gebotener Zwecke, sondern er ermittelt die moralische Zweckausrichtung aus dem zuvor formal bestimmten Willen. Diese Umkehr der Methode hat Kant auch in der *Einleitung zur Tugendlehre* deutlich herausgehoben: „Man kann sich", so heißt es dort,

> das Verhältnis des Zwecks zur Pflicht auf zweierlei Art denken: entweder, von dem Zwecke ausgehend, die Maxime der pflichtmäßigen Handlungen, oder umgekehrt, von dieser anhebend, den Zweck ausfindig zu machen, der zugleich Pflicht ist. [...] Die Ethik [...] kann nicht von den Zwecken ausgehen, die der Mensch sich setzen mag, und darnach über seine [...] Maximen, d.i. über seine Pflicht, verfügen; denn das wären empirische Gründe der Maximen, die keinen Pflichtbegriff abgeben [...]. – Also wird in der Ethik der Pflichtbegriff auf Zwecke leiten[223].

Kant bezeichnet diese Vorgehensweise als „Paradoxon der Methode": „daß nämlich der Begriff des Guten und Bösen nicht vor dem moralischen Gesetze (dem er dem Anschein nach sogar zum Grunde gelegt werden müßte), sondern nur [...] nach demselben und durch dasselbe bestimmt werden müsse"[224]. Kant steht den herkömmlichen Glückseligkeitslehren deshalb nicht so fern, wie dies einige von Kants eigenen Aussagen vermuten lassen[225]. Denn er charakterisiert den Willen ganz im Sinne der intellektualistischen Gorgias-Tradition[226] als Begehrungsvermögen, d.h. als Strebenspotential, das auf moralisch gesollte Gegenstände des Wollens gerichtet ist. Andererseits besteht Kant aber darauf, dass diese Gegenstände des Wollens erst aus dem formal bestimmten Willen gefolgert werden können, und dass jegliche Willensausrichtung an den empirisch gegebenen Gegenständen die Willensfreiheit desavouieren würde. Diese Struktur findet ihr Pendant im Aufbau der kantischen Werke: Während die *Grundlegung zur Metaphysik der Sitten* und die *Kritik der praktischen Vernunft* den Willen gewissermaßen abstrahieren, d.h. auf die formelle Bedingung der Übereinstimmung mit sich selbst reduzieren, konkretisiert

222 Dazu ausführlich *Horn* Wille, Willensbestimmung, Begehrungsvermögen, S. 58.

223 *Kant* Metaphysische Anfangsgründe der Tugendlehre (VI), S. 382.

224 *Kant* Kritik der praktischen Vernunft (V), S. 62 f..

225 Vgl. dazu *Guyer* Kant on Freedom, Law, and Happiness, S. 191 ff.; *Horn* Wille, Willensbestimmung, Begehrungsvermögen, S. 56; *Wood* Kant's Ethical Thought, S. 114.

226 Dazu *Horn* Wille, Willensbestimmung, Begehrungsvermögen, S. 60.

die *Metaphysik der Sitten* den Willen. Jene Zwecke, die „aus der Moral hervor[gehen]", beschreibt Kant nämlich in der Tugendlehre der *Metaphysik der Sitten*. Kant stellt dort Zwecke vor, die als Pflichten gesollt sind: besondere Willensinhalte, die allgemein geboten sind. Diese materialen Pflichtzwecke resultieren aus dem formalen kategorischen Imperativ. Zugleich ergänzen sie ihn: Sie vervollständigen den zuvor bloß formal gedachten Willen um seine Realisierungsbedingung und fungieren als Schnittstelle zwischen der reinen Intelligibilität des noumenalen Gesetzes und der Empirie. Die Tugendlehre wirft also gewissermaßen die Frage nach einer „Schematisierung des Sittengesetzes"[227] auf: Ihre Problematik besteht in der Beantwortung der Frage nach der Anwendbarkeit des obersten Sittengesetzes. Kant hat die Abhängigkeit des Willens von den Objekten des Wollens also durchaus gesehen und in seine Theorie zu integrieren versucht; und er ist deshalb gegenüber jeder voreiligen Deontologismuskritik zunächst einmal in Schutz zu nehmen. Wood hat dies in eindrucksvoller Weise getan:

> Kant's ethical theory has often been criticized as ‚formalistic' and ‚deontological' by those who insist that an obligation to follow a rule or principle makes sense only if there is some value or end that provides a reason for following the rule. To anyone tempted to think that Kant's theory is vulnerable to such criticism, it should be of interest that Kant himself made exactly this point as early as 1764, and even made it the basis of the Groundwork's argument that a categorical imperative can be binding on a rational will only if there is an objective end or end in itself. In fact, if a ‚deontological' ethical theory is one that precludes grounding a moral principle on substantive values or ends, then the aim of Kant's argument [...] is to show that no deontological theory is possible. Kant's contention is that humanity [...] is the end in itself that provides the categorical imperative with its objective ground[228].

Vor diesem Hintergrund ist es ausgesprochen bedauerlich, dass Hegel in seiner Kantkritik auf diese Willensstruktur und auf die materialen Pflichtzwecke der Tugendlehre nicht eingegangen ist. Und auch mit Blick auf die Sekundärliteratur muss eine die Tugendlehre berücksichtigende Rekonstruktion der hegelschen Moralitätskritik bislang als Forschungslücke bezeichnet werden. In der hiesigen Arbeit kann eine solche Rekonstruktion der hegelschen Kritik nicht erfolgen. Hingewiesen werden soll nur auf

227 *Heidemann* Prinzip und Wirklichkeit in der kantischen Ethik, S. 233 ff.; *Ludwig* Kategorischer Imperativ und Metaphysik der Sitten, S. 26. Den Begriff der „Schematisierung" verwendet Kant in diesem Kontext selber: „Indessen gleichwie von der Metaphysik der Natur zur Physik ein Überschritt, der seine besondern Regeln hat, verlangt wird: so wird der Metaphysik der Sitten ein Ähnliches mit Recht angesonnen: nämlich durch Anwendung reiner Pflichtprincipien auf Fälle der Erfahrung jene gleichsam zu schematisiren und zum moralisch-praktischen Gebrauch fertig darzulegen" (*Kant* Metaphysische Anfangsgründe der Tugendlehre [VI], S. 468).

228 *Wood* Kant's Ethical Thought, S. 114.

eine Eigentümlichkeit der kantischen Argumentation, die im Rahmen der Eigentumsbegründung ein Pendant finden wird. Kant deduziert die materialen Pflichtzwecke folgendermaßen:

> Es muß nun einen solchen Zweck und einen ihm correspondirenden kategorischen Imperativ geben. Denn da es freie Handlungen giebt, so muß es auch Zwecke geben, auf welche als Object jene gerichtet sind. Unter diesen Zwecken aber muß es auch einige geben, die zugleich (d.i. ihrem Begriffe nach) Pflichten sind. – Denn gäbe es keine dergleichen, so würden, weil doch keine Handlung zwecklos sein kann, alle Zwecke für die praktische Vernunft immer nur als Mittel zu andern Zwecken gelten, und ein kategorischer Imperativ wäre unmöglich; welches alle Sittenlehre aufhebt[229].

Die kantische Argumentation ist zumindest an dieser Stelle zirkulär; denn das quod erat demonstrandum – der durch die Pflichtzwecke ermöglichte kategorische Imperativ – wird in ihr vorausgesetzt. Kants vermeintliche Deduktion lässt sich auf die Tautologie zusammenkürzen, dass es einen kategorischen Imperativ geben müsse, weil es sonst keinen gebe[230]. Dieser Fehlschluss ist verräterisch: Er deutet auf die Schwierigkeit hin, die der Bezug zum Besonderen bereitet, sofern erst einmal von ihm abstrahiert wurde. Ohne damit ein abschließendes Urteil über die Tugendlehre fällen zu wollen, drängt sich also der Verdacht auf, dass die Schwäche der kantischen Argumentation lediglich die Probleme widerspiegelt, die eine Verkennung des konkreten Verhältnisses der Willensmomente Allgemeinheit und Besonderheit zur Folge hat. Wie sich noch im Rahmen der Deduktion der possessio noumenon zeigen wird, führt das „Paradoxon der Methode“ – als in der Tat paradox anmutende Verfahrensweise, die im Rahmen der Gegenstandsbestimmung des Willens von allen Gegenständen des Wollens abstrahiert – in weiten Teilen der *Metaphysik der Sitten* zu Begründungsschwierigkeiten.

IV. Der rechtliche Wille und sein Objekt

Im folgenden soll untersucht werden, inwiefern sich auch Kants und Hegels Konzeptionen der rechtlichen Freiheit anhand des Begriffspaares abstrakt – konkret charakterisieren lassen. Die in Hinsicht auf Begriff und Willen eindeutige Zuordnung hegelscher Kategorien zum Terminus des Konkreten gestaltet sich dabei im Privatrecht zunächst einmal problematisch; denn Hegel erörtert die Kategorien des Eigentums und des Vertrages im ersten Systemteil der *Grundlinien*, den er als „abstraktes Recht“ bezeichnet. Hegel demonstriert durch diesen Titel die Überzeugung, dass

229 *Kant* Metaphysische Anfangsgründe der Tugendlehre (VI), S. 385.
230 *Dorschel* Die idealistische Kritik des Willens, S. 71.

das Privatrecht seiner Natur nach abstrakt sei; dass also eine – partielle – Abstraktheit des Rechts nicht von einer Fehlinterpretation desselben zeugt, sondern diesem seinem Wesen nach inhäriert. Und dennoch soll im folgenden nachgewiesen werden, dass auch im „abstrakten Recht" Hegels die Synthese zwischen Wille und Willensobjekt immer schon vorausgesetzt ist, während die kantische Rechtskonzeption zwischen beiden Willenselementen trennt. Es soll also aufgezeigt werden, dass sich die hegelsche Interpretation des Privatrechts trotz der grundsätzlichen Abstraktheit dieses Rechtsbereichs in den allgemeinen spekulativen Grundgedanken dessen Systems einreiht, während sich die Abstraktheit des kantischen Denkens auch in der Beschreibung der rechtsphilosophischen Kategorie des Eigentums äußert.

Die Darstellung dieses Unterschiedes zwischen den Privatrechtskonzeptionen Kants und Hegels soll mit zwei Exkursen vorbereitet werden. Der erste Exkurs (1.) beschäftigt sich mit dem Verhältnis von Recht und Moral in Kants Philosophie. Eine Darstellung dieses Verhältnisses ist für den weiteren Gang der hiesigen Argumentation notwendig, weil ohne eine Einbettung des Rechts in den Kontext der kantischen Transzendentalphilosophie nicht klar ist, ob die bisher entwickelten Willensstrukturen in den Rechtsbereich übernommen werden dürfen. Solange nicht nachgewiesen ist, dass auch dem Recht der positive Freiheitsbegriff der *Kritik der praktischen Vernunft* – in welcher Form auch immer – zugrunde liegt, kann nicht davon ausgegangen werden, dass die bisher erörterten Grundsätze für den Rechtsbereich und die Eigentumskategorie überhaupt relevant sind. Der Exkurs beschäftigt sich nur mit dem Verhältnis von Recht und Moral in Kants Philosophie, nicht jedoch mit demjenigen in der Philosophie Hegels. Dies ist darin begründet, dass Hegel im Unterschied zu Kant die Bedeutung der Willensstruktur für das Privatrecht ausdrücklich hervorgehoben hat: Die Eigentumskategorie wird in den *Grundlinien* im direkten Anschluss an die allgemeinen Willensgrundsätze entwickelt, und Hegel greift auf diese Grundsätze im Rahmen der Entfaltung des Eigentums mehrfach und explizit zurück[231]. In der kantischen Philosophie ist das Verhältnis zwischen kritischer Grundlegung und Rechtslehre hingegen in weiten Bereichen unklar und zumindest nicht unmittelbar einsichtig. Der zweite Exkurs (2.) beschäftigt sich mit den allgemeinen Rahmenbedingungen der Konstitution des Rechtsprinzips sowohl in der Theorie Hegels wie auch in derjenigen Kants. In ihm wird vor allem auf die drei Abstraktionsschritte eingegangen, aus denen heraus Kant das „allgemeine Prinzip des Rechts" in § B der *Einleitung in die Rechtslehre* entwickelt. Dies ist notwendig, da Kant an jener Stelle die Rechtsirrelevanz der „Materie der

231 Vgl. dazu unten S. 142 ff..

Willkür" explizit ausspricht. Man könnte deshalb meinen, dass jene Stelle das Verhältnis des rechtlichen Willens zu seinem Objekt erschöpfend behandelt. Wie sich zeigen wird, ist dies jedoch nicht der Fall; der dreifache Ausgrenzungsschritt der *Einleitung in die Rechtslehre* thematisiert vielmehr die Abgrenzung von Recht und Moral. Erst im Anschluss an diese beiden Exkurse können die kantische Privatrechtslehre als abstrakt und die hegelsche Rechtskonzeption als konkret ausgewiesen werden (3.).

1. Exkurs: Zum Freiheitsbegriff der *Metaphysischen Anfangsgründe der Rechtslehre*

Eine Darstellung des Freiheitsbegriffs der kantischen Rechtslehre sieht sich erheblichen Schwierigkeiten ausgesetzt; denn Kants Ausführungen zur rechtlichen Freiheit sind zumeist undeutlich und verkürzt. Und auch in der Sekundärliteratur herrscht bislang noch große Uneinigkeit über die inhaltliche Ausgestaltung des Freiheitsbegriffs der *Metaphysischen Anfangsgründe der Rechtslehre* und über den Zusammenhang dieser Freiheit mit derjenigen der kritischen Grundlegung[232]. Wie Kühl herausgearbeitet hat, sind es im wesentlichen drei Freiheitsbegriffe, die als rechtsfundierend in Betracht kommen[233]. Zum einen kann die Freiheit des Beliebens dem Recht zugrundegelegt werden; diese Fähigkeit, „nach Belieben zu thun oder zu lassen"[234], grenzt Kant in der *Kritik der reinen Vernunft* von der tierischen Willkür ab, „die nicht anders als durch sinnliche Antriebe, d.i. pathologisch bestimmt werden kann"[235]. Zweitens kommt der in der Auflösung der Freiheitsantinomie verwendete negative Begriff der transzendentalen Freiheit in Betracht; und drittens schließlich der positive Begriff der sittlichen Autonomie, wie er in der *Grundlegung zur Metaphysik der Sitten* und in der *Kritik der praktischen Vernunft* entwickelt wird[236]. Zu der Frage, welcher dieser Freiheitsbegriffe der Rechtslehre zugrunde liegt, haben sich im wesentlichen drei Literaturmeinungen herausgebildet, die im folgenden kurz erörtert werden sollen. Ich folge dabei den Ausführungen Kerstings, der den Zusammenhang von Rechtslehre und sittlicher Autonomie bereits umfänglich behandelt hat[237].

---

232 Zur Darstellung der verschiedenen Literaturmeinungen siehe sogleich, S. 55 ff..

233 *Kühl* Eigentumsordnung als Freiheitsordnung, S. 48.

234 *Kant* Metaphysische Anfangsgründe der Rechtslehre (VI), S. 213.

235 *Kant* Kritik der reinen Vernunft, B 830/A 802 (S. 675); vgl. dazu *Forschner* Gesetz und Freiheit, S. 184.

236 Vgl. *Kühl* Eigentumsordnung als Freiheitsordnung, S. 48.

237 Vgl. dazu die in den folgenden Fußnoten genannten Fundstellen.

a. Rechtliche Freiheit als Willkürfreiheit

Zunächst deutet viel darauf hin, unter der rechtlichen Freiheit allein die Freiheit der Willkür, d.h. die negative Freiheit des unabhängigen Wählens und Verwerfens gegebener Handlungsoptionen zu verstehen. Dieser Freiheitsbegriff liegt beispielsweise dem Begriff des factum zugrunde, den Kant in § B der *Einleitung in die Rechtslehre* einführt: „Der Begriff des Rechts [...] betrifft [...] nur das äußere und zwar praktische Verhältnis einer Person gegen eine andere, sofern ihre Handlungen als Facta aufeinander (unmittelbar oder mittelbar) Einfluß haben können"[238]. Der Begriff des factum ist der traditionellen philosophia practica universalis entnommen[239] und steht innerhalb der Rechtsdefinition stellvertretend für Kants Zurechnungslehre. Das Zurechnungsurteil besteht aus zwei Phasen[240]: der imputatio facti und der imputatio legis. Während die imputatio legis fordert, „daß die Handlung unter einem Gesetz stehe" und „unter dieses Gesetz subsumirt werden könne"[241], setzt die imputatio facti voraus, dass „eine Handlung als ein factum kann betrachtet werden. Eine Handlung (actio) ist nämlich entweder die Wirkung einer causa naturalis qua talis (aus Naturursachen erfolgt). Dann ist sie physisch. Oder sie ist Wirkung einer causa libera qua talis (aus dem Gesetz der Freiheit mit freiem Willen gewählt). Dann ist sie factum"[242]. Ein Faktum ist also eine von sinnlicher Determination unabhängige Handlung. Der Grund für die Einengung des Rechtsprinzips auf facta ist leicht ersichtlich: Weil sich die Menschen im Recht als Vernunftwesen gegenübertreten, sind rein naturkausal bestimmte Handlungen nicht rechtserheblich; in aller Rechtssetzung ist die Freiheit der Adressaten vorausgesetzt, sich für die jeweiligen Anordnungen zu entscheiden[243]. Damit zeigt sich allerdings auch, dass der der Zurechnungslehre zugrundeliegende Freiheitsbegriff ein anderer ist als der der moralischen Autonomie: Nicht die vernünftige Selbstbestimmung des Menschen, sondern bloß die Freiheit des Wählens ist im Rechtsbegriff

---

238 *Kant* Metaphysische Anfangsgründe der Rechtslehre (VI), S. 230.

239 *Kersting* Wohlgeordnete Freiheit, S. 97.

240 Ausdrücklich in *Kant* Metaphysik der Sitten Vigilantius (XXVII), S. 561 ff.; ebenso in *ders.* Moralphilosophie Collins (XXVII), S. 288 f.; *ders.* Praktische Philosophie Powalski (XXVII), S. 152 ff.. Die genannte Zweiteilung deutet sich auch in der Definition der Zurechnung in der *Metaphysik der Sitten* an: „Zurechnung (imputatio) [...] ist das Urtheil, wodurch jemand als Urheber (causa libera) einer Handlung, die alsdann That (factum) heißt und unter Gesetzen steht, angesehen wird" (*ders.* Metaphysische Anfangsgründe der Rechtslehre [VI], S. 227).

241 *Kant* Metaphysik der Sitten Vigilantius (XXVII), S. 562.

242 *Kant* Metaphysik der Sitten Vigilantius (XXVII), S. 561.

243 *Oberer* Praxisgeltung und Rechtsgeltung, S. 97.

zunächst einmal vorausgesetzt[244]. Denn wäre nur der moralisch freie Mensch, (in seiner Eigenschaft als homo noumenon) Adressat des Rechts, so schlösse dies eine Verbrechenszurechnung prinzipiell aus[245]: Die Maximen des im Sinne des kategorischen Imperativs frei Handelnden sind schließlich widerspruchslos verallgemeinerbar, also unmöglich Gesetzesverstöße[246]. Und in der Tat zeigt auch eine genaue Lektüre des kantischen Textes, dass mit dem Freiheitsbegriff der Zurechnungslehre die durch das Sittengesetz verbürgte positive Freiheit nicht gemeint sein kann. So bespricht Kant etwa in der *Kritik der reinen Vernunft* den Fall der Zurechenbarkeit einer boshaften Lüge[247], und in der *Kritik der praktischen Vernunft* behandelt er die Zurechnung eines Diebstahls[248]. „Jede vorsätzlich verübte Handlung", so heißt es dort, habe „eine freie Causalität zum Grunde"[249].

Bedeutet dieser Befund, dass die Rechtslehre vollständig von der kritischen Grundlegung losgelöst ist und des Begriffes der Freiheit als Autonomie nicht bedarf? Eine solche Position wird in der Sekundärliteratur vor allem von Ebbinghaus[250] vertreten. Ebbinghaus zufolge ist „die von

---

244 So auch *Kühl* Eigentumsordnung als Freiheitsordnung, S. 93, S. 96 zum kantischen Handlungsbegriff: „Handeln ist dabei natürlich als willkürliches, und insofern freies Handeln zu verstehen, als der Handelnde seinen Handlungsentschluß auch hätte unterdrücken können". „Würde nicht zumindest diese Freiheit vorausgesetzt, so hätte es gar keinen Sinn, einer Person ein bestimmtes Tun oder Unterlassen einschließlich dessen Wirkungen zuzurechnen und von Verantwortung oder Schuld zu sprechen, denn das setzt eben voraus, daß für die zu beurteilende Person die Möglichkeit bestand, sich anders zu entscheiden".

245 Darauf weisen hin: *Kaiser* Widerspruch und harte Behandlung, S. 79; *Prauss* Kant über Freiheit als Autonomie, S. 52 ff.; *Wolff* The Autonomy of Reason, S. 135 f.. Demgegenüber sieht *Römpp* Moralische und Rechtliche Freiheit, S. 298 fälschlich in der moralischen Freiheit den Bezugspunkt der Zurechnungslehre: „Wenn die Fähigkeit, eine Tat begehen zu können, konstitutive Voraussetzung rechtlicher Verpflichtung ist, so kann dem Recht nur eine freie Handlung unterliegen, in der das Subjekt seinem eigenen Gesetz der Freiheit eines vernünftigen Wesens folgt". Dem ist entgegenzuhalten, dass eine Verbrechenszurechnung auf der Grundlage eines solchen Handlungsbegriffes gerade nicht mehr möglich ist.

246 Gemeint ist hier selbstverständlich das allgemeine Vernunftgesetz, nicht das positive Recht.

247 „[D]ie [lügenhafte] Handlung wird seinem [des Täters] intelligibelen Charakter beigemessen, er hat jetzt, in dem Augenblicke, da er lügt, gänzlich Schuld; mithin war die Vernunft, unerachtet aller empirischen Bedingungen der Tat, völlig frei" (*Kant* Kritik der reinen Vernunft, B 583/A 555 [S. 504]).

248 *Kant* Kritik der praktischen Vernunft (V), S. 95 ff..

249 *Kant* Kritik der praktischen Vernunft (V), S. 100.

250 *Ebbinghaus* Die Strafe für Tötung eines Menschen nach Prinzipien einer Rechtsphilosophie der Freiheit, S. 19 ff.; *ders.* Kant und das 20. Jahrhundert, S. 110 ff.; ebenso *Geismann* Ethik und Herrschaftsordnung, S. 60 ff.; *Reich* Rousseau und Kant, S. 17 ff.. – Eng verwandt mit der Unabhängigkeitsthese ist auch die Kontinuitätsthese Ritters. Ritter behauptet, dass keinerlei Brüche im kantischen Rechtsdenken seit 1763 bestehen; auf dieser Grundlage bestreitet Ritter das Bestehen einer kritischen Rechtsphilosophie bei Kant (*Ritter* Der Rechtsgedanke Kants nach den frühen Quellen, S. 339). Kritisch dazu: *Kersting* Neuere Interpretationen der kantischen Rechtsphilosophie, S. 283 ff.; *Küsters* Recht und Vernunft, S. 211 f.. – Ähnlich wie Ritter argumentiert auch Ilting, wenn er konstatiert, dass selbst

Kant der Rechtslehre zu Grunde gelegte negative Freiheit der menschlichen Willkür von der Nötigung durch sinnliche Antriebe [...] die unerläßliche Bedingung für alle mögliche Verantwortung des Menschen für seine Taten. Was aber die ‚sittliche Freiheit' anlangt, deren Gesetz das der Selbstgesetzgebung der reinen praktischen Vernunft sein müßte, so ist deren Möglichkeit in keiner Weise Voraussetzung für die Gültigkeit des von Kants Rechtslehre vorausgesetzten negativen Freiheitsbegriffs"[251]. Ebbinghaus zieht aus diesem Befund die Konsequenz der völligen Eigenständigkeit der Rechtslehre innerhalb des kantischen Systems:

> Da nun aber jenes Gesetz der Autonomie in seiner möglichen Verbindlichkeit für den Willen des Menschen abhängt von der Gültigkeit der in der Kritik der reinen Vernunft aufgestellten Lehre vom Unterschiede der Phaenomena und Noumena, so bedeutet die Eingeschränktheit der Kantischen Rechtslehre auf den negativen Begriff der Freiheit der menschlichen Willkür zugleich die Unabhängigkeit dieser Rechtslehre von der kritischen Philosophie überhaupt und ihrem transzendentalen Idealismus[252].

Die These der vollständigen Unabhängigkeit der Rechtslehre ist jedoch nicht haltbar. Indem sie die transzendentale Freiheit als Konstitutionsbedingung rechtlichen Handelns bestreitet, kann sie nicht klarstellen, wie auf der Basis des negativ-empirischen Freiheitsbegriffes der Begriff der rechtlichen Verbindlichkeit gewonnen werden kann[253]. Unter Zugrundelegung einer strikten Trennung von (positiver) Freiheit und Recht würde Recht unmöglich, denn „wenn man annimmt, daß reine Vernunft einen praktisch, d.i. zur Willensbestimmung hinreichenden Grund in sich enthalten könne, so giebt es praktische Gesetze, wo aber nicht, so werden alle praktische Grundsätze bloß Maximen sein"[254]. Deutlich zum Ausdruck kommt diese Bezugnahme des Rechts auf die positive transzendentale Freiheit in Kants Bestimmung des Inneren Meinen: Dieses ist „Freiheit (Unabhängigkeit von eines Anderen nöthigender Willkür), sofern sie mit jedes Anderen Freiheit nach einem allgemeinen Gesetz zusammen bestehen kann"[255]. Kant spricht von dieser Freiheit nicht als von einer menschli-

---

Kants rechtsphilosophische Schriften aus den achtziger und neunziger Jahren „durchaus unkritisch auf Vorstellungen einer dogmatischen Metaphysik" rekurrieren (*Ilting* Gibt es eine kritische Ethik und Rechtsphilosophie Kants?, S. 338).

251 *Ebbinghaus* Die Strafe für Tötung eines Menschen nach Prinzipien einer Rechtsphilosophie der Freiheit, S. 21 f..

252 *Ebbinghaus* Die Strafe für Tötung eines Menschen nach Prinzipien einer Rechtsphilosophie der Freiheit, S. 22.

253 „Die Unbedingtheit der Rechtspflichten ist so nicht zu begründen" (*Kühl* Eigentumsordnung als Freiheitsordnung, S. 103; ebenso *Forschner* Gesetz und Freiheit, S. 185 f.; *Kersting* Wohlgeordnete Freiheit, S. 139; *ders.* Neuere Interpretationen der kantischen Rechtsphilosophie, S. 289 f.).

254 *Kant* Kritik der praktischen Vernunft (V), S. 19.

255 *Kant* Metaphysische Anfangsgründe der Rechtslehre (VI), S. 237.

chen Fähigkeit oder einem Vermögen, sondern ausdrücklich von einem ursprünglichen Recht, das „jedem Menschen, kraft seiner Menschheit"[256], zukommt. Jeder Mensch hat als Rechtsperson also einen vernunftgebotenen Achtungsanspruch, der „im Princip der angeborenen Freiheit"[257] begründet ist. Die Ebbinghaussche These der Rechtsirrelevanz von transzendentaler Freiheit und kritischer Grundlegung widerspricht diesem angeborenen Freiheitsrecht; denn auf der Grundlage allein des Willkürbegriffes ist eine solche Rechtsverbindlichkeit gerade nicht ableitbar: Das Recht könnte nicht als System praktischer Gebote, sondern nur als Ansammlung von Vorteilsregeln auf der Basis ökonomisch kluger Kalkulationen interpretiert werden. Entsprechend schreibt Kant in *Zum ewigen Frieden*, dass der Rechtsbegriff ein „sachleerer Gedanke" sei, „wenn es keine Freiheit und darauf gegründetes moralisches Gesetz gibt"[258]; und in der *Vigilantius-Nachschrift* setzt er den Begriff des Rechts gleich mit der „Vernunftidee der Verpflichtung, worauf die Metaphysic der Sitten gebauet sein muß"[259].

b. Das Recht als Verwirklichungsbedingung der Moralität

Nach einer maßgeblich von Larenz[260] vertretenen Auffassung soll das Recht Mittel zum Zweck der moralischen Pflicht sein.

> Das Recht schränkt die Willkür ein um der (transzendentalen) Freiheit willen. Kants ‚allgemeines Rechtsgesetz' [...] verlangt von jedem, seine Willkür einzuschränken, nicht, wie man oft angenommen hat, damit die Willkür aller anderen in möglichst großem Umfange bestehen könne, sondern damit die transzendentale Freiheit eines jeden, genauer: ihre Auswirkung durch Handlungen in der Sinnenwelt, nicht behindert werde[261].

Zwischen dem Recht und der Moral soll demnach ein teleologischer Zusammenhang bestehen: Das Recht sei Ermöglichungsbedingung einer sittlich gestalteten Welt.

---

256 *Kant* Metaphysische Anfangsgründe der Rechtslehre (VI), S. 237.

257 *Kant* Metaphysische Anfangsgründe der Rechtslehre (VI), S. 238.

258 *Kant* Zum ewigen Frieden (VIII), S. 372.

259 *Kant* Metaphysik der Sitten Vigilantius (XXVII), S. 481.

260 *Larenz* Sittlichkeit und Recht, S. 278 ff.; ebenso *Dulckeit* Naturrecht und positives Recht bei Kant, S. 3 ff.; *Haensel* Kants Lehre vom Widerstandsrecht, S. 8 ff., insbesondere S. 11; *Schreiber* Der Begriff der Rechtspflicht, S. 42; wohl auch *Römpp* Moralische und rechtliche Freiheit, S. 302. – Ähnlich argumentiert auch *Metzger* Gesellschaft, Recht und Staat in der Ethik des deutschen Idealismus, S. 83, der hinsichtlich des Rechtsprinzips von einer „unmittelbare[n] Anwendung des kategorischen Imperativs" spricht.

261 *Larenz* Sittlichkeit und Recht, S. 282.

Die Auffassung, Recht ermögliche Moral, begegnet ebenfalls schwerwiegenden Bedenken, die aus der Aufgabenteilung beider Praxisbereiche resultieren: Recht regelt den äußeren Willkürgebrauch, Moral den inneren. Die Moralphilosophie ist eine Lehre des guten Willens; ein solcher ist gerade im kantischen System aber unabhängig von seinen Realisationsbedingungen. Auch in einer noch so hoffnungslosen Lage kann ich eine moralische Gesinnung aufweisen; auch trotz der Unmöglichkeit seiner Verwirklichung in der Sinnenwelt kann ein Wille Kant zufolge gut sein[262]. Vor diesem Hintergrund ist nicht ersichtlich, weshalb die Moral einer Instanz bedürfte, die ihre Realisierbarkeit garantiert; die Aufgabe des Rechts wäre, so bestimmt, schlechthin sinnlos. Und selbst wenn die Realisierungsbedingung der Moral (was auch immer darunter zu verstehen sei) als rechtsbeachtlich anzusehen sein sollte, wäre die moralteleologische Interpretation nicht haltbar: Wird das subjektive Recht als „Befugnis zur Pflichterfüllung“[263], so führt dies zu einer bedenklichen Einschränkung des Rechtsbegriffes, denn es müsste all jenen Handlungen der Rechtsschutz entzogen werden, die nur gesetzmäßig, nicht aber praktisch notwendig sind[264]. Das kantische Rechtsprinzip ist formal und negativ, nicht aber material und positiv: Es besagt nur, was Unrecht und daher zu unterlassen ist und ermöglicht dadurch einen Freiraum erlaubter, moralisch möglicher Handlungen. Was moralisch möglich ist, ist rechtlich erlaubt – diese kantische Aufgabenbestimmung des Rechts würde durch eine Identifizierung des subjektiven Rechts als eines solchen zu einer Pflichterfüllungshandlung unterlaufen; denn der moralteleologischen Position zufolge ist rechtlich erlaubt nur, was moralisch geboten ist. In den Worten Kerstings, der diesen Zusammenhang deutlich herausgearbeitet hat:

> Die in seinem formal-negativen Charakter fundierte deontische Dreiwertigkeit des kantischen Moralprinzips ist mit einer auf die Sicherung der äußeren Bedingungen der Pflichterfüllungsfreiheit abhebenden moralteleologischen Rechtsbegründung unvereinbar[265].

262 Vgl. *Baumanns* Kants Antinomie der reinen Rechtsvernunft in systemgeschichtlicher und systematischer Hinsicht, S. 288.

263 *Kersting* Wohlgeordnete Freiheit, S. 148.

264 Dazu ausführlich *Kersting* Wohlgeordnete Freiheit, S. 148. – Diese Implikation der strikten Verknüpfung von Recht und Moral kommt deutlich zum Ausdruck in der Aufgabenbestimmung des Rechts bei *Römpp* Moralische und Rechtliche Freiheit, S. 302: „In seinem philosophischen Begriff ist das Recht [...] durch die Aufgabe bestimmt, solche Bedingungen herzustellen, die die Willen von Personen – d.h. von freien, weil moralischen, und von moralischen, weil freien Wesen – zusammenstimmen lassen. Folglich kann es sich nur dann vernünftig legitimieren, wenn es den äußeren Handlungen ausschließlich solche Regelungen auferlegt, die der Freiheit des moralisch bestimmten Willens der Rechtsadressaten entsprechen“. Eine solche Aufgabenbestimmung würde allen nicht-moralischen, nichtrechtswidrigen Handlungen den Rechtsschutz entziehen.

265 *Kersting* Wohlgeordnete Freiheit, S. 148.

c. Der indirekte Einfluss der moralischen Freiheit

Haben sich damit die beiden Gegenpositionen der extremen Unabhängigkeitserklärung einerseits und der ebenso extremen Strategie der vollständigen Verknüpfung von Recht und Moral andererseits als unhaltbar erwiesen, so ist die Lösung in einer vermittelnden Position zu suchen[266]. Zunächst ist am Schnitt gegenüber dem kategorischen Imperativ festzuhalten: Moral und Recht betreffen verschiedene Freiheitsbereiche und setzen insofern tatsächlich verschiedene Freiheitsbegriffe voraus[267]. Während die Moral die innere Freiheit betrifft, reglementiert das Recht die äußere Freiheit; der Gegenstandsbereich des Rechts umfasst nicht innerliche Gesinnungen, sondern äußerliche Handlungen. Dies hat die bedeutsame Folge, dass auch die Durchsetzungsinstanzen von Recht und Moral unterschiedlich sind. Dem Recht stehen die Triebfederlehre und der Achtungsbegriff nicht zur Verfügung, um die Durchsetzung des praktischen Gesetzes zu erklären; es zeichnet sich im Gegenteil gerade durch den Verzicht auf die Forderung einer rechtlichen Gesinnung aus: „denn ein jeder kann frei sein, obgleich seine Freiheit mir gänzlich indifferent wäre, oder ich im Herzen derselben gerne Abbruch thun möchte, wenn ich nur durch meine äußere Handlung ihr nicht Eintrag thue. Das Rechthandeln mir zur Maxime zu machen, ist eine Forderung, die die Ethik an mich thut“[268]. An die Stelle des intelligiblen Selbstzwangs tritt im Recht stattdessen der empirische Fremdzwang[269]. Das Rechtsgesetz macht sich nicht selbst zur Pflicht; vielmehr verwirklicht es sich dadurch, dass es den Rechtsinhaber zur Zwangsbefugnis legitimert:

> Wenn also gesagt wird: ein Gläubiger hat ein Recht von dem Schuldner die Bezahlung seiner Schuld zu fordern, so bedeutet das nicht, er kann ihm zu Gemüthe führen, daß ihn seine Vernunft selbst zu dieser Leistung verbinde, sondern ein Zwang, der jedermann nöthigt dieses zu tun, kann gar wohl mit jedermanns Freiheit, also auch mit der seinigen, nach einem allgemeinen äußeren Gesetze zusammen bestehen: Recht und Befugnis zu zwingen sind also einerlei[270].

---

266 Dazu ausführlich *Höffe* Recht und Moral, S. 1 ff.; *Kersting* Wohlgeordnete Freiheit, S. 112 ff. unter Rückgriff auf *Scholz* Das Problem des Rechts in Kants Moralphilosophie; *Kühl* Eigentumsordnung als Freiheitsordnung, S. 74 ff.; *Ludwig* Kategorischer Imperativ und Metaphysik der Sitten, S. 172 ff..

267 So auch *Höffe* Recht und Moral, S. 33; *Kühl* Eigentumsordnung als Freiheitsordnung, S. 83.

268 *Kant* Metaphysische Anfangsgründe der Rechtslehre (VI), S. 231.

269 „Die Ethik lehrt hernach nur, daß, wenn die Triebfeder, welche die juridische Gesetzgebung mit jener Pflicht verbindet, nämlich der äußere Zwang, auch weggelassen wird, die Idee der Pflicht allein schon zur Triebfeder hinreichend sei“ (*Kant* Metaphysische Anfangsgründe der Rechtslehre [VI], S. 220). Ausführlich dazu *Kersting* Wohlgeordnete Freiheit, S. 130 ff..

270 *Kant* Metaphysische Anfangsgründe der Rechtslehre (VI), S. 232.

Und dennoch ist die Rechtslehre nicht von der transzendentalen Freiheitslehre unabhängig. Entscheidendes Verknüpfungselement zwischen kritischer Grundlegung und Rechtslehre ist die Möglichkeit der moralischen Legitimation rechtlich gebotener Zwangshandlungen zur Abwehr von Unrecht[271]:

> Das Zwangsthema wird [...] von außen an die Lehre von der gesetzgebenden praktischen Vernunft herangetragen; ein immanenter Übergang von der Moralphilosophie zur Rechtsphilosophie ist nicht möglich; möglich ist aber, die normativen Prinzipien der Moralphilosophie zur Lösung der genuin rechtsphilosophischen Frage nach den sittlich zulässigen Bedingungen der Zwangsanwendung nutzbar zu machen[272].

Die Frage des Rechts stellt sich aus moralischer Perspektive demnach als Frage nach der Vereinbarkeit von Zwang und Freiheit. Ist einerseits Zwang zur Abwehr von mit der gesetzlichen Freiheit unverträglichen Handlungen legitimierbar und andererseits die Unterlassung solcher Handlungen Pflicht, so deckt die Frage nach der moralischen Möglichkeit von Zwang „ein Korrespondenzverhältnis auf zwischen dem vernunftbegründeten Zwang und der Pflicht, den äußeren Freiheitsgebrauch an Bedingungen der gesetzlichen Freiheit zu orientieren“[273]. Der kategorische Imperativ fungiert insofern als indirekter Maßstab des Rechts; denn er ist als oberstes Moralprinzip zugleich das

> Prinzip moralisch möglicher Zwangshandlungen wie legitim erzwingbarer moralisch notwendiger Handlungen. Das Rechtsgesetz ist folglich eine auf die Begründung von Pflichten, denen Zwangsbefugnisse korrespondieren, spezialisierte Version des kategorischen Imperativs[274].

Dieser indirekte Zusammenhang von Rechtsprinzip und Moralprinzip vermag den Notwendigkeitscharakter des Rechts zu erklären: Dem Rechtsprinzip kommt praktische Notwendigkeit zu – d.h. es kann Verbindlichkeit für sich beanspruchen –, weil der Grundsatz der wechselseitigen Freiheitseinschränkung vernunftgegeben ist. Zugleich ist mit der Ausblendung der Gesinnungsforschung und der Beschränkung des Rechtsprinzips auf die Handlungsregulierung klargestellt, dass diese Notwendigkeit des Rechts nicht im Sinne einer unbedingten Nötigung verstanden werden darf: Das allgemeine Rechtsgesetz ist „zwar ein Gesetz,

---

271 *Kersting* Wohlgeordnete Freiheit, S. 127 ff.. – *Oberer* Ist Kants Rechtslehre kritische Philosophie?, S. 221 ff. unterscheidet verschiedene Bedeutungen des Terminus „kritisch“ und kommt zu dem Ergebnis, dass Kants Rechtslehre insofern auf der Kritik fußt als sie „begründet, wie es möglich ist, daß Sittlichkeit und Recht und Tugend ihren letzten Grund nicht in der Heteronomie und im Gefühl, sondern nur in der Autonomie rationaler Subjektivität haben können“.

272 *Kersting* Wohlgeordnete Freiheit, S. 127.

273 *Kersting* Wohlgeordnete Freiheit, S. 128.

274 *Kersting* Wohlgeordnete Freiheit, S. 128.

welches mir eine Verbindlichkeit auferlegt“; es fordert aber nicht, „daß ich ganz um dieser Verbindlichkeit willen meine Freiheit auf jene Bedingungen selbst einschränken solle“[275]. Entscheidend an diesem Allegat ist das auch im Original hervorgehobene Hilfsverb „solle“: Das Rechtsgesetz ist kein Sollenssatz, d.h. die Verbindlichkeit des Rechts ist im Gegensatz zu jener der Moral eine nicht-imperativische[276]. Es gebietet nicht, die Freiheit auf das mit dem allgemeinen Gesetz verträgliche Maß einzuschränken, sondern es formuliert die praktische Idee des Eingeschränktseins als Postulat[277].

Mit der Einbettung des Rechts in den Kontext der kantischen Transzendentalphilosophie ist klargestellt, dass der in der *Kritik der praktischen Vernunft* entwickelte Freiheitsbegriff letzter Geltungsgrund auch der Rechtspflichten ist. Es ist deshalb anzunehmen, dass die allgemeine Struktur des freien Willens und die ihr eigentümliche Zuordnung von Wille und Willensgegenstand auch das Recht, und insbesondere das Privatrecht, prägt; immerhin liegt beiden Theoriestücken eine ähnliche Aufgabenstellung zugrunde: Beide thematisieren – wenn auch auf je verschiedene Weise – das Verhältnis des Willens zur Willensmaterie. Und in der Tat zeigt schon ein flüchtiger Blick auf die Eigentumslehre, dass das gesamte Privatrecht deutliche Bezüge zum transzendental-positiven Freiheitsverständnis der kritischen Grundlegung aufweist[278]. Die Notwendigkeit des Eigentums beispielsweise wird – wie im dritten Kapitel noch ausführlich zu zeigen sein wird – von Kant nicht (wie in den vorkantischen Philosophien)[279] aus einem Nutzenkalkül – als Grundlage des verständigen Wirtschaftens – abgeleitet, sondern allein aus dem Rechtswillen, der verankert ist „in einer apriorischen praktischen Vernunft“[280]. Die Ausklammerung

275 *Kant* Metaphysische Anfangsgründe der Rechtslehre (VI), S. 231.

276 Das hat *Scholz* Das Problem des Rechts in Kants Moralphilosophie, S. 38 ff. herausgearbeitet; im Anschluss an Scholz auch *Kersting* Wohlgeordnete Freiheit, S. 102 ff. und *Ludwig* Kategorischer Imperativ und Metaphysik der Sitten, S. 178 ff.; kritisch aber *Oberer* Rezension zu Kersting: Wohlgeordnete Freiheit, S. 118.

277 Vgl. *Kant* Metaphysische Anfangsgründe der Rechtslehre (VI), S. 231.

278 Dass die ebbinghaussche Unabhängigkeitsthese nicht nur mit der Unbedingtheit des allgemeinen Rechtsgebots sondern auch mit zentralen Theoriestücken der eigentlichen Rechtslehre, insbesondere dem Privatrecht, unvereinbar ist, hat auch *Brandt* Das Erlaubnisgesetz, S. 235 ff. herausgearbeitet.

279 Vgl. *Brandt* Eigentumstheorien von Grotius bis Kant, S. 181.

280 *Brandt* Eigentumstheorien von Grotius bis Kant, S. 181; dazu ausführlich unten S. 207, Fn. 281. – Den besitzspezifischen Bezug des Freiheitsbegriffes der *Kritik der praktischen Vernunft* hebt auch Bartuschat hervor: „In der Charakterisierung des rechtlichen Besitzes als eines intelligiblen Besitzes bezeichnet Kant die Bedingung, unter der etwas rechtlich besessen wird, als eine intelligible. Er rekurriert damit auf den transzendentalen Begriff der Freiheit, den er in der Unterscheidung von Phänomenalität und Noumenalität in der KpV gewonnen hat. Unabhängig davon ist die Rechtsphilosophie nicht zu entwickeln“ (*Bartuschat* Praktische Philosophie und Rechtsphilosophie bei Kant, S. 31).

der empirischen Zwecksetzungen in diesen Begründungsgängen und der damit verbundene Formalismus des Rechts hat dabei den gleichen Sinn „wie der Formalismus in der Ethik", nämlich „der Vernunft gegenüber allen Interessen zur Vormachtstellung zu verhelfen und damit die Vernunftentscheidung aus der Abhängigkeit von den diesen Interessen zugrundeliegenden Inhalten befreien"[281]. Und auch im Hinblick auf die kantische Erwerbslehre ist eine bloß auf den negativ-empirischen Willkürbegriff rekurrierende Kant-Interpretation unzulänglich. Diese setzt nämlich – das wird im dritten Kapitel dieser Arbeit noch zu zeigen sein – den Begriff der Autonomie, wenn auch in anderer Gestalt als in der Moralphilosophie, voraus; denn es ist gerade die Pointe der ihrem Kerngehalt nach kontraktualistischen Okkupationstheorie, dass der mit der Eigentumsberechtigung verbundene Achtungsanspruch der übrigen Rechtsteilnehmer nur im Sinne einer Selbstverpflichtung verbindlich sein kann[282].

2. Exkurs: Die Abstraktionen des Rechts

Bevor auf dieses Verhältnis des Willens zu seinem Objekt innerhalb des Privatrechts eingegangen wird, soll aber zunächst eine Darstellung der grundsätzlichen Abstraktheit des Rechtsbegriffes überhaupt erfolgen. Sowohl Hegel als auch Kant gewinnen den Rechtsbegriff nämlich durch Abstraktionen. Erst nachdem diese Ausgrenzungsschritte, die beiden Philosophien gemeinsam sind, dargelegt wurden, können die Unterschiede zwischen den Rechts- und Personenbegriffen Kants und Hegels herausgearbeitet werden. Die Darlegung der Abstraktionen des Rechts ist vor allem auch deshalb von Bedeutung, weil Kant in diesem Kontext mehrfach die Materie des Willens anspricht. Man könnte daher meinen, dass in diesen Ausgrenzungsschritten das Verhältnis von Wille und Willensgegenstand für den Rechtsbereich von Kant erschöpfend behandelt wird. Dies ist jedoch – das werden die folgenden Ausführungen zeigen – nicht der Fall.

281 *Kühl* Eigentumsordnung als Freiheitsordnung, S. 79. Man wird daher Kaulbach rechtgeben können, der eine „strukturelle Analogie" zwischen dem kategorischen Imperativ und dem Rechtsprinzip konstatiert. (*Kaulbach* Moral und Recht in der Philosophie Kants, S. 50; zustimmend *Kühl* Eigentumsordnung als Freiheitsordnung, S. 82). Auch Ilting spricht von einer „Identität zwischen der Struktur des Rechtsgrundsatzes und des moralischen Grundsatzes bei Kant" (*Ilting* Diskussionsbeitrag, S. 64).

282 Dazu ausführlich unten S. 216 ff. und S. 238 ff..

a. Die Konstitution des Rechtsprinzips bei Kant

Kant wendet das Ausschlussverfahren auch im Rahmen der Konstitution des Rechtsprinzips an; er entwickelt dieses aus einem dreifachen Abstraktionsschritt. „Der Begriff des Rechts [...] betrifft erstlich nur das äußere und zwar praktische Verhältnis einer Person gegen eine andere, sofern ihre Handlungen als Facta aufeinander (unmittelbar oder mittelbar) Einfluß haben können“[283]. Als rechtsirrelevant werden zunächst solche Handlungen ausgegliedert, die sich nicht als „facta“ charakterisieren lassen. Wie bereits dargelegt[284], steht der Begriff des „factum“ innerhalb der Rechtsdefinition stellvertretend für Kants Zurechnungslehre: Nur freie, d.h. selbstverursachte Handlungen sind den Rechtsteilnehmern zurechenbar. Der Vernunftanspruch des Rechts gebietet einen Ausschluss jeglicher Zufallszurechnung; denn würde auch der von blinder Naturkausalität gesteuerte Mensch für die von ihm verursachten Folgen haften, so würde das Recht sich selbst vernichten: Bedingung der Möglichkeit von Normen ist neben der Fähigkeit des Normverständnisses die Freiheit der Adressaten, sich für oder gegen die Norm zu entscheiden[285]. Durch den Begriff des factum wird also das Prinzip der Personalität in die Rechtsdefinition eingeführt: Als Person vermag das Individuum dem heteronomen Lust-Unlust-Schema des homo phaenomenon zu widerstehen. Erst durch sein Vermögen zu einer Handlung aus Freiheit wandelt sich der Mensch vom bloßen Triebwesen zum Normadressaten; entsprechend definiert Kant: „Person ist dasjenige Subject, dessen Handlungen einer Zurechnung fähig sind“[286]. Wie noch zu zeigen sein wird, wirft der Begriff des factum erhebliche Probleme auf, die für Hegels Kritik der Eigentumskonzeption Kants bedeutsam sind[287].

„Zweitens“ bedeutet der Begriff des Rechts „nicht das Verhältnis der Willkür auf den Wunsch (folglich auch auf das bloße Bedürfnis) des Anderen, wie etwa in den Handlungen der Wohlthätigkeit oder Hartherzigkeit, sondern lediglich auf die Willkür des Anderen“[288]. Indem das Rechtsverhältnis im zweiten Eingrenzungsschritt als Willkürverhältnis gefasst wird, wird die Sphäre des Wunsches ausgeklammert. Ein Wunsch ist „das Begehren ohne Kraftanwendung zu Hervorbringung des Objects“[289]. Er

283 *Kant* Metaphysische Anfangsgründe der Rechtslehre (VI), S. 230.

284 Siehe oben S. 55 f..

285 *Kühl* Eigentumsordnung als Freiheitsordnung, S. 93, S. 96; *Oberer* Praxisgeltung und Rechtsgeltung, S. 97.

286 *Kant* Metaphysische Anfangsgründe der Rechtslehre (VI), S. 223.

287 Siehe dazu unten S. 131.

288 *Kant* Metaphysische Anfangsgründe der Rechtslehre (VI), S. 230.

289 *Kant* Anthropologie in pragmatischer Hinsicht (VII), S. 251.

kann „auf Gegenstände gerichtet sein, zu deren Herbeischaffung das Subject sich selbst unvermögend fühlt, und ist dann ein leerer (müßiger) Wunsch“[290]. Der Wunsch offenbart seine Ohnmacht und Bedürftigkeit, da er keine Handlung zur Folge hat: Ist die Rechtsgemeinschaft „keine Solidargemeinschaft der Bedürftigen, sondern eine Selbstschutzgemeinschaft der Handlungsmächtigen“[291], so muss der Wunsch aus dem Anwendungsbereich des Rechts ausgeschlossen werden. Worin aber liegt der Grund für diesen Ausschluss? Kants Praxiskonzeption steht solidarischen Handlungen grundsätzlich offen gegenüber; das zeigt sich exemplarisch in der Tugendlehre am Zweck der fremden Glückseligkeit, der als Pflicht vorgestellt wird. Fremde Wünsche sind also moral-, nicht aber rechtserheblich. Der Grund dieser Abgrenzung resultiert aus Kants Bestimmung des Verhältnisses von Rechts- und Tugendlehre. Das Recht regelt den äußeren Willkürgebrauch (das Handeln); die Tugend den inneren (das Wollen). Während das Recht also Gesetze für Handlungen gibt, werden in der Tugendlehre Gesetze für Maximen von Handlungen erörtert; nur die Ethik bezieht sich auf Zwecke. Nun ist eine Zweckanweisung prinzipiell unbestimmter als eine Handlungsanweisung: Ein Zweck lässt sich auf verschiedenste Weisen verwirklichen. Zum Unterscheidungsmerkmal zwischen solchen Pflichten, die nur auf Zwecke gehen und solchen, die auch auf Handlungen bezogen werden können (und damit Eingang in die Rechtslehre finden), wird also das Kriterium ihrer exakten Bestimmbarkeit. Solidaritätspflichten seien, so Kants These, nicht in diesem Sinne bestimmbar, und das sei der Grund, weshalb sie aus der Rechtslehre von vornherein verbannt werden:

> Allein ich soll mit einem Theil meiner Wohlfahrt ein Opfer an Andere ohne Hoffnung der Wiedervergeltung machen, weil es Pflicht ist, und nun ist unmöglich bestimmte Grenzen anzugeben: wie weit das gehen könne. Es kommt sehr darauf an, was für jeden nach seiner Empfindungsart wahres Bedürfnis sein werde, welches zu bestimmen jedem selbst überlassen bleiben muß. Denn mit Aufopferung seiner eigenen Glückseligkeit (seiner wahren Bedürfnisse) Anderer ihre zu befördern, würde eine an sich selbst widerstreitende Maxime sein, wenn man sie zum allgemeinen Gesetz machte. Also ist die Pflicht nur eine weite; sie hat einen Spielraum, mehr oder weniger hierin zu thun, ohne daß sich die Gränzen davon bestimmt angeben lassen. – Das Gesetz gilt nur für Maximen, nicht für bestimmte Handlungen[292].

---

290 *Kant* Anthropologie in pragmatischer Hinsicht (VII), S. 251.

291 *Kersting* Wohlgeordnete Freiheit, S. 98.

292 *Kant* Metaphysische Anfangsgründe der Tugendlehre (VI), S. 393. – Zur Kritik vgl. *Nomos-Kommentar/Seelmann* § 323 c, Rn. 4, 5.

Der dritte und letzte Konkretisierungsschritt besteht in der Feststellung der Unvereinbarkeit des Rechtsbegriffes mit jeglicher Zweckbetrachtung:

> Drittens, in diesem wechselseitigen Verhältnis der Willkür kommt auch gar nicht die Materie der Willkür, d.i. der Zweck, den ein jeder mit dem Object, was er will, zur Absicht hat, in Betrachtung, z.B. es wird nicht gefragt, ob jemand bei der Waare, die er zu seinem eigenen Handel von mir kauft, auch seinen Vortheil finden möge, oder nicht, sondern nur nach der Form im Verhältnis der beiderseitigen Willkür, sofern sie bloß als frei betrachtet wird, und ob durch die Handlung eines von beiden sich mit der Freiheit des andern nach einem allgemeinen Gesetze zusammen vereinigen lasse[293].

Die „Materie der Willkür" ist Kant zufolge unbeachtlich: das Verhältnis meiner Handlung zu derjenigen eines anderen ist als Rechtsverhältnis bloß formal. Die Willkür gliedert sich in den inneren Willkürgebrauch – die Zwecksetzung – und den äußeren Willkürgebrauch – die Handlungen. Die rechtliche Irrelevanz des inneren Willkürgebrauchs resultiert aus der Funktion des Rechts: Dieses regelt zwischenmenschliche Konflikte; ein Rechtsverhältnis ist daher stets ein interpersonales Verhältnis. Ein bloß innerer Willkürgebrauch entfaltet jedoch keine Wirkungen auf andere Rechtsteilnehmer; er kann jederzeit mit dem eines jeden anderen zusammen bestehen:

> Was einer denkt, wie einer gesonnen ist, welche Zwecke er setzt, ob er ‚in seinem Herzen' der Freiheit des anderen ‚gerne Abbruch tun möchte', - das alles ist rechtlich gar nicht relevant, weil es dem Willkürgebrauch des anderen durch äußere Handlungen keinerlei Eintrag tut[294].

Die Unbeachtlichkeit der Materie der Willkür wiederholt damit die bereits aus der *Einleitung in die Metaphysik der Sitten* bekannte Unterscheidung zwischen äußerer und innerer Willkür und die auf diese gestützte Differenzierung der Anwendungsbereiche von Recht und Moral[295].

b. Die Konstitution des Rechtsprinzips bei Hegel

Nach diesem Aufweis der Relevanz des Ausschlussverfahrens im Rahmen der Konstitution des Rechtsprinzips bei Kant soll im folgenden gezeigt werden, dass auch Hegel im ersten Teil der *Grundlinien* einen maßgeblich durch Abstraktion gewonnenen Rechtsbegriff einführt. Diese These findet eine erste Bestätigung im Titel dieses Abschnitts: Hegel bezeichnet ihn als „abstraktes Recht". Ebenso wie bei Kant stellt sich damit die Frage nach

---

293 *Kant* Metaphysische Anfangsgründe der Rechtslehre (VI), S. 230.

294 *Oberer* Praxisgeltung und Rechtsgeltung, S. 106.

295 Mit dieser Position ist die Ablehnung jedweder „juristischen Gesinnungsforschung" impliziert; dazu ausführlich *Kühl* Eigentumsordnung als Freiheitsordnung, S. 90.

den Bestimmungen, die Hegel als nicht rechtserheblich ausschließt. Hegel erläutert die Abstraktion des Rechts zunächst anhand des Begriffes der Unmittelbarkeit. So heißt es etwa in der *Einteilung* des § 33, der Wille sei „nach dem Stufengange der Entwicklung der Idee des an und für sich freien Willens" zunächst „unmittelbar; sein Begriff daher abstrakt, die Persönlichkeit, und sein Dasein eine unmittelbare äußere Sache; – die Sphäre des abstrakten oder formellen Rechts"[296]. Im nachfolgenden Paragraphen hebt Hegel den Zusammenhang von Abstraktion und Unmittelbarkeit des Willens nochmals hervor: „Der an und für sich freie Wille, wie er in seinem abstrakten Begriffe ist, ist in der Bestimmtheit der Unmittelbarkeit"[297]. Dieser von Hegel hervorgehobene Zusammenhang vermag aber nichts zur Klärung der Frage, weshalb und inwiefern das Recht abstrakt ist, beizutragen: Der Terminus der Unmittelbarkeit fügt dem des Abstrakten nichts hinzu. Die Unmittelbarkeit ist das Gegenteil der Vermittlung. Eine unmittelbare Kategorie behauptet sich als von jeglicher Vermittlung, d.h. als von jeglichem Fremdbezug unabhängig: Sie postuliert reine Selbstreferenz und ist damit abstrakt. In den Worten Hegels: Der Standpunkt der Unmittelbarkeit macht sich „die abstrakte Beziehung-auf-sich, die abstrakte Identität zum Prinzip und Kriterium der Wahrheit"[298]; er gibt dem Besonderen die Bestimmung, „sich auf sich zu beziehen"[299]. Der Terminus der Unmittelbarkeit ist also gleichbedeutend mit dem des Abstrakten; eine Bestimmung dessen, was für nicht rechtserheblich befunden wird, ist mit ihm daher noch nicht geleistet[300].

Eine erste Spezifizierung des Ausgegrenzten findet sich in § 36 der *Grundlinien* durch die Charakterisierung des Willens als freie Persönlichkeit: Genau wie Kant grenzt Hegel die Rechtslehre von der Naturlehre dadurch ab, dass er sie als Disziplin der Freiheit ausweist: Während die

296 *Hegel* Grundlinien der Philosophie des Rechts (7), § 33, S. 87.

297 *Hegel* Grundlinien der Philosophie des Rechts (7), § 34, S. 92.

298 *Hegel* Enzyklopädie der philosophischen Wissenschaften I (8), § 74, S. 164.

299 *Hegel* Enzyklopädie der philosophischen Wissenschaften I (8), § 74, S. 163.

300 Dem hegelschen Subjektivitätsmodell zufolge, demgemäß Selbstreferenz nicht ohne Fremdbezüglichkeit und Fremdreferenz nicht ohne Selbstbezüglichkeit denkbar ist, stürzt eine „so dürre Kategorie" (*Hegel* Enzyklopädie der philosophischen Wissenschaften I [8], S. 16) in die Aporie der Abstraktion: So wie die Entwicklung der Logik davon abhängt, „daß das Denken nur an durch Anderes vermittelten Bestimmungen – endlichen und bedingten – fortgehe" (*ders.* Enzyklopädie der philosophischen Wissenschaften I [8], § 75, S. 165), so ist auch der reine Wille auf Vermittlung durch sich auf Fremdes beziehende Zwecke angewiesen. Indem die Unmittelbarkeit trennt, ist „die Bestimmung der Vermittlung in jener Unmittelbarkeit selbst enthalten" (*ders.* aaO., § 70, S. 160): „Es ist nur gewöhnlicher abstrakter Verstand, der die Bestimmungen von Unmittelbarkeit und von Vermittlung, jede für sich, als absolut nimmt und an ihnen etwas Festes von Unterscheidung zu haben meint; so erzeugt er sich die unüberwindliche Schwierigkeit, sie zu vereinen" (*ders.* aaO.).

„Natur [...] in ihrem Dasein keine Freiheit, sondern Notwendigkeit und Zufälligkeit“ zeigt[301], ist der im abstrakten Recht thematische Wille ein freier[302]. Das abstrakte Recht ist daher das Recht der freien Person. Diese „enthält überhaupt die Rechtsfähigkeit und macht den Begriff und die selbst abstrakte Grundlage des abstrakten und daher formellen Rechts aus. Das Rechtsgebot ist daher: sei eine Person und respektiere die anderen als Personen“[303]. Es ist offensichtlich, dass das Rechtsgebot schlechthin unsinnig wäre, würde den von ihm Angesprochenen die Fähigkeit fehlen, es zu verstehen und ihm entsprechend zu handeln; das abstrakte Recht setzt daher die Rechts- und Zurechnungsfähigkeit der Rechtsadressaten voraus. Zwar entwickelt Hegel seine Zurechnungslehre erst im Kapitel über die *Moralität*[304]; diese Stellung demonstriert jedoch nur die Abhängigkeit des abstrakten Rechts von den nachfolgenden Systemteilen der *Grundlinien*. Auch für Hegel ist das abstrakte Recht mithin eine Lehre der Freiheitsgesetzlichkeit: In ihm ist die äußerliche Notwendigkeit der Naturgesetzlichkeit überwunden.

Die weiteren Ausgrenzungsschritte finden sich in § 37: „Die Besonderheit des Willens ist wohl Moment des ganzen Bewußtseins des Willens [...], aber in der abstrakten Persönlichkeit als solcher noch nicht enthalten“. Das Recht der Person ist demnach abstrakt, weil es – in unmittelbarer Analogie zur kantischen Konstruktion – vom Willensmoment der Besonderheit absieht. Hegel präzisiert diesen Ausschluss folgendermaßen: „Im formellen Rechte kommt es [...] nicht auf das besondere Interesse, meinen Nutzen oder mein Wohl an – ebensowenig auf den besonderen Bestimmungsgrund meines Willens, auf die Einsicht und die Absicht“[305]. Diese beiden Ausgrenzungsschritte entsprechen dem zweiten und dem dritten Abstraktionsschritt Kants in § B der *Einleitung in die Rechtslehre*. Erstens gliedert auch Hegel den Bereich des Wunsches aus dem Recht aus. Der Aspekt der Bedürftigkeit des Menschen erlangt erst Bedeutung als Gesichtspunkt des Wohls, der im abstrakten Recht irrelevant ist. Das „Wohl oder die Glückseligkeit“ ist als Moment der Besonderheit des Willens die Ausgestaltung des Inhalts der abstrakt-formellen Freiheit: die Befriedigung von individuellen „Bedürfnissen, Neigungen, Leidenschaften, Meinungen, Einfällen usf.“[306]. Das Wohl ist daher eine Kategorie des auf seine individuelle Authentizität bedachten Subjekts; es wird von Hegel entsprechend erst in der Moralität eingeführt: „Daß [... das] Moment der

301 *Hegel* Enzyklopädie der philosophischen Wissenschaften II (9), § 248, S. 27.
302 *Hegel* Grundlinien der Philosophie des Rechts (7), § 34, S. 92.
303 *Hegel* Grundlinien der Philosophie des Rechts (7), § 36, S. 95.
304 *Hegel* Grundlinien der Philosophie des Rechts (7), §§ 115 ff., S. 215 ff..
305 *Hegel* Grundlinien der Philosophie des Rechts (7), § 37, S. 96.
306 *Hegel* Grundlinien der Philosophie des Rechts (7), § 123, S. 230.

Besonderheit des Handelnden in der Handlung enthalten und ausgeführt ist, macht die subjektive Freiheit [...] aus, das Recht des Subjekts, in der Handlung seine Befriedigung zu finden“[307]. Von der Bedürftigkeit des Menschen wird im abstrakten Recht also zunächst abgesehen: Wie bei Kant ist dieses bloß eine „Selbstschutzgemeinschaft der Handlungsmächtigen“[308]. Zweitens kommt es im abstrakten Recht nicht „auf den besonderen Bestimmungsgrund meines Willens, auf die Einsicht und die Absicht“[309] an. Die Ausgrenzung des Beabsichtigten entspricht offensichtlich Kants Ausgrenzung der Zwecksetzung; auch Hegel unterscheidet also zwischen innerem und äußerem Willkürgebrauch und teilt dem Recht bloß letzteren zu. Bestätigungen dieses Befundes finden sich in den *Grundlinien* nur an versteckten Stellen, etwa im Zusatz zu § 106, dem zweiten Paragraphen des Moralitätskapitels: „Beim strengen [abstrakten, C.M.] Recht kam es nicht darauf an, was mein Grundsatz oder meine Absicht war. Diese Frage nach der [...] Triebfeder des Willens [...] tritt hier nun beim Moralischen ein“[310]. Hegel übernimmt also Kants Abgrenzung von Recht und Moral anhand des Kriteriums der Triebfederrelevanz: Auch er teilt den Willen des Einzelnen in Handeln und Wollen und orientiert die Grenzbestimmung des Rechts an dieser Struktur.

c. Die Kritik des abstrakten Rechts

Hegel vollzieht im ersten Systemteil der *Grundlinien* also genau jene drei Abstraktionsschritte, die Kant in der *Einleitung in die Rechtslehre* vorstellt; daher entsprechen sich auch die Rechtsbegriffe beider. Kant charakterisiert mit dem allgemeinen Rechtsprinzip die Kategorien der Gleichheit und Wechselseitigkeit als Koexistenzbedingungen äußerer Willkür: „Das Recht ist [...] der Inbegriff der Bedingungen, unter denen die Willkür des einen mit der Willkür des anderen nach einem allgemeinen Gesetze der Freiheit zusammen vereinigt werden kann“[311]. Hegel formuliert dieses

307 *Hegel* Grundlinien der Philosophie des Rechts (7), § 121, S. 229.

308 *Kersting* Wohlgeordnete Freiheit, S. 98.

309 *Hegel* Grundlinien der Philosophie des Rechts (7), § 37, S. 96.

310 Ähnlich ist die Abgrenzung des Rechts zur Religion: „Wesentlich aber bleibt der Staat von der Religion dadurch unterschieden, daß, was er fordert, die Gestalt einer rechtlichen Pflicht hat und daß es gleichgültig ist, in welcher Gemütsweise [sie] geleistet wird. Das Feld der Religion dagegen ist die Innerlichkeit“ (*Hegel* Grundlinien der Philosophie des Rechts [7], § 270 Z, S. 430).

311 *Kant* Metaphysische Anfangsgründe der Rechtslehre (VI), S. 310.

Gleichheitsgebot[312] in den *Grundlinien* als Respektierungspflicht: „Das Rechtsgebot ist [...]: sei eine eine Person und respektiere die anderen als Personen“[313]; noch deutlicher heißt es in der *Phänomenologie des Geistes*, das Recht sei ein Zustand der „Gleichheit, worin Alle als Jede, als Personen gelten“[314]. Dass Hegel als Verfechter der spekulativen Methode im Rahmen der Konstitution des Rechtsbegriffs das Abstraktionsverfahren anwendet, deutet auf eine prinzipielle Defizienz des formellen Rechts hin. Indem mit der Personenhaftigkeit der Rechtsgenossen allein die formelle Gleichheit des Willkürgebrauches in den Blick genommen wird, wird jeglicher Willensinhalt (als Moment der Besonderheit des Willens) ausgeblendet; die Person ist daher das „abstrakte Allgemeine; der wirkliche Inhalt oder die Bestimmtheit des Meinen [...] ist nicht in dieser leeren Form enthalten“[315]. In dieser Abstraktion zeigt sich eine dem Personenbegriff eigentümliche Einseitigkeit, die eine Kritik desselben fordert: In dem Maße, in dem das abstrakte Recht einseitig ist, ist sein Geltungsumfang eingeschränkt. Hegel skizziert diese Geltungsreduktion zunächst im Rahmen einer moralischen Wertung; das formelle Recht ist danach in seiner Beschränktheit sittlich defizitär:

> Hat jemand kein Interesse als sein formelles Recht, so kann dieses reiner Eigensinn sein, wie es einem beschränkten Herzen und Gemüte oft zukommt; denn der rohe Mensch [ver]steift sich am meisten auf sein Recht, indes der großartige Sinn darauf sieht, was die Sache sonst noch für Seiten hat. Das abstrakte Recht ist also nur erst bloße Möglichkeit und insofern gegen den ganzen Umfang des Verhältnisses etwas Formelles. Deshalb gibt die rechtliche Bestimmung eine Befugnis, aber es ist nicht absolut notwendig, daß ich mein Recht verfolge[316].

Im Kapitel über die Moralität erfährt diese Einseitigkeit des abstrakten Rechts eine explizite Ausgestaltung: Ihm wird das Freiheitsparadigma der individuellen Authentizität unter der Bezeichnung „Recht des Wohls“ gegenübergestellt. Die Kategorie des Wohls beschreibt als Moment der Besonderheit des Willens den Inhalt des abstrakt-formellen Freiheitsvermögens: Die Erfüllung des Wohls ist die Befriedigung von individuellen

312 Dass das allgemeine Gesetz, auf das das Rechtsprinzip Bezug nimmt, ein Gleichheitsgesetz ist, äußert Kant deutlich in § E der *Einleitung in die Rechtslehre*: „Das Gesetz eines mit jedermanns Freiheit nothwendig zusammenstimmenden wechselseitigen Zwanges, unter dem Princip der allgemeinen Freiheit ist gleichsam die Construktion jenes Begriffs, d.i. Darstellung desselben in einer reinen Anschauung a priori, nach der Analogie der Möglichkeit freier Bewegungen der Körper unter dem Gesetze der Gleichheit der Wirkung und Gegenwirkung“ (*Kant* Metaphysische Anfangsgründe der Rechtslehre [VI], S. 232).

313 *Hegel* Grundlinien der Philosophie des Rechts (7), § 36, S. 95.

314 *Hegel* Phänomenologie des Geistes (3), S. 355.

315 *Hegel* Phänomenologie des Geistes (3), S. 357.

316 *Hegel* Grundlinien der Philosophie des Rechts (7), § 37 Z, S. 96.

„Bedürfnissen, Neigungen, Leidenschaften, Meinungen, Einfällen usf."[317]. Die Berufung auf das Wohl entspricht mithin dem „Recht des Subjekts, in der Handlung seine Befriedigung zu finden"[318]. Dieser Anspruch des Einzelnen auf individuelle Selbstverwirklichung kann mit dem allgemeinen Rechtsgebot des § 36 konfligieren: Die Berufung auf das Wohl vermag Handlungen zu rechtfertigen, die auf der Grundlage des Respektierungsgebotes des abstrakten Rechts eigentlich unrecht wären. In juristischer Terminologie gibt sie den Rechtsgrund für die Befugnis zum Notstandseingriff[319]. Hegel stellt den Unterschied dieses Notrechts zu den personalen Rechten ausdrücklich klar, indem er es als „Recht des Subjekts"[320], als „Recht gegen das abstrakte Recht"[321] bezeichnet. Indem das Recht des Wohls abstraktrechtliches Unrecht rechtfertigt, wirkt es auf das Recht selbst zurück: Durch Notstand gerechtfertigte Handlungen dürfen nicht bestraft werden. Die normative Beachtlichkeit des Wohls zeigt die Einseitigkeit des abstrakten Rechts mithin nicht auf einer höheren Ebene auf, sondern präsentiert diese auf der rechtlichen Ebene selbst als Geltungsreduktion des Personalitätsprinzips: Der Maßstab formeller Gleichheit bedarf in bestimmten Fällen einer Modifikation durch die Berücksichtigung der Interessen und Bedürfnisse des Einzelnen[322]. Hegels Kantkritik

317 *Hegel* Grundlinien der Philosophie des Rechts (7), § 123, S. 230.

318 *Hegel* Grundlinien der Philosophie des Rechts (7), § 121, S. 229.

319 *Hegel* Grundlinien der Philosophie des Rechts (7), § 127, S. 239 f..

320 *Hegel* Grundlinien der Philosophie des Rechts (7), § 121, S. 229.

321 *Hegel* Grundlinien der Philosophie des Rechts (7), § 127 Z, S. 240.

322 Zur Ausgestaltung dieses Antagonismus beider Freiheitsprinzipien vgl. im einzelnen *Bockelmann* Hegels Notstandslehre und *Pawlik* Der rechtfertigende Notstand, S. 80 ff.. In der *Phänomenologie des Geistes* artikuliert Hegel seine Kritik rechtsimmanent. Sie erscheint hier nicht als äußere Marginalisierung des Standpunkts des abstrakten Rechts, sondern als dessen Genealogie. Hegel beschreibt den Entstehungsprozess des Rechts in der *Phänomenologie des Geistes* als genuin tragisches Ereignis, das den Zustand formeller Gleichheit als Resultat einer Krise der griechischen Sittlichkeit erfasst. Zur Darstellung gelangt dieses Ereignis in der griechischen Tragödie, die den unvermittelten Konflikt zweier Freiheitsprinzipien beschreibt: das unversöhnliche Gegenüberstehen von allgemeiner Sittlichkeit und individueller, besonderer Authentizität. Die griechische Sittlichkeit ist „in der Form der Allgemeinheit das bekannte Gesetz und die vorhandene Sitte" (*Hegel* Phänomenologie des Geistes [3], S. 329); sie ist als Substanz der Individuen geprägt durch unhinterfragte Harmonie. Das Moment der Besonderheit tritt als deren Gegensatz zunächst auf als das göttliche Gesetz der Penaten: als „das sittliche Sein der Familie" (*ders.* aaO., S. 330). Die Familie unterscheidet sich von der schönen Sittlichkeit dadurch, dass sie die Bedürfnisse und Interessen des Einzelnen in den Blick nimmt: Während das Individuum im Rahmen der allgemeinen Sittlichkeit bloß als „Bürger des Volkes" (*ders.* aaO., S. 329), d.h. als Akzidenz der Substanz gesehen wird, ist der „der Familie eigentümliche positive Zweck [...] der Einzelne als solcher" (*ders.* aaO., S. 331). Anders ausgedrückt: Während das sittliche Gemeinwesen „negativ gegen die Familie [gerichtet ist] und [darin] besteht [...], den Einzelnen aus ihr herauszusetzen, seine Natürlichkeit und Einzelheit zu unterjochen und ihn zur Tugend, zum Leben in und fürs Allgemeine zu gewinnen" (*ders.* aaO.), ist die Selbstverwirklichung des Einzelnen

äußert sich in der Rechtsphilosophie also als eine Kritik der Verabsolutierung des Standpunktes des abstrakten Rechts: Während Hegel erkennt, dass das Prinzip der formellen Gleichheit eines Korrektivs bedarf, das die Selbstverwirklichung der Einzelnen berücksichtigt, postuliert Kant einen prinzipiellen Vorrang der rechtlichen Autonomie gegenüber jeder Form individueller Authentizität[323]; dies zeigt sich exemplarisch daran, dass Kant kein Notrecht kennt[324].

---

mit seinen je besonderen Zwecksetzungen das Ziel der Familie; „das Moment des anerkennenden und anerkannten einzelnen Selbsts darf hier sein Recht behaupten" (*ders.* aaO., S. 337). Den Konflikt der Prinzipien der schönen Sittlichkeit und der Familie bezeichnet Hegel als tragisch; er sieht ihn in deutlicher Weise in der griechischen Tragödie, insbesondere in der *Antigone*, ausgedrückt. Resultat dieser Kollision der Freiheitsprinzipien von sittlicher Autonomie und individueller Authentizität ist der Rechtszustand, den Hegel erstmals im römischen Reich verwirklicht sieht: ein Zustand, der jegliche allgemeine sittliche Werte wie auch alle besonderen Zwecksetzungen ausblendet und die Individuen weder als Bürger noch als Einzelne, sondern als Personen, d.h. als formell gleiche Rechtsgenossen wahrnimmt. Hegels Kritik an diesem Zustand gleicht der Kritik an der schönen Sittlichkeit Griechenlands: Eine Ideologie des Rechts, der der Personenbegriff als unbefragte Voraussetzung gilt – eine Rechtsauffassung also, die von der Tragödie als Entstehungsbedingung des Rechts abstrahiert – läuft Gefahr, das Wohl des Einzelnen in gleicher Weise auszublenden, wie dies die schöne Sittlichkeit Griechenlands tat. Die Kritik am Recht ist mithin in dessen Entstehungsgeschichte bereits angelegt: Kann sich das Recht nur als Versöhnung der Freiheitsprinzipien von allgemeiner Sittlichkeit und individueller Selbstverwirklichung konstituieren, so muß es die Belange und Interessen des Einzelnen berücksichtigen, will es nicht in gleicher Weise wie die Sittlichkeit Griechenlands als äußerer Zwang gegen diesen erscheinen. Das im strengen Sinne formelle Recht ist ein solcher Zwang; entsprechend hat es keinen Bestand: „Das Bewußtsein des Rechts erfährt darum in seinem wirklichen Gelten selbst vielmehr den Verlust seiner Realität und seine vollkommene Unwesentlichkeit, und ein Individuum als eine Person bezeichnen ist ein Ausdruck der Verachtung" (*ders.* aaO., S. 357). Grundlegend zum ganzen *Menke* Tragödie im Sittlichen.

323 Dies hat Kant zudem häufig den Vorwurf eingebracht, Staat und Individuum entfremdet zu haben. Vgl. dazu etwa *Hommes* Das Problem des Rechts und die Philosophie der Subjektivität, S. 321 f.: Mit der „Freistellung des Gesetzes von jedem materialen Kriterium der Rechtlichkeit hat die Kantische Rechtslehre die Technisierung und Formalisierung von Staat und Recht nachdrücklich angestoßen; sie hat aber damit auch die Entwicklung vorangetrieben, an deren Ende sich der perfekte Verwaltungsapparat des modernen Staates und die hilflose Innerlichkeit der privaten Existenz verständnislos gegenüberstehen. Wohl nichts kennzeichnet den Wandel der Frage nach dem Recht zwischen Aristoteles und Kant besser als diese Tatsache, daß die neuzeitliche philosophia practica universalis [...] Staat und Recht nicht mehr als Wirklichkeit der Freiheit begreifen kann". Vgl. auch *Klinger* Die politische Funktion der transzendentalphilosophischen Theorie der Freiheit, S. 215 ff..

324 Wie gesehen, bezieht sich der kantische Rechtsbegriff nicht auf „das Verhältnis der Willkür auf den Wunsch (folglich auch auf das bloße Bedürfnis) des Anderen, wie etwa in den Handlungen der Wohlthätigkeit oder Hartherzigkeit, sondern lediglich auf die Willkür des Anderen" (*Kant* Metaphysische Anfangsgründe der Rechtslehre [VI], S. 230). Die Not eines Menschen ist vor diesem Hintergrund „ein kontingentes Ereignis in der empirischen Welt" (*Küper* Immanuel Kant und das Brett des Karneades, S. 11), und wenn „gesagt wird", eine Person „habe durch die Noth (die physische) ein Recht [...] bekommen: so ist das ganz falsch" (*Kant* Über den Gemeinspruch: Das mag in der Theorie richtig sein, taugt aber nicht für die Praxis [VIII], S. 300). In der *Metaphysik der Sitten* (in der Kant freilich nur die

Für die hiesige Argumentation bedeutet dies aber, dass sich Hegels Kritik an Kants Rechtsphilosophie in dem Befund zu erschöpfen scheint, dass diese den Teil fälschlich für das Ganze genommen hat. Der geforderte immanente Aufweis von Widersprüchen scheint auf dieser Grundlage für jene Kategorien, die Hegel im „abstrakten Recht" thematisiert, nicht möglich. Denn anders als im Rahmen der Erörterung der Struktur von Begriff und Wille kann Kant – so scheint es – nicht der Vorwurf gemacht werden, das abstrakte Recht unzureichend oder gar falsch erfasst und beschrieben zu haben; lediglich die Rüge der Verabsolutierung des rechtlichen Gleichheitsprinzips ist möglich. Die *Metaphysik der Sitten* erscheint vor diesem Horizont in ihrer Ausblendung des Momentes der Besonderheit also nicht in sich defizitär, sondern lediglich äußerlich unvollständig.

3. Person und Sache

Ein genauerer Blick zeigt jedoch, dass eine solche Interpretation zu oberflächlich ist. Auch innerhalb des Rechts lässt sich bei Kant eine Trennung der Willensmomente der Allgemeinheit und der Besonderheit feststellen, die Hegel in der Kategorie der Einzelheit aufzulösen versucht. Innerhalb des bereits als abstrakt erwiesenen Rechts findet in der kantischen Konstruktion – so die hier vertretene These – ein weiterer Abstraktionsschritt statt, der sich anhand der Kategorien der Allgemeinheit und der Besonderheit charakterisieren lässt. Diese Abstraktion, so soll gezeigt werden, verwirft Hegel: Auch das abstrakte Recht ist ihm zufolge nur angemessen beschreibbar, wenn ein Mindestmaß an Konkretion, eine minimale Synthese zwischen Wille und Willensgegenstand vorausgesetzt wird. Trotz aller bereits beschriebenen Abstraktionen kann Hegels Konzept des Rechts im Unterschied zu demjenigen Kants daher insoweit als konkret charakterisiert werden.

Konstellation des entschuldigenden Notstands behandelt), wird das Notrecht daher systematisch konsequent als ein „zweideutiges Recht", d.h. als ein „Zwang ohne Recht" bezeichnet (*ders.* Metaphysische Anfangsgründe der Rechtslehre [VI], S. 234). Die Not eines Menschen wirkt in dieser Sichtweise allenfalls entschuldigend, nicht aber, wie im hegelschen System, rechtfertigend: „Der Sinnspruch des Nothrechts heißt: ‚Noth hat kein Gebot (necessitas non habet legem)', und gleichwohl kann es keine Noth geben, welche, was unrecht ist, gesetzmäßig machte" (*ders.* Metaphysische Anfangsgründe der Rechtslehre [VI], S. 236). – Zu Kants Ablehnung des Notrechts insgesamt eingehend *Küper* Kant und das Brett des Karneades; zur Genese von Kants Überzeugungen *Busch* Die Entstehung der kritischen Rechtsphilosophie Kants 1762 – 1780, S. 150 ff.. Führt man die Position Kants konsequent weiter, ist nicht einmal eine Tugendpflicht des Inhalts denkbar, einen durch fremde Not motivierten Eingriff zu dulden; vgl. *Pawlik* Der rechtfertigende Notstand, S. 20 ff..

Zur näheren Explikation dieser These soll noch einmal auf den dritten Abstraktionsschritt der Rechtskonstitution reflektiert werden. Kant schreibt:

> Drittens, in diesem wechselseitigen Verhältnis der Willkür kommt auch gar nicht die Materie der Willkür, d.i. der Zweck, den ein jeder mit dem Object, was er will, zur Absicht hat, in Betrachtung, z.B. es wird nicht gefragt, ob jemand bei der Waare, die er zu seinem eigenen Handel von mir kauft, auch seinen Vortheil finden möge, oder nicht, sondern nur nach der Form im Verhältnis der beiderseitigen Willkür, sofern sie bloß als frei betrachtet wird, und ob durch die Handlung eines von beiden sich mit der Freiheit des andern nach einem allgemeinen Gesetze zusammen vereinigen lasse[325].

Bei Hegel lautet die entsprechende Stelle: „Im formellen Rechte kommt es daher nicht [...] auf den besonderen Bestimmungsgrund meines Willens, auf die Einsicht und die Absicht [an]“[326]. Für die Frage des Verhältnisses des Allgemeinen zum Besonderen im Recht ist dieser dritte Abstraktionsschritt von besonderem Interesse. In der Struktur des Willens steht das Moment der Allgemeinheit für das Prinzip des Willens, während das Moment der Besonderheit diesem formalen Prinzip den Willensinhalt hinzufügt[327]. Kants Konzeption des Willens wurde als abstrakt erwiesen, weil sie sich auf das formelle Willensprinzip beschränkt und von aller Besonderheit – in kantischer Terminologie: von aller Materie der Willkür, allen Zwecken bzw. allem Willensinhalt[328] – absieht. Eben diesen Ausschluss der Materie der Willkür scheinen Kant und Hegel in dem soeben referierten dritten Abstraktionsschritt der Rechtskonstitution zu wiederholen: So wie der kategorische Imperativ von aller Besonderheit des Willens abstrahiert, so sieht auch das Recht von der Materie der Willkür ab, indem es Zweckbetrachtungen ausblendet[329].

Ein genauerer Blick zeigt jedoch, dass eine solche Interpretation zumindest missverständlich ist, denn die Motivation des Ausschlusses von Zweckbetrachtungen ist in beiden Fällen verschieden. Während das Absehen von Zwecken im Falle des kategorischen Imperativs die Abhängigkeit

325 *Kant* Metaphysische Anfangsgründe der Rechtslehre (VI), S. 320.

326 *Hegel* Grundlinien der Philosophie des Rechts (7), § 37, S. 96.

327 Siehe oben S. 36 f..

328 Zur äquivoken Verwendung dieser Begriffe siehe unten S. 75, Fn. 331.

329 In dieser Weise versteht etwa *Kühl* Eigentumsordnung als Freiheitsordnung, S. 79 f. den Formalismus des Rechts: „Wie der Formalismus in der Ethik den Sinn hat, ‚die Reinheit dieser sittlichen Vernunftentscheidung gegen alle Trübungen durch Gesichtspunkte der Neigung und des Interesses – im naiven wie im philosophischen Bewußtsein – zu sichern‘, so kommt ihm auch in der Rechtslehre der entsprechende Sinn zu. Er soll der Vernunft gegenüber allen Interessen zur Vormachtstellung verhelfen und damit die Vernunftentscheidung aus der Abhängigkeit von den diesen Interessen zugrundeliegenden Inhalten befreien. [...] Der Formalismus auch im Rechtsbereich verhindert damit die Bindung des Rechts an empirische, aber auch an moralische Zwecke“.

der Freiheit von empirischen Zufälligkeiten verhindern soll, resultiert es im Falle des Rechts aus dessen interpersonalem Charakter. Für ein wechselseitiges Willkürverhältnis ist bereits per definitionem nur der äußere Willkürgebrauch relevant: Nur ein solcher kann nämlich Auswirkungen auf denjenigen anderer Rechtsgenossen entfalten. Die Abstraktion von Zweckbetrachtungen dient im Recht mithin überhaupt nicht der Abgrenzung eines formellen Prinzips von seinem Inhalt, sondern derjenigen von Recht und Moral: eine Aussage über das Verhältnis von Form und Materie, von Allgemeinheit und Besonderheit, von Freiheitsvermögen und Freiheitsobjekt ist mit ihr noch nicht getroffen. Gleiches gilt für den zweiten Abstraktionsschritt: das Absehen von Wünschen. Auch dieser ist – in seiner Zweiteilung aller Pflichten in enge und weite Verbindlichkeiten – durch ein Argument motiviert, das mit dem Gedanken der Unabhängigkeit des Rechtsprinzips in keiner Verbindung steht. Dem Freiheitsgesichtspunkt rechtlicher Willkür ist vielmehr allein die erste Eingrenzung, die Unbeachtlichkeit von bloßnaturalen Begebenheiten, geschuldet. Es ist daher ein kategorialer Fehlgriff, wenn Kant die Frage nach der Beachtlichkeit der Materie rechtlicher Willkür mit dem Hinweis auf die Irrelevanz von Zweckbetrachtungen zu beantworten sucht[330]: Zweckbetrachtungen sind als Prinzipien des inneren Willkürgebrauches von vornherein keine tauglichen Kandidaten einer beachtlichen Rechtsmaterie; die Frage nach dem Verhältnis der Willensmomente der Allgemeinheit und der Besonderheit stellt sich im Recht vielmehr als Frage nach dem Verhältnis der äußeren Willkür zu deren Gegenstand. Diese Kategorienverwirrung ist auch dadurch bedingt, dass Kant die Begriffe „Materie der Willkür", „Objekt des Begehrungsvermögens", „Gegenstand des Willens" und den Begriff „Zweck" häufig äquivok verwendet[331]. Dies ist insofern problematisch, als die Gleichsetzung der Termini „Gegenstand des Wollens" und

330 Dafür spricht auch, dass Kant in der Privatrechtslehre die Abstraktion von der Materie des Wollens für die Deduktion des Eigentums fruchtbar zu machen versucht (dazu unten S. 195 ff.). Im Rahmen der Eigentumstheorie kann mit dem Begriff der Materie des Willens jedoch nicht der Zweck, sondern nur die Sache gemeint sein.

331 „Die Materie eines praktischen Princips ist der Gegenstand des Willens" (*ders.* Kritik der praktischen Vernunft [V], S. 27); „unangesehen der Objekte des Begehrungsvermögens (der Materie des Wollens), mithin irgend eines Zwecks" (*ders.* Kritik der Urteilskraft, B 461/A 455 [S. 438]); „die Materie der Willkür, d.i. der Zweck, den ein jeder mit dem Object, was er will, zur Absicht hat" (*ders.* Metaphysische Anfangsgründe der Rechtslehre [VI], S. 230).

„Zweck“ nur im Bereich der Moral gilt[332]. Im Recht hingegen ist der „Gegenstand des Willens“ ein anderer[333].

Was also ist die Materie (das Objekt) des äußeren Willkürgebrauches, wenn Zwecksetzungen ausscheiden? Offensichtlich die Gegenstände, auf die sich diese Willkür erstreckt; die äußeren Dinge[334]. Auch die äußere Willkür gliedert sich in die Momente der Allgemeinheit und der Besonderheit: in das Handlungsvermögen als solches und das „Etwas“, auf das diese Handlungen gerichtet sind. Objekt des formellen Vermögens, frei handeln zu können, sind – in der kantischen Terminologie – die Gegenstände, an denen diese Handlungen ihre Auswirkungen zeigen. So wie die Definition des inneren Willkürgebrauchs ohne die Angabe eines besonderen Zwecks unvollständig ist, so ist der Begriff des factum als Bestimmung eines zunächst formellen Handlungsprinzips unvollständig ohne Angabe dessen, worauf sich diese Handlungen beziehen. In der Terminologie Hegels ist dies der Inbegriff der Daseinselemente der Freiheit: die Besonderungen, in denen sich die Freiheit in der Wirklichkeit ausgestaltet. Hegel verwendet den Terminus der Besonderheit in § 43 der *Grundlinien* ausdrücklich in diesem Sinne, wenn er das abstrakte Recht definiert als ein solches, „das [...] die Person [...], somit auch das Besondere, was zum Dasein und Sphäre ihrer Freiheit gehört, [...] zum Gegenstande hat“. Die Frage nach einer abstrakten oder einer konkreten Konzeption des Rechts stellt sich auf der Folie der bisher entwickelten Begriffs- und Willensstrukturen also als Frage nach dem Verhältnis des Handlungsvermögens zu seinem Gegenstand; und das heißt: als Frage nach dem Verhältnis der

---

332 Kants Kategorienverwechslung wird besonders deutlich in der *Einleitung in die Tugendlehre.* Kant behauptet an dieser Stelle, dass sich die Ethik von der Rechtslehre dadurch unterscheide, dass sie noch eine „Materie (einen Gegenstand der freien Willkür)“ bereithalte: „einen Zweck der reinen Vernunft, der zugleich als objectiv-nothwendiger Zweck, d.i. für den Menschen als Pflicht, vorgestellt wird“. Das Recht hingegen habe es „blos mit der formalen Bedingung der äußeren Freiheit (durch Zusammenstimmung mit sich selbst, wenn ihre Maxime zum allgemeinen Gesetz gemacht wurde)“ zu tun. (*Kant* Metaphysische Anfangsgründe der Tugendlehre [VI], S. 380). Diese Aussage ist missverständlich, wenn nicht gar falsch: Auch das Recht hält eine Willkürmaterie bereit, nämlich die besessenen Sachen. Kants Behauptung ignoriert den zentralen Bestandteil der Rechtslehre, nämlich das Privatrecht; sie ist nur nachvollziehbar, wenn man den Begriff „Materie der Willkür“ unzulässig auf den Begriff des „Zweckes“ verkürzt.

333 Diese Dopplung des Gegenstandsbegriffes setzt freilich voraus, dass dem Recht und der Moral auch verschiedene Freiheitsbegriffe zugrunde liegen. Diese Voraussetzung ist erfüllt: Während die Moral die Freiheit im inneren Gebrauche regelt, bezieht sich das Recht auf die „Freiheit im äußeren Gebrauche“ (*Kant* Metaphysische Anfangsgründe der Rechtslehre [VI], S. 214). Zum Verhältnis dieser beiden Freiheitsbegriffe ausführlich *Kühl* Eigentumsordnung als Freiheitsordnung S. 83 ff..

334 Besonders deutlich wird dies in der *Exposition des Begriffs vom äußeren Mein und Dein*, in der Kant die drei „Gegenstände der Willkür“ bestimmt (*Kant* Metaphysische Anfangsgründe der Rechtslehre [VI], S. 247); näher dazu sogleich, S. 78.

rechtlichen Freiheit zu ihrer sachbezogenen, innerweltlichen Ausgestaltung.

a. Wille und Willensgegenstand bei Kant

Anders als für den kategorischen Imperativ hat Kant dieses Verhältnis von Allgemeinem und Besonderem für das Rechtsprinzip nicht ausführlich erörtert. Eine Antwort auf die gestellte Frage findet sich im Text der *Metaphysik der Sitten* daher nur an versteckter Stelle: im Rahmen der Trennung von innerem und äußerem Mein. Das innere Mein bezeichnet Kant auch als das angeborene Mein[335] und definiert es als „Freiheit (Unabhängigkeit von eines Anderen nöthigender Willkür), sofern sie mit jedes Anderen Freiheit nach einem allgemeinen Gesetz zusammen bestehen kann"[336]. Das innere Mein ist das Recht und das Vermögen zur Ausübung des äußeren Willkürgebrauchs, d.h. das Recht und das Vermögen zu freiem Handeln. Dieses Recht steht „jedem Menschen, kraft seiner Menschheit"[337] zu, sofern es im Rahmen formeller Gleichheit ausgeübt wird. Gleichheit ist die Schranke der Freiheitsausübung eines jeden; mit dem Recht auf Freiheitsausübung ist daher auch das Recht auf Unabhängigkeit unmittelbar verbunden: das Recht, „nicht zu mehrerem von Anderen verbunden zu werden, als wozu man sie wechselseitig auch verbinden kann"[338]. Die Befugnis der Freiheitsausübung im Rahmen formeller Gleichheit entspricht also der moralischen Erlaubnis beliebiger Zwecksetzung, sofern diese Zwecke verallgemeinerungsfähig sind. Über den Gegenstandsbezug des Willkürgebrauchs ist durch das Gleichheitsprinzip ebenso wenig gesagt, wie durch den kategorischen Imperativ besondere Zwecke geboten sind. Das innere Mein ist also jenes Vermögen zu einer freien Handlung, das soeben in der hegelschen Terminologie als allgemeines Moment des Willens bezeichnet wurde.

Dem Moment der Besonderheit des Willens lässt sich die kantische Kategorie des äußeren Mein zuordnen. Unter dem Begriff des „äußeren Mein" vereinigt Kant jene Rechte, die „jederzeit erworben werden"[339] müssen: die Rechte an den äußeren Objekten der Willkür. Die Lehre vom äußeren Mein – die Privatrechtslehre also – ist daher die Lehre von be-

---

335 „Das angeborne Mein und Dein kann auch das innere (meum vel tuum internum) genannt werden; denn das äußere muß jederzeit erworben werden" (*Kant* Metaphysische Anfangsgründe der Rechtslehre [VI], S. 237).

336 *Kant* Metaphysische Anfangsgründe der Rechtslehre (VI), S. 237.

337 *Kant* Metaphysische Anfangsgründe der Rechtslehre (VI), S. 237.

338 *Kant* Metaphysische Anfangsgründe der Rechtslehre (VI), S. 237.

339 *Kant* Metaphysische Anfangsgründe der Rechtslehre (VI), S. 237.

sonderen Willkürgegenständen. Dies wird besonders deutlich in der *Exposition des Begriffs vom äußeren Mein und Dein*, in der Kant nicht die formelle Struktur der äußeren Willkür expliziert, sondern deren Materie bestimmt:

> Der äußeren Gegenstände meiner Willkür können nur drei sein: 1) eine (körperliche) Sache außer mir; 2) die Willkür eines anderen zu einer bestimmten That (praestatio); 3) der Zustand eines Anderen in Verhältnis auf mich[340].

Dieser Gliederung entsprechend teilt Kant das Privatrecht ein in das Sachenrecht, das persönliche Recht und das auf dingliche Art persönliche Recht. Die gesamte Privatrechtslehre ist mithin nichts anderes als eine Lehre der Materie rechtlicher Willkür – nichts anderes also als eine Explikation des Momentes der Besonderheit des Willens.

Die kantische Bestimmung des Verhältnisses dieser Materie zum allgemeinen Freiheitsvermögen deutet sich an in deren Bezeichnung als „äußerem Mein". Kant definiert den Begriff des „Äußeren" wie folgt:

> Der Ausdruck: ein Gegenstand ist außer mir, kann [...] entweder so viel bedeuten, als: er ist ein nur von mir (dem Subject) unterschiedener, oder auch ein in einer anderen Stelle (positus) im Raum oder in der Zeit befindlicher Gegenstand[341].

Für die hiesige Argumentation ist dieses Allegat deshalb so entscheidend, weil in ihm die Gegenstände der rechtlichen Willkür vom Subjekt und damit vom inneren Mein unterschieden werden[342]. Das bedeutet zweierlei: Erstens ist die Freiheit der äußeren Willkür (das innere Mein) von ihren Gegenständen (dem äußeren Mein) so getrennt, wie es der kategorische Imperativ von einzelnen (empirischen) Zwecksetzungen ist. In anderen Worten: Mit dieser Begriffsbestimmung ist von vornherein klargestellt, dass Wille und Willensgegenstand nicht ineins fallen, sondern dass die Dinge dem Willen äußerlich, fremd und undurchdringlich gegenüberstehen[343]. Ganz in diesem Sinne definiert Kant den Begriff des „außer mir" auch in den *Vorarbeiten*: „Man muß hier wohl merken daß ‚außer mir' hier so viel als einen Gegenstand bedeutet dessen Veränderungen nicht meine Veränderungen sind"[344]. Und zweitens ist die Privatrechtslehre trotz dieser Separation eine Disziplin der Willkürgegenstände und nicht des Freiheitsvermögens. Die gesamte Problematik der Besitzlehre resultiert also aus

340 *Kant* Metaphysische Anfangsgründe der Rechtslehre (VI), S. 247.

341 *Kant* Metaphysische Anfangsgründe der Rechtslehre (VI), S. 245.

342 Es ist offensichtlich, daß die erste Begriffsbestimmung in der zweiten enthalten ist: Ein an einem anderen Ort (als die Willkür) befindlicher oder zu einer anderen Zeit gedachter Gegenstand ist immer auch ein von der Willkür unterschiedener Gegenstand; denn derselbe Gegenstand kann nicht an zwei Orten zugleich sein. Kants Differenzierung ist daher bloß als Hinweis darauf zu verstehen, dass der intelligible Besitz unabhängig von Raum- oder Zeitbestimmungen zu interpretieren ist.

343 Wie hier *Kühl* Eigentumsordnung als Freiheitsordnung, S. 131: „Insofern ist die Sache vom Subjekt ‚kategorial' unterschieden".

344 *Kant* Vorarbeiten zur Metaphysik der Sitten (XXIII), S. 326.

der Trennung von Subjekt und äußerem Mein und besteht in der Beantwortung der Frage, wie sich beide trotz dieser statischen Separation verbinden lassen können: Die Aufgabe des Privatrechts ist die Darstellung der Bedingungen der Möglichkeit eines Rechts an einem „von mir (dem Subjekt) unterschiedene[n]" Gegenstand. In der Terminologie Hegels lässt sich dies als Frage nach der Möglichkeit einer Verbindung besonderer Gegenstände zum abstrakt-allgemeinen Freiheitsvermögen formulieren.

Die Privatrechtslehre ist also analog zur Tugendlehre strukturiert: Wie in dieser findet sich auch in jener die Notwendigkeit einer Gegenstandslehre des Freiheitsvermögens, nachdem dieses zuvor als unabhängig und getrennt von eben jenen Gegenständen postuliert wurde. Diese Analogie der Privatrechtslehre zur Tugendlehre mag überraschen; denn Kant unterscheidet die beiden Lehrstücke in der *Einleitung zur Tugendlehre* sehr deutlich voneinander: „Die Rechtslehre", so schreibt er dort, „hatte es blos mit der formalen Bedingung der äußeren Freiheit (durch die Zusammenstimmung mit sich selbst, wenn ihre Maxime zum allgemeinen Gesetz gemacht wurde), d.i. mit dem Recht, zu thun. Die Ethik dagegen giebt noch eine Materie (einen Gegenstand der freien Willkür) [...] an die Hand"[345]. Kant möchte an dieser Stelle Rechtslehre und Tugendlehre offensichtlich dahingehend unterscheiden, dass die Tugendlehre Wollensgegenstände thematisiere, die Rechtslehre jedoch nicht. Dies ist jedoch nur bedingt richtig: Zwar unterscheidet sich die Rechtslehre von der Tugendlehre dahingehend, dass sie auf empirische und nicht intelligible Gegenstände rekurriert. Das Privatrecht ist aber insofern parallel zur Tugendlehre strukturiert, als es sich ebenfalls mit der Frage beschäftigt, welches die „Gegenstände meiner Willkür" sein können und wie ein Willenszugriff auf diese Gegenstände freiheitstheoretisch möglich ist. Ebenso ist Kants in Abschnitt X der *Einleitung in die Tugendlehre* getroffene Unterscheidung zwischen Rechts- und Tugendlehre nicht unproblematisch. Kant unterscheidet Recht und Tugend an dieser Stelle im Hinblick auf ihre Analytizität bzw. Synthetizität. Das Recht sei – so Kant – ein analytisches Prinzip; denn dass „der äußere Zwang, so fern dieser ein dem Hindernisse der nach allgemeinen Gesetzen zusammenstimmenden äußeren Freiheit entgegengesetzter Widerstand [...] ist, mit Zwecken überhaupt zusammen bestehen könne, ist nach dem Satz des Widerspruchs klar, und ich darf nicht über den Begriff der Freiheit hinausgehen, um ihn einzusehen"[346]. Das Prinzip der Tugendlehre hingegen sei synthetisch, denn es geht „über den Begriff der äußern Freiheit hinaus und verknüpft nach allgemeinen Gesetzen mit

345 *Kant* Metaphysische Anfangsgründe der Tugendlehre (VI), S. 380.
346 *Kant* Metaphysische Anfangsgründe der Tugendlehre (VI), S. 396.

demselben noch einen Zweck, den es zur Pflicht macht"[347]. Diese Unterscheidung gilt aber nur, wenn man das allgemeine Rechtsprinzip mit den materialen Pflichtzwecken vergleicht. Sobald die eigentliche Rechtslehre, d.h. die Privatrechtslehre, betroffen ist, zeigt sich ebenfalls ein synthetisches Prinzip: das Eigentumsprinzip. Kant zufolge besteht die Aufgabenstellung der Deduktion des intelligiblen Besitzes nämlich gerade darin, diesen als synthetischen Rechtssatz a priori aufzuzeigen: „der Satz von der Möglichkeit des Besitzes einer Sache außer mir nach Absonderung aller Bedingungen des empirischen Besitzes im Raum und Zeit (mithin die Voraussetzung der Möglichkeit einer possessio noumenon) [geht] über jene einschränkende Bedingungen [des allgemeinen Rechtsprinzips, C.M.] hinaus, und weil er einen Besitz auch ohne Inhabung als nothwendig zum Begriffe des äußeren Mein und Dein statuirt, so ist er synthetisch"[348]. Die Synthetizität der possessio noumenon ist dabei die gleiche wie die der materialen Pflichtzwecke der Tugendlehre: In beiden Fällen geht es darum, den Gegenstandsbezug des Willens zu erklären. Diese Parallele von Eigentumslehre und Tugendlehre hat Brandt in seinem Aufsatz *Das Erlaubnisgesetz* treffend herausgearbeitet: „Kant hat vermutlich", so heißt es dort, „die Rechts- und Tugendlehre insofern als systematisch gleichartige Ergänzung der *Grundlegung* von 1785 und der *Kritik der praktischen Vernunft* angesehen, als beide Teile der *Metaphysik der Sitten* die *Gegenstände* freier Handlungen erörtern. Die Rechtslehre ist wesentlich eine Lehre des äußeren Mein und Dein [...]; das Gegenstück in der Tugendlehre ist der Zweck der Handlung"[349]. Brandt verweist in diesem Zusammenhang ausdrücklich auf die kantische Deduktion der materialen Pflichtzwecke: Solche Zwecke sind notwendig als gegenstandsbezogene Ergänzung zum abstrakten Freiheitsvermögen. „Diese Überlegung", so fährt Brandt fort,

> ist das Analogon zum § 2 [der *Metaphysischen Anfangsgründe der Rechtslehre*, C.M.], in dem die Notwendigkeit eines gesetzmäßig möglichen [rechtlichen, C.M.] Gegenstandsgebrauchs gezeigt wird; würde die praktische Vernunft einen derartigen Gebrauch nicht gesetzlich erlauben [...], so würde sie sich selbst aufheben. In beiden Fällen wird über den bloßen Begriff hinausgegangen, die praktische Vernunft erweitert sich und gibt sich durch den kategorischen Imperativ, bezogen auf menschliche Handlungen, Gegenstände a priori[350].

Sowohl die Eigentumslehre wie auch die Tugendlehre sind also synthetisch, weil sie den zuvor als von seinen Gegenständen unabhängig definierten Willen um seinen Materialitätsaspekt ergänzen und auf diese Weise die Vermittelbarkeit von freiem Willen und Willensgegenstand aufzeigen.

347 *Kant* Metaphysische Anfangsgründe der Tugendlehre (VI), S. 396.
348 *Kant* Metaphysische Anfangsgründe der Rechtslehre (VI), S. 250.
349 *Brandt* Das Erlaubnsigesetz, S. 259.
350 *Brandt* Das Erlaubnsigesetz, S. 259.

Wie noch zu zeigen sein wird, prägt dieses merkwürdige Oszillieren zwischen Unabhängigkeit und Abhängigkeit des Willens von den Gegenständen – das Oszillieren zwischen der Autonomie des Abstrakt-Allgemeinen und seiner Dependenz vom Besonderen – Kants Eigentumsbegründung in erheblichem Ausmaß[351]. Die Struktur der Privatrechtsbegründung drängt – ähnlich wie die Einführung der Pflichtzwecke in der Tugendlehre – den Verdacht auf, dass die Notwendigkeit der Kategorie des intelligiblen Besitzes aus einer Verlegenheit resultiert, die im Programm der Abstraktion angelegt ist: dass sie nämlich aus einer Missachtung der hegelschen Subjektivitätsstruktur resultiert, derzufolge Selbstbezug ohne Fremdbezug nicht denkbar ist. Dies wird im einzelnen noch darzulegen sein. An dieser Stelle genügt es, darauf hinzuweisen, dass sich die Separation von innerem und äußerem Mein systematisch konsequent in das kantische Programm der Abstraktion einreiht und insbesondere die abstrakte Struktur des Willens widerspiegelt.

Darüber hinaus zeigt sich, dass Hegels Kantkritik im Rechtsbereich mehr Aussicht auf Erfolg hat als im Bereich der Tugend: Denn der Moralitätskritik konnte aus kantischer Perspektive immerhin noch entgegengehalten werden, dass der freie Wille von den Gegenständen des Wollens zunächst zwar abstrahiert, sie in einem zweiten Begründungsschritt jedoch als materiale Pflichtzwecke aus sich selber hervorbringt. Diese Selbsturspünglichkeit gilt in der kantischen Rechtslehre ganz offensichtlich nicht mehr: Die empirischen Dinge sind, als etwas vom Willen Verschiedenes, im Gegensatz zu den materialen Pflichtzwecken in Kants Philosophie nicht das Produkt des reinen Willens[352]. Die Thematisierung des freiheitlichen Bezuges auf diese empirischen Gegenstände im Privatrecht ist deshalb in der Tat – in Hegels Worten – das nachträgliche „Wiederaufnehmen dessen, wovon abstrahiert worden ist“[353]. Wie sich noch zeigen wird, bringt diese Bezogenheit des Rechts auf empirische Gegenstände Kant tatsächlich in Bedrängnis: Schon die These Brandts, dass sich die Vernunft sowohl in der Tugendlehre wie auch in der Eigentumstheorie „Gegenstände a priori“ gebe, zeigt, wie leicht das Eigentum in der Kantinterpreta-

351 Dazu unten S. 201 ff..

352 Ganz in diesem Sinne stellt Bartuschat im Hinblick auf Kants Rechtslehre fest: „Die Freiheit, auf ein vom vernünftigen Subjekt Verschiedenes, weil empirisch Vorfindliches hin betrachtet, kann nicht als die Unbedingtheit eines Hervorbringens verstanden werden, wie es in der Ethik die Initiierung einer auf die Motivation hin zu betrachtenden Handlung ist, da das vom Subjekt verschiedene Äußere nicht vom Subjekt hervorgebracht werden kann.“ „Im Unterschied zur Moralphilosophie hat die intelligible Freiheit hier, als äußere Freiheit bestimmt, einen anderen Gegenstandsbereich, nämlich ein ihr vorgegebenes Feld der Äußerlichkeit“. (*Bartuschat* Praktische Philosophie und Rechtsphilosophie bei Kant, S. 29 und S. 32).

353 *Hegel* Glauben und Wissen (2), S. 400.

tion mit einer vermeintlichen Bezugnahme des Willens auf einen intelligiblen Gegenstand verwechselt werden kann. Und in der Tat trägt Kants Kategorie des intelligiblen Besitzes stellenweise Züge nicht eines intelligiblen Bezuges zu empirischen Gegenstände, sondern eines auf intelligible Gegenstände gerichteten Besitzverhältnisses.

b. Wille und Willensgegenstand bei Hegel

Auch bei Hegel findet die Person die Gegenstände der Welt zunächst als ihr Gegenüberstehende vor: „Das von dem freien Geiste unmittelbar Verschiedene ist für ihn und an sich das Äußerliche überhaupt – eine Sache"[354]. Anders als bei Kant wird diese Trennung zwischen dem freien Geist und der Sache jedoch nicht statisch angesetzt: Ebenso wie die zunächst einleuchtende Verstandesvorstellung des abstrakt-allgemeinen Begriffs ist sie ein zu Überwindendes, Unwahres: „Die Materie leistet mir Widerstand [...] d.i. sie zeigt mir ihr abstraktes Fürsichsein nur als abstraktem Geiste [...], aber in Beziehung auf den Willen und Eigentum hat dies Fürsichsein der Materie keine Wahrheit"[355]. Die Unwahrheit der Trennung von Wille und Willensgegenstand zeigt sich als Defizienz beider Komponenten des Gegensatzpaares: In der Abstraktheit des „Geistes" und in der Abstraktheit des „Fürsichseins der Materie". Die Schwierigkeiten, die im Falle einer solchen strikten Opposition der einen wie der anderen Kategorie erwachsen, sind einander komplementär: Keine von beiden lässt sich widerspruchslos denken.

Ein von den Gegenständen getrennt gedachter, rein subjektiver Personenbegriff ist defizitär, weil ihm mit dem objektiven Element seine Verwirklichungsbedingung fehlt. So heißt es etwa in der *Vorlesungsnachschrift Hothos*:

> Als Person bin ich das ganz abstracte, habe noch kein Dasein, bin noch als Innerlichkeit, diese Einseitigkeit; aber ich muß Idee sein um wahr zu sein, und deshalb muß diese Innerlichkeit sich eine äußere Sphäre geben, denn nur in mir frei seiend bin ich ganz subjektiv, und diese Subjectivität muß sich zur Objectivität aufheben[356].

Hegel bezieht sich an dieser Stelle auf die aus der *Wissenschaft der Logik* bekannte Vermittlungsleistung der Idee[357]: Indem die Idee Begriff und Realität synthetisiert, ist sie die Einheit von Subjektivem und Objektivem. In Bezug auf den rechtlichen Personenbegriff heißt das: So wie abstrakt-

354 *Hegel* Grundlinien der Philosophie des Rechts (7), § 42, S. 103.

355 *Hegel* Grundlinien der Philosophie des Rechts (7), § 52, S. 115.

356 *Hegel* Philosophie des Rechts (Vorlesungsnachschrift Hotho), S. 204.

357 Dazu oben S. 32 f..

allgemeine Begriffe „bloße Schemen und Schatten" sind[358], so ist auch das Konzept eines Personenbegriffs ohne Sachbezug das „Aufstellen eines Jenseitigen [...], das Gott weiß wo sein" soll[359]. Die Person ist das äußere Dasein der Freiheit; sie ist von ihrer jeweiligen Verwirklichungsform – den einzelnen Sachen, in die sich der Wille gelegt hat – nicht zu trennen. Als bloß subjektiv ist Freiheit nur möglich; als auch objektiv ist sie wirklich: Sie entäußert sich und wird damit eine in der Welt körperlich vorhandene und in ihrer Äußerlichkeit sinnlich erfahrbare Struktur. Dieses Dasein gibt sich die Person im Eigentum; sie manifestiert sich äußerlich und hebt dadurch ihre sich gleichsam weltlos gerierende Subjektivität auf: „Der freie Wille muß sich zunächst, um nicht abstrakt zu bleiben, ein Dasein geben, und das erste sinnliche Material dieses Daseins sind die Sachen, das heißt die äußeren Dinge"[360]. Wenn also der freie Wille im Recht seinen Inhalt zunächst als gegenüberstehende Sache, als „äußere, unmittelbar vorgefundene Welt"[361] von sich differenziert, so ist dies unwahr[362]: Denn ein freier Wille besteht überhaupt nur in den Dingen, in die er sich gelegt hat.

Und in bezug auf den Sachbegriff ist die strikte Trennung von der Person unwahr, weil sie ihn fälschlich als eigenständig gegenüber jener behauptet. Der Wille nimmt die äußeren Sachen zunächst als ein Fremdes wahr, weil die Materie ihm „Widerstand [...] leiste[t]"[363]. Dieser Widerstand ist jedoch nur ein scheinbarer: In Wahrheit vermag die Materie der Assimilierungsleistung des Willens nicht zu widerstehen. In der Terminologie Hegels: Die Materie ist wesentlich für anderes, so dass die Postulation eines abstrakten Für-sich-Seins der Materie unhaltbar und damit unwahr ist. Entsprechend heißt

> sich zueignen [...] im Grunde nur die Hoheit meines Willens gegen die Sache manifestieren und aufweisen, daß diese nicht an und für sich, nicht Selbstzweck ist. Diese Manifestation geschieht dadurch, daß ich in die Sache einen anderen Zweck lege, als sie unmittelbar hatte; ich gebe dem Lebendigen als meinem Eigentum eine andere Seele, als es hatte; ich gebe ihm meine Seele. Der freie Wille ist somit der Idealismus, der die Dinge nicht, wie sie sind, für an und für sich hält, während der Realismus dieselben für absolut erklärt, wenn sie sich auch nur in der Form der Endlichkeit befinden. Schon das Tier hat nicht mehr diese realisti-

358 Dazu oben S. 26 ff..

359 *Hegel* Grundlinien der Philosophie des Rechts (7), S. 24; vgl. auch *ders.* aaO., § 187, S. 344: „Der Geist hat seine Wirklichkeit nur dadurch, daß er sich in sich selbst entzweit, in den Naturbedürfnissen und in dem Zusammenhange dieser äußeren Notwendigkeit sich diese Schranke und Endlichkeit gibt und eben damit, daß er sich in sie hineinbildet, sie überwindet und darin sein objektives Dasein gewinnt".

360 *Hegel* Grundlinien der Philosophie des Rechts (7), § 33 Z, S. 91.

361 *Hegel* Grundlinien der Philosophie des Rechts (7), § 34, S. 92.

362 Dazu unten S. 146 ff..

363 *Hegel* Grundlinien der Philosophie des Rechts (7), § 52, S. 115.

> sche Philosophie, denn es zehrt die Dinge auf und beweist dadurch, daß sie nicht absolut selbständig sind[364].

Für Hegel ist diese Bezogenheit der äußeren Dinge auf das Subjekt derart offensichtlich, dass er die Eigentumskategorie nicht eigens argumentativ stützt, sondern sie vielmehr als Einwand gegen die kantische Philosophie insgesamt verwendet:

> Diejenige sogenannte Philosophie, welche den unmittelbaren einzelnen Dingen, dem Unpersönlichen, Realität im Sinne von Selbständigkeit und wahrhaftem Für- und Insichsein zuschreibt, ebenso diejenige, welche versichert, der Geist könne die Wahrheit nicht erkennen und nicht wissen, was das Ding an sich ist, wird von dem Verhalten des freien Willens gegen diese Dinge unmittelbar widerlegt. Wenn das Bewußtsein für das Anschauen und Vorstellen die sogenannten Außendinge den Schein von Selbständigkeit haben, so ist dagegen der freie Wille der Idealismus, die Wahrheit solcher Wirklichkeit[365].

Während Kant die Person also als das Abstrakt-Allgemeine fasst, dem die äußeren Dinge als Antipoden gegenüberstehen, beschreibt Hegel sie als Einzelheit[366]: als eine alle ihr angehörenden Gegenstände idealisierende und dadurch synthetisierende Größe. Hegel überbrückt die Differenz zwischen innerem Mein und äußerem Mein und versucht, den Gegenstandsbezug der Willkür als Aspekt des inneren Meinen zu konstruieren[367]. Wie noch zu zeigen sein wird, bietet Hegels Konzeption der im Eigentum gegebenen direkten Verbindung zwischen dem Willen und den besessenen Dingen eine einfache und schlichte Lösung für die von Kant trotz großen Begründungsaufwands nur unzureichend beantworteten Fragen nach der Notwendigkeit, der Läsionsmöglichkeit und den Erwerbsbedingungen des Eigentums. Zunächst soll jedoch die Unterschiedlichkeit der Personenbegriffe Kants und Hegels und die damit verbundene Eigentumsproblematik vor dem Hintergrund der zwei Hauptkritikpunkte Hegels an der

---

364 *Hegel* Grundlinien der Philosophie des Rechts (7), § 44 Z, S. 107.

365 *Hegel* Grundlinien der Philosophie des Rechts (7), § 44, S. 106.

366 Hegel spricht selbst nur ausnahmsweise von der Einzelheit der Person, etwa in den *Grundlinien*: „das Elementarische" sei „als solches nicht Gegenstand der persönlichen Einzelheit", denn da „die Person als Wille sich als Einzelheit bestimmt und als Person zugleich unmittelbare Einzelheit ist", könne sie sich auch „zum Äußerlichen" nur „als zu Einzelheiten" verhalten (*Hegel* Grundlinien der Philosophie des Rechts [7], § 52, S. 116). An dieser Stelle wird der Terminus der Einzelheit jedoch nicht im Sinne des § 7 der *Grundlinien* verwendet, sondern in der Bedeutung, die er in der *Wissenschaft der Logik* im zweiten Abschnitt des Kapitels über „Das Einzelne" erhält: als „ein qualitatives Eins oder Dieses" (*ders.* Wissenschaft der Logik II [6], S. 300).

367 Ganz in diesem Sinne stellt schon Kersting im Hinblick auf Lockes Eigentumstheorie fest: „Lockes Eigentumstheorie beantwortet nicht die Frage nach der Möglichkeit eines äußeren Meinen; ihre systematische Pointe liegt in dem [...] Versuch, das äußere Meine als Bestandteil des inneren Meinen zu rekonstruieren" (*Kersting* Eigentum, Vertrag und Staat bei Kant und Locke, S. 125). Zum Verhältnis der Eigentumstheorie Hegels zu derjenigen Lockes siehe unten S. 154 f..

praktischen Philosophie Kants spezifiziert werden: Sie soll ausgehend von der berühmten Sollenskritik und dem ebenso bekannten Tautologievorwurf erörtert werden.

Hegels Kritik an der praktischen Philosophie Kants

I. Zum systematischen Verhältnis der verschiedenen Kantkritiken Hegels

Die Ergebnisse des vorherigen Kapitels seien noch einmal zusammengefasst. Kant gewinnt seinen Freiheitsbegriff durch eine radikale Ausblendungsstrategie: Frei ist ihm zufolge der Wille, der sich nach der Abstraktion von allen empirischen Zwecken allein durch das Formelement der widerspruchslosen Verallgemeinerbarkeit bestimmt. Zugleich muss der freie Wille jedoch – dies zeigt die Tugendlehre – Zwecke setzen, um überhaupt tätig zu werden bzw. um sich zu realisieren. Im Recht äußert sich diese Struktur dahingehend, dass das allgemeine Rechtsprinzip analog zum kategorischen Imperativ ein bloßes Formprinzip ist, während die Privatrechtslehre von Kant als Disziplin der Willkürgegenstände ausgestaltet wird. Für Hegel markiert dieses Oszillieren zwischen der Form und dem Inhalt des Willens eine Aporie, der jeder Freiheitsbegriff verfällt, der die Willensmomente Allgemeinheit und Besonderheit trennt: die Aporie des Abstrakten, die sich dann ergibt, wenn eine Kategorie als von ihrem Gegenbegriff unabhängig ausgesagt wird, obwohl sie in Wahrheit durch diesen bedingt ist. Ergebnis der hegelschen Dialektik des abstrakt-allgemeinen Willens ist also die Erkenntnis, dass der Wille widerspruchsfrei nur als konkreter Wille gedacht werden kann: als konkrete Allgemeinheit, d.h. als eine sich selbst besondernde Totalität, die sich in den jeweiligen Besonderungen wiedererkennt und durch diese Erkenntnis allgemein ist. Auch der rechtliche Personenbegriff ist – so Hegels These – als eine Subjektivität und Objektivität synthetisierende Totalität zu verstehen: Die Person steht nicht als eigenständiges Substrat über den Sachen, sondern erfährt in diesen ihre Realisierung. Der Hegelsche Personenbegriff weist damit eben jene Struktur auf, die auch dem konkreten Begriff zukommt.

Mit dieser Argumentationsstruktur sind die wesentlichen Grundzüge der hegelschen Kritik an Kants praktischer Philosophie und insbesondere der Rechtslehre skizziert. Im hiesigen Kapitel geht es darum, diese Kritik zu spezifizieren. Dafür bieten sich drei Anhaltspunkte. Einer strikten Trennung der Willensmomente der Allgemeinheit und der Besonderheit kann erstens vorgeworfen werden, dass sie das Moment der Allgemeinheit falsch erfasse. Zweitens ist die Rüge der unangemessenen Charakterisierung des Momentes der Besonderheit möglich. Und drittens ist eine Kritik des falsch beschriebenen Verhältnisses der Allgemeinheit zur Besonderheit denkbar. Hegel ist auf alle drei Kritikpunkte eingegangen. Sie finden sich bei ihm freilich nicht in dieser systematischen Anordnung[1], sondern sind auf die unterschiedlichsten Stellen seines Werkes verteilt und teils nur für die Moralphilosophie, teils nur für die Rechtslehre ausgearbeitet. Hegel wirft Kant im einzelnen folgendes vor:

Die Abkehr von der Einheits-Vielheits-Dialektik des intellectus archetypus bedinge die Inhaltsleere des Willensbegriffes. Der kategorische Imperativ und das Rechtsprinzip seien als formelle, der Vielfalt materieller Zwecke diametral entgegengesetzte Prinzipien hohl und nichtssagend. Die Abstraktion von aller materiellen Inhaltlichkeit habe einen falschen Begriff der Allgemeinheit zur Folge: einen Begriff, der in seiner Reinheit ohne semantischen Gehalt und wegen dieser Inhaltsleere einerseits besonders radikal, andererseits völlig ohnmächtig sei. Hegels Kritik kulminiert in dem Vorwurf, der kategorische Imperativ und das Rechtsprinzip seien tautologisch[2].

Zweitens skizziere Kant das Willensmoment der Besonderheit falsch: Indem er es als von der Allgemeinheit geschieden beschreibe, gestehe er ihm eine Eigenständigkeit zu, die es in Wahrheit nicht besitze. In der theoretischen Philosophie Kants äußert sich dies als Begrenztheit des Geltungsbereichs des Begriffs: Dieser vermag die Gegenstandskonstitution nicht aus sich selbst heraus zu leisten, sondern ist auf das ihm äußerlich gegebene Anschauungsmaterial angewiesen. Da dieses Material nicht auf den Begriff zurückgeführt werden kann, liegt sein Geltungsgrund außerhalb der Vernunft; die strikte Trennung von Begrifflichem und Außerbegrifflichem führt auf diese Weise unmittelbar zum Gedanken des Dings-an-sich. Dieses ist gegenüber der Vernunft eigenständig: Indem es eine dem Begriff vorgelagerte Größe ist, ist es von diesem nicht erkennbar. Ihr freiheitstheoretisches Pendant findet diese gnoseologische Struktur in der Unfähigkeit der äußeren Willkür, die ihr gegebenen Willkürgegenstände zu idealisieren. So wie sich das Ding-an-sich der Erkennbarkeit entzieht, so verweigern die Sachen dem Willen in der kantischen Philoso-

1 Auf hiesige Weise ordnet auch *Kuhlmann* Moralität und Sittlichkeit, S. 7, die hegelsche Kantkritik.

2 *Hegel* Über die wissenschaftlichen Behandlungsarten des Naturrechts (2), S. 460 ff.; *ders.* Phänomenologie des Geistes (3), S. 317 ff.; *ders.* Grundlinien der Philosophie des Rechts (7), § 135, S. 252 f.; *ders.* Enzyklopädie der philosophischen Wissenschaften I (8), § 54, S. 138 f.; *ders.* Vorlesungen über die Geschichte der Philosophie III (20), S. 367 f.. Näher zu dieser Kritik unten S. 90 ff..

phie die Durchdringung. Hegels Kritik an dieser Postulation der Eigenständigkeit der Materie gleicht daher seiner Kritik am Ding-an-sich[3].

Drittens stellt sich im Rahmen der dualistischen Lehre das Problem der Vermittelbarkeit beider Willensmomente. Sofern die Trennung beider Bereiche als prinzipiell und statisch angesetzt wird, stellt sich die Frage, wie die Vernunft überhaupt auf die Welt einwirken können soll. Hegel zufolge stellt sich die Frage, wie auf der Grundlage einer derart separatistischen Praxiskonzeption das von der Vernunft gebotene Gute je den Anspruch erheben kann, auch realisiert zu werden, beziehungsweise wie der homo phaenomenon je den Normappell des homo noumenon als für sich verbindlich erkennen können soll[4]. Da der homo noumenon die Norm in einer Sprache formuliere, die der homo phaenomenon nicht verstehe, sei

3 Zur Kritik am Ding-an-sich: *Hegel* Wissenschaft der Logik II (6), S. 129 ff.; *ders.* Enzyklopädie der philosophischen Wissenschaften I (8), § 44, S. 120 f., §§ 124 ff., S. 254 ff.. Zur Übertragung dieser Kritik auf das Verhältnis des Willens zu seinem Gegenstand: *Hegel* Grundlinien der Philosophie des Rechts (7), § 44 Z, S. 106, § 52, S. 117. Näher zu dieser Kritik unten S. 246 ff.. – Hegels Kritik an Kants Bestimmung des Willensmoments der Besonderheit äußert sich in Hegels Theorie der Sittlichkeit als Kritik am Wirklichkeitsverständnis Kants. Die strikte Separation zwischen mundus intelligibilis und mundus sensibilis wisse das soziale Umfeld des Menschen nicht angemessen zu würdigen und ignoriere fälschlich das geschichtliche Gewordensein des handelnden Subjekts. Auf der Grundlage seines Dualismus sei Kant eine angemessene Lehre von der Weltgeschichte und deren die praktische Philosophie mitbestimmenden Faktoren von vornherein verschlossen (so etwa *Angehrn* Freiheit und System bei Hegel, S. 171). Ausgehend von dieser hegelschen Kritik wird dem kantischen Ansatz insbesondere von Vertretern kommunitaristischer Sittlichkeitslehren das menschliche Eingebundensein in ein immer schon tradiertes Sozialgefüge entgegengehalten und auf die Explikation eben jener Sozialstruktur verwiesen (vgl. dazu *Brugger* Liberalismus, Pluralismus, Kommunitarismus, S. 253 ff. mit weiteren Nachweisen); die Auseinandersetzung zwischen der universalistischen und prozeduralistischen Reinheitstethik Kants und der substantialistischen hegelschen Sittlichkeitsphilosophie kann insofern als die „systematisch anspruchvollste Manifestation" der Paradigmenkonkurrenz von liberalistischen und kommunitaristischen Theorieprogrammen bezeichnet werden (*Kersting* Wohlgeordnete Freiheit, S. 22). Aus kantischer Perspektive ist der kommunitaristischen Kritik entgegenzuhalten, dass sich die Praxisrelevanz der aus der geforderten Wirklichkeitshermeneutik resultierenden anthropologischen Größen nicht verdeutlichen lässt, solange der Vernunftanspruch der Wirklichkeit nicht nachgewiesen ist. Ohne einen solchen Nachweis ist nicht erklärbar, weshalb bloß geschichtlich bedingte Verhaltensweisen auf die praktische Vernunft rückwirken können sollen. Hegel bemüht sich daher zu zeigen, dass der Willensgegenstand ein notwendiges Konstitutionselement des Willens ist, d.h. dass eine alle empirischen Bezüge ausblendende praktische Vernunft in sich defizitär ist.

4 Dieses Misslingen der Vermittlung beider Willensmomente äußere sich auch in der modallogischen Stellung der Vernunft: In ihrer der Welt entgegengesetzten Stellung sei diese immer bloß möglich, nie aber wirklich, was mit ihrem Absolutheitsanspruch nicht zu vereinbaren sei (dazu ausführlich *Bitsch* Sollensbegriff und Moralitätskritik bei G.W.F. Hegel, S. 84 ff. mit weiteren Nachweisen).

seine Forderung prinzipiell unerfüllbar: Das Sollen sei auf diese Weise perennierend[5].

Der zweite Kritikpunkt soll erst im Rahmen der Problematik des Eigentumserwerbs behandelt werden. Dort wird sich zeigen, dass Kants Hypostasierung der Materie entscheidend ist für seine Ablehnung der Theorie des Arbeitseigentums – was zugleich bedeutet, dass Hegels Kritik am Ding-an-sich eine Kritik dieser Ablehnung beinhaltet. Zunächst sollen jedoch die Kritikpunkte eins (die Tautologiekritik) und drei (die Sollenskritik) erörtert werden. Hegel hat beide Vorwürfe im Hinblick auf den kantischen Moralitätsbegriff ausgeführt, im Hinblick auf den Rechtsbegriff jedoch nur angedeutet. Die einzige Stelle, in der Hegel Kants Rechtsprinzip explizit, wenn auch nur kurz, verwirft, findet sich in § 29 der *Grundlinien*: Hegel wirft der kantischen Rechtsbestimmung hier vor, sie enthalte „teils nur die negative Bestimmung, die der Beschränkung", teils laufe

> das Positive, das allgemeine oder sogenannte Vernunftgesetz, die Übereinstimmung der Willkür des einen mit der Willkür des anderen, auf die bekannte formelle Identität und den Satz des Widerspruchs hinaus. Die angeführte Definition des Rechts enthält die seit Rousseau vornehmlich verbreitete Ansicht, nach welcher der Wille nicht als an und für sich seiender, vernünftiger, der Geist nicht als wahrer Geist, sondern als besonderes Individuum, als Wille des Einzelnen in seiner eigentümlichen Willkür, die substantielle Grundlage und das Erste sein soll. Nach diesem einmal angenommenen Prinzip kann das Vernünftige freilich nur als beschränkend für diese Freiheit sowie auch nicht als immanent Vernünftiges, sondern nur als ein äußeres, formelles Allgemeines herauskommen[6].

Wie im folgenden gezeigt werden soll, lässt sich die hegelsche Charakterisierung des kantischen Rechtsprinzips als formell, negativ und bloß beschränkend auf seine Rüge der beiden genannten Implikationen der Trennung von Vernunft und Außervernünftigem zurückführen. Die Darstellung wird in diesem Kapitel mit der Erörterung der Tautologiekritik beginnen; daran anschließen wird sich die Behandlung der Sollenskritik.

5 *Hegel* Wissenschaft der Logik I (5), S. 148; *ders.* Grundlinien der Philosophie des Rechts (7), § 135, S. 253. Näher zu dieser Kritik unten S. 113 ff..

6 *Hegel* Grundlinien der Philosophie des Rechts (7), § 29, S. 80 f..

II. Die Tautologiekritik

1. Überblick über den Gang der Argumentation

Hegel richtet – auch wenn er dies nicht explizit ausspricht – den Vorwurf der Inhaltsleere einer abstrakt-allgemein gedachten praktischen Vernunft in zweifacher Weise gegen Kant. In der *Phänomenologie des Geistes* unterscheidet er zwischen der gesetzgebenden und der gesetzprüfenden Funktion der Vernunft. Gesetzgebend ist die praktische Vernunft, wenn sie „unmittelbar weiß, was recht und gut ist", d.h. wenn sie materielle Gesetze vorstellt und daher inhaltlich ist. Die gesetzgebende Vernunft „sagt unmittelbar: dies ist recht und gut. Und zwar dies; es sind bestimmte Gesetze, es ist erfüllte inhaltsvolle Sache selbst"[7]. Gesetzprüfend hingegen ist die Vernunft, wenn sie empirische Gesetze am Maßstab der widerspruchslosen Verallgemeinerbarkeit prüft. Sie stellt selber keine Gesetze auf, sondern diese sind „für das prüfende Bewußtsein schon gegeben; es nimmt ihren Inhalt auf, wie er einfach ist, [...] und verhält sich ebenso einfach gegen [ihn], als es sein Maßstab ist"[8]. Hegels Tautologiekritik richtet sich zunächst gegen die Fähigkeit der abstrakt-allgemeinen Vernunft, gegebene Gesetze sinnvoll prüfen zu können. Denn das Kriterium der widerspruchslosen Verallgemeinerbarkeit sei letztlich mit jedem Inhalt verträglich. Der Vorwurf der Inhaltsleere beschränkt sich jedoch nicht auf diese Kritik. Er besagt zusätzlich, dass das formelle Kriterium des kategorischen Imperativs, indem es nicht einmal eine Prüfung von gegebenem Inhalt gestatte, erst recht zu keiner inhaltlich gehaltvollen Gesetzgebung fähig sei:

> Was dem Gesetzgeben übrigbleibt, ist also die reine Form der Allgemeinheit oder in der Tat die Tautologie des Bewußtseins, welche dem Inhalt gegenübertritt und ein Wissen nicht von dem seienden oder eigentlichen Inhalte, sondern von dem Wesen oder der Sichselbstgleichheit desselben ist. Das sittliche Wesen ist hiermit nicht unmittelbar selbst ein Inhalt, sondern nur ein Maßstab, ob ein Inhalt fähig sei, Gesetz zu sein oder nicht, indem er sich nicht selbst widerspricht. Die gesetzgebende Vernunft ist zu einer nur prüfenden Vernunft herabgesetzt[9].

Die zweite Fassung der hegelschen Kritik der Inhaltsleere richtet sich gegen die Fähigkeit des kategorischen Imperativs, als Grundlage einer Lehre der Freiheitsgesetzlichkeit zu dienen: Sie spricht dem kategorischen Imperativ nicht nur die Fähigkeit ab, als aussagekräftiger Maßstab für die moralische Beurteilung empirischer Maximen zu fungieren, sondern bezweifelt darüber hinaus dessen Kompetenz der inhaltlichen Ausgestaltung

7 *Hegel* Phänomenologie des Geistes (3), S. 312.
8 *Hegel* Phänomenologie des Geistes (3), S. 317.
9 *Hegel* Phänomenologie des Geistes (3), S. 316.

eines materiell gehaltvollen Freiheitsbegriffes[10]. Im Folgenden soll zunächst auf den bekannten und in der Sekundärliteratur viel beachteten, gegen die gesetzprüfende Funktion der Vernunft gerichteten Tautologievorwurf eingegangen werden (2.); dabei wird sich herausstellen, dass dieser Vorwurf nicht haltbar ist. Anschließend soll der gegen die gesetzgebende Vernunft gerichtete Vorwurf dargestellt und als Frage nach den Bedingungen der Möglichkeit eines synthetischen Rechtssatzes a priori reformuliert werden (3.).

2. Die Kritik der Inhaltsleere der gesetzprüfenden Vernunft

a. Die Aussagekraft des kategorischen Imperativs

Der Vorwurf des tautologischen Charakters des kategorischen Imperativs findet sich schon beim Jenenser Hegel; er erhält seine ausführlichste Darstellung in der Frühschrift *Über die wissenschaftlichen Behandlungsarten des Naturrechts*[11]. Hegel behandelt in diesem Werk das berühmte Beispiel desjenigen, der ein Depositum ableugnet, das ihm niemand nachweisen kann. Genügt seine Maxime dem formellen Kriterium des kategorischen Imperativs? Kant verneine dies – so Hegel –, da „ein solches Gesetz sich selbst vernichten würde, weil es machen würde, daß es gar kein Depositum gäbe“[12]; eine Argumentation, die nicht stichhaltig sei, denn:

> Daß es aber gar kein Depositum gäbe, welcher Widerspruch läge darin? [...] Wenn die Bestimmtheit des Eigentums gesetzt ist, so läßt sich der tautologische Satz daraus machen: [...] das Eigentum, wenn Eigentum ist, muß Eigentum sein. Aber ist die entgegengesetzte Bestimmtheit, Negation des Eigentums gesetzt, so ergibt sich durch die Gesetzgebung ebenderselben praktischen Vernunft die Tautologie: das Nichteigentum ist Nichteigentum; wenn kein Eigentum ist, so muß

---

10 Hegels Unterscheidung zwischen einer gesetzprüfenden und einer gesetzgebenden Funktion der Vernunft mag freilich problematisch erscheinen, sofern man den kategorischen Imperativ als taugliches Kriterium der Gesetzesprüfung betrachtet; denn wenn die Vernunft eine vorgefundene Maxime verbietet, so stellt sie ja eine Verbotsnorm auf, ist also gesetzgebend. Hegels Unterscheidung läuft in dieser Sichtweise lediglich auf die Differenz von Geboten und Verboten hinaus. Im Rahmen der hiesigen Gliederung muss auf diese Problematik jedoch nicht näher eingegangen werden: Der Unterschied zwischen Gesetzesprüfung und Gesetzgebung dient vorliegend lediglich der Hinführung der hegelschen Kantkritik auf die inhaltliche Ausgestaltung der *Metaphysik der Sitten*.

11 *Hegel* Über die wissenschaftlichen Behandlungsarten des Naturrechts (2), S. 460 ff.. Der Vorwurf wird von Hegel in späteren Schriften immer wieder aufgegriffen, vgl. *ders.* Phänomenologie des Geistes (3), S. 317 ff.; *ders.* Grundlinien der Philosophie des Rechts (7), § 135, S. 252 f.; *ders.* Enzyklopädie der philosophischen Wissenschaften I (8), § 54, S. 138 f.; *ders.* Vorlesungen über die Geschichte der Philosophie III (20), S. 367 f..

12 *Hegel* Über die wissenschaftlichen Behandlungsarten des Naturrechts (2), S. 462 f..

> das, was Eigentum sein will, aufgehoben werden. Aber es ist gerade das Interesse, zu erweisen, daß Eigentum sein müsse[13].

Ihre Entsprechung findet diese Kritik in den Berliner *Grundlinien* im § 135:

> Daß kein Eigentum stattfindet, enthält für sich ebensowenig einen Widerspruch, als daß dieses oder jenes einzelne Volk, Familie, usf. nicht existiere oder daß überhaupt keine Menschen leben [...]; ein Widerspruch kann sich nur mit etwas ergeben, das ist, mit einem Inhalt, der als festes Prinzip zum voraus zugrunde liegt[14].

Hegel wirft Kant also vor, dass das Kriterium der widerspruchslosen Verallgemeinerbarkeit aus sich heraus zu keiner Maximenprüfung fähig sei, da das Ergebnis der prozeduralistischen Prüfung – der Wegfall der betreffenden Institution – für sich genommen eine moralisch neutrale Schlussfolgerung sei[15]. Die Ergebnisse, zu denen Kant in den Beispielsfällen der *Grundlegung* gelange, beruhen demnach – so Hegel – lediglich darauf, dass Kant unausgesprochen die praktische Notwendigkeit der Institutionen unterstelle, zu denen die betreffenden Maximen im Widerspruch stehen. Die Freiheit des rein formellen Verallgemeinerungskriteriums sei insofern – analog zur abstrakt-allgemeinen Wahlfreiheit der Willkür – eine Täuschung; eine Täuschung, die Kant lediglich deshalb nicht durchschaue, weil ihm die Notwendigkeit der unbewusst vorausgesetzten Institutionen evident scheine[16]. Diese Kritik hat in der Sekundärliteratur große Beachtung gefunden; die Resonanz fällt jedoch äußerst unterschiedlich aus: Während Hegels Kritik von einigen Autoren vollständige Berechtigung

---

13 *Hegel* Über die wissenschaftlichen Behandlungsarten des Naturrechts (2), S. 462 f..

14 *Hegel* Grundlinien der Philosophie des Rechts (7), § 135, S. 253.

15 *Pawlik* Das unerlaubte Verhalten beim Betrug, S. 26 unterstreicht diese Einschätzung Hegels durch das Beispiel desjenigen, der Sklavenhandel betreibt: „hier würde man das Wegbrechen der betreffenden Institution infolge der Unzuverlässigkeit der Vertragspartner der Sklavenhändler als moralisch positiv beurteilen". Dass Hegel tatsächlich davon ausgeht, jede Maxime sei widerspruchslos verallgemeinerbar, zeigt sich auch in seiner Straftheorie. In § 100 der *Grundlinien* rechtfertigt Hegel die Strafe damit, dass diese dem Verbrecher gegenüber gerecht sei, weil „in seiner als eines Vernünftigen Handlung liegt, daß sie etwas Allgemeines, daß durch sie ein Gesetz aufgestellt ist, das er in ihr für sich anerkannt hat, unter welches er also als unter sein Recht subsumiert werden darf" (*Hegel* Grundlinien der Philosophie des Rechts [7], § 100, S. 190). Die an dieser Stelle postulierte Verallgemeinerbarkeit und Verrechtlichung der verbrecherischen Maxime ist auch unter Zugrundelegung einer bloß formellen Vernunftstruktur aber gerade nicht möglich. Siehe zum Selbstgesetzgebungsargument der hegelschen Straftheorie und dessen Bezug zum kantischen Verallgemeinerungskriterium auch: *Seelmann* Anerkennungsverlust und Selbstsubsumtion, S. 42 f..

16 Besonders klar *Pawlik* Das unerlaubte Verhalten beim Betrug, S. 26: „Je selbstverständlicher diese Zusatzannahmen erscheinen, desto unbemerkter fließen sie in das moralische Urteil ein; an dem strukturellen Befund, daß es sich um Zusatzannahmen handelt, ändert dies indessen nichts. Der Prozeduralismus kantischer Provenienz muß mit anderen Worten die Güte – oder, neuzeitlicher gesprochen: die Vernünftigkeit – sozialer Praktiken und Institutionen unterstellen, ohne diese Unterstellungen innerhalb seines Paradigmas thematisieren zu können".

zuerkannt wird[17], heißt es bei anderen, „diese absichtlich trivialen Behauptungen Hegels" gingen „an Kants Lehre offensichtlich vollständig vorbei"[18]; sein Einwand sei „fast unglaublich einfältig"[19]. Meines Erachtens kann Hegels Kritik nicht vollständig überzeugen, und zwar aus zwei Gründen.

aa. Der Widerspruch im Rahmen der Maximenprüfung[20]

Hegel missversteht den kategorischen Imperativ, wenn er den über die Sittlichkeit oder Unsittlichkeit einer Maxime entscheidenden Widerspruch nicht in deren Verallgemeinerungsfähigkeit, sondern in der Beziehung zwischen der Maxime und einer vorausgesetzten Institution zu konstruieren versucht[21]. In Hegels Deutung des kategorischen Imperativs widerspricht die verallgemeinerte Maxime des Diebes allein der (in der Tat vorauszusetzenden) Institution des Eigentums. Dieser Widerspruch ist aber im Rahmen der kantischen Maximenprüfung gar nicht relevant. Vielmehr widerspricht sich der Dieb selbst: Denn einerseits leugnet er (sofern seine universalisierte Maxime betrachtet wird) das Eigentum prinzipiell; andererseits beansprucht er aber solches für sich. Ebenso zerstört der Lügner die Kommunikationskompetenz der Sprache[22]; und dennoch spricht er in der Erwartung, verstanden zu werden. Und erhebt man die Maxime des Depositumleugners zum allgemeinen Gesetz, so wird nie-

---

17 *Bohnert* Hegels Darstellung der bürgerlichen Gesellschaft im Naturrechtsaufsatz von 1802, S. 538; *Pawlik* Das unerlaubte Verhalten beim Betrug, S. 25 f.; ähnlich auch *Steinvorth* Freiheitstheorien in der Philosophie der Neuzeit, S. 192 ff.; *Wolff* Die Abgrenzung von Kriminalunrecht zu anderen Unrechtsformen, S. 174.

18 *Wildt* Autonomie und Anerkennung, S. 45.

19 *Singer* Verallgemeinerung in der Ethik S. 291.

20 Eine ausführliche Besprechung der hier nur angerissenen Probleme findet sich bei *Wildt* Autonomie und Anerkennung, S. 44 ff.. Im folgenden soll nur auf das von Hegel kritisierte Depositumbeispiel eingegangen werden. Zu den sonstigen kantischen Beispielen (etwa dem des Selbstmordverbotes oder dem der allgemeinen Hilfspflicht) vgl. *Ebbinghaus* Die Formeln des kategorischen Imperativs und die Ableitung inhaltlich bestimmter Pflichten; *Paton* Der kategorische Imperativ; *Wood* Kant's Ethical Thought, S. 76 ff..

21 Hegels Kritik des kantischen Depositumbeispiels ist wohl durch dessen eigene Darstellung beeinflusst. Kant argumentiert in der *Kritik der praktischen Vernunft*, „daß ein solches Princip [des Depositumsbruchs, C.M.], als Gesetz, sich selbst vernichten würde, weil es machen würde, daß es gar kein Depositum gäbe" (*Kant* Kritik der praktischen Vernunft [V], S. 27). Den weiteren Gedankengang, dass aus eben diesem Grunde auch kein Depositumsbruch mehr begangen werden kann, die entsprechende Maxime also unmöglich wird, spricht Kant nicht aus. Ohne diesen zweiten Argumentationsschritt bleibt der kategorische Imperativ in der Tat aussagelos.

22 *Wildt* Autonomie und Anerkennung, S. 50.

mand mehr ein Depositum abgeben[23]; dieses Institut fiele also weg, so dass es auch nicht mehr geleugnet werden könnte[24]. Der relevante Widerspruch ist der jeweiligen Maxime immanent und verweist nicht auf eine außer dieser liegende Institution[25]. Das Verallgemeinerungsverfahren weist insofern eine Struktur auf, die Hegels eigener Methode nicht so fremd ist, wie die Ausführungen des Naturrechtsaufsatzes dem Leser suggerieren: Auch der kategorische Imperativ stützt sich auf die Argumentationsfigur des performativen Widerspruchs.

23 Gegen Kant ist in diesem Zusammenhang vorgebracht worden, dass selbst dies nicht zutreffe: Die Universalisierung der Maxime, ein Depositum zu brechen, wenn dieser Bruch nicht nachweisbar ist, führe bloß dazu, dass nur noch gesicherte Depositen abgegeben würden, nicht aber dazu, dass dieses Institut gänzlich aus dem Rechtsleben verbannt würde (*Singer* Verallgemeinerung in der Ethik, S. 325). Das ist zwar richtig. Aber zum einen hat schon Wildt darauf hingewiesen, dass auch bei gesicherten Depositen die Möglichkeit des Ableugnens besteht, nämlich dann, wenn der Nachweis nachträglich verloren gegangen ist (*ders.* Autonomie und Anerkennung, S. 58); zum anderen lässt sich dieser Anwendungsfall des kategorischen Imperativs unproblematisch auf den Fall des ungesicherten Depositums einschränken.

24 Es zeigt sich, dass Hegel zumindest insofern Recht behält, als der Selbstwiderspruch, der sich im Falle der Universalisierung einer unsittlichen Maxime ergibt, oft nicht als *logischer* Widerspruch darstellbar ist. So müssen etwa im Depositumbeispiel die empirischen Folgen eines allseits üblichen Depositumsbruchs in die Argumentation, weshalb die Verallgemeinerung der entsprechenden Maxime das Institut des Depositums vernichten würde, einbezogen werden: Es würde eben niemand mehr ein (ungesichertes) Depositum abgeben. *Wildt* Autonomie und Anerkennung, S. 52 gelangt daher in seiner Darstellung der Verallgemeinerungsproblematik zu dem „Ergebnis, daß Hegel mit seiner These von der Leerheit des kategorischen Imperativs dann eine ziemlich starke Position behält, wenn man ihn als Kriterium der Unmöglichkeit der Verallgemeinerung aus rein logischen Gründen versteht. Ob Hegel in dieser Hinsicht letztlich im Recht bleibt, ist jedoch ziemlich irrelevant, weil es nur sehr schwache Gründe dafür gibt, den kategorischen Imperativ auf diesen Fall einzuschränken". Als Beispiele für logische Widersprüche werden in der Sekundärliteratur maßgeblich Maximen diskutiert, die zeitliche Prioritäten beinhalten. So hält Harrison die Maxime „I make it a rule to be first through every door" für logisch nicht verallgemeinerbar (*Harrison* Kant's Examples of the First Formulation of the Categorical Imperative, S. 232). Ebenso meint Brandt, der Vorsatz, „to have a baby born in the following year, its arrival being timed so that it would be the one baby first that year" (*Brandt* Ethical Theory, S. 33) sei nicht universalisierbar; und Singer diskutiert die Nichtverallgemeinerbarkeit der Maxime „Ich will nur reden, nachdem ich angeredet worden bin" (*Singer* Verallgemeinerung in der Ethik, S. 290). – Vgl. zum Unterschied zwischen praktischer und logischer Unmöglichkeit der Maximenverallgemeinerung auch *Wood* Kant's Ethical Thought, S. 87 ff..

25 So auch *Wood* Kant's Ethical Thought, S. 90: „As for Hegel's charge that the argument presupposes the existence of private property, in one way it is correct but not damaging to Kant, while in another way it is simply incorrect. It is correct insofar as the example focuses on deposits, appropriations, and such. [...] Hegel's claim is incorrect, however, if it takes the sanctity of private property to be the central moral issue raised by the example. On the contrary, that issue is trust between people and its violation for selfish advantage. That issue does not depend on the existence of deposits or the institution of private property".

Gegen diese Replik ließe sich einwenden, dass eine solche maximenimmanente Konstruktion des moraltheoretisch relevanten Widerspruchs den Tautologievorwurf nicht widerlege, sondern lediglich in eine neue Form gieße: Denn die Universalisierung einer Maxime scheint immer dann zu einem Zustand zu führen, in dem diese unmöglich wird, wenn in ihr ein beliebiger, in ihre Formulierung aufgenommener Begriff negiert wird. Das Problem stellt sich bei allen Unterlassungsmaximen[26]. So ist etwa die Maxime desjenigen, der Bestechungen zurückweist, nicht im genannten Sinne verallgemeinerbar, denn im Falle ihrer Verallgemeinerung würden Bestechungen unmöglich und könnten somit auch nicht zurückgewiesen werden. Am deutlichsten zeigt sich diese (vermeintliche) reductio ad absurdum des kantischen Moralprinzips in der per definitionem moralischen Maxime, stets Unrecht verhindern zu wollen[27]: Würden alle Rechtsteilnehmer Unrecht verhindern, gäbe es dieses nicht mehr, so dass es auch nicht verhindert werden könnte. Diese Maxime scheint also eine Antinomie in sich zu bergen, während die positiv formulierte Maxime, stets rechtlich handeln zu wollen, ohne Probleme universalisierbar ist. Die von Hegel gerügte Abhängigkeit der Aussagekraft des kategorischen Imperativs von vorauszusetzenden Institutionen scheint sich also lediglich in eine Abhängigkeit von der Formulierung der zu prüfenden Maxime gewandelt zu haben: Formuliert man die betreffende Maxime als Negation dieser Institution, ergibt sich der Widerspruch; formuliert man sie positiv ohne diesen negativen Bezug, ergibt sich der Widerspruch nicht.

Auch dieser die hegelsche Argumentation verteidigende Einwand vermag aber nicht zu überzeugen, denn er übersieht die Zweckgebundenheit des Maximenbegriffs. Schon Singer hat gezeigt, dass im Falle der Berücksichtigung der jeweiligen Zielsetzungen nicht sämtliche Unterlassensmaximen widersprüchlich sind, sondern nur jene, deren Zwecke von dem Bestehen der negierten Institutionen abhängen[28]. Der Zweck der Maxime des Diebes besteht darin, das gestohlene Gut zu behalten; derjenige der Maxime des Unbestechlichen in der Rechtlichkeit des eigenen Verhaltens. Während der Zweck des Diebes im Falle der Universalisierung seiner Maxime desavouiert wird, würde der mit dem Ablehnen von Bestechungen verfolgte Zweck vollständig erreicht, wenn alle das gleiche täten. Der Einwand, das Prüfungsverfahren des kategorischen Imperativs sei durch die Maximenformulierung bedingt, beruht auf einem Fehlverständnis des Maximenbegriffs, das durch eine Ungenauigkeit in der Formulierung der jeweiligen Maxime bedingt ist: Eine Unterlassensmaxime sollte

26 Vgl. dazu *Brentano* Vom Ursprung sittlicher Erkenntnis, S. 52.

27 Zu diesem Beispiel *Wildt* Autonomie und Anerkennung, S. 64.

28 *Singer* Verallgemeinerung in der Ethik, S. 321.

nicht ohne Zweckangabe formuliert werden – etwa: „Ich will die Handlung H unterlassen“, sondern als positive Zielsetzung – etwa: „Immer wenn ich durch eine Unterlassung der Handlung H etwas am besten erreichen kann, so will ich H unterlassen“[29].

bb. Die Abhängigkeit der Sittlichkeit einer Maxime von deren Zwecksetzung

Die Zweckgebundenheit des Maximenbegriffs hat zur Folge, dass die Antwort des kategorischen Imperativs auf die Frage nach der moraltheoretischen Richtigkeit einer Maxime verschieden ausfällt, je nachdem, welche Zwecke in sie einbezogen werden. So ist beispielsweise nicht jeder Eigentumsbruch widersprüchlich: Die Maxime desjenigen, der für sich selber keine Ausnahmesituation beansprucht[30] – desjenigen also, der anderer Eigentum leugnet, nicht um sich dieses selbst anzueignen, sondern weil er den physischen Besitz als einzig rechtsrelevant erkannt hat – diese Maxime des (von Kant so genannten) Besitzrealisten ist anhand des kategorischen Imperativs allein nicht zu verwerfen; denn das von ihm verfolgte Ziel der prinzipiellen Missachtung des Eigentums wird auch und gerade im Falle der Universalisierung seiner Maxime erreicht. In diesem Sinne hat insbesondere Steinvorth Hegels Tautologiekritik zu verteidigen versucht: Der kategorische Imperativ begründe auch die Moralität von Maximen,

> die weder Kant noch die gemeine sittliche Vernunfterkenntnis, mit der übereinzustimmen Kant behauptet, als moralisch ansehen würde. Wenn sich jemand etwa mit falschem Versprechen Geld ausleiht und dabei nicht die Absicht hat, das geliehene Geld zu genießen, sondern das Leihsystem oder das Privateigentum zu untergraben, dann ist seine Maxime sehr wohl widerspruchsfrei verallgemeiner-

---

29 *Wildt* Autonomie und Anerkennung, S. 64.

30 Es zeigt sich also, dass dem kategorischen Imperativ ein Gleichheitsgedanke immanent ist: Der Widerspruch ergibt sich zumeist dann, wenn das Subjekt Institutionen für sich beansprucht, die es für andere leugnet. Hoerster hat versucht, in diesem Sinne auch die Diebesmaxime einer widerspruchslosen Universalisierbarkeit zuzuführen, indem er den Ausnahmecharakter des Diebstahls in die Maxime aufgenommen hat. Er bringt folgendes Beispiel: „Weil ich ein Ausnahmemensch bin, begehe ich jeden Monat einen Einbruchsdiebstahl. – Daß nun jeder monatlich einen Einbruchsdiebstahl begeht, weil er ein Ausnahmemensch ist, ist nicht denkbar. Denn es folgt aus dem logischen Satz vom Widerspruch, unter Voraussetzung des richtigen Sprachgebrauchs der betreffenden Begriffe, daß nicht jeder ein Ausnahmemensch sein kann.“ (*Hoerster* Kants kategorischer Imperativ als Test unserer sittlichen Pflichten, S. 461). Zu Recht hat schon *Wildt* Autonomie und Anerkennung, S. 51 darauf hingewiesen, dass es sich hierbei aber nicht um eine Maxime, sondern nur um eine Begründung des eigenen Tuns handelt. Außerdem beweist gerade die Tatsache, dass „nicht jeder ein Ausnahmemensch sein kann“, dass die Maxime nicht widerspruchsfrei verallgemeinerbar ist.

> bar; ihre Verallgemeinerung würde sogar zum gesetzten Ziel führen. Dasselbe gilt für einen Mord, wenn der Handelnde nur die Ausrottung des menschlichen Lebens zum Ziel hat. Die Maxime aber auszuschließen, die sich zum Ziel setzt, ‚daß kein Eigentum stattfindet [...] oder daß überhaupt keine Menschen leben', dazu liefert Kants kategorischer Imperativ keine Mittel und keine Begründung[31].

Diesem Einwand ist zweierlei entgegenzuhalten: Zum einen ist mit ihm nicht nachgewiesen, dass der kategorische Imperativ – wie Hegel meint – vollständig inhaltsleer ist; lediglich dessen Relativität zu bestimmten Zwecksetzungen ist aufgezeigt: Die Verwerflichkeit etwa der Maxime des Diebes wird durch den Einwand nicht tangiert. Zum anderen ist Steinvorth zwar zuzugeben, dass das kantische Vernunftgesetz keine Aussagen über die Notwendigkeit des Eigentums oder des Leihsystems trifft, so dass sein materieller Gehalt stark verkürzt ist: Der kategorische Imperativ kann gewisse Maximen, deren Verwerflichkeit oftmals evident scheint, moralisch nicht disqualifizieren. Das beansprucht Kant aber auch gar nicht. Die Deduktion einzelner Rechtsinstitute ist nicht Gegenstand der Kritik, sondern der nachfolgenden Metaphysik. Sie fällt nicht in die allgemeine Lehre der Praxisbegründung, sondern in die Disziplin einer apriorischen Rechtslehre. Hegel überstrapaziert die Leistungsfähigkeit des kategorischen Imperativs, wenn er fordert, dieser müsse Kriterien für die moral- und rechtstheoretische Richtigkeit der Aussagen treffen, „daß kein Eigentum stattfindet [...] oder daß überhaupt keine Menschen leben"[32]. Er verkennt damit den Geltungsumfang des obersten Moralprinzips: Es ist keineswegs so, dass die einzelnen Institutionen der *Metaphysik der Sitten* aus

31 *Steinvorth* Stationen der politischen Theorie, S. 188; ähnlich heißt es aaO. S. 149: In Kants „wichtigsten Beispielen, die Selbstmord und Lüge als unbedingt unmoralisch nachweisen sollen, d.h. als verwerflich unter allen, auch den extremsten Bedingungen, muß er [Kant, C.M.] doch stillschweigend und unbegründet voraussetzen, daß Lebenserhaltung, Eigentum und Wahrheit der Aussagen Ziel jedes Vernunftwesens sind. Kant sah offenbar nicht, daß das rein logische oder formale Kriterium der Widerspruchsfreiheit, auf das er seinen Anspruch auf Nachweis einer formalen oder Vernunftethik stützt, sehr viel mehr Maximen als verallgemeinerbar und damit als moralisch ausweisen kann, als er selbst es wollte".

32 *Hegel* Grundlinien der Philosophie des Rechts (7), § 135, S. 253. Ähnlich argumentiert auch *Wildt* Autonomie und Anerkennung, S. 56 gegen Steinvorths Kritik: „Das ist jedoch kein Einwand gegen Kant, denn die Maxime ist auch keineswegs notwendig unmoralisch. Wenn es nämlich moralisch erlaubt oder sogar geboten ist, das Leihsystem und das Privateigentum zu untergraben, und das Geldausleihen mittels falscher Versprechen oder z.B. Diebstahl geeignet ist, dies zu erreichen, dann ist es auch moralisch erlaubt oder sogar geboten, Geld mit falschen Versprechen auszuleihen oder zu stehlen. Ob dies wirklich der Fall ist, hängt von der Wahrheit der beiden Prämissen dieses Schlusses ab". Auch Wildt sieht freilich nicht, dass der Nachweis der Rechtswidrigkeit dieser Prämissen Aufgabe der *Metaphysik der Sitten* ist und daß Kant in § 2 der *Metaphysischen Anfangsgründe der Rechtslehre* den geforderten Beweis gegen die erste Prämisse – es sei erlaubt, das Privateigentum zu untergraben – führt.

dem kategorischen Imperativ streng a priori deduziert werden könnten[33]. Am deutlichsten zeigt sich dies ausgerechnet an Hegels eigenem Beispiel, dem des Eigentums[34]: Es ist eine der zentralen Thesen der *Metaphysik der Sitten*, dass die Notwendigkeit des Eigentums überhaupt nicht analytisch aus dem kategorischen Imperativ oder dem allgemeinen Rechtsprinzip[35] gefolgert werden kann, sondern einen synthetischen Rechtssatz fordert[36]. Kant stellt damit ausdrücklich klar, dass der kategorische Imperativ die Maxime des Besitzrealisten[37] zunächst einmal zulässt. Hegels Forderung der vollständigen Deduzierbarkeit sämtlicher praxisrelevanter Kategorien aus dem obersten Moralprinzip beruht darauf, dass er diesem mit einer „Ableitungsauffassung" begegnet, anstatt – wie es einzig angemessen wäre – mit einer „Kriteriumsauffassung"[38].

b. Die Aussagekraft des Rechtsprinzips

In § 29 der *Grundlinien der Philosophie des Rechts* überträgt Hegel den bislang bloß auf den kategorischen Imperativ angewendeten Gedanken der In-

33 So auch *Deggau* Die Aporien der Rechtslehre Kants, S. 22: „Aber aus dieser Formalität ergibt sich inhaltlich nicht, was getan werden soll, der Inhalt der ‚materialen' Ethik. Ebensowenig läßt sich aus ihm ein System der äußeren Freiheit deduzieren, dessen Entfaltung die Aufgabe des Rechts ist. Beides kann und soll das in den zwei moralphilosophischen Hauptschriften entwickelte Sittengesetz nicht leisten".

34 Die Begrenztheit der Aussagekraft des kantischen Sittengesetzes zeigt sich aber nicht nur am Beispiel des Eigentums, sondern an vielen Institutionen des Rechts – insbesondere an allen Institutionen des Privatrechts, die einen synthetischen Rechtssatz a priori erfordern (etwa am Vertrag). Wenn Tugendhat jedoch meint, dass sogar ein „Krieg aller gegen alle" (*Tugendhat* Vorlesungen über Ethik, S. 151) mit dem kategorischen Imperativ zunächst einmal vereinbar sei, so ist dies freilich zu bezweifeln.

35 Der Verweis auf das Rechtsprinzip ist in diesem Zusammenhang zulässig, weil das Rechtsprinzip als eine „auf die Begründung von Pflichten, denen Zwangsbefugnisse korrespondieren, spezialisierte Version des kategorischen Imperativs" interpretiert werden kann (*Kersting* Wohlgeordnete Freiheit, S. 128; dazu oben S. 61 f.).

36 *Kant* Metaphysische Anfangsgründe der Rechtslehre (VI), S. 249.

37 Zu dieser Terminologie siehe unten S. 192 ff..

38 Zu dieser Terminologie siehe *Krausser* Über eine unvermerkte Doppelrolle des kategorischen Imperativs in Kants Grundlegung zur Metaphysik der Sitten, S. 318 ff.; ferner *Kersting* Wohlgeordnete Freiheit, S. 100; *Ludwig* Kategorischer Imperativ und Metaphysik der Sitten, S. 233; vgl. auch *Deggau* Die Aporien der Rechtslehre Kants, S. 22. – Ein weiteres Beispiel für die Unangemessenheit einer Ableitungsauffassung ist das Verhältnis des allgemeinen Rechtsprinzips zum kategorischen Imperativ: Die Notwendigkeit einer eigenständigen Rechtslehre ergibt sich überhaupt nur, weil die Frage nach der Rechtmäßigkeit des Zwanges von außen an den kategorischen Imperativ herangetragen wird (*Kersting* Wohlgeordnete Freiheit, S. 127; *Ludwig* Kategorischer Imperativ und Metaphysik der Sitten, S. 233).

haltsleere auf das kantische Rechtsprinzip. Dessen positive Seite, „das allgemeine oder sogenannte Vernunftgesetz, die Übereinstimmung der Willkür des einen mit der Willkür des anderen" laufe „auf die bekannte formelle Identität und den Satz des Widerspruchs hinaus"[39]. Eine nähere Explikation erfährt dieser Vorwurf nicht; offenbar geht Hegel davon aus, dass er dem Rezipienten bekannt sei. Diese geradezu lakonische Kürze der Darstellung erschwert die Interpretation von Hegels Kritik nicht unerheblich; diese lässt ihren eigentlichen Begründungsschritt offen und erschöpft sich zunächst einmal in einer bloßen Behauptung. Im folgenden sollen deshalb – der in Abschnitt 1.) erörterten Gliederung folgend – zwei Interpretationen des Vorwurfs des § 29 vorgeschlagen werden: Hegels These wird zunächst einmal (in diesem Abschnitt) als Kritik an der gesetzprüfenden Vernunft gelesen; dabei wird sich zeigen, dass eine solche Kritik geradezu triviale Züge trägt und dementsprechend leicht widerlegt werden kann. Im nachfolgenden Abschnitt[40] werden die Ausführungen des § 29 sodann als Kritik an einer bloß formell verstandenen gesetzgebenden Vernunft interpretiert.

Liest man Hegels Kritik als eine solche der gesetzprüfenden Funktion der Vernunft, so ist anzunehmen, dass Hegel seine Moralitätskritik in vollständiger Analogie auf das kantische Rechtsprinzip überträgt. Auch dieses soll in seiner totalen Rückführbarkeit auf den Satz vom Widerspruch tautologisch sein; sein formeller Charakter soll ebenfalls Inhaltsleere implizieren. Unabhängig von der hegelschen Kritik ist derselbe Vorwurf von Nelson und in dessen Folge von Kraft erhoben worden; zur Verdeutlichung der hiesigen Hegelinterpretation seien diese Autoren daher kurz zitiert. Nelson macht geltend, dass in Kants Rechtsbestimmung „das Gesetz selbst, das die Regel für die gegenseitige Beschränkung der Freiheit abgeben soll"[41], fehle:

> Der Kantischen Formulierung des Prinzips genügt jede Gesellschaftsordnung, wenn sie nur der Form nach durch Gesetze geregelt ist. Auch die despotischste Gesellschaftsordnung, die das Volk der Knechtung durch einen Tyrannen unterwirft, würde diesem Prinzip genügen, wenn sie nur der Form nach gesetzlich ist[42].

Der kantischen Rechtslehre fehle daher

> gerade das Wesentliche: die Regel für die Einschränkung der Freiheit, und damit das Kriterium, nach dem sich die Rechtlichkeit einer Gesetzgebung beurteilen

39 *Hegel* Grundlinien der Philosophie des Rechts (7), § 29, S. 80.

40 Siehe unten S. 105 ff..

41 *Nelson* Fortschritte und Rückschritte der Philosophie, S. 337.

42 *Nelson* Fortschritte und Rückschritte der Philosophie, S. 337.

läßt. Denn die bloße Widerspruchslosigkeit kann als ein solches Kriterium nicht genügen[43].

Es sei deshalb leicht zu sehen, dass das Kriterium der Übereinstimmung der „Freiheit des einzelnen [...] mit der jedes anderen nach einem allgemeinen Gesetz [...] durch jede gesetzliche Ordnung befriedigt" werde, da „jedes Gesetz [...] die Freiheit des einzelnen [...] auf die Bedingung ihrer Zusammenstimmung mit der Freiheit aller anderen nach diesem Gesetz"[44] beschränke. Die gegen Hegels Moralitätskritik vorgebrachten Bedenken müssen auch seiner auf diese Weise verstandenen Rechtskritik gegenüber erhoben werden: Auch diese missversteht das Rechtsprinzip inhaltlich und unterstellt ihm einen von Kant nicht beabsichtigten Vollständigkeitsanspruch bezüglich der Ableitbarkeit des Kanons sämtlicher Rechtspflichten.

aa. Der Widerspruch im Rechtsprinzip

Es muss zunächst bedenklich erscheinen, das Rechtsprinzip in gleicher Weise wie das praktische Grundgesetz auf den Satz vom Widerspruch zurückzuführen. Zwar kann das Rechtsprinzip als eine Spezialform des kategorischen Imperativ angesehen werden; denn es erlaubt nur solche Zwangshandlungen, die der Verhinderung eines Freiheitsgebrauches die-

43 *Nelson* Fortschritte und Rückschritte der Philosophie, S. 337. Diese Formulierungen ähneln erstaunlich der Moralitätskritik Hegels in § 135 der *Grundlinien*; auch in dieser wird auf die Kriterienlosigkeit des kategorischen Imperativs verwiesen: „Denn der Satz: Betrachte ob Deine Maxime könne als ein allgemeiner Grundsatz aufgestellt werden, wäre sehr gut, wenn wir schon bestimmte Prinzipien über das hätten, was zu tun sei" (*Hegel* Grundlinien der Philosophie des Rechts [7], § 135 Z, S. 253 f.). – Nelson überträgt – genau wie die hier vorgeschlagene Hegelinterpretation – die Kritik der Inhaltsleere des kategorischen Imperativs unmittelbar auf das Rechtsprinzip: So wie Kants Moralprinzip „kein Kriterium dafür [liefert], was in bestimmter Lage für mich Pflicht ist", so sei auch das Rechtprinzip tautologisch; denn es „ist nur ein anderer Ausdruck desselben analytischen Satzes, wenn wir sagen: Es kann für den einen nicht recht sein, was nicht für jeden anderen (in gleicher Lage) auch recht wäre. Denn ‚recht' oder ‚erlaubt' ist das, was der Pflicht nicht widerstreitet" (*Nelson* Die kritische Ethik bei Kant, Schiller und Fries, S. 47). – Ähnlich wie Nelson argumentiert auch *Kraft* Die Methode der Rechtstheorie in der Schule von Kant und Fries, S. 21: Die kantische Formel gebe „nicht an, nach welchem Gesetz die Freiheit des einen mit der Freiheit des anderen vereinigt werden soll und bleibt daher unanwendbar. Schon von Natur aus ist nämlich eine allgemeine Freiheitsvereinigung vorhanden und zwar nach dem Verhältnis der Stärke der Individuen". Der Leerheitsvorwurf wurde hinsichtlich des Rechtsprinzips außerdem noch von *Lisser* Der Begriff des Rechts bei Kant, S. 14 f. und *Metzger* Gesellschaft, Recht und Staat in der Ethik des deutschen Idealismus, S. 83 erhoben.

44 *Nelson* System der philosophischen Rechtslehre und Politik, S. 35 f.; *ders.* Die kritische Ethik bei Kant, Schiller und Fries, S. 90 f..

nen, der nicht als allgemeines Gesetz gewollt werden kann[45]. Anders ausgedrückt: Das Rechtsprinzip ist auf den kategorischen Imperativ rückführbar, weil dieser „als Prinzip des moralisch Notwendigen wie des moralisch Möglichen zugleich auch das Prinzip moralisch möglicher Zwangshandlungen wie legitim erzwingbarer moralisch notwendiger Handlungen"[46] ist. Dennoch darf nicht übersehen werden, dass Kant den Begriff der Allgemeinheit und damit auch die Kategorie des Widerspruchs im Rechtsgesetz völlig anders verwendet als im kategorischen Imperativ: nicht als widerspruchslose Verallgemeinerbarkeit, sondern als Konformität zur Willkürfreiheit der übrigen Rechtsteilnehmer[47]. Unrecht zeichnet sich nicht durch seine Widersprüchlichkeit im Verallgemeinerungsfall aus[48], sondern durch seine Divergenz zur rechtlich anerkannten Willkürfreiheit des anderen. Sowenig Hegels Kritik am Universalisierungskriterium zu überzeugen vermag, sowenig ist die Reduktion des Willkürantagonismus des Rechtsprinzips auf den Satz vom Widerspruch stichhaltig.

Der Willkürgebrauch eines Rechtsteilnehmers ist nicht schon dann unrecht, wenn er dem eines anderen widerspricht. Da Kant die Freiheit der Willkür im Rechtsprinzip zunächst einmal nur als „Vermögen nach Belieben zu thun oder zu lassen"[49] versteht, dringt letztlich eine jede sozial erhebliche Handlung in den Freiheitsbereich eines anderen ein; denn jede sozial relevante Ausübung meiner Handlungsmöglichkeiten schmälert das Handlungspotential der übrigen Rechtsgenossen. Erschöpfte sich das Unrechtskriterium also tatsächlich im Willkürwiderspruch, so wäre jeder zwischenmenschlich wirkende Willkürgebrauch unrecht. Verboten sein kann mithin nur eine solche Handlung, die den gesetzlich definierten

45 Besonders deutlich *Kersting* Wohlgeordnete Freiheit, S. 128, mit ausführlichem Überblick über den Argumentationsstand auf S. 134 ff.; siehe ferner *Ludwig* Kategorischer Imperativ und Metaphysik der Sitten, S. 197 ff..

46 *Kersting* Wohlgeordnete Freiheit, S. 128.

47 Beide Bestimmungen sind sich jedoch insofern ähnlich, als das Prinzip der widerspruchslosen Verallgemeinerbarkeit oft auf einen Gleichheitszustand, wie ihn das Rechtsprinzip fordert, hinausläuft. Nicht widerspruchslos verallgemeinerbar sind Maximen häufig dann, wenn das Subjekt eine Ausnahmeposition für sich beansprucht. Der Dieb beansprucht die Geltung des Eigentums für sich, leugnet diese aber für andere. Insofern kann von einer Strukturgleichheit zwischen Rechtsprinzip und kategorischem Imperativ gesprochen werden (ebenso – allerdings ohne diese Begründung – *Ilting* Diskussionsbeitrag, S. 64; *Kaulbach* Moral und Recht in der Philosophie Kants, S. 50; *Kühl* Eigentumsordnung als Freiheitsordnung, S. 82; siehe dazu auch oben S. 62 f.).

48 Es fragt sich, wie eine solche Prüfung überhaupt möglich sein soll: Verallgemeinerbar sind ausschließlich Maximen; das Recht bezieht sich hingegen auf einzelne Handlungen. Prüfungsfähig wäre also allein die Maxime, die der unrechten Handlung zugrunde liegt. Das Rechtsprinzip auf eine solche Basis zu stellen hieße aber, die Scheidung der Disziplinen des Rechts und der Tugend zu verwischen.

49 *Kant* Metaphysische Anfangsgründe der Rechtslehre (VI), S. 213.

Freiheitsraum des anderen lädiert. Dieses Gesetz zeichnet sich durch seine Allgemeinheit aus, und Allgemeinheit bedeutet im rechtlichen Zusammenhang nicht Universalisierbarkeit, sondern Gleichheit[50]. Die zentrale Bedeutung der Gleichheit wird zwar nicht schon in der Exposition des Rechtsbegriffs, wohl aber im Rahmen von dessen Konstruktion deutlich:

> Das Gesetz eines mit jedermanns Freiheit nothwendig zusammenstimmenden wechselseitigen Zwanges unter dem Princip der allgemeinen Freiheit ist gleichsam die Construktion jenes Begriffs, d.i. Darstellung desselben in einer reinen Anschauung a priori, nach der Analogie der Möglichkeit freier Bewegungen der Körper unter dem Gesetze der Gleichheit der Wirkung und Gegenwirkung[51].

Der noumenale Rechtsbegriff erfährt seine Darstellung in der mechanischen Reziprozität der Wirkungen freier Körper; entsprechend sind die Merkmale der Wechselseitigkeit und Gleichheit für ihn konstituierend[52]. Das in der Exposition des Rechtsbegriffes zunächst unbestimmt gelassene „allgemeine Gesetz" erweist sich daher als den einzelnen Rechtsinstitutionen vorgelagerter fundamentaler Gleichheitssatz. Damit ist aber der Vorwurf der Indifferenz des kantischen Kriteriums gegenüber einer bestimmten positiven Rechtsordnung entkräftet; insbesondere genügt die von Natur aus vorhandene Freiheitsvereinigung „nach dem Verhältnis der Stärke der Individuen"[53] nicht dem Gleichheitsgrundsatz. Die Lösung der philosophischen Aufgabe, die Koexistenzbedingungen äußerer Freiheit zu formulieren, kann gerade nicht darin gefunden werden kann, dass die einen die anderen unterdrücken: Eine solche Lösung wäre nicht nur in

50 Das übersieht Nelson, wenn er behauptet: „Kant formuliert sein Prinzip der Rechtslehre in der Tat als den Grundsatz der Einschränkung der Freiheit der einzelnen auf die Bedingung ihrer Zusammenstimmung mit der Freiheit aller anderen nach einem Gesetz. Aber das Gesetz selbst, das die Regel für die gegenseitige Beschränkung der Freiheit abgeben soll, fehlt auch hier noch. Es ist ein Irrtum, wenn Kant glaubt, aus diesem Prinzip das Gesetz der Gleichheit ableiten zu können" (*Nelson* Fortschritte und Rückschritte der Philosophie, S. 337). – Auch Fries ist der Ansicht, dass das kantische Kriterium der Willkürübereinstimmung nach einem allgemeinen Freiheitsgesetz die Idee der Rechtsgesetzgebung gerade nicht angebe. Als solche sei nicht die Idee der Freiheit (wie Kant behauptet), sondern die der Gleichheit anzusehen. Denn die „Rechtslehre hat nicht die Freyheit eines jeden vorauszusetzen, um zu bestimmen, was ihm erlaubt sey, sondern die Gleichheit von beyden, um zu bestimmen, was einem jeden zukomme, wenn zwey in Konflikt gerathen" (*Fries* Philosophische Rechtslehre und Kritik aller positiven Gesetzgebung, S. 25). Fries übersieht daher ebenso wie Nelson, daß die inhaltliche Ausgestaltung des Rechtsprinzips von Kant anhand des Gleichheitskriteriums geleistet wird. Beachtenswert ist in diesem Zusammenhang, dass Fries die Bestimmung des Rechts als Freiheit ganz prinzipiell für den „Grundfehler des ganzen neueren Naturrechts" hält, „von Hobbes auf Gundling, Kant und dessen Schüler bis auf Hegel"; denn „die vollständige Rechtsidee" sei „nur: Gleichheit ist Recht" (*Fries* Politik oder philosophische Staatslehre, S. 237).

51 *Kant* Metaphysische Anfangsgründe der Rechtslehre (VI), S. 232.

52 Vgl. auch *Kant* Prolegomena zu einer jeden künftigen Metaphysik (IV), S. 357 f..

53 *Kraft* Die Methode der Rechtstheorie in der Schule von Kant und Fries, S. 21.

moralischer Hinsicht ungerecht; in rechtlicher Hinsicht stellt sie überhaupt „keine Lösung der Aufgabe [dar], denn den Unterworfenen wird ihre Freiheit ja gerade genommen"[54].

bb. Die Abhängigkeit des Gleichheitsprinzips von einer inhaltlichen Ausgestaltung des Freiheitsbegriffes

Darüber hinaus darf auch dem Rechtsprinzip nicht mit einer „Ableitungsauffassung" begegnet werden. „Das Recht ist [...] der Inbegriff der Bedingungen, unter denen die Willkür des einen mit der Willkür des andern nach einem allgemeinen Gesetze der Freiheit zusammen vereinigt werden kann"[55]. Dieser Gleichheitsgrundsatz ist semantisch ähnlich unterbestimmt wie der kategorische Imperativ, denn er leistet keine inhaltliche Ausgestaltung der Freiheit, deren Allgemeinheit und Wechselseitigkeit er postuliert. In der Exposition des Rechtsbegriffs werden die konstitutiven Begriffsmomente der Willkür und der Vereinigungsbedingungen noch offen gelassen; der in der *Einleitung* noch ungeklärte Begriff der rechtlicher Freiheit wird vielmehr erst in der *Rechtslehre* selbst entfaltet. So ist etwa die Inhaltsbestimmung des Willkürbegriffs die Aufgabe der Lehre vom Privatrecht: Im Lehrstück vom Eigentum soll nachgewiesen werden, dass ein besitzrealistischer Umgang mit den Gegenständen den Willkürgebrauch desavouieren und rechtliche Freiheit verunmöglichen würde. Und der bislang völlig unbestimmt gelassene „Inbegriff der Bedingungen", unter denen sich die im Privatrecht beschriebene Willkür vereinigen lässt, wird erst im öffentlichen Recht vollständig ausdifferenziert. Die genannten Bedingungen sind im allgemeinen Freiheitsgesetz nicht enthalten: Da sie neben diesem genannt werden, müssen sie ihm extern sein. Zugleich aber dürfen sie „von ihm nicht ganz unterschieden sein oder ihm widersprechen, sonst wäre die Bedingung der Möglichkeit der Übereinstimmung von Bedingungsinbegriff und allgemeinem Freiheitsgesetz nochmals unter eine höhere Einheit zu bringen"[56]. Der „Bedingungsinbegriff" ist also die Gesamtheit jener öffentlichrechtlichen Institutionen, die bewirken, dass der Zustand der dem Freiheitsgesetz gemäßen wechselseitigen Willkürübereinstimmung eine peremtorische Sicherung erfährt[57].

---

54 *Höffe* Immanuel Kant, S. 215.

55 *Kant* Metaphysische Anfangsgründe der Rechtslehre (VI), S. 230.

56 *Deggau* Die Aporien der Rechtslehre Kants, S. 53.

57 *Deggau* Die Aporien der Rechtslehre Kants, S. 52 f.; *Scholz* Das Problem in Kants Moralphilosophie, S. 27.

Dass die *Metaphysischen Anfangsgründe der Rechtslehre* insofern – in einer gewissen Ähnlichkeit zu Hegels eigener Methode in den *Grundlinien*[58] – den anfangs unbestimmt belassenen Rechtsbegriff erst in den nachfolgenden Kapiteln inhaltlich bestimmen, wird durch Kants Ausführungen zur Möglichkeit einer Definition apriorischer Begriffe bestätigt. Die Definition legt den Bedeutungsumfang eines Begriffes dar: „Definieren soll, wie es der Ausdruck selbst gibt, eigentlich nur so viel bedeuten, als, den ausführlichen Begriff eines Dinges innerhalb seiner Grenzen ursprünglich darstellen"[59]. Kant legt größten Wert darauf, dass dieses Darstellungsverfahren auf apriorische Begriffe nicht anwendbar ist; bereits in der *Kritik der reinen Vernunft* schreibt er, dass „kein a priori gegebener Begriff definiert werden kann, z.B. [...] Recht"[60]. Für die Darstellung dieser Begriffe verwendet Kant vielmehr das Verfahren der Exposition, das er in der Logik folgendermaßen erläutert: „Das Exponiren eines Begriffs besteht in der an einander hängenden (successiven) Vorstellung seiner Merkmale, so weit dieselben durch Analyse gefunden sind"[61]. Solche Begriffsexpositionen sollten, „als abgemessene Deutlichkeit, das Werk eher schließen als anfangen"; denn

> da sie Zergliederungen gegebener Begriffe sind, so gehen diese Begriffe, obzwar nun noch verworren, voran, und die unvollständige Exposition geht vor der vollständigen, so, daß wir aus einigen Merkmalen, die wir aus einer noch unvollendeten Zergliederung gezogen haben, manches vorher schließen können, ehe wir zur vollständigen Exposition [...] gelangt sind[62].

Es ist offensichtlich, dass Kant in den *Metaphysischen Anfangsgründen der Rechtslehre* das allgemeine Rechtsprinzip in diesem Sinne exponiert: Im

---

58 Hegels Rechtsbegriff findet sich in § 29 der *Grundlinien*: „Dies, daß ein Dasein überhaupt Dasein des freien Willens ist, ist das Recht. – Es ist somit überhaupt die Freiheit, als Idee" (*Hegel* Grundlinien der Philosophie des Rechts [7], § 29, S. 80). So wie Kants Rechtsprinzip in § B der *Einleitung in die Metaphysischen Anfangsgründe des Rechts* bloß eine unvollständige Exposition ist, so findet sich auch in § 29 der *Grundlinien* keine Definition des Rechts, denn nur nach der „nicht philosophischen Methode der Wissenschaften wird zuerst die Definition, wenigstens um der äußeren wissenschaftlichen Form wegen, gesucht und verlangt" (*ders.* Grundlinien der Philosophie des Rechts [7], § 2, S. 31). In „der philosophischen Erkenntnis [ist hingegen] die Notwendigkeit eines Begriffs die Hauptsache, und der Gang, als Resultat, geworden zu sein, sein Beweis und Deduktion" (*ders.* aaO.). Beide Rechtsbegriffe sind in diesem Sinne Resultat: der kantische das eines dreifachen Abstraktionsschrittes in § B der *Einleitung*, der hegelsche das einer konkretisierenden Entwicklung in §§ 4 – 28 der *Grundlinien*. Zugleich sind beide Rechtsbegriffe in ihrer Unvollständigkeit aber auch Ausgangspunkt für die weitere Begriffsentfaltung der jeweiligen Rechtsphilosophien. Auch der hegelsche Rechtsbegriff ist zunächst semantisch unterbestimmt, denn die konkreten Daseinsweisen der Freiheit sind in § 29 noch nicht expliziert.

59 *Kant* Kritik der reinen Vernunft, B 755/A 727 (S. 623).

60 *Kant* Kritik der reinen Vernunft, B 755/A 727 (S. 623).

61 *Kant* Logik (IX), S. 143.

62 *Kant* Kritik der reinen Vernunft, B 759 f./ A 731 f. (S. 625).

Rechtsprinzip werden die Merkmale der Willkürfreiheit, der Vereinigungsbedingungen sowie des allgemeinen Gesetzes sukzessiv als rechtskonstitutiv vorgestellt. Entsprechend ist diese Exposition erst mit dem Abschluss der Lehre vom öffentlichen Recht vollständig; denn erst mit diesem Lehrstück sind die Merkmale des Rechtsbegriffes abschließend dargelegt. Hegels Kritik der Inhaltsleere krankt vor diesem Hintergrund daran, dass sie einen falschen Bezugspunkt wählt: Indem sie sich gegen die Formulierung des Rechtsprinzips in der *Einleitung* richtet, bemängelt sie die inhaltliche Unterbestimmtheit einer Begriffsexposition, die nach Kants eigenen Vorgaben zu ihrer Vollständigkeit erst noch entfaltet werden muss. Das in der *Einleitung* vorgestellte allgemeine Rechtsgesetz steckt lediglich die Grenzen ab, innerhalb derer sich Recht ereignet; vollständig exponiert ist es erst mit dem Abschluss der Rechtslehre, denn es erfährt seine inhaltliche Füllung erst im Rahmen der Ausgestaltung von Privatrecht und öffentlichem Recht.

3. Die Kritik der Inhaltsleere der gesetzgebenden Vernunft

a. Tautologiekritik und Eigentumsbegründung

Hegels Tautologiekritik verkennt also, dass bestimmte inhaltliche Fragen der praktischen Philosophie von Kant erst in der *Metaphysik der Sitten* beantwortet werden. Das gilt insbesondere für jene Kategorie, die Hegel wiederholt als Beispiel seiner Kritik dient: das Eigentum. Hegel ist zuzugestehen, dass zweifelsohne ein erhebliches moral- wie auch rechtstheoretisches Interesse an der Überprüfung der Berechtigung der Aussage besteht, „daß kein Eigentum stattfindet“[63]. Diese Überprüfung leistet aber nicht der kategorische Imperativ, denn seine Aussagekraft ist von bestimmten Zwecksetzungen bedingt. Und auch das allgemeine Rechtsprinzip trifft über diese Aussage kein Urteil, denn das Merkmal der Willkürfreiheit ist in ihm noch nicht bestimmt. Die Notwendigkeit des Eigentums erweist sich vielmehr erst im zweiten Paragraphen der Lehre vom Privatrecht. Mit dieser Feststellung sind zwei weitreichende Implikationen verbunden. Erstens ist der Bezug der Tautologiekritik zum Kontext der hiesigen Arbeit angesprochen: Die Berechtigung dieser Kritik kann nicht ohne einen Rückgriff auf die Deduktion der jeweiligen Rechtsinstitute der *Metaphysik der Sitten* abschließend beurteilt werden. Und zweitens ist klargestellt, dass der Nachweis der Notwendigkeit des Eigentums weder vom kategorischen Imperativ noch vom allgemeinen Rechtsprinzip geleistet

63 *Hegel* Grundlinien der Philosophie des Rechts (7), § 135, S. 253.

werden kann – so dass sich die Frage nach dem Prinzip stellt, anhand dessen die Ableitung des Eigentums in der Privatrechtslehre erfolgt.

Hegels These, Kants Praxiskonzeption gestatte allenfalls eine Prüfung gegebener Inhalte, nicht jedoch eine Inhaltlichkeit der praktischen Vernunft selbst, impliziert unausgesprochen, dass das kantische System ein solches Prinzip der Begriffsentfaltung innerhalb der *Metaphysik der Sitten* nicht bereitstellt. Wie bereits gezeigt wurde, verwirft Hegel das kantische abstrakt-allgemeine Willenskonzept in zweifacher Weise als inhaltsleer: Zum einen sei das Prinzip dieses Willens aufgrund seines tautologischen Charakters zu keiner Gesetzesprüfung fähig; zum anderen sei ihm erst recht die Möglichkeit einer materiellen Gesetzgebung verschlossen: „Das sittliche Wesen ist [...] nicht unmittelbar selbst ein Inhalt, sondern nur ein Maßstab, ob ein Inhalt fähig sei, Gesetz zu sein oder nicht“[64]. Die These, das kantische Sittengesetz könne nicht als Grundbegriff einer entfalteten Systematik des Guten und Rechten fungieren, stellt das Unternehmen der *Metaphysik der Sitten* insgesamt in Frage. Sofern allererst der Bezug auf äußerlich gegebene Maximen oder empirische Gesetze eine Konkretisierung des Freiheitsbegriffes ermöglicht, ist eine Institutionenlehre, die den Anspruch der Reinheit erhebt, nicht denkbar. Hegel hat diese These der Unmöglichkeit einer positiven Vernunftlehre für Kants theoretische Philosophie in § 52 der *Enzyklopädie* ausdrücklich behauptet: Diese „liefert nichts als die formelle Einheit zur Vereinfachung und Systematisierung der Erfahrungen, ist ein Kanon, nicht ein Organon der Wahrheit, vermag nicht eine Doktrin des Unendlichen, sondern nur eine Kritik der Erkenntnis zu liefern“[65]. In § 54 überträgt er diesen Gedanken auf die praktische Vernunft: Diese „kommt“, so heißt es dort, „über den Formalismus nicht hinaus, welcher das Letzte der theoretischen Vernunft sein soll“[66]; auch sie sei also einer Doktrin unzugänglich, d.h. in ihr werde „der Inhalt der Gesetze, Pflichten und Tugenden empirisch aufgerafft“[67].

Hegels These, die kantische Philosophie erschöpfe sich in der Kritik und erlaube keine Doktrin, widerspricht offensichtlich dem Selbstverständnis Kants. Denn „wenn es“ – so Kant – „über irgend einen Gegenstand eine Philosophie“, d.h. ein „System der Vernunfterkenntnis aus Begriffen“ gibt, so muss es für diese gegenstandsbezogene „Philosophie auch ein System reiner, von aller Anschauungsbedingung unabhängiger Vernunftbegriffe, d.i. eine Metaphysik, geben“[68]. Entsprechend der Einteilung aller möglichen Gesetzlichkeit in solche der Natur und der Freiheit

64 *Hegel* Phänomenologie des Geistes (3), S. 316.
65 *Hegel* Enzyklopädie der philosophischen Wissenschaften I (8), § 52, S. 137.
66 *Hegel* Enzyklopädie der philosophischen Wissenschaften I (8), § 54, S. 138.
67 *Hegel* Glauben und Wissen (2), S. 416.
68 *Kant* Metaphysische Anfangsgründe der Tugendlehre (VI), S. 375.

entspringt so „die Idee einer zwiefachen Metaphysik, einer Metaphysik der Natur und einer Metaphysik der Sitten"[69]. Es ist erstaunlich, dass Hegel diesen Zusammenhang zwischen seiner Kritik der Inhaltsleere und Kants doktrinaler Ausgestaltung des Freiheitsbegriffes in der *Metaphysik der Sitten* nicht gesehen bzw. sich jedenfalls nicht explizit mit ihm auseinandergesetzt hat. Verwundert stellt in diesem Sinne Schnädelbach fest, dass gegen Hegels These „zumindest die Tatsache" spreche, „daß Kant eine ganze *Metaphysik der Sitten* geschrieben hat, in der z.B. das Rechtsprinzip samt zahlreichen Folgebestimmungen aus dem kategorischen Imperativ abgeleitet wird; er bildet überdies die Grundlage einer umfangreichen Tugendlehre"[70]. Da bekannt sei, „daß Hegel sich seit 1798 intensiv mit Kants praktischer Philosophie beschäftigte", sei „der Vorwurf, sie sei inhaltsleer und fruchtlos, schwer zu erklären"[71]. In der Tat ist Schnädelbach zuzugeben, dass Hegels Kritik bedenklich ist, weil sie die Ausführungen der *Metaphysik der Sitten* schlicht ignoriert. Ohne dass ihm dies bewusst wäre, verweist Schnädelbach mit seiner Argumentation aber auf ein Problem, vor das sich Kants Konzept einer kritischen *Metaphysik der Sitten* gestellt sieht – und von dem ausgehend eine sinnvolle, die kantischen Ausführungen berücksichtigende Reformulierung der hegelschen Kritik möglich erscheint. Wie die Ablehnung der „Ableitungsauffassung" gezeigt hat, ist Schnädelbachs Unterstellung nämlich falsch bzw. zumindest missverständlich, dass in der *Metaphysik der Sitten* „z.B. das Rechtsprinzip samt zahlreichen Folgebestimmungen aus dem kategorischen Imperativ abgeleitet wird"[72]. Insbesondere kann die Notwendigkeit des Eigentums weder aus dem kategorischen Imperativ noch aus dem Rechtsprinzip gefolgert werden[73]. Die bloß kriterielle Funktion des Vernunftgesetzes hat vielmehr zur Folge, dass die Spezifikation des Rechtsprinzips von diesem nicht geleistet werden kann – so dass sich die methodische Frage nach der diese Spezifikation leitenden Größe stellt. Bezogen auf diese Frage lässt sich die Tautologiekritik sinnvoll transformieren: Sie erscheint nicht mehr als eine die Ausführungen der *Metaphysik der Sitten* ignorierende Kritik, sondern sie greift die doktrinale Ausgestaltung des kantischen Freiheitsbegriffes an, indem sie ihr das Fehlen der inneren Einheit nachweist. Wenn die Frage nach einer besonderen Form des Gegenstandsbezuges rechtlicher Willkür

---

69 *Kant* Grundlegung zur Metaphysik der Sitten (IV), S. 388.

70 *Schnädelbach* Hegels praktische Philosophie, S. 66 f..

71 *Schnädelbach* Hegels praktische Philosophie, S. 66 f..

72 *Schnädelbach* Hegels praktische Philosophie, S. 66 f..

73 So auch *Baumann* Zwei Seiten der kantischen Begründung von Eigentum und Staat, S. 151: „Die allgemeine Forderung der Universalisierbarkeit, die sich aus dem kategorischen Imperativ ergibt und die somit auch für das daraus ableitbare Rechtsprinzip gilt, erlaubt allein keine Entscheidung zwischen verschiedenen Institutionen (z.B. zwischen Privateigentum und Gemeineigentum); dazu sind weitere normative Prinzipien nötig".

vom Vernunftgesetz nicht beantwortet werden kann, so scheint die Argumentation der Eigentumslehre – und die ist ja immerhin der Kern des Privatrechts und der Ausgangspunkt des öffentlichen Rechts – den Bezug zur kritischen Grundlegung der praktischen Philosophie zu verlieren; und dieser Verlust des Bezuges zur Kritik scheint die Doktrin zu desavouieren. Sinnvoll kann Hegels Kritik daher nur als innersystematische Kritik verstanden werden, die behauptet, dass auf der kantischen Grundlage eine *Metaphysik der Sitten* nicht möglich sei, d.h. dass diese in jener Form, die Kant ihr gegeben hat, aufgrund prinzipieller Mängel gescheitert sei. Die These der Unfähigkeit des kategorischen Imperativs, einer gesetzgebenden Vernunft als Grundlage zu dienen, formuliert damit einen Einwand, der sich im Rahmen obiger Widerlegung der Kritik des Naturrechtsaufsatzes geradezu aufdrängte: den Einwand, dass diese Kritik mit dem Hinweis auf die Unangemessenheit einer „Ableitungsauffassung" in Hinsicht auf kategorischen Imperativ wie Rechtsprinzip nicht widerlegt, sondern gerade konzediert sei.

Im nachfolgenden Kapitel wird gezeigt, dass Kants Besitzbegriff tatsächlich in dieser Weise kritisiert werden kann: Im Rahmen der Deduktion des intelligiblen Besitzes argumentiert Kant unter Rückgriff auf die Vernunftförmigkeit des allgemeinen Rechtsprinzips, was unter Zugrundelegung der „Kriteriumsauffassung" unzulässig ist[74]. Diese Ausführungen vorbereitend soll jedoch zunächst dargelegt werden, weshalb ein abstrakt-allgemeiner Wille vor dem Hintergrund der hegelschen Systemprämissen prinzipiell inhaltsleer ist. Zugleich soll versucht werden, durch diesen Aufweis der Tiefendimension der Inhaltsfrage die hegelsche Kritik in kantischer Terminologie als genuin kantische Fragestellung zu reformulieren.

b. Der synthetische Rechtssatz a priori und die Inhaltlichkeit der praktischen Vernunft

Hegels Begründung des Vorwurfs, die bloß formelle praktische Vernunft sei zu keiner Gesetzgebung fähig, findet sich in der *Enzyklopädie*. Die im kantischen Sinne gedachte Vernunft, so heißt es dort, sei eine solche, die „um ihrer Abstraktheit willen [...] aus sich zu nichts sich entwickeln und keine Bestimmungen, weder Erkenntnisse noch moralische Gesetze, hervorbringen kann"[75]. Abstraktion und Inhaltsleere korrelieren einander,

74 Darauf weist schon – wenn auch undeutlich – *Baumann* Zwei Seiten der kantischen Begründung von Eigentum und Staat, S. 151 hin. Vgl. näher dazu unten S. 195 ff..

75 *Hegel* Enzyklopädie der philosophischen Wissenschaften I (8), § 69, S. 146.

weil das Abstraktionsverfahren nicht in gleicher Weise wie das Konkretionsverfahren die Begriffsbildung zu leisten vermag: Während letzteres inhaltlich ausgestaltete Kategorien produziert, grenzt ersteres Bestimmungen aus, so dass letztlich bloß das vollkommen Bestimmungslose resultiert. Der Begriff der Abstraktion ist per definitionem ein solcher der Bestimmungslosigkeit, denn wenn sich ein abstrakter Begriff durch die Ausgrenzung von bestimmten Inhalten konstituiert, ist er in bezug auf diese Inhalte semantisch unterbestimmt. Die vollständige Ausblendung anderer Bestimmungen hat zur Folge, dass eine abstrakte Kategorie von jeglichem Fremdbezug absieht und nur auf sich selbst referiert. Das vollständig Abstrakte ist daher das Einfache, in sich nicht unterschiedene[76], d.h. das Tautologische: Resultat des Abstraktionsverfahrens ist der Satz „A ist A, der Satz der Identität, eine ganz abstrakte Einfachheit, ein reines Abstraktum als solches“[77]. Hegel bringt die Konvergenz von Abstraktion und Tautologie deutlich zum Ausdruck in seiner Unterscheidung von abstrakter und konkreter Identität in der *Wissenschaft der Logik*. Die abstrakte Identität behauptet die vollkommene Gleichheit zwischen ihren Gliedern; sie ist in ihrem „positiven Ausdrucke A = A [...] nichts weiter als der Ausdruck der leeren Tautologie“[78]. Das abstrakte Denken trennt die Identität vom Unterschied: Es

> meint, die Vernunft sei weiter nichts als ein Webstuhl, auf dem sie den Zettel, etwa die Identität, und dann den Eintrag, den Unterschied, äußerlich miteinander verbinde und verschlinge – oder auch wieder analysierend jetzt die Identität besonders herausziehe und dann auch wieder den Unterschied daneben erhalte, jetzt ein Gleichsetzen und dann auch wieder ein Ungleichsetzen sei, – ein Gleichsetzen, indem man vom Unterschiede, ein Ungleichsetzen, indem man vom Gleichsetzen abstrahiere[79].

Die solchermaßen vom Unterschied getrennt gedachte Identität ist jedoch eine nichtssagende Kategorie; eine Kategorie, die lediglich den Gedanken der Leere zum Ausdruck bringt: „Es ist daher richtig bemerkt worden, daß dieses Denkgesetz [der Satz der abstrakten Identität, C.M.] ohne Inhalt sei und nicht weiterführe“[80]. Hegel expliziert die Sinnlosigkeit der vollständigen Abstraktion, indem er den abstrakt-identischen Satz – etwa: „Die Pflanze ist eine Pflanze“ – als widersprüchlich zu charakterisieren versucht: In diesem Satz „macht der Anfang, ‚die Pflanze ist‘ Anstalten, etwas zu sagen, eine weitere Bestimmung vorzubringen. Indem aber nur dasselbe wiederkehrt, so ist vielmehr das Gegenteil geschehen, es ist nichts

76 *Hegel* Vorlesungen über die Geschichte der Philosophie II (19), S. 414.
77 *Hegel* Vorlesungen über die Geschichte der Philosophie III (20), S. 475.
78 *Hegel* Wissenschaft der Logik II (6), S. 41.
79 *Hegel* Wissenschaft der Logik II (6), S. 39.
80 *Hegel* Wissenschaft der Logik II (6), S. 41.

herausgekommen. Solches identische Reden widerspricht sich also selbst"[81]. Dieser Widerspruch ist ein solcher zwischen der Form und dem Inhalt des Satzes, d.h. er ist performativ: „Es liegt also in der Form des Satzes, in der die Identität ausgedrückt ist, mehr als die einfache, abstrakte Identität; [...] A ist, ist ein Beginnen, dem ein Verschiedenes vorschwebt, zu dem hinausgegangen werde; aber es kommt nicht zu dem Verschiedenen; A ist – A; [...] – Die Form des Satzes kann als die verborgene Notwendigkeit angesehen werden, noch das Mehr jener Bewegung zu der abstrakten Identität hinzuzufügen"[82]. Gelöst wird diese Antinomie in der Kategorie der konkreten Identität, denn das Konkrete ist „nicht einfach formelle Einheit, sondern Einheit unterschiedener Bestimmungen"[83]. Entsprechend ist die konkrete Identität eine solche, die das Gleichsetzen und das Unterscheiden nicht trennt, sondern verbindet, indem sie die Einheit im Unterschied aufweist. In den Worten Hegels: „das Konkrete [...] ist ja eben die Beziehung des einfachen Identischen auf ein von ihm verschiedenes Mannigfaltiges"[84].

Ein abstrakt-identischer Satz ist also ein solcher, der alle Bestimmungen ausgrenzt, so dass er bloß formell gleichsetzt; ein konkret-identischer Satz ist hingegen ein solcher, der zwei verschiedene Bestimmungen in sich enthält, deren Einheit er aufweist. In der kantischen Terminologie sind abstrakt-identische Sätze analytisch[85]; konkret-identische Sätze sind synthetisch[86]. In der *Kritik der reinen Vernunft* werden Sätze als analytisch bezeichnet, „in welchen die Verknüpfung des Prädikats mit dem Subjekt

---

81 *Hegel* Wissenschaft der Logik II (6), S. 44.

82 *Hegel* Wissenschaft der Logik II (6), S. 44. Dieser Widerspruch zeigt sich in alltäglichen Kommunikationssituationen als Erwartungsenttäuschung: „Wenn nämlich z.B. auf die Frage ‚was ist eine Pflanze?' die Antwort gegeben wird: ‚eine Pflanze ist – eine Pflanze', so wird die Wahrheit eines solchen Satzes von der ganzen Gesellschaft, an der sie erprobt wird, zugleich zugegeben und zugleich ebenso einstimmig gesagt werden, daß damit nichts gesagt ist. Wenn einer den Mund auftut und anzugeben verspricht, was Gott sei, nämlich Gott sei – Gott, so findet sich die Erwartung getäuscht, denn sie sah einer verschiedenen Bestimmung entgegen" (*ders.* aaO., S. 43 f.).

83 *Hegel* Enzyklopädie der philosophischen Wissenschaften I (8), § 82, S. 177.

84 *Hegel* Wissenschaft der Logik II (6), S. 43.

85 In der *Logik* bestimmt Kant die Menge der tautologischen Sätze als Teil der Menge der analytischen Sätze: „Die Identität der Begriffe in analytischen Urtheilen kann entweder eine ausdrückliche (explicita) oder eine nicht-ausdrückliche (implicita) sein. – Im ersteren Falle sind die analytischen Sätze tautologisch" (*ders.* Logik [IX], S. 111).

86 Ausdrücklich in der *Wissenschaft der Logik*: „Als Satz ausgedrückt wäre das Konkrete zunächst ein synthetischer Satz" (*Hegel* Wissenschaft der Logik II [6], S. 43); ebenso bezüglich der konkreten Identität: „Es erhellt hieraus, daß der Satz der Identität selbst und noch mehr der Satz des Widerspruchs nicht bloß analytischer, sondern synthetischer Natur ist" (*ders.* aaO., S. 45). Zu beachten ist jedoch, dass die Sätze der Logik Hegels eigenem Verständnis nach sowohl analytisch als auch synthetisch sind (*ders.* Begriffslehre für die Oberklasse [4], § 85, S. 161; *ders.* Wissenschaft der Logik II [6], S. 557, S. 566).

durch Identität [...] gedacht wird“[87]. Solche Sätze setzen also keinen Unterschied; sie sind damit abstrakt. Synthetisch sind Sätze, die „zu dem Begriffe des Subjekts ein Prädikat hinzutun, welches in jenem gar nicht gedacht war“[88]; sie vereinigen unterschiedliche Bestimmungen und sind damit konkret. Indem in einem synthetischen Urteil das Prädikat „B ganz außer dem Begriff A“ liegt, „ob es zwar mit demselben in Verknüpfung steht“[89], ist dieses – so Hegel – ein Begriff von „Unterschiedenem, das ebenso untrennbar ist, einem Identischen, das an ihm selbst ungetrennt Unterschied ist“[90]. Hegel zufolge hat Kant daher mit der Frage nach der Möglichkeit synthetischer Urteile a priori bereits das Prinzip der Konkretion ausgesprochen:

> Wie sind synthetische Urteile a priori möglich? Dieses Problem drückt nichts anderes aus als die Idee, daß in dem synthetischen Urteil Subjekt und Prädikat [...] absolut identisch sind. Die Möglichkeit dieses Setzens ist allein die Vernunft, welche nichts anderes ist als diese Identität solcher Ungleichartigen[91].

Ein synthetischer Satz ist als konkret-identischer Satz demnach ein inhaltlicher Satz[92]. Die Frage nach der Inhaltlichkeit der praktischen Vernunft lässt sich deshalb in der kantischen Terminologie formulieren als Frage nach der Möglichkeit synthetischer Rechtssätze a priori: Der Tautologievorwurf besagt, dass das Abstraktionsverfahren bloß analytische Sätze ermöglicht. Es ist offensichtlich, dass dieser Vorwurf dem Selbstverständnis Kants widerspricht; denn synthetische Sätze finden sich in seiner praktischen Philosophie zahlreich[93]:

---

87 *Kant* Kritik der reinen Vernunft, B 10/A 6 (S. 52); *ders.* Logik (IX), S. 111.

88 *Kant* Kritik der reinen Vernunft, B 11/A 7 (S. 52). Kant bezeichnet analytische Urteile daher auch als „Erläuterungsurteile“ und synthetische Urteile als „Erweiterungsurteile“ (*ders.* aaO.).

89 *Kant* Kritik der reinen Vernunft, B 10/A 6 (S. 52).

90 *Hegel* Wissenschaft der Logik I (5), S. 204.

91 *Hegel* Glauben und Wissen (2), S. 304.

92 Auch Kant stellt den Bezug zwischen Synthetizität und Inhaltlichkeit her: „Die synthetischen Sätze vermehren das Erkenntnis materialiter [... Sie] enthalten Bestimmungen“ (*ders.* Logik [IX], S. 111).

93 Ludwig ordnet freilich wie folgt: „Der kategorische Imperativ ist ein synthetischer Satz a priori. Der Begriff ‚allgemeines Gesetz‘ geht nicht analytisch aus dem Begriff der Handlungsmaxime hervor, denn es gibt auch Handlungsmaximen mit begrenzter individueller Allgemeinheit. [...] Das Rechtsprinzip ist nach Kants mehrmaliger Bekundung ein analytischer Satz: die Zwangsbefugnis geht analytisch aus dem obersten Prinzip des Rechts hervor. [...] Das Tugendprinzip ist nach TL A 31 ein synthetischer Satz, der einen materialen, zur Pflicht erklärten Zweck mit ihm verbindet“ (*Ludwig* Kategorischer Imperativ und Metaphysik der Sitten, S. 261 f.).

– Der kategorische Imperativ ist synthetisch, weil aus dem Begriff der Maxime nicht analytisch folgt, dass diese Maxime widerspruchslos verallgemeinerbar sein muss.

– Das allgemeine Prinzip des Rechts ist synthetisch, weil aus dem Begriff des Willkürgebrauchs nicht analytisch folgt, dass dieser Gebrauch mit demjenigen der übrigen Rechtsgenossen nach einem allgemeinen Gesetz vereinbar sein muss.

– Das Tugendprinzip ist synthetisch, weil es den abstrakt-allgemeinen Willen mit dem Willensmoment der Besonderheit verknüpft: Es fügt dem formellen Kriterium des kategorischen Imperativs die Materie des Wollens, den moralischen Zweck, hinzu.

– Das Eigentumsprinzip ist synthetisch, weil es die abstrakt-allgemeine äußere Willkür mit dem Willensmoment der Besonderheit verknüpft[94]: Es fügt dem formellen Rechtsprinzip die Materie der äußeren Willkür, die Willkürgegenstände, hinzu.

Damit ist der Bezug der Tautologiekritik zur Eigentumsproblematik hergestellt: Sie ist identisch mit der Rüge der Abstraktheit des kantischen Freiheitsbegriffes. Wie im ersten Kapitel gezeigt wurde, ist die praktische Philosophie Kants abstrakt, weil sie von der Materie des Wollens und des Handelns absieht: Der kategorische Imperativ abstrahiert von materiellen Zwecksetzungen; und das allgemeine Rechtsprinzip sieht ab von den Gegenständen der äußeren Willkür. Vor dem Hintergrund der Ausführungen des hiesigen Kapitels konvergiert die mit dieser Abstraktion aufgeworfene Frage nach dem Gegenstandsbezug der rechtlichen Willkür mit der Frage nach einem synthetischen Rechtssatz a priori, d.h. mit der Frage nach der Inhaltlichkeit der Rechtsphilosophie: „Die Frage: wie ist ein äußeres Mein und Dein möglich? löst sich [...] in diejenige auf: [...] wie ist ein synthetischer Rechtssatz a priori möglich?“[95]. Eben diese Frage versucht das Eigentumskapitel der *Metaphysik der Sitten* zu beantworten: Die Synthesis des intelligiblen Besitzes besteht in der Vermittlung der Willensmomente der Allgemeinheit und der Besonderheit. Indem Hegels Kritik der Inhaltsleere auf diese Weise ihren Ausgangspunkt in einer genuin kantische Fragestellung nimmt, entgeht sie dem Vorwurf der Äußerlichkeit. Sie wirft Kant ein Misslingen der Antwort vor und präsentiert sich so als innersystematische Kritik. Der Nachweis ihrer Berechtigung oder Nichtberech-

94 Vgl. zur Synthetizität des Eigentumsprinzips *Kersting* Ist Kants Rechtsphilosophie aporetisch?, S. 245.

95 *Kant* Metaphysische Anfangsgründe der Rechtslehre (VI), S. 249.

tigung kann an dieser Stelle nicht geführt werden; er ist erst im Rahmen der Überprüfung der Deduktion des intelligiblen Besitzes, d.h. im dritten Kapitel, möglich.

III. Die Sollenskritik

1. Überblick über den Gang der Argumentation

Die Frage nach der Inhaltsleere der kantischen Rechtslehre deckt sich also mit der Frage nach dem Gegenstandsbezug der rechtlichen Willkür – und das heißt mit der Frage nach einem synthetischen Rechtssatz a priori. Im nachfolgenden Kapitel soll die Antwort, die Kant auf sie gibt, vorgestellt und kritisiert werden. Einleitend dazu soll in diesem Abschnitt zunächst die prinzipielle Problematik vertieft werden, die eine solche Antwort vor dem Horizont dualistischer Systemprämissen bereitet. Das Eigentumsprinzip ist ein synthetischer Rechtssatz a priori, weil es die Willensmomente der Allgemeinheit und der Besonderheit aufeinander bezieht; in hegelscher Terminologie: Es ist konkret. Eine konkrete Bestimmung des Verhältnisses der Willensmomente ist im kantischen System jedoch keineswegs selbstverständlich, denn Kant gewinnt den Freiheits- und auch den Rechtsbegriff durch Abstraktion. Die Eigentumslehre kennzeichnet insofern – ähnlich wie die Tugendlehre – ein merkwürdiges Oszillieren zwischen Abstraktion und Konkretion, d.h. zwischen der Abhängigkeit und der Unabhängigkeit der Willkür von ihren Gegenständen. Diese Ambivalenz kann – so soll in diesem Kapitel gezeigt werden – als Struktur eines perennierenden Sollens reformuliert werden. Weil Kant die Trennung der Willensmomente statisch ansetzt, scheint eine Erstreckung der Willkür auf die Gegenstände – auch wenn diese mit der Kategorie des Eigentums geboten sein mag – nicht möglich. Ein solches Scheitern des geforderten Bezuges zweier statisch getrennter Bereiche beschreibt Hegel als perennierendes Sollen; er findet eine derartige Sollensstruktur insbesondere in Kants Moralitätsentwurf verwirklicht und kritisiert sie als widersprüchlich. In diesem Kapitel soll gezeigt werden, dass diese Struktur nicht bloß die kantische Moralität sondern auch die Privatrechtskonzeption der *Metaphysik der Sitten* prägt. Die Darstellung wird mit der Moralitätskritik beginnen (2.). Anschließen wird sich eine Interpretation des Sollenskapitels der *Wissenschaft der Logik*, das die Sollensstruktur auf rein begrifflicher Ebene erörtert (3.). Daraufhin wird gezeigt, dass Kant die Sollensproblematik gesehen hat und in der Moral durch die Triebfeder der Achtung, im Recht durch den zwischen Noumenalem und Phaenomenalem vermittelnden menschlichen Leib zu lösen versucht (4.). Den Abschluss des Kapitels bildet der Aufweis, dass dieser Lösungsversuch aufgrund der Vereinzelung des Leibes unzulänglich ist, so dass die Sollensproblematik an der Leibesgrenze wieder auflebt (5.).

2. Das Paradoxon der Autonomie

Kants praktische Philosophie kann als der Versuch gelesen werden, den Maßstab menschlichen Handelns nicht in einer außer dem Subjekt liegenden höheren Instanz zu suchen, sondern aus diesem selbst abzuleiten. Ein Praxismodell, das das eigene Handeln an einer fremden Autorität orientiert, ist heteronom. Es ist damit aporetisch; denn einerseits gründet es die Verbindlichkeit von Pflichten auf eine fremde Autorität, während es andererseits in der Identifizierung dieser Autorität und seiner Relevanz für das Subjekt die Erkenntnis dessen, was verbindlich ist, bereits voraussetzt. Das Praxismodell der Heteronomie versucht, eine außer dem Subjekt liegende Instanz als letztgültige Autorität normativer Sätze zu installieren; es verkennt dabei jedoch, dass diese Instanz nur vom Subjekt selbst eingesetzt werden kann und damit von diesem abhängig, d.h. gerade nicht letztgültig ist[96].

Kant schließt aus dieser Erkenntnis, dass Freiheit nicht als Heteronomie, sondern als Autonomie gedacht werden muss: Nicht die Orientierung an fremden Autoritäten, sondern allein die Ausrichtung an selbstgegebenen Gesetzen ermögliche einen widerspruchsfreien Freiheitsbegriff. Der Gedanke der Freiheit als Selbstgesetzgebung erklärt die Motivation, aus der heraus Kant im Rahmen der Ableitung des obersten Willensprinzips das Abstraktionsverfahren anwendet: Das Absehen von materiellen Zwecken ist für Kant ein Absehen von außer dem Subjekt liegenden Bestimmungsgründen des Willens. Der kategorische Imperativ ist insofern nicht bloß „ein Etwas, das da übrig bleibt, wenn ich alles, was zur Sinnenwelt gehört, von den Bestimmungsgründen meines Willens ausgeschlossen habe“[97]: Er ist darüber hinaus als das dem Willen wesentliche Prinzip die einzige normative Instanz, die Spontaneität bedeutet, d.h. der einzige Bestimmungsgrund, der dem Willen nicht fremd ist, sondern ihm selbst inhäriert. Der Gedanke der Autonomie erscheint auch Hegel als einzig tragfähige Freiheitskonzeption:

> Es ist eine große, höchst wichtige Bestimmung der kantischen Philosophie, daß Kant, was für das Selbstbewußtsein Wesen hat, als Gesetz, Ansich gilt, in es selbst zurückgeführt hat. [...] Für den Willen ist kein anderer Zweck als der aus ihm selbst geschöpfte, der Zweck seiner Freiheit. Es ist ein großer Fortschritt,

---

96 Vgl. *Dorschel* Die idealistische Kritik des Willens, S. 3, mit weiteren Nachweisen.

97 *Kant* Grundlegung zur Metaphysik der Sitten (IV), S. 462.

> daß dieses Prinzip aufgestellt ist, daß die Freiheit die letzte Angel ist, auf der der Mensch sich dreht, diese letzte Spitze, die sich durch nichts imponieren läßt, so daß der Mensch nichts, keine Autorität gelten läßt, insofern es gegen seine Freiheit geht[98].

Ein näherer Blick zeigt jedoch, dass auch der Begriff der Autonomie nicht so einfach zu denken ist, wie dies zunächst vielleicht scheinen mag. Auch der Begriff des selbstgegebenen Gesetzes birgt nämlich einen Widerspruch in sich[99]: Er postuliert einerseits ein Gesetz, das gesollt ist, und leitet andererseits dieses Gesetz aus dem Willen ab, d.h. er stellt es als gewollt dar. Diese doppelte Charakterisierung des Gesetzes als gesollt und gewollt scheint paradox. Denn „wenn einer schon wollte, was er soll, wäre das Sollen überflüssig"[100]. Kant selber gesteht zu, dass im Falle einer vollständigen Konvergenz von Wille und Gesetz „das Sollen [...] am unrechten Orte [wäre], weil das Wollen schon von selbst mit dem Gesetz nothwendig einstimmig ist"[101]. Mit anderen Worten: Wenn der kategorische Imperativ das Prinzip des Willens ist, so kann er nicht gesollt sein; denn der Begriff des Sollens zeichnet sich gerade dadurch aus, dass das Gesollte noch nicht ist[102]. Das Autonomiekonzept scheint auf diese Weise den Begriff der Normativität zu desavouieren: Ist der Wille genau dann frei, wenn er seinem eigenen Prinzip folgt, so scheint sich der Freiheitsbegriff in der Erkenntnis eines gewissermaßen ontologischen Befundes – der Erkenntnis dieses Willensprinzips – zu erschöpfen. Freiheit wäre wesentlich ein theoretischer Erkenntnisakt: Sie bestünde lediglich in dem Bewusstsein um das eigene Willensprinzip. Und in der Tat zieht Hegel aus dem Paradox der Autonomie die Konsequenz, die herkömmliche Grundfrage der praktischen Philosophie „Was soll ich tun?" in die gewissermaßen ontologische Fragestellung „Was ist wirklich?" umzuformatieren[103]: Die *Grundlinien* sind als „philosophische Schrift [...] am entferntesten davon [...], einen Staat, wie er sein soll, [zu] konstruieren"[104]; vielmehr bilden sie den „Versuch, den Staat als ein in sich Vernünftiges zu

---

98 *Hegel* Vorlesungen über die Geschichte der Philosophie III (20), S. 367.

99 Zum folgenden ausführlich: *Dorschel* Die idealistische Kritik des Willens.

100 *Dorschel* Die idealistische Kritik des Willens, S. 14.

101 *Kant* Grundlegung zur Metaphysik der Sitten (IV), S. 414.

102 „Was sein soll, ist und ist zugleich nicht. Wenn es wäre, so sollte es nicht bloß sein" (*Hegel* Wissenschaft der Logik I [5], S. 143).

103 Die Relativierung des Sollens äußert sich in Hegels Praxiskonzeption besonders deutlich im Kapitel über die Sittlichkeit: In dieser sind Sein und Sollen miteinander vermittelt. Vgl. zur trotzdem bestehenden normativen Spannung zwischen Vernunftanspruch und Wirklichkeit des Rechts in Hegels praktischer Philosophie *Pawlik* Hegel und die Vernünftigkeit des Wirklichen, S. 183 ff..

104 *Hegel* Grundlinien der Philosophie des Rechts (7), S. 26, Hervorhebung im Original.

begreifen und darzustellen"[105]. Die Philosophie ist im hegelschen System eine einheitliche Wissenschaft: Das Interesse der Lehre von den Freiheitsgesetzen ist, wie dasjenige der Lehre von den Naturgesetzen, wesentlich ein theoretisches.

Kants Lösung des Autonomieparadoxons besteht indes darin, dass er den Widerspruch zwischen Sollen und Wollen als Scheinwiderspruch begriffen wissen will, indem er das Subjekt in einen normgebenden Teil und einen normadressierten Teil differenziert: Der Wille gibt der Willkür den kategorischen Imperativ vor. Für den Menschen als homo noumenon ist dieser das Willensprinzip; für den Menschen als homo phaenomenon ist er es nicht (er soll es bloß sein). Der in der theoretischen Philosophie vorausgesetzte Dualismus von Begriff und begriffenem Gegenstand artikuliert sich in der praktischen Philosophie mithin als Getrenntheit von vernunftbestimmtem Willen und triebbestimmter Willkür; sie führt zur „Unterscheidung einer Sinnenwelt von der Verstandeswelt"[106]. Kant expliziert diesen Gedanken der Zweiweltenlehre folgendermaßen:

> Natur im allgemeinsten Verstande [ist] die Existenz der Dinge unter Gesetzen. Die sinnliche Natur vernünftiger Wesen überhaupt ist die Existenz derselben unter empirisch bedingten Gesetzen, mithin für die Vernunft Heteronomie. Die übersinnliche Natur eben derselben Wesen ist dagegen ihre Existenz nach Gesetzen, die von aller empirischen Bedingung unabhängig sind, mithin zur Autonomie der reinen Vernunft gehören. Und da die Gesetze, nach welchen das Dasein der Dinge vom Erkenntniß abhängt, praktisch sind: so ist die übersinnliche Natur, so weit wir uns einen Begriff von ihr machen können, nichts anders als eine Natur unter der Autonomie der reinen praktischen Vernunft. Das Gesetz dieser Autonomie aber ist das moralische Gesetz, welches also das Grundgesetz einer übersinnlichen Natur und einer reinen Verstandeswelt ist, deren Gegenbild in der Sinnenwelt, aber doch zugleich ohne Abbruch der Gesetze derselben, existiren soll. Man könnte jene die urbildliche (natura archetypa), die wir blos in der Vernunft erkennen, diese aber, weil sie die mögliche Wirkung der Idee der ersteren als Bestimmungsgrundes des Willens enthält, die nachgebildete (natura ectypa) nennen[107].

Normativität entsteht bei Kant also durch eine Zweiteilung der Welt in eine solche, deren Prinzipien die Freiheitsgesetze sind, und eine solche, deren Prinzipien die Naturgesetze sind; die Differenz von Freiheitsgesetzen und Klugheitsregeln ist für ihn Ausdruck einer Doppelnatur des Menschen. Der Sollensbegriff ist mit dem Autonomiebegriff demnach vereinbar, weil die intelligible Welt der Maßstab für die empirische Welt ist und der Mensch als „Bürger zweier Welten" sowohl dem mundus intelligibilis als auch dem mundus sensibilis angehört. Die Zweiweltenlehre

105 *Hegel* Grundlinien der Philosophie des Rechts (7), S. 26.
106 *Kant* Grundlegung zur Metaphysik der Sitten (IV), S. 451.
107 *Kant* Kritik der praktischen Vernunft (V), S. 43.

erweist sich vor diesem Hintergrund als unumgängliche Annahme, sofern ein normativer Freiheitsbegriff möglich sein soll: „Denn, sind Erscheinungen Dinge an sich selbst, so ist Freiheit nicht zu retten“[108]. Für Kant ist das „moralische Sollen [... des Menschen] also eigenes nothwendiges Wollen als Gliedes einer intelligibelen Welt und wird nur so fern von ihm als Sollen gedacht, als er sich zugleich wie ein Glied der Sinnenwelt betrachtet“[109].

3. Hegels Sollenskritik

a. Kants Sollensverständnis

Dieser Lösungsvorschlag Kants birgt jedoch erhebliche Schwierigkeiten. Denn wenn der Mensch seiner Natur nach „zwiefach ist“[110] – d.h. wenn er als homo noumenon unter dem Vernunftgesetz steht, während er als homo phaenomenon den Naturgesetzen unterliegt –, so stellt sich die Frage, wie der Vernunftimperativ je willkürbestimmend und dadurch handlungsmächtig werden kann. Das intelligible Ich kommt als Empfänger der Vernunftnorm nicht in Betracht, da es selbst bereits Normgeber ist: wäre es auch Normadressat, so käme ihm eine Doppelrolle zu, die das Paradoxon der Autonomie reproduzieren würde[111]. Aber auch das phänomenale Ich eignet sich nicht zum Gesetzesadressaten, da es nicht durch Vernunftimperative, sondern ausschließlich durch sinnliche Rezeptivität determinierbar ist: Die „Empfänglichkeit für den Appell moralischer Gesetze ist gerade auch nach Kants Theorie keine sinnliche Rezeptivität, wie etwa die Empfänglichkeit für Gerüche“[112]. Die kantische Zweiweltenlehre scheint das Problem des Autonomiebegriffes also nicht zu lösen, sondern bloß zu verlagern. Dieses tritt nicht mehr auf in der Gestalt des Widerspruchs zwischen Sollen und Wollen, sondern als Scheitern der Kommunikation zwischen homo noumenon und homo phaenomenon: Aufgrund

108 *Kant* Kritik der reinen Vernunft, B 564/A 536 (S. 491); ebenso *ders.* Kritik der praktischen Vernunft (V), S. 101.

109 *Kant* Grundlegung zur Metaphysik der Sitten (IV), S. 455.

110 *Kant* N 3872 (XVII), S. 320.

111 *Dorschel* Die idealistische Kritik des Willens, S. 24.

112 *Dorschel* Die idealistische Kritik des Willens, S. 23. Die Ohnmacht des reinen Verstandes zur Bildung praktischer Willensentschlüsse wurde in der Philosophiegeschichte mehrfach herausgehoben; insbesondere Hume verwies darauf, dass der theoretisch-logische Schluss des Verstandes als solcher keine praktische Nötigung zur Folge hat und dass überhaupt nur Gefühle (also Neigungen) handlungsbestimmend sein können; vgl. dazu ausführlich *Tugendhat* Vorlesungen über Ethik, S. 116 ff.; siehe auch *Kaulbach* Das Prinzip Handlung in der Philosophie Kants, S. 164 f..

der Ungleichartigkeit der Sprachen beider stellt sich die Frage, wie das sinnliche Ich die Gesetze des intelligiblen Ichs überhaupt als für sich verbindlich erkennen kann. Kants Lösungsversuch scheint also einen Rückfall in die Antinomie des Freiheitskonzeptes der Heteronomie zu bedeuten: Die Normgebung des homo noumenon erscheint ähnlich wie die Beherrschung durch eine fremde Gewalt als äußerlicher Zwang gegen das sinnliche Ich; ein Zwang, der wirkungslos bleibt, weil das Vernunftgesetz den homo phaenomenon nicht zu erreichen vermag.

Diese Problematik findet eine explizite Darstellung in Hegels Erörterung des Begriffs des Sollens. Hegel wirft Kant in seiner vielbeachteten Sollenskritik vor, dass die Inkompatibilität von Vernunftgesetz und Sinnlichkeit die Synthese von Wille und Willkür zur Diastase zerfallen lasse: Ein Sollen könne keine Norm für etwas sein, dem es ganz äußerlich sei; denn dann sei nicht darzulegen, was dieses „Etwas" mit der Norm zu tun habe[113]. Ein derart äußerlicher Sollensbegriff ist abstrakt, denn er beruht auf dem statischen Ausschluss des Gesollten aus dem Bereich des Sollenden. Er ist damit sinnlos: Einerseits beansprucht das Gesollte, eine normativ relevante Größe zu sein, während es andererseits nicht erreichbar beziehungsweise nicht verstehbar ist – das Sollen ist auf diese Weise perennierend[114]. Dass Kants Philosophie tatsächlich in weiten Bereichen einem solchen Sollensverständnis unterliegt, lässt sich unschwer nachweisen: Die Einheit ist im kantischen System immer bloß aufgegeben. Die Idee der theoretischen Vernunft ist im kantischen System ein Sollen, auf das hin sich die Erfahrungswissenschaften auszurichten haben, das als vollendete Erkenntnis jedoch nie erreicht wird[115]. Die Erfahrungswissenschaften sind Kant zufolge zwar als Bestandteile eines unendlichen Progresses hin zu einem „focus imaginarius" zu denken[116]; dieser Einheitspunkt ist innerhalb des Erfahrungsbereiches aber nicht bestimmbar: Die Ordnung der Dinge ist daher lediglich „so anzusehen, als ob sie in [...] einem einheitsstiftenden] Vernunftwesen ihren Grund hätten, lediglich aber in der Absicht, um darauf die systematische Einheit zu gründen"[117]. In der praktischen Philosophie Kants ermöglicht die Idee allererst die praktische Erfahrung, denn der kategorische Imperativ ist als Faktum der Vernunft gegeben. Die Frage nach dem letzten Sinn autonomen Handelns leitet jedoch über das Sittengesetz hinaus auf den Begriff des „höchsten

113 Dazu ausführlich *Bitsch* Sollensbegriff und Moralitätskritik bei G. W. F. Hegel, S. 30 ff..

114 *Hegel* Wissenschaft der Logik I (5), S. 148; *ders.* Grundlinien der Philosophie des Rechts (7), § 135, S. 253.

115 Vgl. *Kant* Kritik der reinen Vernunft, B 348/A 327 (S. 331): Die Idee könne „in concreto niemals kongruent [...] gegeben werden".

116 Vgl. *Kant* Kritik der reinen Vernunft, B 672/A 644 (S. 565).

117 Vgl. *Kant* Kritik der reinen Vernunft, B 709/A 681 (S. 591).

Guts". Das höchste Gut ist die der Tugendhaftigkeit angemessene Glückseligkeit; seine oberste Bedingung ist die vollendete Tugend, d.h. die völlige Angemessenheit der Gesinnungen an das Sittengesetz. Diese Angemessenheit ist „Heiligkeit, eine Vollkommenheit, deren kein vernünftiges Wesen der Sinnenwelt in keinem Zeitpunkte seines Daseins fähig ist. Da sie indessen gleichwohl als praktisch nothwendig gefordert wird, so kann sie nur in einem ins Unendliche gehenden Progressus [...] angetroffen werden"[118]. In der theoretischen wie in der praktischen Philosophie Kants findet sich auf diese Weise ein Sollen, das perennierend ist: Die theoretische Erkenntnis vermag sich der systematischen Ordnung der Erfahrungswissenschaften, die praktische Vernunft ihrer vollständigen Realisierung nur limetisch anzunähern. Bitsch hat diesen Zusammenhang prägnant herausgestellt:

> Das Sollen in der praktischen Philosophie betrifft nicht das Verhältnis von vorausgesetzter Erscheinung zu erschlossener Idee, sondern die Beziehung von vorausgesetzter (gewußter) Idee zu ihrem Objekt, dem von ihr geforderten Gegenstand. Die Idee, nicht zu erreichender Endpunkt für die theoretische Vernunft, ist so für die praktische Vernunft Ausgangspunkt ihrer nicht erreichbaren vollständigen Realisierung[119].

b. Hegels Sollensverständnis

Hegel stellt diesem abstrakten Sollensverständnis einen konkreten Sollensbegriff gegenüber, den er in der Seinslogik entwickelt. Er führt das Sollen im Kapitel über das Dasein ein, das aus der Kategorie des Seins resultiert. Das Sein wird von Hegel bestimmt als reine Unbestimmtheit, als das vollkommen Bestimmungslose. Im Sein divergieren daher Form und Inhalt[120]: „eben diese Unbestimmtheit ist das, was seine Bestimmtheit ausmacht, denn die Unbestimmtheit ist der Bestimmtheit entgegengesetzt, sie ist somit als Entgegengesetztes selbst das Bestimmte, oder Negative, und zwar die reine Negativität"[121]. Ergebnis des Seinskapitels ist daher die Kategorie des bestimmten Seins – das Dasein[122]. Das Dasein hat eine je spezifische Qualität; es ist in einer gewissen Art und Weise ausgezeichnet: „So ist die Qualität überhaupt nicht vom Sein getrennt, welches nur bestimmtes, qualitatives Sein ist"[123]. Aufgrund seiner Bestimmtheit ist das

---

118 *Kant* Kritik der praktischen Vernunft (V), S. 122.

119 *Bitsch* Sollensbegriff und Moralitätskritik bei G.W.F. Hegel, S. 15 f..

120 Hösle charakterisiert diesen Widerspruch als performativ (*Hösle* Hegels System, S. 198 f.).

121 *Hegel* Seinslogik von 1812, S. 34.

122 „Dasein ist bestimmtes Sein" (*Hegel* Wissenschaft der Logik I [5], S. 115).

123 *Hegel* Wissenschaft der Logik I (5), S. 123.

Dasein aber endlich; denn es grenzt sich durch das, was spezifisch nur ihm zukommt, vom Anderen ab, das diese Qualität nicht besitzt. Das Dasein ist also zu denken als ein ausgezeichnetes Etwas, dem ein nicht in gleicher Weise qualitativ beschreibbares Anderes gegenübersteht. Damit ist eben jene Struktur erreicht, die dem kantischen Praxismodell zugrunde liegt: Der homo phaenomenon ist ein qualitativ bestimmtes Etwas (er ist durch die Naturgesetze determiniert), dem ein Anderes gegenübersteht, dem diese Bestimmtheit nicht zukommt (der homo noumenon ist nicht durch die Naturgesetze, sondern durch das Vernunftgesetz determiniert). Die das Etwas vom Anderen trennende Instanz bezeichnet Hegel als Grenze: „Das Dasein ist bestimmt; Etwas hat eine Qualität und ist in ihr nicht nur bestimmt, sondern begrenzt; seine Qualität ist seine Grenze“[124]. Die Grenze markiert die prinzipielle Negativität des Etwas: Das Etwas zeichnet sich dadurch aus, dass es nicht das Andere ist; entsprechend hebt sich „in der Grenze [...] das Nichtsein-für-Anderes hervor“[125]. Der Grenzbegriff verweist also auf die Äußerlichkeit, mit der sich Etwas und Anderes gegenüberstehen[126]. Andererseits ist die Grenze aber vom Etwas selbst gesetzt, denn indem die Begrenztheit des Etwas aus dessen Bestimmtheit resultiert, ist die Grenze dem Etwas immanent: „Indem Etwas begrenzend ist, wird es zwar dazu herabgesetzt, selbst begrenzt zu sein; aber seine Grenze ist, als Aufhören des Anderen an ihm, zugleich selbst nur das Sein des Etwas; dieses ist durch sie das, das es ist, hat in ihr seine Qualität“[127]. Die Grenze ist als spezifische Differenz also jene Instanz, die dem Dasein überhaupt erst die Bestimmtheit verleiht und dadurch das Etwas wie auch das Andere konstituiert. Ohne die Grenze wäre das Dasein bloß ein bestimmungsloses Sein, d.h. es wäre nicht ein vom Anderen unterschiedenes und unterscheidbares Etwas. Vor diesem Horizont steht die Grenze dem Etwas daher nicht äußerlich gegenüber, sondern inhäriert ihm; sie ist vom Etwas gesetzt. Hegel hat diesen Aspekt in besonders deutlicher Weise hervorgehoben, indem er die vom Etwas gesetzte Grenze – im Unterschied zu der dem Etwas äußerlichen Grenze – als Schranke bezeichnet hat: „Die eigene Grenze des Etwas, so von ihm als ein Negatives, das zugleich wesentlich ist, gesetzt, ist nicht nur Grenze als solche, sondern Schranke“[128]. Dass die Schranke vom Etwas als Negatives gesetzt ist, besagt zweierlei: Zum einen ist sie gesetzt, d.h. sie ist nicht ein Fremdes, Äußerliches; und zum anderen sie ist ein Negatives, zu Über-

124 *Hegel* Wissenschaft der Logik I (5), S. 139.

125 *Hegel* Wissenschaft der Logik I (5), S. 136.

126 „Etwas und Anderes [...] sind zunächst gleichgültig gegeneinander“ (*Hegel* Wissenschaft der Logik I [5], S. 125).

127 *Hegel* Wissenschaft der Logik I (5), S. 136.

128 *Hegel* Wissenschaft der Logik I (5), S. 142 f..

windendes, d.h. sie ist ein Sollen. Hegel drückt diesen Zusammenhang folgendermaßen aus: Dafür, dass „die Grenze, die am Etwas überhaupt ist, Schranke sei, muß es zugleich in sich selbst über sie hinausgehen, sich an ihm selbst auf sie als auf ein Nichtseiendes beziehen“[129]. Indem das Etwas auf diese Weise die Beschränkung negiert, ist es also ein Sollen: Das „Endliche hat sich so als die Beziehung seiner Bestimmung auf seine Grenze bestimmt; jene ist in dieser Beziehung Sollen, diese ist Schranke“[130]. Im Begriff der Schranke ist das Hinausgehen über dieselbe mithin schon angelegt: „Als Sollen ist somit Etwas über seine Schranke erhaben, umgekehrt aber hat es nur als Sollen seine Schranke. Beides ist untrennbar“[131]. Das Sollen ist daher einem jeden bestimmten Seienden eigentümlich. Es ist nicht auf einen bestimmten Bereich eingeschränkt, sondern zeigt sich als generelles Moment des Endlichen; es „betrifft universell jedes Daseiende qua Daseiendes“[132]. Hegel exponiert das Sollen also als ein Überschreiten der dem Endlichen immanenten Schranke: Das Sollen ist als „Explikation des Ansichseins des Etwas diesem immanent, keine ihm ganz äußerliche Norm“[133]. In den Worten Hegels: „Die Schranke des Endlichen ist nicht ein Äußeres, sondern seine eigene Bestimmung ist auch seine Schranke; und diese ist sowohl sie selbst als auch Sollen“[134].

Hegels Charakterisierung des Sollens unterscheidet sich damit deutlich von derjenigen kantischer Provenienz. In der kantischen Philosophie bildet das Andere den Maßstab des Etwas: Der homo phaenomenon hat sich nach den Vorgaben des homo noumenon auszurichten. Eine derart diastatische Konzeption des Sollens reißt einen unüberbrückbaren Graben; denn wenn sich das Etwas und das Andere als Fremde gegenüberstehen, ist nicht darzutun, wie sie sich aufeinander beziehen können. Auch der Sollensbegriff Hegels indiziert zwar noch Äußerlichkeit, denn auch das dem Etwas immanente Sollen verweist auf ein Jenseits, das noch nicht erreicht ist. Ein Sollenskonzept, das die prinzipielle Unerreichbarkeit dieses Jenseitigen impliziert, wird von Hegel jedoch verworfen:

> In dieser Behauptung [der Unerreichbarkeit des Gesollten, bzw. – was gleichbedeutend ist – der Unüberschreitbarkeit der Schranke] liegt die Bewußtlosigkeit, daß darin selbst, daß etwas als Schranke bestimmt ist, darüber bereits hinausgegangen ist. Denn eine Bestimmtheit, Grenze ist als Schranke nur bestimmt im

129 *Hegel* Wissenschaft der Logik I (5), S. 143.
130 *Hegel* Wissenschaft der Logik I (5), S. 143.
131 *Hegel* Wissenschaft der Logik I (5), S. 144.
132 *Bitsch* Sollensbegriff und Moralitätskritik bei G.W.F. Hegel, S. 43.
133 *Bitsch* Sollensbegriff und Moralitätskritik bei G.W.F. Hegel, S. 52.
134 *Hegel* Wissenschaft der Logik I (5), S. 144.

> Gegensatz gegen sein Anderes überhaupt als gegen sein Unbeschränktes; das Andere einer Schranke ist eben das Hinaus über dieselbe[135].

Das Sollen postuliert auf inhaltlicher Ebene zwar ein jenseitiges Gesolltes; es präsupponiert auf begrifflicher Ebene jedoch, dass dieses Jenseitige bereits erreicht ist. Anders ausgedrückt: Im Begriff des Sollens deutet sich eine Ambivalenz an zwischen den Kategorien des Erreichten und des Unerreichten. Zwar behauptet das Sollen explizit, das Gesollte sei noch nicht erreicht; es ist aber nur formulierbar, wenn der Standpunkt des Gesollten bereits eingenommen ist. „Als Sollen geht [...] das Endliche über seine Schranke hinaus; [...] seine Grenze ist auch nicht seine Grenze"[136]. Im Begriff des Sollens wird also gewissermaßen der Widerspruch, der sich aus der abstrakten Gegenüberstellung des Etwas und des Anderen ergibt, in eine einheitliche Struktur integriert: Das Sollen ist eine Größe, die zwischen Diesseitigem und Jenseitigem oszilliert. Bereits in der *Wissenschaft der Logik* überträgt Hegel diese Struktur auf das kantische Gedankengut:

> Du kannst, weil du sollst – dieser Ausdruck, der viel sagen sollte, liegt im Begriffe des Sollens. Denn das Sollen ist das Hinaussein über die Schranke; die Grenze ist in demselben aufgehoben, das Ansichsein des Sollens ist so identische Beziehung auf sich, somit die Abstraktion des Könnens. – Aber umgekehrt ist es ebenso richtig: Du kannst nicht, eben weil du sollst. Denn im Sollen liegt ebensosehr die Schranke als Schranke; jener Formalismus der Möglichkeit hat an ihr eine Realität, ein qualitatives Anderssein sich gegenüber, und die Beziehung beider aufeinander ist der Widerspruch, somit das Nicht-Können oder vielmehr die Unmöglichkeit[137].

Ein Sollenskonzept, das „behauptet, es könne über die Schranke nicht hinausgegangen werden"[138], verkennt diese Struktur; es verfällt eben jenem Widerspruch, der schon bereits im ersten Kapitel dem Grundanliegen des kritischen Geschäfts nachgewiesen wurde[139]: So wie die Selbstthemativität der Vernunft notwendig mit deren Absolutheitsanspruch verknüpft ist, so beinhaltet das Bewusstsein um eine Schranke das Hinaussein über sie. Die Natur, der dieses Bewusstsein fehlt, ist entsprechend nicht über ihre Schranke hinaus, so dass der Sollensbegriff in ihr keine Anwendung findet: „Der Stein, das Metall ist nicht über seine Schranke hinaus, darum weil sie für ihn nicht Schranke ist"[140]. Anders ist dies Hegel zufolge schon in der empfindenden Natur:

---

135 *Hegel* Wissenschaft der Logik I (5), S. 145.

136 *Hegel* Wissenschaft der Logik I (5), S. 144.

137 *Hegel* Wissenschaft der Logik I (5), S. 144 f., Hervorhebungen im Original.

138 Hegel bezieht sich an dieser Stelle explizit auf die (von Kant postulierte) unüberschreitbare Schranke des „Denkens, der Vernunft usf." (*Hegel* Wissenschaft der Logik I [5], S. 145).

139 Dazu oben S. 33 ff..

140 *Hegel* Wissenschaft der Logik I (5), S. 145.

> Das Empfindende in der Schranke des Hungers, Durstes usf. ist der Trieb, über diese Schranke hinauszugehen, und vollführt dieses Hinausgehen. Es empfindet Schmerz, und das Vorrecht empfindender Natur ist, Schmerz zu empfinden; es ist eine Negation in seinem Selbst, und sie ist als eine Schranke in seinem Gefühle bestimmt, eben weil das Empfindende das Gefühl seiner Selbst hat, welches die Totalität ist, die über jene Bestimmtheit hinaus ist. Wäre es nicht darüber hinaus, so empfände es dieselbe nicht als seine Negation und hätte keinen Schmerz[141].

„Als Sollen ist somit Etwas über seine Schranke erhaben, umgekehrt aber hat es nur als Sollen seine Schranke"[142]: Dieser Widerspruch haftet dem Sollensbegriff an, weil das Sollen zwar das „Hinausgehen über die Schranke, aber ein selbst nur endliches Hinausgehen"[143] ist. Endlich ist dieses Hinausgehen, weil sich das Sollen im Augenblick der vollständigen Realisierung des Gesollten auflöst. Hegel hat diesen Gedanken in der *Phänomenologie des Geistes* im Rahmen seiner Moralitätskritik noch deutlicher als in der *Wissenschaft der Logik* ausgeführt. In dieser Kritik versucht er nachzuweisen, dass der Moralitätsbegriff kantischer Provenienz zwangsläufig mit der fälschlichen, abstrakten Charakterisierung der Schranke als einer prinzipiell unüberwindlichen verbunden ist. Wenn nämlich – so Hegels Argument – das Sollen erfüllbar ist, so zerstört es sich selbst: Im Falle des vom Sollen geforderten Eintritts des Gesollten entfällt das Sollen. Damit droht aber auch eine sich vom Sollensbegriff her explizierende Praxiskonzeption der Selbstauflösung zu verfallen: Sie wird mit der Erfüllung des von ihr Gebotenen hinfällig. Eine solche Praxiskonzeption ist also dilemmatisch: Entweder setzt sie die Schranke als unüberwindlich – dann verkennt sie aber, „daß darin selbst, daß etwas als Schranke bestimmt ist, darüber bereits hinausgegangen ist"[144]. Oder aber sie beschreibt die Kategorien der Schranke und des Sollens konkret – dann fordert sie ihre eigene Auflösung. Kant wählt den ersten Weg; er muss die

> Vollendung [der Versöhnung von homo noumenon und homo phaenomenon] ins Unendliche hinaus[]schieben; denn wenn sie wirklich einträte, so höbe sich das moralische Bewußtsein auf. Denn die Moralität ist nur moralisches Bewußtsein als das negative Wesen, für dessen reine Pflicht die Sinnlichkeit nur eine negative Bedeutung, nur nicht gemäß ist[145].

Und in der Tat muss dieser Argumentation Hegels zugestanden werden, dass das konkrete Sollen eine Kategorie ist, die über sich selbst hinausweist: Das Sollen ist in seinem Widerspruch zwischen Hinaussein und Nicht-Hinaussein über die Schranke endlich. Gelöst wird dieser Wider-

141 *Hegel* Wissenschaft der Logik I (5), S. 146.
142 *Hegel* Wissenschaft der Logik I (5), S. 144.
143 *Hegel* Wissenschaft der Logik I (5), S. 147.
144 *Hegel* Wissenschaft der Logik I (5), S. 145.
145 *Hegel* Phänomenologie des Geistes (3), S. 446 f..

spruch erst in der vollendeten Überwindung der Schranke: in der Kategorie der Unendlichkeit.

4. Die Vermittlungsinstanzen zwischen Phänomenalem und Intelligiblem in der Philosophie Kants

Der strikte Dualismus zwischen homo noumenon und homo phaenomenon führt letzten Endes also dazu, dass nicht klarzumachen ist, wie der erstere den Maßstab für den letzteren bilden kann; denn wenn sich das sinnliche Ich und das intelligible Ich bloß äußerlich, d.h. als einander Fremde gegenüberstehen, so vermögen sie nicht zu kommunizieren. Kant hat dieses Problem gesehen und dadurch zu lösen versucht, dass er Instanzen in sein System einfügt, die zwischen Phänomenalem und Intelligiblem vermitteln. In der Lehre von der Moral ist die Triebfeder der Achtung eine solche synthetisierende Größe; und in der Rechtslehre erfüllt der Leib eine derartige Funktion. Auf beide Vermittlungsinstanzen soll im folgenden eingegangen werden; zunächst auf die Triebfederlehre, sodann auf den Leibesbegriff.

a. Die Achtung

Die Triebfeder der reinen praktischen Vernunft wird von Kant definiert als „der subjective Bestimmungsgrund des Willens eines Wesen [...], dessen Vernunft nicht schon vermöge seiner Natur dem objectiven Gesetze nothwendig gemäß ist"[146]. Ausgangspunkt der Triebfederlehre ist also die soeben problematisierte Trennung von Intelligiblem und Phänomenalem: Der Mensch ist ein Wesen, dessen Prinzipien nicht schon vermöge seiner Natur dem objektiven Gesetz gemäß sind, weil er seiner Natur nach nicht nur noumenal, sondern auch phänomenal ist. Aus diesem Zwittercharakter des Menschen folgt, dass der kategorische Imperativ nicht von sich aus praktisch werden kann. Der gute Wille als solcher ist in seiner Reinheit nicht realisierbar, sondern stets in prinzipieller Weise von der Welt geschieden: Könnte er von sich aus Objekte produzieren, so könnten dies nur intelligible Objekte sein[147]. Könnte das Sittengesetz von sich aus innerhalb der empirischen Welt praktisch werden – könnte es also von sich aus auf die Willkür wirken –, so würde es eine beobachtbare Natur intelligibler Gegenstände hervorbringen „und das Geheimnis des

146 *Kant* Kritik der praktischen Vernunft (V), S. 72.
147 *Deggau* Die Aporien der Rechtslehre Kants, S. 22; *Ludwig* Kategorischer Imperativ und Metaphysik der Sitten, S. 21.

Dinges an sich wäre aufgedeckt"[148]. Eine solche unmittelbare Verwirklichung des Sittengesetzes ist jedoch unmöglich, denn die Willkür ist nur durch Sinnlichkeit bestimmbar: Die Problematik der kantischen Trennung von homo noumenon und homo phaenomenon beruht ja gerade darauf, dass sich das phänomenale Ich nicht zum Gesetzesadressaten eignet, da es nicht durch Vernunftimperative, sondern ausschließlich durch sinnliche Rezeptivität determinierbar ist. Aus diesem Grunde gehören zu aller Gesetzgebung

> zwei Stücke: erstlich ein Gesetz, welches die Handlung, die geschehen soll, objectiv als nothwendig vorstellt, d.i. welches die Handlung zur Pflicht macht; zweitens eine Triebfeder, welche den Bestimmungsgrund der Willkür zu dieser Handlung subjectiv mit der Vorstellung des Gesetzes verknüpft; mithin ist das zweite Stück dieses: daß das Gesetz die Pflicht zur Triebfeder macht. Durch das erstere wird die Handlung als Pflicht vorgestellt, welches ein bloßes theoretisches Erkenntnis der möglichen Bestimmung der Willkür, d.i. praktischer Regeln ist: durch das zweite wird die Verbindlichkeit so zu handeln mit einem Bestimmungsgrunde der Willkür überhaupt im Subjecte verbunden[149].

Kant zufolge kann das noumenale Gesetz die Willkür zwar nicht unmittelbar bestimmen. Es vermag aber im Gemüt zu wirken und eine ihm eigentümliche Triebfeder zu produzieren. Da dem Sittengesetz auf diese Weise neben seiner Gesetzesform zugleich Triebfedereigenschaften zukommen, ist eine Vernunftdetermination der menschlichen Willkür denkbar. Der Grund dieses Wirkungsmechanismus bleibt der theoretischen Erkenntnis jedoch verschlossen:

> Denn wie ein Gesetz für sich und unmittelbar Bestimmungsgrund des Willens sein könne [...], das ist ein für die menschliche Vernunft unauflösliches Problem und mit dem einerlei: wie ein freier Wille möglich sei. Also werden wir nicht den Grund, woher das moralische Gesetz in sich eine Triebfeder abgebe, sondern was, so fern es eine solche ist, sie im Gemüthe wirkt (besser zu sagen, wirken muß), a priori anzuzeigen haben[150].

Die praktische Vernunft wirkt im Gemüt, indem sie das Gefühl der Achtung produziert. Die Achtung ist als einziges unter allen Gefühlen nicht pathologisch, sondern praktisch[151]: Sie ist zwar als Gefühl sinnlicher Natur, hat ihren Ursprung aber in der Vernunft. Sie fällt damit aus dem Lust-Unlust-Schema der pathologisch gewirkten Gefühle heraus:

---

148 *Ludwig* Kategorischer Imperativ und Metaphysik der Sitten, S. 21.

149 *Kant* Metaphysische Anfangsgründe der Rechtslehre (VI), S. 218; vgl. auch *Kaulbach* Einführung in die Philosophie des Handelns, S. 67: „Um die Kraft der ‚Triebfeder' für die wirkliche Ausführung der erkannten Pflicht zu garantieren, hat auch Kant in seinem System dem moralischen ‚Gefühl" einen Platz eingeräumt: er spricht bekanntlich vom Gefühl der Achtung vor der Menschheit, die sich im anderen Menschen darstellt".

150 *Kant* Kritik der praktischen Vernunft (V), S. 72.

151 *Kant* Kritik der praktischen Vernunft (V), S. 75.

> Die Achtung ist so wenig ein Gefühl der Lust, daß man sich ihr in Ansehung eines Menschen nur ungern überläßt. [...] Gleichwohl ist darin doch auch wiederum so wenig Unlust: daß, wenn man einmal den Eigendünkel abgelegt und jener Achtung praktischen Einfluß verstattet hat, man sich wiederum an der Herrlichkeit dieses Gesetzes nicht satt sehen kann[152].

Die Achtung ist entsprechend ein Gefühl, das nur dem Menschen als Zwitterwesen zukommt: So wie einerseits ein sich allein im Rahmen des Lust-Unlust-Schemas definierendes, reines Sinnenwesen dieses Gefühl nicht zu produzieren vermag[153], so gilt andererseits für ein reines Vernunftwesen, dass die Achtung „Sinnlichkeit, mithin auch die Endlichkeit solcher Wesen, denen das moralische Gesetz Achtung auferlegt, voraussetze, und daß einem [...] von aller Sinnlichkeit freien Wesen [...] Achtung fürs Gesetz nicht beigelegt werden könne"[154]. Die Achtung markiert als vernunftgewirktes Gefühl mithin die Schnittstelle, die zwischen Intelligiblem und Phänomenalem vermittelt und die Vernunftdetermination der Willkür allererst begreiflich macht.

Kants Konzept dieser Synthesisinstanz wirft erhebliche Schwierigkeiten auf. Die – auf der Grundlage der Systemprämissen Kants zwar durchaus begründete – Unerkennbarkeit des Wirkungsmechanismus zwischen Vernunftgesetz und Achtung (zwischen Produzierendem und Produziertem) drängt nämlich den Verdacht auf, dass die Problematik der Vermittlung von Phänomenalem und Noumenalem in der Triebfederlehre nicht gelöst, sondern bloß in den schillernden Begriff der Achtung hineinverlagert wird[155]. Die strikte Trennung zwischen Vernunft und Empirie impliziert nämlich die Unbegreiflichkeit einer Einheit zwischen beiden: Wenn eine Grenze als statisch beschrieben wird, ist nicht erklärbar, wie sie überschritten werden kann. Die Achtung erscheint insofern bloß als die Benennung, nicht aber als die Lösung des Sollensproblems.

---

152 *Kant* Kritik der praktischen Vernunft (V), S. 77.

153 Die Vorstellung des Gesetzes als Bedingung der Achtung findet „freilich nur im vernünftigen Wesen statt[...]" (*Kant* Grundlegung zur Metaphysik der Sitten [IV], S. 401).

154 *Kant* Kritik der praktischen Vernunft (V), S. 76.

155 Kant selbst wirft die Problematik der Dunkelheit des Begriffes der Achtung auf: „Man könnte mir vorwerfen, als suchte ich hinter dem Worte Achtung nur Zuflucht in einem dunkelen Gefühle, anstatt durch einen Begriff der Vernunft in der Frage deutliche Auskunft zu geben" (*Kant* Grundlegung zur Metaphysik der Sitten [IV], S. 401). Er entgegnet diesem Einwand mit dem Verweis darauf, dass es sich bei der Achtung um „kein durch Einfluß empfangenes, sondern durch einen Vernunftbegriff selbstgewirktes Gefühl" handele (*ders.* aaO.). Der bloße Hinweis auf den Vernunfturspung dieses Gefühls erhellt dessen Struktur jedoch nicht, denn es ist ja gerade die Apodiktizität dieses Ausnahmecharakters, die für die Dunkelheit des Achtungsbegriffes verantwortlich ist. – Vgl. zum Problem der Handlungsmotivation in der Philosophie Kants auch *Gerhardt/Kaulbach* Kant, S. 88; *Tugendhat* Vorlesungen über Ethik, S. 116 ff..

b. Der Leib

Im folgenden soll gezeigt werden, dass in der Rechtsphilosophie der menschliche Leib eine ähnliche Funktion erfüllt wie die Achtung in der Moralphilosophie: Auch der Leib vermittelt zwischen Vernunft und Empirie, zwischen Innerem und Äußerem, zwischen dem Willen und seiner raumzeitlichen Erscheinung.

Im Gegensatz zur rein innerlichen Moral ist das Recht durch Äußerlichkeitsbezug – und das heißt: Bezug auf die phänomenale Welt – gekennzeichnet: Ist die Moral eine Lehre des „guten Willens", so regelt das Recht das Zusammenleben von Menschen. Sein Gegenstandsbereich umfasst nicht innerliche Gesinnungen, sondern äußerliche Handlungen; in ihm geht es nicht mehr darum, dass die Vernunft willkürbestimmend ist, sondern dass vernünftig auf die Welt eingewirkt wird. Die Frage nach der Vermittelbarkeit von Vernunft und phänomenaler Welt stellt sich in der Rechtslehre deshalb noch dringender als in der Moralphilosophie[156]. Anders als in dieser kann sie in jener nicht mehr mit dem Hinweis auf den guten Willen beantwortet werden, da er allein keinen Maßstab für das Zusammenleben von Menschen abgeben kann: Der Wille kann nur in seinen empirischen Auswirkungen auf seine Verträglichkeit mit „jedermanns Freiheit" hin geprüft werden. Dem Recht steht die Triebfederlehre daher nicht zur Verfügung, um den Gegenstandsbezug des praktischen Gesetzes zu erklären; es zeichnet sich im Gegenteil gerade durch den Verzicht auf die Forderung einer rechtlichen Gesinnung aus. Die Triebfederlehre ist allein der Moralphilosophie eigentümlich: Das Recht fordert nicht, dass das Sittengesetz – vermittelt durch die Achtung – zum Bestimmungsgrund des Willens wird, sondern es fordert bloß ein pflichtgemäßes Handeln[157]. Mit dieser Gleichgültigkeit gegenüber der Handlungsmotivation ist der nichtimperativische Charakter des Rechts ver-

156 So auch *Deggau* Die Architektonik der praktischen Philosophie Kants, S. 329: Nähme „man den Dualismus von Phänomenon und Noumenon radikal ernst", so könnte es „keine Rechtslehre geben".

157 „Man nennt die bloße Übereinstimmung oder Nichtübereinstimmung einer Handlung mit dem Gesetze ohne Rücksicht auf die Triebfeder derselben die Legalität (Gesetzmäßigkeit), diejenige aber, in welcher die Idee der Pflicht aus dem Gesetze zugleich die Triebfeder der Handlung ist, die Moralität (Sittlichkeit) derselben. Die Pflichten nach der rechtlichen Gesetzgebung können nur äußere Pflichten sein, weil diese Gesetzgebung nicht verlangt, daß die Idee dieser Pflicht, welche innerlich ist, für sich selbst Bestimmungsgrund der Willkür des Handelnden sei" (*Kant* Metaphysische Anfangsgründe der Rechtslehre [VI], S. 219).

bunden[158]. Indem das Rechtsgesetz nur den äußeren Willkürgebrauch reglementiert, ist es „zwar ein Gesetz, welches mir eine Verbindlichkeit auferlegt, aber ganz und gar nicht erwartet, noch weniger fordert, daß ich ganz um dieser Verbindlichkeit willen meine Freiheit auf jene Bedingungen selbst einschränken solle"[159]; mit dem Rechtsgesetz sagt die Vernunft vielmehr nur, „daß sie in ihrer Idee darauf eingeschränkt sei"[160]. Einsichtig wird dies, wenn man bedenkt, dass ein Imperativ nur kategorisch oder hypothetisch gebieten kann[161]. Das Recht jedoch kann nicht kategorisch gebieten, da es das Handeln aus Pflicht gerade nicht fordert. Und hypothetisch kann es nicht gebieten, da das Recht als Selbstzweck und insofern zweckfrei vorgestellt wird. Entgegen seiner Formulierung ist der Rechtsimperativ mithin gar kein Sollenssatz: Die Rechtslehre ist eine „bloße Wissenslehre (doctrina scientiae)"[162]. Für den hiesigen Argumentationszusammenhang bedeutet das zweierlei: Erstens ist die Klärung des Verhältnisses der Vernunft zur Wirklichkeit für das Recht bislang noch nicht geleistet, denn das Recht kann auf den Begriff der Achtung nicht verweisen. Das Rechtsgesetz bedarf zu seiner Verwirklichung vielmehr einer eigenen Synthesisinstanz. Zweitens artikuliert sich die hegelsche Sollenskritik in Hinsicht auf die kantische Rechtskonzeption anders als in Hinsicht auf die Moral; denn wenn das Rechtsprinzip kein Sollenssatz ist, so kann die Kritik am Sollensbegriff hier keine unmittelbare Anwendung finden.

Im Recht tritt an die Stelle des intelligiblen Selbstzwangs der empirische Fremdzwang[163]. Das Rechtsgesetz verwirklicht sich nicht dadurch, dass es sich selbst zur Pflicht macht, sondern dadurch, dass mit einer subjektiven Rechtsposition die Zwangsbefugnis analytisch verknüpft ist. So wie sich das moralische Subjekt innerlich selbst zur Befolgung des Sitten-

---

158 *Kersting* Wohlgeordnete Freiheit, S. 102 ff.; *Ludwig* Kategorischer Imperativ und Metaphysik der Sitten, S. 207 ff.; *Scholz* Das Problem des Rechts in Kants Moralphilosophie, S. 38 ff.; anders jedoch *Höffe* Kategorische Rechtsprinzipien, S. 18 f., *Lübbe-Wolff* Begründungsmethoden in Kants Rechtslehre untersucht am Beispiel des Vertragsrechts, S. 287; *Ludwig* Kants Rechtslehre, S. 96; S. 126 ff.; sehr kritisch auch *Oberer* Rezension zu Kersting: Wohlgeordnete Freiheit, S. 118.

159 *Kant* Metaphysische Anfangsgründe der Rechtslehre (VI), S. 231.

160 *Kant* Metaphysische Anfangsgründe der Rechtslehre (VI), S. 231.

161 Vgl. dazu *Kersting* Wohlgeordnete Freiheit, S. 103 f. unter Rückgriff auf *Scholz* Das Problem des Rechts in Kants Moralphilosophie, S. 38 ff..

162 *Kant* Metaphysische Anfangsgründe der Tugendlehre (VI), S. 375.

163 „Die Ethik lehrt hernach nur, daß, wenn die Triebfeder, welche die juridische Gesetzgebung mit jener Pflicht verbindet, nämlich der äußere Zwang, auch weggelassen wird, die Idee der Pflicht allein schon zur Triebfeder hinreichend sei" (*Kant* Metaphysische Anfangsgründe der Rechtslehre [VI], S. 220). Ausführlich dazu *Kaulbach* Studien zur späten Rechtsphilosophie Kants und ihrer transzendentalen Methode, S. 61 ff. und *Kersting* Wohlgeordnete Freiheit, S. 130 ff..

gesetzes zwingt, so wird die Rechtsperson von den übrigen Mitgliedern der Rechtsgemeinschaft äußerlich zu normgetreuem Verhalten gezwungen. Die Verwirklichungsinstanz des Rechts zeigt damit im Unterschied zu derjenigen der Moral eine deutliche Präferenz der Phänomenseite. Während die Triebfeder der Achtung zwar als Gefühl empirisch auf den homo phaenomenon Einfluss nimmt, liegt ihre Ursache im Apriorischen: Sie ist vernunftgewirkt. Das Merkmal des äußeren Zwanges hingegen ist durchgängig empirischer Natur; es markiert die Einwirkung von Körpern auf Körper. Äußere Erzwingbarkeit unterscheidet sich von innerlichem Selbstzwang dadurch, dass sie in Raum und Zeit wahrnehmbar ist: So wie das Recht innerweltliche Institutionen beschreibt, so setzt es sich auch innerweltlich durch. Auf der Grundlage der kantischen Trennung von Phänomenalem und Intelligiblem scheint das Recht dann aber eine Angelegenheit allein der Naturgesetze zu sein; denn wenn sich der Zwang als Durchsetzungsinstanz des Rechts durch seine Einwirkungsmöglichkeit auf Körper auszeichnet, dann – so scheint es – ist das Recht in seiner theoretischen Beschreibbarkeit kein Gegenstand der Lehre von den Freiheitsgesetzen. Um aufzuzeigen, wie das Recht trotz seiner innerweltlichen Exekution ein Objekt der praktischen Philosophie sein kann, muss also der Bezug des Zwanges zum Freiheitsbegriff dargetan werden. Die damit aufgeworfene Problematik äußert sich zweifach: Zum einen als Frage nach dem freiheitstheoretischen Ursprung der Handlung desjenigen, der Zwang ausübt; und zum anderen als Frage nach der freiheitsbeeinträchtigenden Wirkung dieser Zwangshandlung auf denjenigen, der gezwungen wird. Beide Fragen sind nicht beantwortbar, wenn die Freiheit als bloß innerlich beschrieben wird: Ohne die Möglichkeit einer äußerlichen Freiheitsmanifestation ist weder erklärbar, weshalb etwa eine Körperverletzung als Rechtsgutsbeeinträchtigung zu qualifizieren ist, noch, weshalb diese Beeinträchtigung dem, der sie handelnd verursacht hat, unter Freiheitsgesichtspunkten zuzurechnen ist. Insbesondere den ersten Aspekt hat Hegel in seiner Zwangslehre deutlich herausgehoben: „der freie Wille kann an und für sich nicht gezwungen werden (§ 5), als nur sofern er sich aus der Äußerlichkeit, an der er festgehalten wird, [...] nicht zurückzieht (§ 7)“[164]. Und auch Kant setzt den Bezug zwischen Zwang und Freiheit voraus: Er beschreibt den unrechtlichen Zwang als „ein Hindernis der

164 *Hegel* Grundlinien der Philosophie des Rechts (7), § 91, S. 178 f.. Der Bezug auf die §§ 5 und 7 der *Grundlinien* ist in diesem Allegat ein Verweis auf die Willensmomente der Allgemeinheit und der Einzelheit: Da dem bloß allgemeinen Willen der Gegenstandsbezug fehlt, kann er im Gegensatz zu der sich besondernden und innerweltlich manifestierenden Totalität der Einzelheit nicht gezwungen werden.

Freiheit nach allgemeinen Gesetzen" und den rechtlichen Zwang als „Verhinderung eines Hindernisses der Freiheit"[165].

Hergestellt wird dieser Bezug in der kantischen Rechtskonzeption durch den Leib. Kant kann dem in seiner Rechtsphilosophie drohenden Riss zwischen mundus intelligibilis und Erscheinungswelt nur entgehen, indem er – hegelisch gesprochen – den menschlichen Leib als eine diese beiden Elemente synthetisierende Größe setzt: Der homo noumenon setzt sich als homo phaenomenon in Bewegung[166]. Der Leib ist einerseits innerlich durch Vernunft bestimmbar; eine Leibeshandlung ist als freie Handlung möglich: „Die Leiblichkeit des Seins bedeutet [...] nicht Objektsein im Sinne naturgesetzlich notwendiger Bestimmtheit; vielmehr nimmt sie an der Subjektivität und Freiheit des selbständigen Individuums teil. Sie ist von normativer Vernunft durchdrungen"[167]. Zugleich steht der Leib als Körper aber unter den Bestimmungen des Raumes und der Zeit und verhält sich in diesen Bestimmungen zu anderen Körpern. Er fungiert mithin in der Rechtslehre als Verbindungsstück von Freiheit und Erscheinung; er ist als „Zentrum, Umschaltungs- und Transmissionsort [...] die Einheit von Innerem und Äußerem"[168]. Das Recht ist als Regelung des äußeren Willkürgebrauches nur möglich und auch nur erforderlich aufgrund der empirisch-intelligiblen Konstitution des Menschen: Dieser ist in seiner Leiblichkeit „zugleich res cogitans und res extensa"[169].

Auch wenn Kant den Leibesbegriff in der *Metaphysik der Sitten* nicht explizit anspricht[170], ist „der Leib [... dennoch] immer als real vorausgesetzt, sonst ist die Identität von Recht und Zwang, der stets physischer Zwang ist, nicht sinnvoll und undurchführbar"[171]. Deutlich wird dies durch eine nähere Betrachtung des Begriffs der Zwangshandlung. Diese kann dem, der zwingt, nur zugerechnet werden, wenn sie sich als factum charakterisieren lässt[172]. Eine Handlung ist ein factum, wenn sie „Wirkung einer causa libera qua talis (aus dem Gesetz der Freiheit mit freiem Willen gewählt)"[173] ist; sie hat also – analog zur Triebfeder der Achtung – einerseits einen Freiheitsursprung und zeitigt andererseits empirische Auswir-

---

165 *Kant* Metaphysische Anfangsgründe der Rechtslehre (VI), S. 231.

166 *Kaiser* Widerspruch und harte Behandlung, S. 83.

167 *Kaulbach* Einführung in die Philosophie des Handelns, S. 50.

168 *Deggau* Die Aporien der Rechtslehre Kants, S. 48.

169 *Deggau* Die Aporien der Rechtslehre Kants, S. 35 f..

170 Kant erwähnt den Leib aber im Rahmen der Erklärung des empirischen Besitzes (*Kant* Metaphysische Anfangsgründe der Rechtslehre [VI], S. 254; vgl. dazu unten S. 187 ff.).

171 *Deggau* Die Aporien der Rechtslehre Kants, S. 39; ebenso *Kaulbach* Kant, S. 307: Bestimmte „anthropologische Bestimmungen" des Menschen wie die, „daß der Mensch eine leibliche Natur hat", sind in der Rechtslehre vorausgesetzt.

172 Dazu oben S. 64 f..

173 *Kant* Metaphysik der Sitten Vigilantius (XXVII), S. 561.

kungen, indem sie als äußere Handlung naturkausal auf Körper zu wirken vermag. Mit dem Begriff des factum bezeichnet Kant in der Tradition Wolffs die Handlung des Leibes: „Kant ist bei diesem Begriff der äußerlichen Tat an dem überkommenen Begriff der Körperbewegung orientiert; nur das ist Handlung, was sich über die mögliche Bewegung des Körpers transmittieren läßt“[174]. Aber nicht nur der Begriff der Zwangshandlung ist ohne den Leibesbegriff undenkbar: Ohne diesen ist auch unerklärlich, weshalb äußerlicher Zwang eine Einflussnahme auf die Freiheit des Bezwungenen sein soll. Die Problematik wird relevant in Kants geradezu beiläufig ausgesprochener These, aus dem Rechtsgesetz folge analytisch, dass eine Verletzung des empirischen Besitzes eine Freiheitsläsion sei:

> Der Rechtssatz a priori in Ansehung des empirischen Besitzes ist analytisch; denn er sagt nichts mehr, als was nach dem Satze des Widerspruchs aus dem letzteren folgt, daß nämlich, wenn ich Inhaber einer Sache (mit ihr also physisch verbunden) bin, derjenige, der sie wider meine Einwilligung afficirt (z.B. mir den Apfel aus der Hand reißt), das innere Meine (meine Freiheit) afficire und schmälere, mithin in seiner Maxime mit dem Axiom des Rechts im geraden Widerspruch stehe. Der Satz von einem empirischen rechtmäßigen Besitz geht also nicht über das Recht einer Person in Ansehung ihrer selbst hinaus[175].

Dass ich die Freiheit eines anderen beeinträchtige, wenn ich ihm einen Apfel aus der Hand reiße, folgt aber nur dann analytisch aus dem Rechtsbegriff, wenn in diesem der Leibesbegriff vorausgesetzt ist; nur dann ist nämlich erklärbar, weshalb der körperliche Vorgang des Aus-der-Hand-Reißens das innere Meine überhaupt tangiert: Dieser Vorgang ist eine Einflussnahme auf die körperliche Integrität des anderen, denn da der Apfel und die Hand raumzeitlich verbunden sind, ist ein Druck auf den Apfel immer auch ein Druck auf die Hand[176].

Die von Hegel geforderte Einheit von Endlichem und Unendlichem, von Begriff und Wirklichkeit, von Sollen und Sein muss Kant also für den Bereich des menschlichen Leibes zugestehen; nur durch diese Synthese wird die Rechtslehre als eine Disziplin der äußeren Freiheitsregulierung überhaupt möglich. In einem wichtigen, im rechtsphilosophischen Kontext aber bislang nur wenig beachteten Beitrag hat Kaulbach die generelle Bedeutung des Leibesbegriffes für das transzendentalphilosophische System herausgearbeitet[177]. Kaulbach weist in diesem Aufsatz nach, dass Kant in seinen frühen Schriften eine Theorie des Leibbewusstseins entwirft, deren Fortentwicklung schließlich in der „Kopernikanische Wendung“

---

174 *Deggau* Die Aporien der Rechtslehre Kants, S. 48; ferner *Scholz* Das Problem des Rechts in Kants Moralphilosophie, S. 31.

175 *Kant* Metaphysische Anfangsgründe der Rechtslehre (VI), S. 249 f..

176 Zur damit verbundenen Rechtsgutsvertauschung näher unten S. 189.

177 *Kaulbach* Leibbewußtsein und Welterfahrung beim frühen und späten Kant, S. 464 ff..

mündet. Die Reflexion über das Leibbewusstsein führte Kant demnach zu einem philosophischen Standpunkt, auf dem sich die Vernunft als menschliche, leibbezogene Vernunft begreift. Dieser Standpunkt entspricht dem der *Kritik der reinen Vernunft* insofern, als mit dieser Selbsterkenntnis der menschlichen Vernunft „eine Zurückverweisung auf deren Erkenntnismöglichkeiten und zugleich deren Grenzen" verbunden ist[178]. Eine erste Entwicklung in diese Richtung findet sich in den *Träumen eines Geistersehers*. In dieser Schrift spricht Kant erstmals den Gedanken der Objektivation des Geistes aus:

> Gesetzt nun, man hätte bewiesen, die Seele des Menschen sei ein Geist [...], so würde die nächste Frage, die man thun könnte, etwa diese sein: Wo ist der Ort dieser menschlichen Seele in der Körperwelt? Ich würde antworten: Derjenige Körper, dessen Veränderungen meine Veränderungen sind, dieser Körper ist mein Körper, und der Ort desselben ist zugleich mein Ort[179].

Mit der Identifizierung des Leibes als eines ihm zugehörigen Körpers erkennt das Ich die Sonderstellung des Leibes an: „Wenn ich über meinen Leib rede, rede ich über anderes, das ich jedoch mit mir vermittle"[180]. Kant spricht in den *Träumen eines Geistersehers* also bereits jene Problematik an, die sich als grundlegend für die Frage nach der Konzeption des Eigentums erwiesen hat: die Frage nach einem Bezug auf Fremdes, der sich als Selbstbezug charakterisieren lässt – d.h. die Frage nach der hegelschen Struktur der Einzelheit. Den äußeren Leib erkenne ich als zu mir gehörig: Er ist die unmittelbare Objektivation meiner selbst. Von besonderem Interesse für den hiesigen Kontext ist nun, dass Kant in den *Träumen eines Geistersehers* die Beschränkung dieser Geistobjektivation auf den Leib, die schließlich den grundsätzlichen Unterschied der kantischen Rechtskonzeption zu Hegels Theorie des objektiven Geistes markiert, näher ausführt:

> Setzt man die Frage weiter fort: Wo ist denn dein Ort (der Seele) in diesem Körper?, so würde ich etwas Verfängliches in dieser Frage vermuthen. Denn man bemerkt leicht, daß darin schon etwas vorausgesetzt werde, was nicht durch Erfahrung bekannt ist, sondern vielleicht auf eingebildeten Schlüssen beruht: nämlich daß mein denkendes Ich in einem Orte sei, der von den Örtern anderer Theile desjenigen Körpers, der zu meinem Selbst gehört, unterschieden wäre[181].

Kant spezifiziert an dieser Stelle die Frage nach der Vereinigung von Geist und Körper, indem er nach dem Ort fragt, an dem sich der Geist innerhalb des Leibes befindet. Eine von dieser Fragestellung nahegelegte räum-

178 *Kaulbach* Leibbewußtsein und Welterfahrung beim frühen und späten Kant, S. 475.
179 *Kant* Träume eines Geistersehers (II), S. 324.
180 *Kaulbach* Leibbewußtsein und Welterfahrung beim frühen und späten Kant, S. 466.
181 *Kant* Träume eines Geistersehers (II), S. 324.

liche Fixierung des Geistes – etwa im menschlichen Gehirn – lehnt Kant jedoch ab:

> Niemand aber ist sich eines besondern Orts in seinem Körper unmittelbar bewußt, sondern desjenigen, den er als Mensch in Ansehung der Welt umher einnimmt. Ich würde mich also an der gemeinen Erfahrung halten und vorläufig sagen: Wo ich empfinde, da bin ich. Ich bin eben so unmittelbar in der Fingerspitze wie in dem Kopfe. Ich bin es selbst, der in der Ferse leidet und welchem das Herz im Affecte klopft. Ich fühle den schmerzhaften Eindruck nicht an einer Gehirnnerve, wenn mich mein Leichdorn peinigt, sondern am Ende meiner Zehen. Keine Erfahrung lehrt mich einige Theile meiner Empfindung von mir für entfernt zu halten, mein untheilbares Ich in ein mikroskopisch kleines Plätzchen des Gehirnes zu versperren, um von da aus den Hebezeug meiner Körpermaschine in Bewegung zu setzen, oder dadurch selbst getroffen zu werden. Daher würde ich einen strengen Beweis verlangen, um dasjenige ungereimt zu finden, was die Schullehrer sagten: Meine Seele ist ganz im ganzen Körper und ganz in jedem seiner Theile[182].

In den *Träumen eines Geistersehers* wird der Leib also phänomenologisch in den Blick genommen: als ein durch seine Geistdurchdrungenheit ausgezeichneter Körper. Diese Sonderstellung des Leibes entwickelt Kant – so weist Kaulbach nach – in seiner zwei Jahre später verfassten Schrift *Von dem ersten Grunde des Unterschiedes der Gegenden im Raum* weiter, indem er die prinzipielle Bedeutung des leiblichen Standpunkts für die Welterkenntnis hervorhebt. Kant versucht in dieser Schrift, die Bedingungen der Möglichkeit des Begriffs der Gegenden des Raumes darzulegen und stößt bei diesem Unterfangen auf die Abhängigkeit der Raumvorstellung von der Leibesposition:

> In dem körperlichen Raume lassen sich wegen seiner drei Abmessungen drei Flächen denken, die einander insgesamt rechtwinklicht schneiden. Da wir alles, was außer uns ist, durch die Sinnen nur in so fern kennen, als es in Beziehung auf uns selbst steht, so ist kein Wunder, daß wir von dem Verhältnis dieser Durchschnittsflächen zu unserem Körper den ersten Grund hernehmen, den Begriff der Gegenden im Raume zu erzeugen[183].

Der Begriff der Gegend im Raum ist nur sinnvoll, sofern er in Bezug auf einen Fixpunkt gedacht wird, von dem aus sich diese Gegend bestimmen lässt – das heißt, sofern er in Bezug auf das Ich gedacht wird, das als Leib selbst raumzeitlich positioniert ist. Kant bestimmt die Gegenden des Raumes deshalb bezogen auf die Leibesposition: „Die Fläche, worauf die Länge unseres Körpers senkrecht steht, heißt in Ansehung unser horizontal“[184] und ermöglicht die Raumrichtungen oben und unten; die Vertikalfläche „theilet den Körper in zwei äußerlich ähnliche Hälften und giebt

182 *Kant* Träume eines Geistersehers (II), S. 324 f..

183 *Kant* Von dem ersten Grunde des Unterschiedes der Gegenden im Raume (II), S.378 f..

184 *Kant* Von dem ersten Grunde des Unterschiedes der Gegenden im Raume (II), S. 379.

den Grund des Unterschiedes der rechten und linken Seite ab“[185]. Ihren Höhepunkt findet der Gedanke der erkenntniskonstituierenden Funktion des Leibes in Kants Dissertation *Über die Form und die Prinzipien der sensiblen und der intelligiblen Welt.* In dieser Schrift zeigt Kant, dass die äußere Wahrnehmung den Raum nicht erzeugt, sondern immer schon impliziert. Die äußere Wahrnehmung beruht auf der Vorstellung von Gegenständen außer mir. Gegenstände außer mir sind als von mir verschieden aber nur denkbar, wenn sie an einem Ort befindlich sind, der von meinem leiblichen Standpunkt unterschieden ist. Die äußere Wahrnehmung setzt den Raum – und damit den Leib als dessen Fixpunkt – also immer schon voraus: „weil die empfindende und anschauende Subjektivität eine leibliche Struktur hat, erfährt sie sich als auf einem Standort stehend, welcher der Bezugspunkt des Auffassens der Gegenstände ist, die sich an anderen Orten befinden“[186]. Die Reflexion auf die Leiblichkeit führt auf diese Weise zu einer Philosophie, die die menschliche Subjektivität als Standort bestimmt, durch den eine jede Erkenntnis bedingt ist; sie leitet über zur Kopernikanischen Wendung.

Vor diesem Hintergrund ist es geradezu erstaunlich, dass der Begriff des Leibes in der kritischen Philosophie selbst keinen Platz mehr findet. Die *Kritik der reinen Vernunft* postuliert einen Dualismus zwischen Intelligiblem und Phänomenalem, auf dessen Grundlage die Synthesisfunktion des Leibes nicht erklärbar ist. In ihr gelangt eine gedankliche Linie zur Entfaltung, deren Anfänge sich ebenfalls bereits in den *Träumen eines Geistersehers* finden. Kant weist schon in dieser Schrift auf die Begründungsschwierigkeiten hin, die der Leibesbegriff impliziert, sofern Intelligibles und Empirisches bzw. Geistiges und Körperliches voneinander statisch getrennt sind:

> Ich gestehe, daß ich sehr geneigt sei das Dasein immaterieller Naturen in der Welt zu behaupten und meine Seele selbst in die Klasse dieser Wesen zu versetzen. Alsdann aber, wie geheimnisvoll wird nicht die Gemeinschaft zwischen einem Geiste und einem Körper? Aber wie natürlich ist nicht zugleich diese Unbegreiflichkeit, da unsere Begriffe äußerer Handlungen von denen der Materie abgezogen worden und jederzeit mit den Bedingungen des Druckes oder Stoßes verbunden sind, die hier nicht statt finden? Denn wie sollte wohl eine immaterielle Substanz der Materie im Wege liegen, damit diese in ihrer Bewegung auf einen Geist stoße, und wie können körperliche Dinge Wirkungen auf ein fremdes Wesen ausüben, das ihnen nicht Undurchdringlichkeit entgegen stellt, oder welches sie auf keine Weise hindert, sich in demselben Raume, darin es gegenwärtig ist, zugleich zu befinden? Es scheint, ein geistiges Wesen sei der Materie innigst ge-

185 *Kant* Von dem ersten Grunde des Unterschiedes der Gegenden im Raume (II), S. 379; eine zweite Vertikalfläche „macht, daß wir den Begriff der vorderen und hinteren Seite haben können“ (*ders.* aaO.).

186 *Kaulbach* Leibbewußtsein und Welterfahrung beim frühen und späten Kant, S. 472.

genwärtig, mit der es verbunden ist, und wirke nicht auf diejenigen Kräfte der Elemente, womit diese untereinander in Verhältnissen sind, sondern auf das innere Principium ihres Zustandes. Denn eine jede Substanz, selbst ein einfaches Element der Materie muß doch irgend eine innere Thätigkeit als den Grund der äußerlichen Wirksamkeit haben, wenn ich gleich nicht anzugeben weiß, worin solche bestehe [...]. Welche Nothwendigkeit aber verursache, daß ein Geist und ein Körper zusammen Eines ausmache, und welche Gründe bei gewissen Zerstörungen diese Einheit wiederum aufheben, diese Fragen übersteigen nebst verschiedenen andern sehr weit meine Einsicht[187].

Diese Unerklärbarkeit der Geist-Körper-Einheit setzt sich im Dualismus der kritischen Philosophie fort: Zwar ist anzunehmen, „daß überhaupt allen endlichen Geistern eine Art organischer Körper beizulegen sei“[188], jedoch kann der „Zusammenhang der Vernunft mit den phaenomenis, womit sie in commercio stehen soll, [...] gar nicht verstanden werden (es sind heterogenea). Die wahre Tätigkeit der Vernunft und ihr Effekt gehört zum mundo intelligibili“[189]. Der Leibesbegriff erscheint vor diesem Hintergrund ähnlich problematisch wie der Begriff der Achtung. Sofern die Vernunft ein innerliches Vermögen ist, d.h. sofern die Freiheit zunächst nur maximenbestimmend gedacht wird, muss der Begriff der freien äußeren Handlung als Fremdkörper innerhalb der kantischen Praxiskonzeption erscheinen: Aus der Sicht der *Kritik der reinen Vernunft* identifiziert sie „zwei ‚Standpunkte‘ oder Beschreibungsarten miteinander [...], die – abgesehen von der Möglichkeit einer teleologischen Vermittlung – voneinander unabhängig sind“[190]. Eine erneute Würdigung des Leibes findet sich erst wieder im Spätwerk Kants. Einen ersten Ausweg aus der Problematik

---

187 *Kant* Träume eines Geistersehers (II), S. 327 ff..

188 *Kant* Principiorum primorum cognitionis metaphysicae nova dilucidatio (I), S. 412. „Vermittels der Vernunft ist der Seele des Menschen ein Geist (Mens, νους) beigegeben, damit er nicht ein bloß dem Mechanism der Natur und ihren technisch-praktischen, sondern auch ein der Spontaneität der Freiheit und ihren moralisch-praktischen Gesetzen angemessenes Leben führe“ (*ders.* Verkündigung des nahen Abschlusses eines Traktats zum ewigen Frieden in der Philosophie [VIII], S. 417).

189 *Kant* N 5612 (XVIII), S. 253. Der Mensch ist „sich selbst [...] auch als Gegenstand seiner äußern Sinne bewußt, d.h. er hat einen Körper, mit dem der Gegenstand des inneren Sinnes verbunden [...] die Seele des Menschen heißt“. Seele und Körper sind insofern „zwey specifisch-verschiedene Substanzen, deren Gemeinschaft den Menschen ausmacht“ (*ders.* Welches sind die Fortschritte, die die Metaphysik gemacht hat? [XX], S. 308).

190 *Willaschek* Praktische Vernunft, Handlungstheorie und Moralbegründung bei Kant, S. 149; vgl. auch *Kaiser* Widerspruch und harte Behandlung, S. 83; *Kaulbach* Leibbewußtsein und Welterfahrung beim frühen und späten Kant, S. 483: „Im vorhergehenden hat sich gezeigt, daß die Kritik der reinen Vernunft keinen Weg sieht, wie das intelligible Ich die ihm eigene Natur auch auf den Ich-Leib einfließen lassen könnte. Hier besteht eine Grenze“; *ders.* Das Prinzip Handlung in der Philosophie Kants, S. 314: „Einer konsequenten Auffassung der Leiblichkeit [...] steht im Bereich der Kritik der reinen Vernunft die dualistische Unterscheidung zwischen dem noumenalen und dem phänomenal-empirischen Aspekt der menschlichen Existenz im Wege“.

der Unüberschreitbarkeit der Differenz zwischen Sinnlichem und Sittlichem weist der Organismusgedanke der *Kritik der Urteilskraft*: Mit ihm wird es erstmals möglich, den Leib nicht bloß als äußerlich zusammengesetzten Körper zu begreifen, sondern als Organismus, d.h. als eine körperliche Gestalt, die in ihrer inneren Zweckmäßigkeit von einem einheitlichen Lebensprinzip durchdrungen ist. Im *opus postumum* schließlich entwickelt Kant die Grundlegung einer physikalischen Erfahrungstheorie, in der die Wahrnehmung nicht mehr wie in der *Kritik der reinen Vernunft* als Affektion von außen, sondern als Selbstaffektion – und das heißt an dieser Stelle: als sich leiblich darstellende Vernunft – aufzufassen sei[191].

In diese an die kantischen Frühschriften anschließende Tendenz einer erneuten Würdigung der Sonderstellung des Leibes reiht sich auch die Privatrechtskonzeption der *Metaphysik der Sitten* ein. In den *Bemerkungen zu den Beobachtungen über das Gefühl des Schönen und Erhabenen* spricht Kant den Leib erstmals im Zusammenhang mit der Eigentumsproblematik an. Dort heißt es: „Der Leib ist mein denn er ist ein Theil meines Ichs und wird durch meine Willkühr bewegt“[192]. Diese Aussage steht in einem rechtstheoretischen Kontext; das Possessivpronomen „mein“ ist entsprechend als Besitzanspruch zu verstehen[193], und dieser Anspruch gründet sich auf die Identität von Körper und Geist: „Der Grund des rechtlichen Besitzes, den ich an meinem eigenen Körper habe, ist die Verknüpfung dieses Körpers mit meiner Willkür. Die Bewegungen, die der Leib als ein autokineton ausführt, entspringen den Impulsen, die ich durch meine Willkür auf ihn ausübe“[194]. Und auch die Konzeption der privatrechtlichen Freiheit in den *Metaphysischen Anfangsgründen der Rechtslehre* teilt unausgesprochen den Gedanken der ausnahmsweisen Geistobjektivation im menschlichen Leib. Um dessen grundsätzliche Bedeutung aufzuzeigen, sei der Blick noch einmal auf Kants Freiheitssystematik, d.h. auf die Einteilung der Rechte in das innere und das äußere Mein gelenkt. Wie bereits oben dargelegt[195], teilt Kant die subjektiven Rechte ein in

> das angeborne und erworbene Recht [...], deren ersteres dasjenige Recht ist, welches unabhängig von allem rechtlichen Act jedermann von Natur zukommt; das zweite das, wozu ein solcher Act erfordert wird. Das angeborne Mein und

191 *Kant* opus postumum (XXII), S. 391 ff.. Ausführlich dazu *Kaulbach* Leibbewußtsein und Welterfahrung beim frühen und späten Kant, S. 479 ff.; *ders.* Das Prinzip Handlung in der Philosophie Kants, S. 313 f..

192 *Kant* Bemerkungen zu den Beobachtungen über das Gefühl des Schönen und Erhabenen (XX), S. 66.

193 Vgl. *Brandt* Eigentumstheorien von Grotius bis Kant, S. 168.

194 *Brandt* Eigentumstheorien von Grotius bis Kant, S. 168.

195 Siehe oben Seite 77 ff..

> Dein kann auch das innere (meum vel tuum internum) genannt werden; denn das äußere muß jederzeit erworben werden[196].

Das äußere Mein spezifiziert Kant durch eine weitere Begriffseinteilung:

> Der Ausdruck: ein Gegenstand ist außer mir, kann aber entweder so viel bedeuten, als: er ist ein nur von mir (dem Subject) unterschiedener, oder auch ein in einer anderen Stelle (positus) im Raum oder in der Zeit befindlicher Gegenstand[197].

Die zweite Bestimmung des „außer mir" – die zeitliche oder räumliche Getrenntheit des betreffenden Gegenstandes von mir – verweist ganz offensichtlich auf die zeitlich-räumliche Präsenz des Ich im Leib: Eine räumliche oder zeitliche Trennung von mir ist nur denkbar, wenn eine innerweltliche Position des Ich angegeben werden kann. Ein Gegenstand ist demnach genau dann außer mir, wenn er sich an anderem Orte oder an anderer Zeit als der Leib befindet[198]; entsprechend wird der Besitz eines solchen Gegenstandes „ein empirischer heißen müssen"[199]. Vor dem Hintergrund der Schriften, in denen sich Kant explizit mit dem Leib beschäftigt – insbesondere seinem Frühwerk also – verweist aber auch die erste Bestimmung des „außer mir", die bloße Unterschiedenheit, auf den Leib[200]. Denn wenn die leibliche Subjektivität – wie Kant in seiner Dissertation *Über die Form und die Prinzipien der sensiblen und der intelligiblen Welt* klarstellt – den Bezugspunkt des Auffassens von Gegenständen bildet, so ist die Unterschiedenheit des äußeren Gegenstandes von mir nur als Unterschiedenheit von meiner innerweltlichen, leiblichen Präsenz verständ-

---

196 *Kant* Metaphysische Anfangsgründe der Rechtslehre (VI), S. 237.

197 *Kant* Metaphysische Anfangsgründe der Rechtslehre (VI), S. 245.

198 So auch *Brandt* Eigentumstheorien von Grotius bis Kant, S. 187: „Durch das Prädikat der Äußerlichkeit sind der je eigene Körper und die je eigene Willkür a limine aus dem Gegenstandsbereich ausgeschlossen: die Bewegung der eigenen Glieder und ihr Gebrauch für irgendwelche Zwecke [...] sind kein Gebrauch äußerer Gegenstände und gehören daher nicht in die Rechtslehre"; unberechtigte Kritik an dieser Interpretation findet sich bei *Küsters* Recht und Vernunft, S. 224.

199 *Kant* Metaphysische Anfangsgründe der Rechtslehre (VI), S. 245.

200 Kants Bestimmung: „Nur in der ersteren Bedeutung genommen, kann der Besitz als Vernunftbesitz gedacht werden; in der zweiten aber würde er ein empirischer heißen müssen" (*Kant* Metaphysische Anfangsgründe der Rechtslehre [VI], S. 245) ist daher ungenau. Kant möchte mit diesem Satz offensichtlich zum Ausdruck bringen, dass der empirische Besitz ein raumzeitliches Verhältnis einer Person zu einer Sache beschreibt, während der Vernunftbesitz von einer solchen empirischen Bedingung unabhängig ist. Das schließt jedoch nicht aus, dass sich auch der Vernunftbesitz auf Sachen erstreckt, die sich an anderem Ort und an anderer Zeit als das sich leiblich darstellende Ich befinden; im Gegenteil: Gerade der Vernunftbesitz ist ein Sachverhältnis, bei dem im Regelfall keine raumzeitliche Näheverbindung zur besessenen Sache besteht. Vgl. zur Problematik auch *von Herrmann* Besitz und Leib, S. 210 f..

lich[201]: „Ich kann mir Gegenstände außer mir nur so denken, daß ich sie mir an einem Ort befindlich vorstelle, der von meinem leiblichen Standpunkte verschieden ist“[202]. Mit dieser Explikation des Begriffes des äußeren Mein ist auch eine Bestimmung des inneren Mein geleistet: Dieses ist „Freiheit (Unabhängigkeit von eines Anderen nöthigender Willkür)“[203], d.h. die Freiheit des Ich, sich als Leib innerweltlich zu positionieren[204] und Leibeshandlungen in dem Maße zu vollziehen, in dem dies mit der Handlungsfreiheit der übrigen Rechtsgenossen nach einem allgemeinen Gesetz vereinbar ist.

5. Die Artikulation der Sollenskritik im Recht

Der synthetische Charakter des Leibes ist einerseits für die Rechtslehre notwendig, andererseits aber in seiner Beschränktheit bei weitem nicht ausreichend, um den Gegenstandsbezug rechtlicher Freiheit vollständig zu erklären. Zwar weist der Leib über die Grenze zwischen Noumenalem und Phänomenalem hinaus. Da er jedoch vereinzelt, d.h. selber begrenzt ist, ist dieses Hinausgehen unzureichend: Die Syntheseleistung des Leibes bleibt auf ihn als einen vereinzelten Körper beschränkt, so dass – sollte eine über den Leib hinausgehende Sacherstreckung der Willkür nicht möglich sein – die Grenze des Leibes zugleich die Grenze des Daseins der Freiheit markierte. Der Leibesbegriff vermag daher dem Begriff des „factum“ – als freiem äußerem Willkürgebrauch – eine innerweltliche Bedeutung zu verleihen. Er kann aber nicht erklären, wie ein freiheitstheoretisch relevanter Sachbezug möglich ist. In anderen Worten: Der Leibesbegriff kann zwar bestimmte Rechtsverhältnisse zwischen zwei Personen beschreiben, denn mit den Begriffen der freien Leibeshandlung und der Leibesverletzung lässt sich etwa der Tatbestand der Körperverletzung definieren. Die Beschreibungsleistung des Leibesbegriffs bleibt aber auf

201 So interpretiert auch *Hecker* Eigentum als Sachherrschaft, S. 187, diese Bedeutung des „außer mir“: Der Begriff des intelligiblen Besitzes setze voraus, dass ich den Gegenstand „allein als von mir unterschiedenen Gegenstand bestimme, womit ich auf keine räumlichen und zeitlichen Angaben zurückgreife. Aus dieser Auffassung folgt [...], daß [...] der Körper und seine Glieder nicht im Eigentum stehen können, weil sie kein Äußeres zum Eigentum sind“.

202 *Kaulbach* Leibbewußtsein und Welterfahrung beim frühen und späten Kant, S. 472; ebenso *von Herrmann* Besitz und Leib, S. 210.

203 *Kant* Metaphysische Anfangsgründe der Rechtslehre (VI), S. 237.

204 So auch *Baumanns* Kants Antinomie der reinen Rechtsvernunft in systemgeschichtlicher und systematischer Hinsicht, S. 290 f.: Das „Handlungsorgan des Leibes stelle sich „nicht als äußeres Mein, sondern als inneres Mein“ dar und vermittle dem „Rechtsgedanken des Mein in seinem Ursprung auf folgenreiche Weise eine doppelte Intention“.

solche Zweipersonenverhältnisse beschränkt. Ungeklärt ist weiterhin, wie sich die Willkür auf Sachen erstrecken kann, d.h. inwiefern die Willkürgegenstände rechtlich relevant sein können. Es ist die Aufgabe des Besitzkapitels, darzulegen, dass auch eine solche Synthese möglich ist: Der Besitz stellt sich neben den Leib und ergänzt diesen um ein zweites innerweltliches Standbein des Willens. Erst mit ihm wird das Rechtsprinzip vollständig erschlossen: So wie der Leib die Verhältnisse einer Rechtsperson zu anderen Rechtspersonen erklärt, so erklärt der Besitz die Verhältnisse einer Rechtsperson zu den Sachen. Die Funktion des Besitzkapitels kann deshalb präzisiert werden als eine Überwindung der Leibesgrenze[205]: In ihm geht es darum, aufzuweisen, dass eine Erklärung innerweltlicher Freiheitsverwirklichung möglich ist ohne Rekurs auf die Synthesisfunktion des Leibes.

Der synthetische Charakter des Leibes ist also einerseits für die Rechtslehre notwendig, andererseits aber in das transzendentalphilosophische Programm der *Kritik der reinen Vernunft* und der *Kritik der praktischen Vernunft* nicht bruchlos integrierbar. Hegel zufolge zeugt dieses Dilemma nicht von einer Fehlleistung des Leibesbegriffs, sondern von der grundsätzlichen Problematik des Dualismus, den Gegenstandsbezug der abstrakt beschriebenen Freiheit nicht gewährleisten zu können. Vor dem Hintergrund der hegelschen Einheits-Vielheits-Dialektik sind nicht die objektivitätsstiftenden Synthesisfunktionen der Vermittlungsinstanzen Achtung und Leib problematisch, sondern die Systemprämissen, denen sie zuwiderlaufen. Der Begriff des Leibes weist als Einheit von Freiheit und raumzeitlicher Erscheinung über die dualistische Konzeption hinaus. Hegels Kritik an der *Metaphysik der Sitten* richtet sich daher nicht gegen ihn, sondern kulminiert in dem Vorwurf des Fehlens einer konsequenten Durchführung des in ihm hervortretenden Gedankens der Emanation des Geistes. So wie die Rechtslehre Kants erst durch den synthetischen Begriff des Leibes möglich wird, so krankt sie daran, dass diese Synthesis auf jenen Begriff beschränkt bleibt. Indem Kant nur den Leib als Begriffsobjektivation fasst, ist eine ausgestaltete Lehre des objektiven Geistes für ihn nicht möglich: Eine solche bleibt immer auf den Einzelnen begrenzt und kann daher nur in verkümmerter, weil inhaltlich nicht vollausgestalteter Form erscheinen. Kants Definition, Recht sei der Inbegriff der Bedingungen der freiheitsgesetzlichen Vereinbarkeit der Willkür des einen mit der Willkür des anderen, setzt sich deshalb von vornherein dem Vorwurf der Beliebigkeit aus, denn sie geht im Begriff der Willkür von einer vereinzelten Vernunftobjektivation aus, ohne diese Vereinzelung eigens zu be-

205 „Eigentum erweitert gewissermaßen den eigenen Leib über seine natürlichen Grenzen hinaus" (*Kühl* Eigentumsordnung als Freiheitsordnung, S. 141; ebenso *Deggau* Die Aporien der Rechtslehre Kants, S. 88).

gründen. Anders ausgedrückt: Entweder ist schon die Erstreckung der Vernunft auf den Leib problematisch, oder es ist prinzipiell denkbar, diese Erstreckung auch zu erweitern.

An dieser Erkenntnis setzt Hegels Sollenskritik an. Auf der Grundlage einer vom Einzelnen ausgehenden Rechtskonzeption erscheint jede Rechtsnorm, die über die Regelung der bloßen Leibesläsion hinausweist, prinzipiell problematisch. Die Begründungsschwierigkeiten solcher Normen liegen vor allem darin begründet, dass sich aufgrund der statischen und prinzipiellen Beschränkung der innerweltlichen Freiheitsverwirklichung auf die Leiblichkeit des Ich die Antinomie des abstrakten Sollensbegriffes an der Grenze des Leibes reproduziert. Sie erscheint hier freilich nicht in der Gestalt einer für den homo phaenomenon unerreichbaren, weil unverständlichen Norm, sondern als unüberschreitbare Begrenztheit der äußerlichen Freiheitsmanifestation. Hegels Sollenskritik äußert sich im Recht als Vereinzelungskritik. Zwar weist der Leib über die Grenze zwischen Noumenalem und Phänomenalem hinaus. Da er jedoch vereinzelt, d.h. selber begrenzt ist, ist dieses Hinausgehen endlich: Die Syntheseleistung des Leibes bleibt auf ihn als einen vereinzelten Körper beschränkt, so dass die Grenze des Leibes zugleich die Grenze des Daseins der Freiheit ist. Aus der Perspektive des Freiheitsbegriffs artikuliert sich diese Grenze als eine Schranke, die zu überwinden ist: Die äußere Willkür soll sich auf äußere Gegenstände erstrecken, ohne dass aufgezeigt werden kann, wie dies möglich ist. Anders bei Hegel: Wird die Trennung zwischen Phaenomenon und Noumenon nicht als eine prinzipielle angesetzt, so stellt sich das gesamte Rechtsgebäude und nicht bloß der menschliche Leib als Objektivation des Begriffes, eben als „objektiver Geist“ dar.

Der Gegenstandsbezug des Willens im Recht

In seiner Monographie „Arbeit und Eigentum" gelangt Manfred Brocker zu dem Ergebnis,

> daß der eigentumstheoretische Diskurs zwischen den beteiligten Autoren unabhängig davon geführt wurde und geführt werden konnte, welche naturrechtstheoretischen und rechtsphilosophischen Grundannahmen ihren jeweiligen Philosophien und Rechtslehren zugrunde lagen, und daß die Struktur ihrer jeweiligen Eigentumstheorien ohne erkennbare Beeinflussung durch ihre je unterschiedlichen Vorstellungen von dem Ursprung und der Verbindlichkeit, dem ‚Wesen' und der Erkennbarkeit des (Natur-)Rechts blieb[1].

In diesem Kapitel soll gezeigt werden, dass diese Aussage zumindest auf die Theorien Kants und Hegels nicht zutrifft. Die Eigentumskonzepte beider Autoren sind jeweils systembedingt: Während Hegel das Eigentum als spekulative, zwischen Wille und Willensgegenstand vermittelnde Struktur charakterisiert, trägt Kant den seine Philosophie insgesamt prägenden Dualismus zwischen Intelligiblem und Phänomenalem auch in seine Besitzlehre hinein. Im folgenden soll also nachgewiesen werden, dass die jeweiligen Theorien des Gegenstandsbezuges der rechtlichen Willkür maßgeblich durch die im ersten Kapitel dargelegten allgemeinen Willensgrundsätze geprägt sind: Während Kants Besitzlehre durch das Freiheitsprogramm der Abstraktion bedingt ist, ist das Eigentumskonzept Hegels Ausdruck des Bemühens, die abstrakte Gegenüberstellung von Subjekt und Objekt spekulativ zu überwinden. Aus diesem Befund folgt, dass mit der Darstellung der kantischen Theorie eine Kritik derselben einhergehen muss; denn wenn das Konzept eines abstrakten Willen in Aporien stürzt, so muss dies auch für das Konzept des Gegenstandsbezuges dieses Willens gelten. Diese Kritik des Privatrechtskapitels der *Metaphysischen Anfangsgründe der Rechtswissenschaft* vorbereitend soll in einem ersten Abschnitt Hegels Eigentumstheorie referiert werden (I.): Hegels Beschreibung der Synthesisfunktion des Eigentums bildet die Kontrastfolie, von der aus die Mängel der dualistischen Konzeption Kants deutlich werden. Im zweiten Abschnitt wird Kants Besitzlehre dargestellt und aus hegelscher Perspektive kritisiert (II.).

---

1 *Brocker* Arbeit und Eigentum, S. 354.

I. Hegels Theorie des Eigentums

1. Überblick über den Gang der Argumentation

Die Gliederung der folgenden Darstellung orientiert sich an derjenigen der Eigentumslehre der *Grundlinien*: Zunächst wird die genannte Synthesisleistung des Eigentums näher beleuchtet (2.); sodann soll auf die Möglichkeiten des Erwerbs (3.), des Gebrauchs (4.) und der Entäußerung (5.) der besessenen Sachen eingegangen werden. Abschließend wird die in der Sekundärliteratur immer wieder vorgebrachte Kritik erörtert, Hegels Eigentumslehre missachte den Interpersonalitätscharakter des Rechts (6.).

2. Die Synthesisleistung des Eigentums

Die Methode, anhand derer die Kategorienentwicklung der *Grundlinien* erfolgt, ist „aus der Logik vorausgesetzt"[2]. Hegel übernimmt also das in der Logik geltende Prinzip der immanenten Begriffsentwicklung in die Realphilosophie; auch diese entfaltet sich anhand der Methoden der Abstraktion, der Dialektik und der Spekulation[3]. Da die Rechtsphilosophie

2 *Hegel* Grundlinien der Philosophie des Rechts (7), § 31, S. 84.

3 In der Realphilosophie stellt sich freilich – anders als in der Logik – die Frage, inwieweit diese Methode geeignet ist, die Wirklichkeit zu erfassen. In den *Grundlinien* beschreibt Hegel die Dialektik deshalb auf zwei Weisen: zum einen als das „bewegende Prinzip des Begriffs" (*Hegel* Grundlinien der Philosophie des Rechts [7], § 31, S. 84), also als rein begriffliche Deduktion im Sinne der dialektischen Methode der *Wissenschaft der Logik*; – zum anderen aber auch als „immanente[...] Entwicklung der Sache selbst" (*ders.* aaO., § 2, S. 30), also als genuin realphilosophische Kategorienentwicklung. Beide Bestimmungen decken sich nur dann, wenn die Wirklichkeit der vernünftigen Begriffsdeduktion entspricht, d.h. unter der Prämisse des berühmten Doppelsatzes von der Vernünftigkeit des Wirklichen und der Wirklichkeit des Vernünftigen (*ders.* Enzyklopädie der philosophischen Wissenschaften I [8], § 6, S. 47; *ders.* Grundlinien der Philosophie des Rechts [7], S. 24). Ganz in diesem Sinne schreibt Hegel in der *Enzyklopädie*: „Übereinstimmung [der deduzierten Kategorien] mit der Wirklichkeit und Erfahrung [ist] notwendig. Ja, diese Übereinstimmung kann für einen wenigstens äußeren Prüfstein der Wahrheit einer Philosophie angesehen werden, so wie es für den höchsten Endzweck der Wissenschaft anzusehen ist, durch die Erkenntnis dieser Übereinstimmung die Versöhnung der selbstbewußten Vernunft mit der seienden Vernunft, mit der Wirklichkeit hervorzubringen" (*ders.* Enzyklopädie der philosophischen Wissenschaften I [8], § 6, S. 47). Andererseits deutet die Anwendung der logisch-begrifflichen Methode aber auch auf eine Differenz zwischen Vernunft und Wirklichkeit hin: Im Falle einer vollständigen Deckung dieser beiden Antipoden wäre auch die empirisch-historische Methode geeignet für die Bestimmung der Kategorien der Rechtsphilosophie; dagegen wendet sich Hegel aber strikt: „Der Fortgang im Recht muß als Ausdruck des Begriffs ein immanenter sein, und die Verhältnisse müssen nicht empirisch von Außen genommen werden" (*ders.* Rechtsphilosophie Vorlesungsnachschrift Hotho, S. 164 f.). Entsprechend weist Hegel darauf hin, daß die logische Entwicklung der Begriffe

auf die Philosophien der Natur und des subjektiven Geistes folgt, muss das Eigentum also, auch wenn es die erste Kategorie der *Grundlinien* markiert und damit im Vergleich zu den darauffolgenden Rechtsbegriffen noch abstrakt ist, bereits spekulativer Natur sein: Es muss als Anfang der Entfaltung der Rechtsbegriffe und als Resultat der Entwicklung der Kategorien des subjektiven Geistes erscheinen[4]. Zur Verdeutlichung der Synthesisfunktion des Eigentums sei diese Entwicklung kurz dargestellt.

Das Ende der *Logik* hat gezeigt, dass das Resultat der immanenten, rein begrifflichen Entwicklung der Idee die Methode selber ist. Die absolute Idee hat „sich als die unendliche Form zu ihrem Inhalte"; in ihr fallen Äußerlichkeit und Innerlichkeit zusammen, so dass sich „nicht ein Inhalt als solcher, sondern das Allgemeine seiner Form, – d.i. die Methode"[5] als „absolute Grundlage und letzte Wahrheit"[6] erwiesen hat. Diese Methode besteht, wie im ersten Kapitel gezeigt wurde, in einer fortlaufenden Perspektivenerweiterung und dem dadurch ermöglichten Aufweis und der Überwindung von Einseitigkeiten. Indem die absolute Form auf diese Weise eine permanente Selbstüberschreitung fordert, muss am Ende der Logik die Sphäre des Logisch-Begrifflichen insgesamt überwunden werden: Die „absolute Freiheit der Idee" besteht darin, dass sie „in der absoluten Wahrheit ihrer selbst sich entschließt, das Moment ihrer Besonderheit oder des ersten Bestimmens und Andersseins, die unmittelbare Idee als ihren Widerschein, sich als Natur frei aus sich zu entlassen"[7]. Dieses Sich-Entlassen in das Anderssein ist zunächst einmal ein Abstraktionsschritt; es ist der Entwurf eines Gegensatzes, nicht dessen Überwindung: Die begriffliche Idee stellt sich die Natur als Anderes, ihr Äußerliches entgegen. Letztere ist daher „an sich, in der Idee göttlich, aber wie sie ist,

der historischen Entwicklung der Wirklichkeit durchaus widersprechen kann: „Die Ordnung der Zeit in der wirklichen Erscheinung ist zum Teil anders als die Ordnung des Begriffs" (*ders.* aaO., S. 168). Hegel ordnet die logische Deduktion der historischen Betrachtung deshalb vor: „Indem so [anhand der logisch-begrifflichen Methode, C.M.] sein Inhalt für sich notwendig ist, so ist das *Zweite*, sich umzusehen, was in den Vorstellungen und in der Sprache demselben entspricht" (*ders.* Grundlinien der Philosophie des Rechts [7], § 2, S. 32; ebenso *ders.* Enzyklopädie der philosophischen Wissenschaften II [9], § 246, S. 15 für die Naturphilosophie). Hegel trennt zwischen diesen beiden Methoden leider meist nicht deutlich genug (ausdrücklich aber in der Naturphilosophie für das Licht: *ders.* aaO., § 276, S. 116 ff.). Zum komplizierten Spannungsverhältnis zwischen logischer Begriffsdeduktion und immanenter Schlußfolgerung in Hegels politischer Philosophie vgl. *Hanisch* Dialektische Logik und politisches Argument.

4 In der philosophischen Erkenntnis ist „die Notwendigkeit eines Begriffs die Hauptsache, und der Gang, als Resultat, geworden zu sein, [ist] sein Beweis und Deduktion" (*Hegel* Grundlinien der Philosophie des Rechts [7], § 2, S. 31 f.).

5 *Hegel* Wissenschaft der Logik II (6), S. 550.

6 *Hegel* Wissenschaft der Logik II (6), S. 551.

7 *Hegel* Enzyklopädie der philosophischen Wissenschaften I (8), § 244, S. 393; dazu ausführlich *Burkhardt* Hegels „Wissenschaft der Logik" im Spannungsfeld der Kritik, S. 499 ff..

entspricht ihr Sein ihrem Begriffe nicht; sie ist vielmehr der unaufgelöste Widerspruch“[8]. Der Übergang der logischen Idee in die Natur ist ein Sichfortbestimmen des Begriffs nicht hin zu einer höheren synthetischen Einheit, sondern zu seiner Äußerlichkeit: Die Entäußerung der Idee hat zur Folge, dass die Natur gerade nicht begriffsgemäß ist. In den Worten Hegels: „In dieser Äußerlichkeit haben die Begriffsbestimmungen den Schein eines gleichgültigen Bestehens und der Vereinzelung gegeneinander; der Begriff ist deswegen als Innerliches“[9]. Aufgrund dieses Selbstwiderspruchs – durch die Idee gesetzt, ihr aber nicht gemäß zu sein – zeigt die Natur „in ihrem Dasein keine Freiheit, sondern Notwendigkeit und Zufälligkeit“[10]: „Es ist die Ohnmacht der Natur, die Begriffsbestimmungen nur abstrakt zu erhalten und die Ausführung des Besonderen äußerer Bestimmbarkeit auszusetzen“[11]. Die Abstraktheit der Natur zeigt sich daran, dass in ihr die innere Notwendigkeit der Reflexivitätsstruktur des Begriffs nicht explizit wird. So sind etwa die „Sonne, Planeten, Kometen, Pflanzen, Tiere“[12] voneinander isoliert und ohne innerlich notwendige Reziprozität. Ihre Verbundenheit resultiert allein aus raum-zeitlichen, und das heißt äußerlichen Umständen; die Einheit der Natur ist lediglich eine „Beziehung scheinbar Selbständiger“[13]. Am ausgeprägtesten ist die Beliebigkeit der Natur „im Reich der konkreten Gebilde“, der „Naturdinge“: Diese sind „eine Menge von Eigenschaften, die außereinander und mehr oder weniger gleichgültig gegeneinander sind“[14]. Der Naturzufälligkeit unterliegt daher auch – und damit zeigt sich ein erster Bezug dieser Ausführungen zur Problematik des Gegenstandsbezuges des Willens – die Sache. Im Eigentumskapitel der *Grundlinien* führt Hegel den Sachbegriff durch eine doppelte Bestimmung ein:

> Sache hat wie das Objektive die entgegengesetzten Bedeutungen; das eine Mal, wenn man sagt: das ist die Sache, es kommt auf die Sache, nicht auf die Person an, die Bedeutung des Substantiellen; das andere Mal, gegen die Person [...], ist die Sache das Gegenteil des Substantiellen, das seiner Bestimmung nach nur Äußerliche[15].

Als Bestandteil der Natur ist die Sache arbiträr strukturiert. Die ihr zukommenden Eigenschaften sind durch die mannigfaltigsten äußeren Um-

8 *Hegel* Enzyklopädie der philosophischen Wissenschaften II (9), § 248, S. 27 f..

9 *Hegel* Enzyklopädie der philosophischen Wissenschaften II (9), § 248, S. 27.

10 *Hegel* Enzyklopädie der philosophischen Wissenschaften II (9), § 248, S. 27; ebenso *ders.* Enzyklopädie der philosophischen Wissenschaften III (10), § 381 Z, S. 19.

11 *Hegel* Enzyklopädie der philosophischen Wissenschaften II (9), § 250, S. 34.

12 *Hegel* Enzyklopädie der philosophischen Wissenschaften II (9), § 250 Z, S. 29.

13 *Hegel* Enzyklopädie der philosophischen Wissenschaften II (9), § 248 Z, S. 30.

14 *Hegel* Enzyklopädie der philosophischen Wissenschaften II (9), § 250, S. 34.

15 *Hegel* Grundlinien der Philosophie des Rechts (7), § 42, S. 103.

stände bedingt und stehen ohne inneren Bezug in einem beliebigen Nebeneinander. Im eigentumstheoretischen, auf die Naturzufälligkeit rekurrierenden Kontext ist daher allein die zweite Bestimmung der Sache gerechtfertigt: „Das von dem freien Geiste unmittelbar Verschiedene ist für ihn an und für sich das Äußerliche überhaupt – eine Sache, ein Unfreies, Unpersönliches und Rechtloses"[16]. Es ist offensichtlich, dass der Sachbegriff in den *Grundlinien* unter Bezugnahme auf eben jene Notwendigkeit und Zufälligkeit eingeführt wird, der die Natur insgesamt unterliegt: Die Sache ist rechtlos, weil ihr jene nur der Idee zukommende autonome Innerlichkeit fehlt, die Freiheit und Recht erst ermöglicht; sie ist „gegen die [...] Willkür als ein Willenloses ohne Recht und wird von ihr zu ihrem Akzidens [...] gemacht"[17]. Wie noch zu zeigen sein wird, ist der kantische Sachbegriff im Gegensatz dazu durch die von Hegel zuerst genannte Bestimmung geprägt: In den *Metaphysischen Anfangsgründen der Rechtslehre* kommt die Sache nicht als Akzidens, sondern als Substanzhaftes in den Blick[18].

Die Natur bleibt bei dieser vollständigen „Unangemessenheit" der Idee „selbst mit sich"[19] jedoch nicht stehen. Vielmehr zeichnet sich in ihr eine Entwicklung ab, deren Ziel die Überwindung dieser Äußerlichkeit und die Bewältigung ihres Selbstwiderspruchs ist. Das Resultat der Naturphilosophie ist daher der Übergang zum Geist: „Auch in der vollendetsten Gestalt [...], zu welcher die Natur sich erhebt, [...] gelangt der Begriff nicht zu einer seinem seelenhaften Wesen gleichen Wirklichkeit, zur völligen Überwindung der Äußerlichkeit und Endlichkeit seines Daseins. Dies geschieht erst im Geiste"[20]. Von besonderem Interesse ist im hiesigen Kontext dabei, dass Hegel in der Überwindung der Naturzufälligkeit geradezu das Wesen des Geistes erblickt[21]. „Alle Tätigkeiten des Geistes sind nichts als verschiedene Weisen der Zurückführung des Äußerlichen zu der Innerlichkeit, welche der Geist selbst ist, und nur durch diese Zurückführung, durch diese Idealisierung oder Assimilation des Äußerlichen, wird und ist er Geist"[22]. Dieses entscheidende Definitionselement des Geistes bezeichnet Hegel als dessen Idealität: „Als die unterscheidende Bestimmtheit des Begriffs des Geistes muß die Idealität, d.h. das Aufheben des Andersseins der Idee, das aus ihrem Anderen in sich Zurückkehren und

16 *Hegel* Grundlinien der Philosophie des Rechts (7), § 42, S. 103.
17 *Hegel* Enzyklopädie der philosophischen Wissenschaften III (10), § 488, S. 306.
18 Siehe dazu unten S. 243 ff..
19 *Hegel* Enzykolpädie der philosophischen Wissenschaften II (9), § 248, S. 28.
20 *Hegel* Enzyklopädie der philosophischen Wissenschaften III (10), § 381 Z, S. 21.
21 *Hösle* Hegels System, S. 341.
22 *Hegel* Enzyklopädie der philosophischen Wissenschaften III (10), § 381 Z, S. 21.

Zurückgekehrtsein derselben bezeichnet werden"[23]. Die Idealisierung der Natur geschieht dadurch, dass deren Außereinander zu einer Einheit aufgehoben wird. Je begriffsgemäßer die Wirklichkeitsstrukturen sind, desto notwendiger sind ihre reziproken Beziehungen. Während die Natur also „nur unmittelbar konkret"[24] ist, ist der Geist konkret in dem Sinne, in dem dieses Prädikat im ersten Kapitel eingeführt wurde: Er ist eine einheitliche Totalität, in der die einzelnen Bestimmungen unlöslich zusammenhängen[25]. Indem der Geist in der Natur ein ihm Gegenüberstehendes vorfindet, in das er sich einprägt, ist er frei: Weil er die Äußerlichkeit der Natur aufhebt, macht er sich diese gleich, so dass sie für ihn nicht mehr eine Schranke bzw. ein Sollen ist. Die Freiheit des Geistes beruht damit auf der im ersten Kapitel erörterten Struktur der Subjektivität: Durch seine Assimilierungsleistung wandelt der Geist den Fremdbezug zur Natur in eine selbstreferentielle Beziehung.

Die Idealisierung der Natur durch den Geist – die Zusammenfassung von deren arbiträrer Mannigfaltigkeit zu einer innerlich notwendigen Einheit – geschieht auf zwei Ebenen. Deren erste ist die des subjektiven Geistes, auf der „der Geist in der Beziehung auf sich als auf ein Anderes steht, [...] nur der subjektive, der von der Natur herkommende Geist und zunächst selbst Naturgeist"[26] ist. Der subjektive Geist stellt sich der Natur also entgegen; in ihm sind Innerlichkeit und Äußerlichkeit noch nicht miteinander vermittelt. In seiner Subjektivität ist der Geist noch nicht vollständig entwickelt, denn er hat sich „seinen Begriff noch nicht gegenständlich gemacht"[27]. Diese Freiheitsvergegenständlichung erfolgt auf der – im hiesigen Kontext relevanten – zweiten Stufe, der des objektiven Geistes. Objektiv ist der Geist „in der Form der Realität als einer von ihm hervorzubringenden und hervorgebrachten Welt, in welcher die Freiheit als vorhandene Notwendigkeit ist"[28]. Die Blickrichtungen des subjektiven und des objektiven Geistes sind einander also gewissermaßen entgegengesetzt: Während ersterer der äußerlichen Naturnotwendigkeit die freie Begriffsstruktur entgegenstellt, versucht letzterer, diese Freiheit in äußere

23 *Hegel* Enzyklopädie der philosophischen Wissenschaften III (10), § 381 Z, S. 18.

24 *Hegel* Enzyklopädie der philosophischen Wissenschaften II (9), § 250, S. 34.

25 *Hösle* Hegels System, S. 341.

26 *Hegel* Enzyklopädie der philosophischen Wissenschaften III (10), § 385 Z, S. 33.

27 *Hegel* Enzyklopädie der philosophischen Wissenschaften III (10), § 387 Z, S. 39; vgl. aber auch *ders.* aaO.: „In dieser seiner Subjektivität ist der Geist aber zugleich objektiv, hat eine unmittelbare Realität, durch deren Aufhebung er erst für sich wird, zu sich selbst, zum Erfassen seines Begriffs, seiner Subjektivität gelangt. Man könnte daher ebensowohl sagen, der Geist sei zunächst objektiv und solle subjektiv werden, wie umgekehrt, er sei erst subjektiv und habe sich objektiv zu machen. Der Unterschied des subjektiven und des objektiven Geistes ist folglich nicht als ein starrer anzusehen".

28 *Hegel* Enzyklopädie der philosophischen Wissenschaften III (10), § 385, S. 32.

Notwendigkeit zu transferieren; das in ihm thematische Rechtssystem ist insofern „das Reich der verwirklichten Freiheit, [...] als eine zweite Natur"[29]. Der Ausdruck „zweite Natur" besagt in diesem Zusammenhang, dass der objektive Geist insofern der Natur ähnelt, als er – im Gegensatz zum subjektiven Geist – durch eine äußerlich wahrnehmbare und innerweltlich manifestierte Notwendigkeit geprägt ist. Die Assimilierung der Natur durch den objektiven Geist wiederholt deshalb „auf einem höheren Niveau den Übergang, durch den die Idee am Ende der Logik sich in die Natur verwandelt"[30]. Zugleich unterscheidet sich die Notwendigkeit des objektiven Geistes aber tiefgreifend von derjenigen der Natur; denn es handelt sich bei ihr nicht um eine solche, die als arbiträrer äußerlicher Zwang erscheint, sondern um die Explikation der inneren Vernunftstruktur der Freiheit.

Die erste Stufe dieser Selbsttransformation des Geistes ist das Eigentum. Es exemplifiziert die Syntheseleistung des objektiven Geistes daher in besonders prägnanter Weise und wird in der *Enzyklopädie* folgerichtig bereits in der *Einleitung in die Geistphilosophie* erwähnt. An dieser zentralen Stelle heißt es:

> Die ganze Tätigkeit des subjektiven Geistes geht [...] darauf aus, sich als sich selbst zu erfassen, sich als Idealität seiner unmittelbaren Realität zu erweisen. Hat er sich zum Fürsichsein gebracht, so ist er nicht mehr bloß subjektiver, sondern objektiver Geist. Während der subjektive Geist wegen seiner Beziehung auf ein Anderes noch unfrei oder, was dasselbe, nur an sich frei ist, kommt im objektiven Geiste die Freiheit, das Wissen des Geistes von sich als freiem zum Dasein. Der objektive Geist ist Person und hat als solche im Eigentum eine Realität seiner Freiheit; denn im Eigentum wird die Sache als das, was sie ist, nämlich als ein Unselbständiges und als ein solches gesetzt, das wesentlich nur die Bedeutung hat, die Realität des freien Willens einer Person und darum für jede andere Person ein Unantastbares zu sein. Hier sehen wir ein Subjektives, das sich frei weiß, und zugleich eine äußerliche Realität dieser Freiheit; der Geist kommt daher hier zum Fürsichsein, die Objektivität des Geistes zu ihrem Rechte[31].

Die „Übergegensätzlichkeit"[32] des Eigentums entspricht also derjenigen, die es erlaubt, den objektiven Geist insgesamt als Überwindung des subjektiven Geistes zu charakterisieren: Der Begriff des Eigentums bezeichnet in ganz allgemeiner Weise die erste Form der Objektivität rechtlichen Personseins. Im Eigentum gibt sich die Person Dasein[33]; sie entäußert sich und hebt ihre weltabgewandte Subjektivität auf. Als philosophische Dis-

---

29 *Hegel* Grundlinien der Philosophie des Rechts (7), § 4, S. 46.

30 *Peperzak* Hegels praktische Philosophie, S. 108.

31 *Hegel* Enzyklopädie der philosophischen Wissenschaften III (10), § 385 Z, S. 33 f..

32 Siehe zu dieser Terminologie oben S. 16.

33 Vgl. dazu auch *Meyer* Das Verhältnis von „Person" und „Eigentum" in Hegels Philosophie des Rechts.

ziplin auf dem Theorieniveau des objektiven Geistes wird in ihr anders als in der Semantik des subjektiven Geistes das sich innerweltlich manifestierende Dasein der Freiheit thematisiert: Sie entäußert sich und wird damit eine in der Welt körperlich vorhandene und in ihrer Äußerlichkeit sinnlich erfahrbare Struktur. An die Rechtsdefinition des § 29 anknüpfend beschreibt Hegel diesen Zusammenhang in den *Grundlinien* in der Terminologie der Idee[34]: „Die Person muß sich eine äußere Sphäre ihrer Freiheit geben, um als Idee zu sein“[35]. Besonders prägnant heißt es in der *Vorlesungsnachschrift Hothos*:

> Als Person bin ich das ganz abstracte, habe noch kein Dasein, bin noch als Innerlichkeit, diese Einseitigkeit; aber ich muß Idee sein um wahr zu sein, und deshalb muß diese Innerlichkeit sich eine äußere Sphäre geben, denn nur in mir frei seiend bin ich ganz subjektiv, und diese Subjectivität muß sich zur Objectivität aufheben[36].

Das Eigentum ist also notwendig, um die Subjektivität der Person aufzuheben und diese aus ihrem bloßen Begriff in das Dasein, d.h. die Idee zu überführen: Nur durch das Eigentum wird das Subjekt „der praktische, an und für sich bestimmte, objektive Begriff, der als Person [...] in seinem Anderen seine eigene Objektivität zum Gegenstand hat“[37]. Zugleich wird

---

34 Dazu oben S. 31 ff..

35 *Hegel* Grundlinien der Philosophie des Rechts (7), § 41, S. 102.

36 *Hegel* Rechtsphilosophie Vorlesungsnachschrift Hotho, S. 204.

37 *Hegel* Wissenschaft der Logik II (6), S. 549. Auch wenn die Gestalt, die das Eigentum auf der Systemstufe der Sittlichkeit annimmt, an dieser Stelle nicht ausführlich thematisiert werden kann, soll dennoch darauf hingewiesen werden, dass Hegel im Abschnitt über die bürgerliche Gesellschaft eine weitere Rechtfertigung des Eigentums entwickelt: keine freiheitstheoretische, sondern eine utilitaristische. Das Eigentum kommt an jener Stelle nicht als äußere Sphäre der Freiheit der Person in den Blick, sondern als durch seine ökonomische Effizienz ausgezeichnetes Rechtsinstitut. So heißt es etwa im § 199 der *Grundlinien*, dass die egoistische Verfolgung des Privatinteresses umschlägt in einen „Beitrag zur Befriedigung der Bedürfnisse aller anderen [...] – in die Vermittlung des Besonderen durch das Allgemeine als dialektische Bewegung, so daß, indem jeder für sich erwirbt, produziert und genießt, er eben damit für den Genuß der übrigen produziert und erwirbt“ (*ders.* Grundlinien der Philosophie des Rechts [7], § 199, S. 353). Mit dieser Eigentumsbegründung geht eine Eigentumskritik einher, denn das marktorientierte System der Bedürfnisse entwickelt – so Hegel – eine Eigendynamik, aufgrund derer es letztlich umschlägt in „das System der in ihre Extreme verlorenen Sittlichkeit“ (*ders.* Grundlinien der Philosophie des Rechts[7], § 184, S. 340). Im Unterschied zu Kant thematisiert Hegel also den Wirklichkeitsbezug des Eigentums auch in ökonomischer und gesellschaftstheoretischer Hinsicht; diese Aspekte und Begründungsstrukturen wirken auf den Rechtsbereich, aus dem sie eigentlich herausfallen, zurück. Auch insofern stellt Hegels Theorie gegenüber derjenigen Kants sicherlich einen Fortschritt dar. Vgl. dazu ausführlich *Dreier* Eigentum in rechtsphilosophischer Sicht, S. 171 ff.; *Ritter* Person und Eigentum, S. 67 ff.; zur Ambivalenz von Eigentumsbegründung und Eigentumskritik siehe auch *Angehrn* Besitz und Eigentum, S. 105 ff..

die Sache in ihrer Bedeutung darauf reduziert, die Realität des freien Willens zu sein; sie verliert ihre Selbstzweckhaftigkeit und wird vollständig subjektiviert: „Wenn der Besitz vollständig und konkret gegeben ist, ist der Besitzende der Seinsgrund des besessenen Gegenstands. Ich besitze diesen Füller, das heißt: dieser Füller existiert für mich, ist für mich gemacht worden“[38]. Vor diesem Hintergrund ist klar, dass Hegel nicht wie Kant zwischen innerem und äußerem Mein differenzieren kann; die Pointe von Hegels Argumentation besteht ja gerade darin, dass der Dualismus zwischen meiner Freiheit und ihrer Erstreckung auf äußere Gegenstände durch die Kategorie des Eigentums aufgehoben wird[39]. Nach dem im vorigen Kapitel zum kantischen Leibesbegriff Gesagten hat das aber zur Folge, dass auch der Unterschied zwischen den äußeren Dingen und der Verkörperung des menschlichen Geistes im Leib wegfällt; entsprechend bestimmt Hegel die „Sache im allgemeinen Sinne als das der Freiheit überhaupt Äußerliche, wozu auch mein Körper, mein Leben gehört“[40]. In § 47 der *Grundlinien* heißt es: „als Person habe ich [...] mein Leben und Körper, wie andere Sachen, nur, insofern es mein Wille ist“[41]. So wie das Eigentum im allgemeinen eine ursprüngliche Erwerbung voraussetzt, so ist auch für den Leib eine vorherige Inbesitznahme erforderlich: „Damit, daß wir einen Körper der Natur haben, gehört er noch nicht unserer Freiheit an. Wir müssen erst Meister über ihn werden, ihn uns aneignen“[42]. Indem Hegel das Eigentum als erste Weise der Freiheitsvergegenständlichung fasst, dehnt er die bei Kant willkürlich auf den Leib beschränkte Synthesisfunktion der Idealität auf alle Gegenstände aus und sprengt damit die Zweiteilung von innerem und äußerem Mein als zweier prinzipiell verschiedener Weisen der Freiheitsverwirklichung.

---

38 *Sartre* Das Sein und das Nichts, S. 1009.

39 Vgl. *Sartre* Das Sein und das Nichts, S. 1008: „Da die interne Beziehung synthetisch ist, bewirkt sie in der Tat die Vereinigung des Besitzenden und des Besessenen. Das bedeutet, daß beide ideal eine einzige Realität bilden. Besitzen heißt sich im Zeichen der Aneignung mit dem besessenen Gegenstand vereinigen; besitzen wollen heißt sich durch diese Beziehung mit einem Gegenstand vereinigen wollen“. Noch prägnanter heißt es an einer anderen Stelle: „Besitz ist ein magischer Bezug; ich bin die Gegenstände, die ich besitze, aber draußen, mir gegenüber; ich schaffe sie als von mir unabhängige; was ich besitze ist Ich außerhalb meiner, außerhalb jeder Subjektivität“ (*ders.* aaO., S. 1013).

40 *Hegel* Grundlinien der Philosophie des Rechts (7), § 40, S. 99.

41 *Hegel* Grundlinien der Philosophie des Rechts (7), § 47, S. 110.

42 *Hegel* Rechtsphilosophie Vorlesungsnachschrift Ringier, S. 19.

3. Die Besitznahme

Wie aber geschieht die mit dem Eigentum postulierte Vermittlung zwischen Subjekt und Objekt? Hegel bestimmt das Verhältnis zwischen Wille und Sache auf drei Weisen und gliedert das Eigentumskapitel anhand dieser Trichotomie. Erstens ist der Bezug des Willens auf die Sache positiv, „insofern der Wille in der Sache, als einem Positiven, sein Dasein hat“[43]; dieses den Kerngehalt der Eigentumslehre erfassende Verhältnis findet seinen Ausdruck in der Besitznahme. Zweitens hat der Wille sein Dasein in der Sache „als einem zu negierenden, – Gebrauch“[44]. Das dritte Verhältnis ist „die Reflexion des Willens in sich aus der Sache“[45], also das Gegenteil der Besitznahme, die Veräußerung. Der Theorie der Besitznahme kommt in Hegels Eigentumskonzept damit eine zentrale Rolle zu; sie hat – ohne dass Hegel dies explizit erwähnt – zwei Funktionen. Zum einen gewährleistet sie die Erkennbarkeit des Eigentums für andere Rechtspersonen. Nur durch den sinnlich wahrnehmbaren Vorgang der Besitznahme können die übrigen Rechtsteilnehmer mein Eigentum achten und das in § 36 der *Grundlinien* normierte wechselseitige Respektierungsgebot erfüllen. Diese Aufgabe des Erwerbsaktes hat Hegel in § 51 ausdrücklich erwähnt: Dessen Objektivität impliziere die „Erkennbarkeit für andere“[46]; und im entsprechenden Zusatz heißt es: „Mein innerer Willensaktus, welcher sagt, daß etwas mein sei, muß auch für andere erkennbar werden“[47]. Obwohl der Erkenntnisfunktion damit eine enorme pragmatische Relevanz für das Zusammenleben innerhalb der Rechtsgemeinschaft zukommt, ist sie aber dennoch bloß ein Reflex der zweiten, eigentlichen Aufgabe der Besitznahme: Vernunftnotwendig ist der Erwerbsakt, weil durch ihn „meine innerliche Vorstellung und Wille, daß etwas mein sein solle“, „Dasein [...] erhält“[48]. Die Synthese des Eigentums – die Assimilierung des Objekts durch das Subjekt – realisiert sich also nicht in der Eigentumskategorie selber, sondern erst im Erwerbsakt[49]: Allein dieser bewirkt die Vergegenständlichung der Freiheit und zeichnet dafür verantwortlich, dass letztere in das Dasein tritt und sich als sinnlich erfahrbare Struktur entäußert. „Daß die Person ihren Willen in eine Sache

43 *Hegel* Grundlinien der Philosophie des Rechts (7), § 53, S. 117.

44 *Hegel* Grundlinien der Philosophie des Rechts (7), § 53, S. 117 f..

45 *Hegel* Grundlinien der Philosophie des Rechts (7), § 53, S. 118.

46 *Hegel* Grundlinien der Philosophie des Rechts (7), § 51, S. 115.

47 *Hegel* Grundlinien der Philosophie des Rechts (7), § 51, Z, S. 115.

48 *Hegel* Grundlinien der Philosophie des Rechts (7), § 51, S. 115.

49 „In Anlehnung an die Etymologie des Wortes ‚Eigentum‘ versteht Hegel mithin den Akt, durch den ein Individuum sich eine Sache zueigen macht, als den Ursprung des Eigentums“ (*Ilting* Rechtsphilosophie als Phänomenologie des Bewußtseins der Freiheit, S. 232).

legt, ist erst der Begriff des Eigentums, und das Weitere [die Besitznahme, C.M.] ist eben die Realisation desselben"[50]. Während der Eigentumsbegriff die Einheit zwischen Subjekt und Objekt bezeichnet, ist die Besitznahme der Grund für diese Einheit: Der schöpferische Vorgang der Besitznahme ist der Assimilierungsprozess, durch den die Naturzufälligkeit überwunden und der Geist konstituiert wird. Die Beantwortung der Frage nach der Vermittlung zwischen den Willensmomenten der Allgemeinheit und der Besonderheit fordert also eine Erwerbstheorie, die den Zugriff des Willens auf die Sachen erklärt; denn erst die Besitznahme schafft die Einheit des Eigentums: Sie erhellt die Synthetizität der Person und erklärt die Assimilierungsleistung des Geistes. Erst durch „die Besitznahme erhält die Sache das Prädikat, die meinige zu sein, und der Wille hat eine positive Beziehung auf sie"[51]. Ohne den Vorgang der Besitznahme ist die Eigentumskategorie nicht nur interpersonal nicht anwendbar: Ohne ihn ist sie inhaltlich unterbestimmt, ihre Synthesis nicht realisiert und ihre Einheitsforderung ein perennierendes Sollen. Wie noch zu zeigen sein wird, markiert diese zweite Funktion der Theorie der Besitznahme damit den entscheidenden Unterschied der hegelschen Eigentumskonzeption zu derjenigen Kants. Letzterer marginalisiert die Bedeutung des Erwerbsaktes, indem er sie auf die zuerst genannte Erkenntnisfunktion reduziert.

Die Besitznahme einer Sache ist möglich durch körperliche Ergreifung, durch Formierung oder durch bloße Bezeichnung[52]. Von diesen Erwerbsarten ist das Formieren „die der Idee angemessenste Besitznahme"[53], die Bezeichnung hingegen die „vollkommenste"[54]. Wie ist diese scheinbar paradoxe Charakterisierung zu verstehen? Die drei Formen der Besitznahme stehen zueinander in dem systematischen Verhältnis des „Fortgang[s] von der Bestimmung der Einzelheit zu der der Allgemeinheit"[55]. Die Formierung bildet also den Mittelpunkt der Erwerbstheorie; die körperliche Ergreifung zeichnet sich ihr gegenüber durch ein Übermaß an Äußerlichkeit, die Bezeichnung durch eine stärkere Betonung der Innerlichkeit aus.

Die körperliche Ergreifung ist als sinnlichste Erwerbsart „höchst eingeschränkt"[56]. Zwar werden die Möglichkeiten meiner Fähigkeit, körperliche Gewalt über die Dinge auszuüben, im Laufe des technischen Fort-

50 *Hegel* Grundlinien der Philosophie des Rechts (7), § 51, Z, S. 115.
51 *Hegel* Grundlinien der Philosophie des Rechts (7), § 59, S. 128.
52 *Hegel* Grundlinien der Philosophie des Rechts (7), § 54, S. 119.
53 *Hegel* Grundlinien der Philosophie des Rechts (7), § 56, S. 121.
54 *Hegel* Grundlinien der Philosophie des Rechts (7), § 58 Z, S. 127.
55 *Hegel* Grundlinien der Philosophie des Rechts (7), § 54 Z, S. 119.
56 *Hegel* Grundlinien der Philosophie des Rechts (7), § 55, S. 119.

schritts durch „mechanische Kräfte, Waffen, Instrumente“[57] beständig erweitert; die physische Sachherrschaft ist jedoch prinzipiell an die zeitlichen und räumlichen Bedingungen der Sache gebunden – eine Abhängigkeit, die der mit dem Eigentum postulierten Hoheit des Willens über die Sache widerspricht. Die Erwerbsart der körperlichen Ergreifung unterliegt daher der gleichen Beschränkung wie der physische Besitz: Indem sie sich am Paradigma des bloß äußerlichen Sachbezuges orientiert, vermag sie den Wesensgehalt des Eigentums, die innere Synthese der Freiheit mit ihrem Dasein, nicht zu explizieren.

Aufgehoben wird diese Beschränktheit der körperlichen Ergreifung in der Formierung: „Durch die Formierung erhält die Bestimmung, daß etwas das Meinige ist, eine für sich bestehende Äußerlichkeit und hört auf, auf meine Gegenwart in diesem Raum und in dieser Zeit und auf die Gegenwart meines Wissens und Wollens beschränkt zu sein“[58]. Der schöpferische Akt der Formierung, den Hegel denkbar weit versteht[59], repräsentiert den Vorgang der Freiheitsvergegenständlichung in besonders prägnanter Weise: Durch ihn wird die Sache unter Zwang gesetzt, indem ihre Eigenschaften verändert werden. In dieser Metamorphose verliert die Sache ihre ursprüngliche Form und nimmt eine Gestalt an, die vom Willen diktiert ist. Die Formierung zeichnet sich unter den übrigen Erwerbsarten demnach dadurch aus, dass die Objektivierung des Willens an der Sache selber sichtbar wird: Sie vereinigt „das Subjektive und Objektive in sich“[60]. Indem Hegel die Formierung als „die der Idee angemessenste Besitznahme“ beschreibt, hebt er letztlich auch den Gedanken der Werthaftigkeit der Arbeit heraus. Dieser Aspekt der Werthaftigkeit erlangt in der hegelschen Objektivationssemantik jedoch einen ganz spezifischen

57 *Hegel* Grundlinien der Philosophie des Rechts (7), § 55, S. 120.

58 *Hegel* Grundlinien der Philosophie des Rechts (7), § 56, S. 121.

59 Hegel zufolge fällt unter den Begriff der Formierung unter anderem die „Bearbeitung der Erde, Kultur der Pflanzen, Bezähmen, Füttern und Hegen der Tiere; weiter vermittelnde Veranstaltungen zur Benutzung elementarischer Stoffe oder Kräfte, veranstaltete Einwirkung eines Stoffes auf einen anderen usf.“. (*Hegel* Grundlinien der Philosophie des Rechts [7], § 56 Z, S. 121 f.). Noch weitergehend heißt es im entsprechenden Zusatz: „Auch das Wild, das ich schone, kann als eine Weise der Formierung angesehen werden, denn es ist ein Benehmen in Rücksicht auf die Erhaltung des Gegenstandes“.– Einer ähnlichen Weite unterliegt der der Formierung verwandte Begriff der Arbeit. Obwohl Hegel die Arbeit im Vorlesungsmanuskript zur Realphilosophie von 1805/1806 als „das disseitige sich zum Dinge machen“ bestimmt (*ders.* Naturphilosophie und Philosophie des Geistes 1805/1806, S. 205), muss das Resultat der Arbeit keineswegs stets ein Ding sein, d.h. die Arbeit erschöpft sich nicht in poietischen Herstellungsprozessen. Wie Schmidt am Busch zeigt, eignet sich Hegels Arbeitsbegriff vielmehr „auch zur Bestimmung solcher Tätigkeiten, die heute üblicherweise dem sogenannten Dienstleistungssektor zugerechnet werden“ (*Schmidt am Busch* Hegels Begriff der Arbeit, S. 39).

60 *Hegel* Grundlinien der Philosophie des Rechts (7), § 56, S. 121.

Sinn: Der Wert der Arbeit ist gleichbedeutend mit der Idealisierungsleistung des Geistes[61]. Er ist keine außerhalb der Sache liegende Größe, sondern die im Ding verkörperte Willensvergegenständlichung selber[62].

Die Bezeichnung schließlich ist die bloß „vorstellende Besitznahme“[63]. Anders als bei der Formierung wird die Synthese zwischen Wille und Sache durch die Bezeichnung nicht wirklich, nicht als äußerlich sichtbare Realität geschaffen, sondern bloß in der Gestalt eines Zeichens, „dessen Bedeutung sein soll, daß Ich meinen Willen in sie [die Sache] gelegt habe“[64]. Im Bezeichnungsakt dokumentiert sich die Überlegenheit des Willens deutlicher als in den anderen Erwerbsarten. Die Sache wird derart degradiert, dass sie nicht einmal mehr in ihrer Eigenschaft des materialen Objektseins in den Blick kommt; sie wird in ihrer Bedeutung vollständig

---

61 Lange interpretiert den hegelschen Arbeitsbegriff im Anschluss an die *Phänomenologie des Geistes* als „eine bloße Formänderung desselben Inhalts und Wesens“ und kritisiert ihn ausgehend von dieser Bestimmung als unsinnig (*Lange* Das Prinzip Arbeit, S. 28 f.). Diese Kritik ist jedoch zurückzuweisen: Durch die Verarbeitung der stofflichen Materie übersetzt sich der Wille aus dem bloß subjektiven Zustand in die Realität; er ändert mithin seine Form bei gleichbleibendem Inhalt. Anders ausgedrückt: Die in der Arbeit vorgenommene Formänderung desselben Inhalts besteht darin, „daß dieser einmal als beabsichtigter, sodann als beabsichtigter und im Zustande der Ausführung befindlicher und schließlich als ausgeführter beschrieben wird“ (*Schmidt am Busch* Hegels Begriff der Arbeit S. 45 f.).

62 In der 1805/1806 als Vorlesungsmanuskript verfassten *Philosophie des Geistes* bestimmt Hegel die Arbeit als „das disseitige sich zum Dinge machen“ (*Hegel* Naturphilosophie und Philosophie des Geistes 1805/1806, S. 205). Diese Definition ist Gegenstand geradezu konträrer Interpretationen. Habermas und Honneth verstehen den hegelschen Begriff der Arbeit als Verdinglichung des Menschen im Sinne einer „Unterwerfung unter die Kausalität der Natur“ und einer Entfremdung von sich selbst (*Habermas* Technik und Wissenschaft als Ideologie, S. 26; *Honneth* Kampf um Anerkennung, S. 61): In der Arbeit lerne der Mensch sich „nur als ein tätiges ‚Ding‘ kennen[...] als ein Wesen nämlich, das zur Handlungsfähigkeit nur durch Anpassung an die Naturkausalität gelangt [...]. Daher spricht Hegel von der Arbeit resümierend auch als von einer Erfahrung des ‚Sich-zum-Dinge-machens‘“ (*Honneth* Kampf um Anerkennung, S. 61). Im Gegensatz dazu versteht Adorno Hegels Ausführungen als Plädoyer für die Überlegenheit des menschlichen Bewußtseins über die Natur (*Adorno* Drei Studien zu Hegel, S. 33 ff.); die menschliche Arbeit ist dann ein „Hinwegarbeiten alles Natürlichen“ (*Schmidt am Busch* Hegels Begriff der Arbeit, S. 14). Der hiesigen Interpretation der hegelschen Eigentumstheorie zufolge macht sich der Wille die Dinge durch Verarbeitung zu eigen, weil er sich in sie einbildet und sich in ihnen wiedererkennt. Von der Erfahrung einer Entfremdung kann daher nicht gesprochen werden. Der Geist wird durch die Einarbeitung in die Natur nicht erniedrigt, sondern zeigt seine Überlegenheit; in dieser Überwindung der Naturzufälligkeit besteht ja gerade das Wesen des Geistes (dazu oben S. 146 f.). Hegels Diktum „Arbeit ist das disseitige sich zum Dinge machen“ bedeutet vor diesem Hintergrund lediglich, dass der Geist sich durch den Vorgang der Sachformierung objektiviert: Er macht sich zum Dinge, weil er „‚den Gegenstand‘ als das Resultat seiner Zwecksetzung und -verwirklichung“ weiß (*Schmidt am Busch* Hegels Begriff der Arbeit, S. 33), und er macht den naturhaften Gegenstand zu seinem Dinge, weil er ihm eine geistige Struktur verleiht und seine Naturzufälligkeiten aufhebt.

63 *Hegel* Grundlinien der Philosophie des Rechts (7), § 58, S. 126.

64 *Hegel* Grundlinien der Philosophie des Rechts (7), § 58, S. 126.

auf ihre Eigenschaft, ein Aspekt des Willens zu sein, reduziert. In den Worten Hegels: „Der Begriff des Zeichens ist nämlich, daß die Sache nicht gilt als das, was sie ist, sondern als das, was sie bedeuten soll. [...] Darin, daß der Mensch ein Zeichen geben und durch dieses erwerben kann, zeigt er eben seine Herrschaft über die Dinge“[65].

Die Bezeichnung ist insofern das Resultat des kategorialen Fortschreitens von der äußerlichsten Art der Besitznahme hin zur innerlichsten. Diese Systematik erlaubt eine sinnvolle Interpretation der hegelschen Behauptung, dass die Formierung die der Idee angemessenste, die Bezeichnung aber die vollendetste Besitznahmeart sei. Die Formierung ist dem Gedanken des objektiven Geistes am angemessensten, weil in ihr das Verhältnis zwischen Wille und Willensobjektivation am ausgeglichensten ist: Durch sie wird ein vollendeter Ausgleich zwischen Bedeutung und Gestalt der Freiheitsvergegenständlichung erreicht. Die Bezeichnung hingegen ist die vollendetste Weise der Besitznahme, weil sich in ihr die Hoheit des Geistes über die Materie besonders prägnant manifestiert[66].

Hegels Theorie der Besitznahme weist daher sowohl Gemeinsamkeiten wie auch Unterschiede zur Arbeitstheorie lockescher Provenienz auf. In den *Zwei Abhandlungen über die Regierung* vertritt Locke die Ansicht, dass Eigentum ursprünglich durch Arbeit, d.h. durch die Formierung der Ge-

---

65 *Hegel* Grundlinien der Philosophie des Rechts (7), § 58 Z, S. 127 f.. „Natürlich wird der besessene Gegenstand von der Erkenntnis nicht real affiziert, ebensowenig wie der erkannte Gegenstand von der Erkenntnis affiziert wird: er bleibt unberührt [...]. Aber diese Besessenheitseigenschaft affiziert ihn gleichwohl ideal in seiner Bedeutung: mit einem Wort, sein Sinn ist, dem Für-sich diese Besessenheit widerzuspiegeln“ (*Sartre* Das Sein und das Nichts, S. 1008).

66 Verdeutlichen läßt sich diese Differenzierung zwischen Adäquatheit und Vollendetheit der Besitznahme durch einen Blick auf die Ästhetik, die in ähnlicher Weise strukturiert ist. Das Schöne realisiert sich als das „sinnliche Scheinen der Idee“ (*Hegel* Vorlesungen über die Ästhetik I [13], S. 151) in drei Kunstformen – der symbolischen, der klassischen und der romantischen –, die im „Erstreben, Erreichen und Überschreiten des Ideals“ (*ders.* aaO., S. 114, S. 392) bestehen. Die klassische Kunstform – deren Inbegriff die durch Formierung der Materie entstandene Skulptur ist (*ders.* aaO., S. 118) – ist „die freie adäquate Einbildung der Idee in die [...] ihrem Begriff nach zugehörige Gestalt“ (*ders.* aaO., S. 109). In der Skulptur, insbesondere in der Darstellung des menschlichen Leibes (*ders.* aaO., S. 110; *ders.* Vorlesungen über die Ästhetik II [14], S. 19 ff.), gelangt der Geist zu einer ihm adäquaten sinnlichen Darstellung, „insofern in ihr das geistige Innere [...] sich in die sinnliche Gestalt und deren äußeres Material hineinwohnt und beide Seiten sich in der Weise ineinanderbilden, daß keine überwiegt“ (*ders.* Vorlesungen über die Ästhetik I [13], S. 118). Die griechische Plastik kann deshalb als Vollendung des allgemein im Recht und insbesondere in der Besitznahmeart der Formierung zum Ausdruck kommenden Paradigmas der Geistobjektivation angesehen werden: In ihr wird die „schlechthin angemessene Einheit von Inhalt und Form“ (*ders.* aaO., S. 391) erzielt. Dennoch ist die romantische Kunstform, deren konsequenteste Gestalt die Literatur ist, der Skulptur gegenüber eine „höhere Weise“ (*ders.* aaO., S. 111) der Kunst. In ihr fallen Inneres und Äußeres zwar auseinander (*Hösle* Hegels System, S. 615); sie überwindet aber die der Plastik anhaftende Angewiesenheit auf die Äußerlichkeit (*ders.* aaO., S. 614).

genstände, begründet werde; Locke begründet diese These mit dem Argument, dass sich im Formierungsvorgang die Arbeit mit der Sachsubstanz vermische, so dass die Sache – analog zum Leib – Bestandteil der besitzenden Rechtsperson werde:

> Obwohl die Erde und alle niederen Lebewesen allen Menschen gemeinsam gehören, so hat doch jeder Mensch ein Eigentum an seiner eigenen Person. Auf diese hat niemand ein Recht als nur er allein. Die Arbeit seines Körpers und das Werk seiner Hände sind, so können wir sagen, im eigentlichen Sinne sein Eigentum. Was immer er also dem Zustand entrückt, den die Natur vorgesehen und in dem sie es belassen hat, hat er mit seiner Arbeit gemischt und ihm etwas eigenes hinzugefügt. Er hat es somit zu seinem Eigentum gemacht. Da er es dem gemeinsamen Zustand, in den es die Natur gesetzt hat, entzogen hat, ist ihm durch seine Arbeit etwas hinzugefügt worden, was das gemeinsame Recht der anderen Menschen ausschließt. Denn da diese Arbeit das unbestreitbare Eigentum des Arbeiters ist, kann niemand außer ihm ein Recht auf etwas haben, was einmal mit seiner Arbeit verbunden ist. Zumindest nicht dort, wo genug und ebenso gutes den anderen gemeinsam verbleibt[67].

Mit dieser These wendet sich Locke von den kontraktualistischen Ersterwerbslehren des frühen Naturrechts ab[68]; er betont ausdrücklich, dass die Zustimmung der übrigen Rechtsteilnehmer zum Eigentumserwerb nicht erforderlich ist:

> Das Gras, das mein Pferd gefressen, der Torf, den mein Knecht gestochen, und das Erz, das ich an irgendeiner Stelle gegraben, wo ich mit anderen gemeinsam ein Recht dazu habe, werden ohne die Anweisung und Zustimmung von irgend jemandem mein Eigentum. Es war meine Arbeit, die sie dem gemeinsamen Zustand, in dem sie sich befanden, enthoben hat und die mein Eigentum an ihnen bestimmt hat[69].

Die Gemeinsamkeit dieser Theorie mit derjenigen Hegels liegt im Subjektivationsmodell: Im Eigentum vermischen sich Person und Sache; entsprechend wird das Eigentum als erweiterter Leib gefasst und wie der Leib in Besitz genommen. Hegel fasst den Gedanken der Willensobjektivation aber präziser und abstrakter; entsprechend rückt der Synthesisgedanke des Eigentums bei ihm in den Vorder- und die Bedeutung des Verarbeitungsvorgangs in den Hintergrund. Für Hegel ist das Eigentum in jeder seiner Gestalten Ausdruck der Verwirklichung und Objektivation des Willens; der Erwerbsvorgang ist jedoch nicht auf die Verarbeitung begrenzt, sondern die Geistobjektivation kann auch durch bloße Zeichen versinnbildlicht werden. Hegel fasst die Vermischungsthese daher – anders als Locke – nicht naturalistisch: Das Eigentum ist für ihn maßgeblich ein

67 *Locke* Zwei Abhandlungen über die Regierung, § 27, S. 216 f..
68 Vgl. dazu ausführlich *Brandt* Eigentumstheorien von Grotius bis Kant.
69 *Locke* Zwei Abhandlungen über die Regierung, § 28, S. 217 f..

Zuschreibungsakt, durch den eine Sache einer Person in gleicher Weise wie deren Leib zugeordnet wird.

4. Der Gebrauch der Sache

Im Gebrauch zeigt sich die dienende Funktion der Sache. Der Gebrauch markiert einen Gegenstandsbezug, der noch allgemeiner ist als die Besitznahme durch Bezeichnung; denn da die Sache in ihm zum Mittel der Bedürfnisbefriedigung herabgesetzt ist, wird sie „nicht in ihrer Besonderheit anerkannt, sondern von mir negiert“[70]. Mit der Nutzung der Sache manifestiert sich die Überlegenheit des Willens; im Gebrauch artikuliert sich die „Nichtsubstantialität“[71] der Sache. Hegel bezeichnet den Gebrauch daher auch als „realisierte Äußerlichkeit“ der Sache[72], als „Verwirklichung dessen, daß sie mein ist“[73]. Die den Gebrauch charakterisierende Negation der Sachbesonderheit findet ihren prägnantesten Ausdruck darin, dass die Sachen aufgrund ihrer Funktion der Bedürfnisbefriedigung einander vergleichbar sind. Da die Sachen im Eigentumskapitel nicht als Substanzen, sondern als Akzidenzen des Willens in den Blick kommen – und das heißt: da die Sachen immer auf die Bedürfnisse der Person bezogen werden –, können sie im Hinblick auf ihre Nutzbarkeit miteinander verglichen und aneinander gemessen werden. Diese Komparabilität der Sachen bezeichnet Hegel als deren Wert. Indem der Wert die Bezogenheit der Sachen auf die Willkür expliziert, verweist er auf deren „wahrhafte Substantialität“[74].

Das Gebrauchskapitel zeigt daher deutlich, dass Hegel das Eigentum nicht nur als intelligible Sachbeziehung, sondern immer auch als reale Nutzungsmöglichkeit versteht. Das Eigentum ist für ihn nicht bloß eine normativ-rechtliche, sondern vor allem auch eine tatsächliche Beziehung. Zwar ist der Gebrauch nur „die Erscheinung und besondere Weise“, die dem Willen des Eigentümers „nachsteht“[75]. Dennoch ist die gewöhnliche Vorstellung, die „Eigentum, von dem kein Gebrauch gemacht wird, für

70 *Hegel* Grundlinien der Philosophie des Rechts (7), § 59 Z, S. 129.

71 *Hegel* Grundlinien der Philosophie des Rechts (7), § 61, S. 130.

72 *Hegel* Grundlinien der Philosophie des Rechts (7), § 61, S. 130.

73 *Hegel* Grundlinien der Philosophie des Rechts (7), § 59 handschriftliche Anmerkung, S. 128. Wie schon in der Systematik der Besitznahmearten unterscheidet Hegel auch in der Gebrauchslehre zwischen dem äußerlichen Nutzungsakt und dem innerlichen Bezeichnungsakt: Wenn die Sache wiederholt gebraucht wird und sich diese Nutzung auf ein fortdauerndes Bedürfnis gründet, so ist die vereinzelte Machtausübung über die Sache das Zeichen einer allgemeine Besitznahme (*ders.* aaO., § 60, S. 129).

74 *Hegel* Grundlinien der Philosophie des Rechts (7), § 63, S. 136.

75 *Hegel* Grundlinien der Philosophie des Rechts (7), § 59, S. 128.

totes und herrenloses ansieht und bei unrechtmäßiger Bemächtigung desselben es als Grund, daß es vom Eigentümer nicht gebraucht worden sei, anführt"[76], zumindest insofern berechtigt, als der Gebrauch tatsächlich die Realisierung des Eigentums bedingt. Dies zeigt sich etwa am Institut der Verjährung: Die Gegenwart des Willens in der Sache, deren Formen „der Gebrauch, Benutzung oder sonstiges Äußern des Willens" sind, ist an die empirische Bedingung der Zeit gebunden. Wenn der Wille sich durch Zeitablauf aus der Sache herausdirimiert, d.h. wenn er die Synthese nicht als lebendiges Verhältnis durch die wiederholte Sachnutzung bestätigt, so endet das Eigentumsverhältnis. Dies ist zunächst einmal – und daran zeigt sich die Eigenwilligkeit der hegelschen Eigentumslehre – ein ontologischer Befund; der an ihn anknüpfende normative Verlust einer Rechtsposition ist lediglich ein Reflex desselben. In den Worten Hegels:

> Die Verjährung beruht auf der Vermutung, daß ich aufgehört habe, die Sache als die meinige zu betrachten. Denn dazu, daß etwas das Meinige bleibe, gehört Fortdauer meines Willens, und diese zeigt sich durch Gebrauch oder Aufbewahrung[77].

Hegel wendet sich daher entschieden gegen die Ansicht, dass die Verjährung bloß ein verfahrenstechnisch notwendiges, die Unsicherheiten der Rechtsfindung klärendes Institut sei:

> Die Verjährung ist [...] nicht bloß aus einer äußerlichen, dem strengen Recht zuwiderlaufenden Rücksicht in das Recht eingeführt worden, der Rücksicht, die Streitigkeiten und Verwirrungen abzuschneiden, die durch alte Ansprüche in die Sicherheit des Eigentums kommen würden usf. Sondern die Verjährung gründet sich auf die Bestimmung der Realität des Eigentums, der Notwendigkeit, daß der Wille, etwas zu haben, sich äußere[78].

Die Bedeutung des Gebrauchskapitels – und das heißt nach dem Gesagten: die Bedeutung der Charakterisierung des Eigentums als reale Nutzungsmöglichkeit, nicht bloß als normative, von allen empirischen Verhältnissen abgekoppelte Rechtsposition – wird sich im Rahmen der Darstellung der kantischen Eigentumslehre besonders deutlich erweisen. Anders als die *Grundlinien* verzichten die *Metaphysischen Anfangsgründe* auf ein Gebrauchskapitel; sie lassen den Bezug des Willens auf die Sache und damit „die reelle Seite und Wirklichkeit des Eigentums" unbestimmt und versuchen, das Eigentum nicht als Synthesis, sondern als intelligibelnoumenale Rechtsposition zu konstituieren. Wie noch zu zeigen sein wird, besteht die Problematik eines derartigen Entwurfs darin, dass die Möglichkeit der Eigentumsverletzung durch empirische Sachzugriffe – also

---

76 *Hegel* Grundlinien der Philosophie des Rechts (7), § 59, S. 128.

77 *Hegel* Grundlinien der Philosophie des Rechts (7), § 64 Z, S. 140.

78 *Hegel* Grundlinien der Philosophie des Rechts (7), § 64, S. 138.

etwa die Rechtsgutsbeeinträchtigung im Falle einer Wegnahme oder Beschädigung der Sache – nicht erklärbar ist.

5. Die Entäußerung des Eigentums

Der letzte Abschnitt des Eigentumskapitels der *Grundlinien* widmet sich Fragen zur Entäußerung. Wie der Vorgang der Dereliktion zu verstehen ist, ist nach dem Gesagten klar: Er bildet den Konterpart zur Besitznahme, expliziert also die Trennung von Wille und Sache. Die Entäußerung unterscheidet sich von der Verjährung nur durch ihren Erklärungsgehalt: „Wenn die Verjährung eine Entäußerung mit nicht direkt erklärtem Willen ist, so ist die wahre Entäußerung eine Erklärung des Willens, daß ich die Sache nicht mehr als die meinige ansehen will“[79]. Da Hegel in der Erwerbslehre zwischen dem Leib und den äußeren Dingen nicht differenziert, ist anzunehmen, dass auch im Entäußerungskapitel beide Eigentumsobjekte gleich behandelt werden. Anders ausgedrückt: Da Hegel – anders als Kant – das Eigentum als Oberbegriff fasst, unter den auch der eigene Leib fällt, ist es auf der Grundlage seiner Theorie schwierig, bestimmte Rechtsgüter durch das Aufstellen einer Entäußerungsschranke auszuzeichnen. Und dennoch beinhaltet der letzte Abschnitt des Eigentumskapitels in erster Linie eine Lehre der unveräußerlichen Güter. „Unveräußerlich“, so heißt es in § 66,

> sind [...] diejenigen Güter oder vielmehr substantiellen Bestimmungen, sowie das Recht an sie unverjährbar, welche meine eigenste Person und das allgemeine Wesen meines Selbstbewußtseins ausmachen, wie meine Persönlichkeit überhaupt, meine allgemeine Willensfreiheit, Sittlichkeit, Religion[80].

Die Liste dieser Güter konstituiert sich aus jenen Daseinselementen der Freiheit, die für die Geistrealisation unabdingbar sind. Jede einzelne Person unterliegt dem für alles Geistige geltenden Gebot der Objektivierung: So wie aus dem Synthesisgedanken des objektiven Geistes die Forderung resultiert, „daß jeder Eigentum haben solle“[81], so folgt aus ihm ebenso die Notwendigkeit des Erhalts des Personen- und Eigentümerstatus'[82]. Selbstmord ist demnach rechtswidrig[83], weil dadurch die Idealisierungsleis-

79 *Hegel* Grundlinien der Philosophie des Rechts (7), § 65 Z, S. 141.

80 *Hegel* Grundlinien der Philosophie des Rechts (7), § 66, S. 141.

81 *Hegel* Grundlinien der Philosophie des Rechts (7), § 49 Z, S. 114.

82 Deutlich kommt diese Selbstverpflichtung schon im Rechtsgebot zum Ausdruck: „sei eine Person“ (*Hegel* Grundlinien der Philosophie des Rechts [7], § 36, S. 95. Soll sich dieses Rechtsgebot nicht im zweiten Gebot („und respektiere die anderen als Personen“) erschöpfen, so muss es als Aufforderung verstanden werden, seiner Freiheit Dasein zu verleihen und dieses Dasein zu erhalten.

83 Dazu insbesondere *Hegel* Grundlinien der Philosophie des Rechts (7), § 70, S. 151 f..

tung des Geistes[84] negiert wird; und das Wegschenken der Personenwürde widerspricht dem Rechtsgebot, weil sie allererst der Rechtsgrund für interpersonale Entäußerungs- und Erwerbsakte überhaupt ist. Die Eigenart der hegelschen Lehre über die unveräußerlichen Güter wird erhellt durch einen Blick auf deren systematische Stellung innerhalb der *Grundlinien*: im Eigentumskapitel, in dem die Entäußerungsschranken thematisiert werden, ist die Kategorie des Unrechts begrifflich noch nicht entwickelt. Diese dem Unrechtsbegriff vorgeordnete Stellung der Rechtlosigkeit der Sklaverei und des Selbstmordes zeigt, dass ihre Begründung – Hegel zufolge – nicht auf dem Unrechtsprinzip der Leugnung des allgemeinen Willens fußt, sondern auf der Erwägung, dass die Rechtsfähigkeit schon deswegen nicht aufgeben werden darf, weil sie das Prinzip normativer Kategorien wie der des Dürfens überhaupt ist[85]. Anders ausgedrückt: Die Erlangung und Beibehaltung des Eigentums am eigenen Leib und die Erhaltung der Personenwürde sind als Bedingungen der Möglichkeit der Geistemanation überhaupt geboten; und dieses Gebot ist jeglichen auf nachfolgende Daseinsformen der Freiheit bezogenen Normen vorgelagert. Die hegelschen Ausführungen zeigen daher – und das ist im hiesigen Kontext festzuhalten –, dass die Einebnung der Differenz zwischen innerem und äußerem Mein keineswegs die Entäußerbarkeit der persönlichen Freiheit impliziert[86]. Sie zeigen, dass auch eine monistische Privatrechtskonzeption den Unrechtsgehalt der Sklaverei erklären kann und dass die Verwendung des Eigentumsbegriffs als oberster eingeteilter Kategorie mit dem von Kant hervorgehobenen Rechtsgrundsatz „homo est sui iuris, homo non est dominus sui ipsius"[87] vereinbar ist.

6. Die Ausschlussbefugnis des Eigentümers

Die skizzierte Theorie des Eigentums wirft eine bedeutsame Frage auf: Weshalb sollen die übrigen Rechtsteilnehmer den von mir vollzogenen Eigentumserwerb überhaupt achten? Hegels Theorie des Ersterwerbs scheint allein das Verhältnis der sich Objektivität gebenden Person zur Natur zu thematisieren; die interpersonalen Beziehungen treten demgegenüber offenbar in den Hintergrund. Der Eigentumserwerb wäre dann aber aus der Perspektive anderer Rechtsteilnehmer ein normativ nicht abgesichertes, bloß naturalistisches Ereignis. Gegenüber den Nichteigentümern erschiene der Ersterwerbsakt lediglich als Ausübung faktischer

84 Dazu oben S. 146 ff..

85 Vgl. dazu *Hösle* Was darf und was soll der Staat bestrafen?, S. 26.

86 Vgl. dazu aus kantischer Perspektive ausführlich unten S. 241, Fn. 398.

87 Vgl. *Kant* Metaphysische Anfangsgründe der Rechtslehre (VI), S. 270.

Macht auf ihre Kosten: Die – im Zweifel zwangsweise durchgesetzte – Ausschlussbefugnis, die der Eigentümer für sich in Anspruch nimmt, wäre ihnen gegenüber schiere Gewalt. Würde Hegels Theorie des Eigentums tatsächlich einen solchen Naturalismus implizieren, so wäre sie schwerwiegenden Bedenken ausgesetzt. Denn man könnte ihr entgegenhalten, dass es gerade die Aufgabe einer philosophischen Eigentumslehre ist, darzulegen, weshalb den Nichteigentümern eine Respektierungspflicht hinsichtlich des Eigentums Anderer zukommt. Eine Eigentumstheorie, die nicht aufzeigt, inwiefern der Erwerbungsakt nicht nur faktischen Besitz, sondern auch eine normative Rechtsstellung zu begründen vermag, verfehlt ihr eigentliches Anliegen.

Und in der Tat ist Hegels Eigentumslehre in der Rezeptionsgeschichte wiederholt in diesem Sinne kritisiert worden. Ihr wurde immer wieder vorgeworfen, dass sie den Interpersonalitätscharakter des Eigentums unterschätze[88]. Bereits 1845 bemängelt Kahle, dass Hegel den Eigentümer so behandle, „als wäre er in der Welt allein da"[89]. Vollständig entfaltet wird diese Kritik von Ilting; in seinem vielbeachteten Aufsatz *Rechtsphilosophie als Phänomenologie des Bewußtseins der Freiheit* heißt es ganz ähnlich: „Hegel [...] tut so, als könne ein isoliertes Individuum für sich Eigentümer sein"[90]. Diese Einschätzung hat in der nachfolgenden Literatur breite Zustimmung erfahren. So eröffnet etwa Siep sein Korreferat zu Iltings Vortrag

---

88 Zumeist wird in diesen Kritiken unscharf von der „Intersubjektivität" des Eigentums gesprochen (*Hösle* Hegels System, S. 494; *Siep* Intersubjektivität, Recht und Staat in Hegels ‚Grundlinien der Philosophie des Rechts', S. 255; *Theunissen* Die verdrängte Intersubjektivität in Hegels Philosophie des Rechts, S. 347). Der Begriff des Subjekts wird als praktische Kategorie bei Hegel jedoch erst in der Moralität eingeführt und dort im Unterschied zur Person als „Moment der Endlichkeit oder Besonderung des Ich" (*Hegel* Grundlinien der Philosophie des Rechts [7], § 6, S. 52; §§ 105 ff., S. 203 ff.) bestimmt (vgl. auch oben S. 70 ff.). In seiner Eigenschaft als Eigentümer definiert sich das Subjekt nicht wie die Person vermittels seiner Inhaberschaft an Sachen; vielmehr spricht es den Sachen einen Wert zu, der sich nach deren Eignung richtet, den besonderen Zwecken ihres Inhabers zu dienen (*Pawlik* Der rechtfertigende Notstand, S. 86). Für die Erörterung der Interpersonalitätskritik spielt dieser Aspekt der Bedürfnisbefriedigung – und das heißt im Rahmen der Intersubjektivitätskategorie: der Aspekt der Solidarität zwischen den Bürgern – jedoch gerade keine Rolle. Diese Kritik beschäftigt sich nur mit der Frage, ob Hegels gleichsam monologische Konzeption des Eigentums die Verbindlichkeit des Ausschlussanspruchs des Eigentümers zu begründen vermag, oder ob dafür die Zustimmung der übrigen Rechtsteilnehmer erfoderlich ist. Um diese Fragestellung präzise herauszuheben und von der Solidaritätsproblematik abzugrenzen, wird im folgenden der Begriff der „Interpersonalität" des Eigentums verwendet. Welche Verwirrungen die Vermengung von Subjektbelangen und dem Interpersonalitätsprinzip hervorrufen kann, zeigt sich etwa an der Kritik Hösles (dazu unten S. 168 ff.).

89 *Kahle* Darstellung und Critik der Hegelschen Rechtsphilosophie, S. 37.

90 *Ilting* Rechtsphilosophie als Phänomenologie des Bewußtseins der Freiheit, S. 233, S. 234. Die Frage hängt eng mit derjenigen zusammen, ob Eigentum in einem vor- oder außerstaatlichen Zustand möglich sei; dazu *ders.* aaO., S. 233.

mit der Frage: „Wie kommt es, daß einer der schärfsten Kritiker des individualistischen Naturrechts seine Rechtsphilosophie mit einer Theorie des Privatrechts beginnt, die individualistischer zu argumentieren scheint als etwa die Eigentumstheorie Lockes?"[91] Landau leitet seinen Aufsatz über *Hegels Begründung des Vertragsrechts* ein mit der Feststellung: „Bis zur Begründung des Privateigentums gelangt Hegel allein aufgrund der Analyse des Rechts der einzelnen Person; ohne Berücksichtigung der Anerkennung durch andere Personen"[92]. Und auch Hösle weist darauf hin, „daß Hegels Begründung des Eigentums ohne jede Berücksichtigung anderer Subjekte stattfindet"[93]. Diese Kritik der Isolierung der Person gewinnt ihre Relevanz für die vorliegende Untersuchung aus dem Umstand, dass sie ein Argument wiederholt, das Kant gegen die Arbeitstheorie lockescher Provenienz vorgebracht hat. Kant stellt im Unterschied zu Hegel die interpersonalen Bezüge des Eigentums explizit in den Mittelpunkt seiner Betrachtungen. Er richtet sein ganzes Augenmerk auf die rechtsphilosophische Begründung der Ausschlussbefugnis gegenüber anderen Personen; und es ist eine der zentralen Thesen der kantischen Okkupationstheorie, dass die arbeitstheoretischen Modelle seiner Vorgänger, insbesondere dasjenige Lockes, den genannten Naturalismus implizieren und das Eigentum damit als genuin rechtliches Institut gerade nicht ausweisen können. Die auf Hegels Eigentumskategorie bezogene Interpersonalitätskritik von Kahle, Ilting und Hösle artikuliert eben diese Bedenken, und es ist zumindest erstaunlich, dass sie – soweit ich sehe – bislang noch nicht in Bezug zu Kants Argumentation gesetzt wurde.

Die gegen Hegels Theorie vorgebrachten Vorwürfe sind unberechtigt. Auch wenn Hegel die Interpersonalität des Eigentums nicht explizit anspricht, lässt die Konzeption der *Grundlinien* nur den Schluss zu, dass die Eigentumsbegründung für Hegel gerade kein bloß naturalistischer Vorgang, sondern immer auch ein Akt innerhalb eines Rechtsverhältnisses ist; seine Eigentumstheorie weist damit deutlich über Lockes naturalistische Arbeitstheorie hinaus. Diese Interpretation soll im folgenden, ausgehend von Iltings Kritik, dargelegt werden. Im darauffolgenden Kapitel wird sodann Kants Eigentumslehre erörtert. Im Rahmen der Darstellung der Okkupationstheorie wird dabei noch einmal auf die Interpersonalitätsproblematik eingegangen; und es wird sich zeigen, dass Hegel eine ebenso schlichte wie überzeugende Erklärung für die von Kant hervorgehobene

91 *Siep* Intersubjektivität, Recht und Staat in Hegels ‚Grundlinien der Philosophie des Rechts', S. 255. Siep sieht in der Ausblendung der Intersubjektivität – anders als Ilting – freilich kein Defizit der hegelschen Eigentumslehre.

92 *Landau* Hegels Begründung des Vertragsrechts, S. 180.

93 *Hösle* Hegels System, S. 494. Zu Hösles Hegelkritik unten S. 168 ff..

und mit großem Aufwand begründete Ausschlussbefugnis des Eigentümers bereithält.

Iltings Kritik nimmt ihren Ausgangspunkt in der Rüge der hegelschen Anordnung der Kategorien des Eigentums und des Vertrages. Hegels Privatrechtslehre kranke daran, dass in ihr der Vertrag erst nach dem Eigentum behandelt wird; denn das Eigentum sei in seiner Eigenschaft als interpersonale Ausschlussbefugnis nur vertragstheoretisch angemessen zu erfassen:

> Entgegen Hegels Meinung ist der Grundsatz, daß ursprüngliches Eigentum durch Inbesitznahme herrenlosen Guts erworben werden kann, durchaus nicht tautologisch, sondern nicht einmal Bestandteil eines rationalen Naturrechts; er beruht vielmehr auf einem innerhalb gewisser Grenzen zu präsumierenden völkerrechtlichen Konsens[94].

Ilting zufolge ist das Eigentum vom Vertrag nicht zu trennen; schon gar nicht sei es diesem vorgeordnet. Weil erst der Vertrag die Rechtsgrundlage für die Ausschlussbefugnis des Eigentümers schaffe, sei das ohne den wechselseitigen Anerkennungsvollzug gedachte Eigentum nur äußerlicher Besitz. Dass die Sache, die ich besitze, meine Freiheit vergegenständlicht, sei „kein Argument dafür, daß andere den Eigentumsanspruch, den ich an der Sache geltend mache, anzuerkennen verpflichtet sind“[95]. Anders als noch in der Heidelberger *Enzyklopädie* und selbst in der *Rechtsphilosophie* von 1818/19[96] verkenne Hegel in den Berliner *Grundlinien* deshalb, „daß jeder Eigentumsanspruch ein Verhältnis zu anderen Personen impliziert“[97]: „Das ‚Wahrhafte und Rechtliche‘ des Eigentums liegt in dieser Verpflichtung der anderen, meinen Eigentumsanspruch zu respektieren“[98]. Diese Kritik veranlasst Ilting zu einer merkwürdig anmutenden Neuformatierung der *Grundlinien*. Wegen ihrer Ausblendung der Interpersonalität sei die von Hegel beschriebene, im Eigentum manifestierte Objektivationsleistung des Willens zwar nicht rechtserheblich; sie stelle aber zutreffend die Erfahrung dar, „die der selbstbewußte freie Wille in der Realisierung seiner Freiheit macht“[99]. Hegels Theorie des objektiven Geistes sei daher keine die interpersonalen Anerkennungsbezüge diskutierende Rechtsphilosophie im eigentlichen Sinne, sondern eine Darstellung des Bewusstseins der Freiheit:

> Solange wir [...] diese Darstellung als eine Grundlage der Rechtslehre auffassen, muß diese Defizienz [des Fehlens interpersonaler Bezüge] als fatal erscheinen.

94 *Ilting* Rechtsphilosophie als Phänomenologie des Bewußtseins der Freiheit, S. 233 f..
95 *Ilting* Rechtsphilosophie als Phänomenologie des Bewußtseins der Freiheit, S. 233.
96 *Ilting* Rechtsphilosophie als Phänomenologie des Bewußtseins der Freiheit, S. 248.
97 *Ilting* Rechtsphilosophie als Phänomenologie des Bewußtseins der Freiheit, S. 248.
98 *Ilting* Rechtsphilosophie als Phänomenologie des Bewußtseins der Freiheit, S. 233.
99 *Ilting* Rechtsphilosophie als Phänomenologie des Bewußtseins der Freiheit, S. 238.

> Mit der Einsicht, daß Hegel in Wahrheit eine Phänomenologie des Bewußtseins der Freiheit zu entwickeln sucht, werden die Einwände hinfällig, die man gegen seine Darstellung im Hinblick auf eine Grundlegung der Rechtslehre erheben muß[100].

Der Diagnose Iltings ist zunächst einmal insofern zuzustimmen, als die Isolation der Person Hegels Eigentumstheorie tatsächlich maßgeblich prägt[101]. Anders als beim Vertrag wird im Lehrstück über das Eigentum lediglich das Verhältnis des vereinzelten Willens zum Gegenstand, nicht aber die Reziprozität der Anerkennungsbeziehungen der jeweiligen Eigentümer thematisiert. Die Ausblendung der Interpersonalität zeigt sich an der Aufgabe, die das Eigentum zu erfüllen hat: die Vergegenständlichung des einzelnen Willens. Sie äußert sich im Gebrauchskapitel, das die dem Einzelwillen dienende Funktion der Sache heraushebt, und, besonders exponiert, in der Befürwortung der Arbeitstheorie des Eigentums. Wie sich gezeigt hat, ist die Formierung im hegelschen System „die der Idee angemessenste Besitznahme“[102], weil sie die vollendete Einheit von Inhalt und Form des Eigentums erzielt[103]. Die aus diesem Zusammenhang resultierende Werthaftigkeit des Formierungsaktes hat zur Folge, dass die Arbeit als Geltungsgrund des Eigentums fungiert[104]. Der schöpferische Vorgang der Sachgestaltung selber ist die Ursache dafür, dass andere Personen den durch die Formierung vollzogenen Rechtserwerb achten müssen. Aber geht mit dieser Diagnose unmittelbar eine Kritik der hegelschen Eigentumstheorie einher? Dagegen sprechen drei gewichtige Gründe.

Zum einen ist die hegelsche Fokussierung des Blicks auf den Formierungsvorgang insofern durchaus gelungen, als sie die Funktion des Eigentumskapitels prägnant herausstellt. Die Ausblendung der übrigen Rechtsteilnehmer und die damit verbundene Beschränkung auf das Verhältnis zwischen Person und Sache erhellt die Assimilierungsleistung des Willens und gibt dem Eigentum den spezifischen Sinn der Explikation des Programms des objektiven Geistes. Diese „Manifestation des wahren

---

100 *Ilting* Rechtsphilosophie als Phänomenologie des Bewußtseins der Freiheit, S. 238.

101 „Hegel gründet das Eigentum ausschließlich auf das Recht des freien Willens, sich aller Dinge zu bemächtigen, als Recht diesen gegenüber, nicht im Verhältnis zu anderen Menschen“ (*Hecker* Eigentum als Sachherrschaft, S. 241). Diese Perspektivenverengung hat Konsequenzen hinsichtlich der Möglichkeit eines vereinzelten Menschens, Eigentum zu haben: Hegels Antwort auf die „Frage, ob Adam Eigentum besessen hätte, solange er der einzige Mensch war, [...] wäre [...] ein klares Ja“ (*ders.* aaO.). In Kants Theorie der wechselseitigen Verpflichtung ist ein derartiges Eigentumsrecht schlichtweg absurd; siehe dazu oben S. 216 ff..

102 *Hegel* Grundlinien der Philosophie des Rechts (7), § 56, S. 121.

103 Siehe dazu oben S. 152.

104 Siehe oben S. 155.

Verhältnisses von Geist und Natur"[105] lässt sich nicht als Vertragsaspekt beschreiben[106]: Sie übersteigt die Leistungsfähigkeit des Vertrages und erfordert eine eigene Kategorie. Vor diesem Hintergrund lässt sich Iltings Kritik umkehren: Nicht das Eigentum ist ohne den Vertrag, sondern der Vertrag ist ohne die Eigentumskategorie defizitär; denn bevor interpersonale Verhältnisse diskutiert werden können, muss zunächst die Person[107], d.h. der sich Dasein gebende Wille, konstituiert sein[108]. Wäre die Synthesis des Eigentums im Vertrag nicht schon vorausgesetzt, würde dieser zu einem leeren Gebilde zweier fiktionaler Willen verkommen: Der Vertrag

105 *Siep* Intersubjektivität, Recht und Staat in Hegels ‚Grundlinien der Philosophie des Rechts', S. 265.

106 Ebenso *Theunissen* Die verdrängte Intersubjektivität in Hegels Philosophie des Rechts, S. 347: „Der Aufweis der basalen Stellung des Privateigentums ist demgegenüber, meine ich, nicht nur systemimmanent gelungen, sondern auch sachlich richtig. Zu akzeptieren ist er nach meinem Urteil auch und gerade einschließlich seiner Prämisse, daß Privateigentum nicht seinerseits auf einer normativen, intersubjektiv anerkannten Rechtsordnung basiert. Die subjektivistische Begründung der formellen Rechtlichkeit des Privateigentums aus der Notwendigkeit, ‚daß Ich als freier Wille mir im Besitze gegenständlich und hiermit auch erst wirklicher Wille bin' (§ 45), bildet insbesondere insofern Realität ab, als sie Privateigentum auf Gewalt zurückführt".

107 Hegel unterscheidet sehr genau zwischen den Termini der Person und der Persönlichkeit. Während die Persönlichkeit eine bloß subjektive Größe ist, ist die Person eine Subjekt und Objekt vermittelnde Kategorie: Im Eigentum hebt sich „die bloße Subjektivität der Persönlichkeit auf[...]. Erst im Eigentume ist die Person als Vernunft" (*Hegel* Grundlinien der Philosophie des Rechts [7], § 41 Z, S. 102). Iltings Kritik läuft vor diesem Hintergrund auf den Versuch hinaus, den Vertrag nicht als Vereinbarung von Personen, sondern von Persönlichkeiten zu konstruieren.

108 Iltings Kritik ist auch aus einem weiteren Grund nicht nur in Hinsicht auf die Eigentumskategorie, sondern auch im Hinblick auf den Vertrag zurückzuweisen. Ilting rügt, dass der Vertrag im hegelschen System letztlich überflüssig sei. Im Vertrag sehe Hegel einen Fortschritt der Freiheitsmanifestation gegenüber dem bloßen Eigentum, „weil im Vertrage Eigentum nicht mehr allein im Willen des jeweiligen Eigentümers, sondern im gemeinsamen Willen zweier Eigentümer seine Grundlage hat" (*Ilting* Rechtsphilosophie als Phänomenologie des Bewußtseins der Freiheit, S. 235). Wenn aber durch die Eigentumskategorie impliziert sei, dass die „Personen sich schon immer als Eigentümer anerkannt haben", so sei „nicht recht einzusehen, wieso es noch ein Fortschritt in der Verwirklichung von Freiheit ist, wenn nunmehr Eigentum auf der Grundlage eines Vertrages in einem gemeinsamen Willen seine Grundlage hat" (*ders.* aaO.). Die Problematik dieser Ausführungen resultiert aus einem Fehlverständnis des Vertrages. Zweifellos ist Ilting zuzugestehen, daß schon das Eigentum eine Respektierungspflicht beinhaltet, denn jeder Rechtsteilehmer ist an das allgemeine Achtungsgebot des § 36 gebunden. Diese Pflicht ist jedoch zunächst einmal bloß negativer Art: „Die Notwendigkeit dieses Rechts beschränkt sich [...] auf das Negative, die Persönlichkeit und das daraus Folgende nicht zu verletzen" (*Hegel* Grundlinien der Philosophie des Rechts [7], § 38, S. 97). Das Rechtsgebot ist also ein reines Läsionsverbot, d.h. die für den Vertrag typische Interaktion der Rechtsteilnehmer ist mit ihm noch nicht erfasst. Die spezifische Funktion des Vertragskapitels besteht demnach darin, die rechtliche Freiheit über die negativen Respektierungspflichten hinaus zu erweitern und die positive wechselseitige Einflussnahme der Rechtsteilnehmer als notwendiges Freiheitselement zu erweisen.

ist nur dann angemessen beschreibbar, wenn zuvor die Begriffe der Vertragspartner und des Vertragsgegenstandes vollständig expliziert sind[109].

Zweitens ist zu beachten, dass Hegel die Freiheitssemantik im Eigentumskapitel auf das Verhältnis des Willens zu den Sachen reduziert, nachdem er das abstrakte Recht zuvor in § 36 der *Grundlinien* ausdrücklich als interpersonales Rechte- und Pflichtenverhältnis charakterisiert hat. Zunächst entwickelt Hegel in § 36 das Rechtsgebot: „Sei eine Person und achte die anderen als Personen". Dieses Personalitätsprinzip entspricht dem kantischen angeborenen Gleichheitsrecht und fordert die wechselseitige Achtung der jeweiligen Rechtskreise. In den nachfolgenden Paragraphen (41-104) entwickelt Hegel sodann den Personenbegriff, und im Rahmen dieser Begriffsanalyse wird das Eigentum als notwendiges Konstitutionselement der Person charakterisiert; die in diesem Kapitel vorgenommene Verengung der Perspektive auf das Verhältnis der Person zur Sache ist, wie gesehen, aufgrund von dessen Funktion geboten und dient der Prägnanz der Darstellung der Willensobjektivation: Das Eigentumskapitel dient lediglich der Klarstellung all dessen, was zum Personenbegriff gehört. Rückt man diese Systematik von Personalitätsprinzip und Eigentumskapitel in den Mittelpunkt der Betrachtung, so zeigt sich, dass die *Grundlinien der Philosophie des Rechts* durchaus einer Interpretation zugänglich sind, die den gerügten Monologismus und Naturalismus lockescher Provenienz überwindet und das Eigentum sozial einzubetten vermag. Da das Eigentum erst nach dem Personalitätsprinzip entfaltet wird, ergibt sich seine interpersonale Fundierung und Charakterisierung direkt aus dem allgemeinen Rechtsgebot: Die Respektierungspflicht anderen Personen gegenüber impliziert nämlich die Pflicht, auch die Konstitutionsbedingungen des Personseins zu achten[110]. Eine monistische Eigentumskonzeption, die nicht zwischen dem Leib und dem Eigentum an Sachen trennt, verknüpft den Eigentumserwerb unmittelbar mit dem allgemeinen Personalitätsprinzip: So wie eine Läsion der besessenen Sache nur deshalb eine Willensverletzung[111] und damit eine Anerkennungsverweigerung ist, weil Wille und Gegenstand aufgrund der durch die Formierung geleisteten

109 So auch *Hösle* Hegels System, S. 495.

110 Deutlich zeigt sich dies an Kants These, dass jeder Mensch mit seiner Geburt ein natürliches Recht nicht nur auf Respektierung seines Leibes, sondern sogar auf einen Platz auf dem Erdboden habe.

111 Wie sich im Rahmen der Analyse des kantischen Eigentumsbegriffes zeigen wird, kann ein ausschließlich interpersonales, die Synthesis von Wille und Gegenstand ausblendendes Eigentumskonzept gerade nicht erklären, weshalb eine Eigentumsschädigung eine Freiheitsläsion impliziert. Der Vorwurf der Verkennung des Geltungsgrundes des Eigentums fällt deshalb auf Ilting selbst zurück: Sein Versuch, den Gegenstandsbezug des Willens als interpersonale Vereinbarung zu beschreiben, bedingt einen unterkomplexen Eigentumsbegriff und überschätzt die Leistungsfähigkeit des Vertrages.

Assimilierung der Natur ineins fallen, so ist auch der Ersterwerb unmittelbar durch die Respektierungspflicht anderer gegenüber dem Erwerbenden und dessen Konstitutionsbedingungen gerechtfertigt[112]. Da das Rechtsgebot den Personenbegriff voraussetzt – und da das Eigentum nichts anderes ist als eine Entfaltung dieses Personenbegriffes – erstreckt sich die allseitige Respektierungspflicht auch auf den Eigentumserwerb. Nur auf diese Weise ist erklärbar, wie das Rechtsgebot des § 36 überhaupt Wirkung entfalten kann; denn jede Person erlangt ihren innerweltlichen Personenstatus durch mindestens einen einseitigen empirischen Akt, nämlich durch zumindest die Geburt[113]. Würde dieser Konstitutionsbedingung keine rechtsentfaltende Wirkung zugesprochen, so würde das Rechtsgebot leer laufen. Hegel spricht diesen Gedanken leider nicht explizit aus. Er lässt sich jedoch an verschiedenen Stellen seines Werkes rekonstruieren. So heißt es im § 38 der *Grundlinien*, das Rechtsgebot fordere, „die Persönlichkeit und das daraus Folgende nicht zu verletzen“[114]. Hegel verwendet den Begriff „Persönlichkeit“ an dieser Stelle als terminus technicus: Die Persönlichkeit ist die noch nicht objektivierte Person. Man kann die hegelsche Formulierung also dahingehend verstehen, dass das Rechtsgebot fordert, die Persönlichkeit und ihre Objektivierungsbedingungen zu ach-

---

112 Darüber hinaus ist Iltings Nachweis der Isolierungsthese anhand der hegelschen Theorie der prima occupatio nicht stichhaltig. Die entsprechende Textstelle der *Grundlinien* lautet: „Daß die Sache dem in der Zeit zufällig Ersten, der sie in Besitz nimmt, angehört, ist, weil ein zweiter nicht in Besitz nehmen kann, was bereits Eigentum eines Andern ist, eine sich unmittelbar verstehende [...] Bestimmung“ (*Hegel* Grundlinien der Philosophie des Rechts [7], § 50, S. 114). Ilting rügt, dass Hegel „gleich zweimal“ Besitz und Eigentum verwechsle: „Daß ein anderer sich nicht durch einseitigen Akt zum Eigentümer einer Sache machen kann, die bereits mein Eigentum ist, bedeutet natürlich nicht, daß er sie nicht wenigstens (widerrechtlich) in Besitz nehmen kann; und daraus, daß ich eine Sache in Besitz nehme, folgt mitnichten, daß sie mir auch als einem Eigentümer ‚angehört‘“ (*Ilting* Rechtsphilosophie als Phänomenologie des Bewußtseins der Freiheit, S. 233). Dagegen ist folgendes einzuwenden: § 50 ist als Vorgriff auf den nachfolgenden Abschnitt „A. Die Besitznahme“ zu verstehen. Daraus folgt, dass Hegel an dieser Stelle nur die rechtmäßige Besitznahme, nämlich die Besitznahme in ihrer Funktion als Erwerbsakt, diskutiert. Vor diesem Hintergrund ist Hegel zuzugeben, dass eine Sache, die im Eigentum eines anderen steht, regelmäßig nicht mehr in einer Art und Weise in Besitz genommen werden kann, die originäres Eigentum begründen könnte (vgl. dazu aber unten S. 167, Fn. 116). Und auch die zweite These Iltings, die Besitznahme könne kein Eigentum begründen, geht an den Ausführungen Hegels (wie im übrigen auch an der die interpersonalen Bezüge des Eigentums diskutierenden Okkupationstheorie kantischer Couleur) vorbei.

113 Es scheint daher naheliegend, § 36 der gleichen Kritik zu unterziehen, die für eine Vertragskategorie ohne vorherige Explikation des Eigentums gilt: Vor der Erörterung interpersonaler Verpflichtungen muss der Personenbegriff entfaltet sein. Um diesem Einwand zu entgehen, wird man das Rechtsgebot – ähnlich wie den kantischen Rechtsbegriff (dazu oben S. 103 ff.) – als Programm des abstrakten Rechts lesen müssen, dessen einzelne Bestimmungen erst in den nachfolgenden Kapiteln näher dargelegt werden.

114 *Hegel* Grundlinien der Philosophie des Rechts (7), § 38, S. 97.

ten. Ähnlich heißt es im Zusatz zu § 358 der *Enzyklopädie*, dass das Eigentum die „Realität des freien Willens einer Person und darum für jede andere Person ein Unantastbares" sei[115]: Nur weil das Eigentum Bestandteil der Person ist, ist es zu respektieren; nur weil es – wie der Leib – im wechselseitigen Anerkennungsgefüge des Rechts freiheitstheoretisch aufgehoben ist, hat es rechtliche Relevanz. Noch deutlicher zeigt sich in § 51 der *Grundlinien*, dass sich das allgemeine Personalitätsprinzip auf den Ersterwerbsakt erstreckt und diesem allererst seine Geltung verleiht; denn da der sich objektivierende Wille an die im allgemeinen Rechtsgebot normierte Pflicht zur Achtung der Rechte der Anderen gebunden ist, folgt, dass bereits besessene Sachen nicht ursprünglich und rechtmäßig angeeignet werden können: „Daß die Sache, von der Ich Besitz nehmen kann, herrenlos sei, ist [...] eine sich von selbst verstehende negative Bedingung oder bezieht sich vielmehr auf das antizipierte Verhältnis zu anderen"[116].

Hegel konzipiert das Eigentum also gerade nicht vorrechtlich. Dass er die interpersonalen Bezüge dieses Rechts nicht explizit anspricht, hat seine Ursache vielmehr darin, dass die Geltung des allgemeinen Rechtsprinzips im Eigentumskapitel eine Selbstverständlichkeit ist. Denn da der Eigentumsbegriff in den *Grundlinien* als Oberbegriff für die personellen Rechte schlechthin fungiert, sind auf ihn naturgemäß die im Vorwort entwickelten Grundsätze anwendbar.

Drittens schließlich kann man der Iltingschen Rüge Hegels allgemeine Kritik an den Gesellschaftsvertragslehren entgegenhalten. Das Rechtsgebot des § 36, das den Eigentumsersterwerb der hiesigen Interpretation

115 *Hegel* Enzyklopädie der philosophischen Wissenschaften III (10), § 385 Z, S. 33 f..

116 *Hegel* Grundlinien der Philosophie des Rechts (7), § 51, S. 115. Hegels Ausführungen zufolge begründet also derjenige, der fremdes Eigentum missachtet und bearbeitet, überhaupt kein neues Eigentum. Auf der Grundlage der hegelschen Systemprämissen wäre es jedoch schlüssiger, dass durch die Überformung einer bereits formierten Sache das Eigentum auf den Verarbeiter übergeht, auch wenn die Handlung dem Respektierungsgebot des § 36 der *Grundlinien* widerspricht und daher unrecht ist; denn die Objektivationsleistung der Verarbeitung wird durch die Missachtung der bisherigen Eigentümerposition nicht geschmälert. In dieser Weise regelt auch das deutsche Recht den genannten Fall: So kann etwa die Verformung einer fremden Sache gegen den Willen des bisherigen Eigentümers geschehen und insofern Unrecht sein, obwohl der Verarbeiter durch denselben Akt nach § 950 BGB originäres (!) Eigentum erwirbt (vgl. BGH NJW 89, 3213; OLG Köln NJW 97, 2187). – Dass die interpersonale Geltung aus dem allgemeinen Rechtsgesetz und nicht – wie bei Locke – aus dem Erwerbsakt abgeleitet wird, zeigt sich auch daran, dass für Hegel – ähnlich wie für Kant – die Art der Besitznahme letztlich nur von untergeordneter Bedeutung ist. Der Ersterwerb ist Hegel zufolge nämlich möglich sowohl durch körperliche Ergreifung, durch Formierung wie auch durch bloße Bezeichnung (*Hegel* Grundlinien der Philosophie des Rechts (7), § 54, S. 119). An die Stelle einer vernunftrechtlichen Regelung müssen hier positivrechtliche Vorschriften treten; die Philosophie kann in Hinsicht auf solche gesellschaftsgebundenen und daher zeitverhafteten Abgrenzungsfragen keine sinnvolle Aussage treffen.

zufolge legitimiert, ist nämlich ein Gebot der Vernunft und gründet sich gerade nicht auf einen Vertrag. Hegel hat völlig zu Recht die Gesellschaftsvertragslehren in ihrem Bemühen, jegliche Verbindlichkeiten auf Zustimmung zurückzuführen, als aporetisch kritisiert: Der Kontraktualismus kann den Geltungsgrund des Vertrages selber nicht erklären[117]; und er hat zur Folge, dass „letztlich alles zum Gegenstand eines Vertrages gemacht werden kann; und eben das bestreitet Hegel zu Recht“[118]. Würde Hegel auf das Vernunftgebot des § 36 verzichten und beim Vertrag ansetzen, so müsste er im Eigentumskapitel – wie Hobbes – „wiederum den Versuch der Realisierung des Rechts auf alles thematisieren. Dies ist aber auch im dritten Teil des abstrakten Rechts, in dem das ‚Verbrechen' behandelt wird, nicht der Fall“[119]. Im hegelschen System kann daher auch die Respektierungspflicht des Eigentums – und das heißt nach dem Gesagten: die Pflicht zur Achtung der Konstitutionsbedingungen des Personseins – nur ein Vernunftgebot, nicht jedoch ein Vertragsaspekt sein. Iltings Kritik verwischt diese Differenz und bedeutet einen Rückfall in die Gesellschaftsvertragslehren[120].

Im Anschluss an Ilting versucht Hösle, dessen

> Kritik folgendermaßen positiv weiterzuführen: Man hält erstens daran fest, daß das Eigentum vor dem Vertrag abzuhandeln ist und daß seine Affirmativität daher rührt, daß sich in ihm eine Herrschaft des Geistes über die Natur manifestiert. Zweitens aber ist – über Hegel hinaus – schon im Eigentumskapitel darauf zu reflektieren, daß die Subjekt-Objekt-Relation des Eigentums im Kontext intersubjektiver Relationen stattfindet. Daraus ergibt sich – rein naturrechtlich – eine Korrektur an Hegels eindeutiger Option für das Privateigentum als höchste Form des Eigentums. [...] Allerdings ist unbestreitbar, daß das Privateigentum die abstrakteste, aber auch grundlegende Form von Eigentum ist. Auch ihm gegenüber wird sich allerdings die Intersubjektivität geltend machen müssen – in Gestalt der

117 *Hösle* Hegels System S. 495.

118 *Hösle* Hegels System, S. 495.

119 *Siep* Intersubjektivität, Recht und Staat in Hegels ‚Grundlinien der Philosophie des Rechts', S. 258. – Völlig zu Recht weist auch *Landau* Hegels Begründung des Vertragsrechts, S. 181, darauf hin, dass die Vertragskategorie in den *Grundlinien* die gegenseitigen Respektierungspflichten unter den jeweiligen Eigentümern nicht begründet, sondern schon voraussetzt: „Ein konkreter Vertrag setzt für Hegel voraus, daß sich die kontrahierenden Rechtssubjekte im vorhinein bereits als Personen und Eigentümer anerkannt haben“.

120 Ebenso *Hösle* Hegels System, S. 495: „Allerdings läuft dieser [Iltings, C.M.] Ansatz auf die bekannten Aporien des Kontraktualismus hinaus“; ähnlich *Siep* Intersubjektivität, Recht und Staat in Hegels ‚Grundlinien der Philosophie des Rechts', S. 266: „Das Eigentum darf aber – als Institution, d.h. als Selbstzweck, sich wollender ‚objektiver' Wille – ebensowenig auf Vertrag gegründet sein wie die Familie und der Staat“. – Zu Hegels Kritik am Kontraktualismus: *Hegel* Grundlinien der Philosophie des Rechts (7), § 75, S. 157 f.; § 100, S. 191; § 163, S. 313 f.; § 258, S. 399 ff.; vgl. auch *Schnädelbach* Hegel und die Vertragstheorie, S. 185 ff..

Sozialbindung des Privateigentums, wie sie zahlreiche moderne Verfassungen fordern (vgl. GG Art. 14 II)[121].

Die von Hösle an dieser Stelle gezogene Verbindungslinie zwischen Intersubjektivität und Sozialbindung des Eigentums befremdet. Das abstrakte Recht ist ein System negativer Freiheiten. Es gebietet dem einzelnen die Achtung der Rechtskreise der übrigen Rechtsteilnehmer, postuliert also ein allgemeines Verletzungsverbot[122]. Interpersonale Beziehungen sind im abstrakten Recht daher zunächst „nur Rechtsverbote, und die positive Form von Rechtsgeboten hat ihrem letzten Inhalt nach das Verbot zugrunde liegen"[123]. Es ist offensichtlich, dass ein derartiges Rechtssystem keine Solidarpflichten und daher auch keine Sozialbindung des Eigentums wie des Vertrages kennen kann[124]. Die Intersubjektivität des Vertrages, die Ilting für das Eigentum konstruktiv fruchtbar machen möchte, ist eine unsolidarische; die Frage, ob das Eigentum zu seiner Geltung einer Vereinbarung bedürfe, ist von der Frage nach einem Sozialausgleich unter den jeweiligen Eigentümern unabhängig[125]. Die von Hösle gerügte Einseitigkeit des hegelschen Eigentums beruht auf dessen systematischer Stellung im abstrakten Recht: Auf den Ebenen der Moralität und der Sittlichkeit nimmt das Eigentum andere Gestalten an[126] und ist insbesondere im Rahmen der auf die Bedürfnisbefriedigung bedachten bürgerlichen Gesellschaft für eine Sozialbindung generell offen[127]. Auf diese Sozialpflichtig-

---

121 *Hösle* Hegels System, S. 495 f..

122 *Hegel* Grundlinien der Philosophie des Rechts (7), § 38, S. 97.

123 *Hegel* Grundlinien der Philosophie des Rechts (7), § 38, S. 97.

124 *Pawlik* Der rechtfertigende Notstand, S. 85 f..

125 Auch die kantische Denkfigur der communio possessionis originaria will ja nicht eine Sozialpflichtigkeit des Eigentums, sondern nur den wechselseitigen Achtungsanspruch der Eigentümer begründen; vgl. dazu unten S. 222, Fn. 334.

126 Zu Recht stellt Hecker klar, daß die abstraktrechtliche Kategorie des Eigentums beispielsweise auch der Positivität, d.h. unter anderem des gerichtlichen Schutzes bedarf. Auch insofern ist das „Eigentum [...] auf die höheren Sphären des Rechts, auf den ‚vernünftigen Organismus des Staates' verwiesen" (*Hecker* Eigentum als Sachherrschaft, S. 237); ebenso *Peperzak* Hegels praktische Philosophie, S. 147: „Insofern dieses Recht [des Eigentums auf der Ebene des abstrakten Rechts, C.M.] noch nicht in eine konkrete Ordnung, wie den Staat, integriert ist, ist es ein rein formales, inhaltlich unbestimmtes und nicht durch überindividuelle Institutionen garantiertes Recht".

127 So kann in das Eigentumsrecht etwa im Rahmen des rechtfertigenden Notstandes eingegriffen werden; vgl. dazu oben S. 70 ff.. Dass das Eigentum in der bürgerlichen Gesellschaft eine andere Gestalt annimmt als im abstrakten Recht, deutet Hegel in den *Grundlinien* explizit an: „Wie in der bürgerlichen Gesellschaft das Recht an sich zum Gesetze wird, so geht auch das vorhin unmittelbare und abstrakte Dasein meines einzelnen Rechts in die Bedeutung des Anerkanntseins als eines Daseins in dem existierenden allgemeinen Willen und Wissen über. Die Erwerbungen und Handlungen über Eigentum müssen daher mit der Form, welche ihnen jenes Dasein gibt, vorgenommen und ausgestattet werden. Das Eigentum beruht nun auf Vertrag" (*Hegel* Grundlinien der Philosophie des Rechts [7], § 217, S. 370).

keit jedoch, wie Hösle fordert, bereits im abstrakten Recht zu reflektieren, hieße, die Grenze zwischen abstraktem Recht und Sittlichkeit zu verwischen. Der Argumentation Hösles ist freilich zu konzedieren, dass eine Darstellung der Gestalt, die die Kategorie des Eigentums in Hegels Theorie der bürgerlichen Gesellschaft annimmt, bislang als Forschungslücke bezeichnet werden muss[128].

II. Kants Theorie des Besitzes

1. Überblick über den Gang der Argumentation

Bereits die Gliederung der kantischen Besitzlehre unterscheidet sich deutlich von derjenigen der Theorie Hegels. Sie ist in zweifacher Hinsicht dichotomisch. Erstens unterteilt sie sich in den Dualismus zwischen innerem und äußerem Mein. Während im eigentlichen Text der Privatrechtslehre nur die Rechte am und die Erwerbsart des äußeren Mein abgehandelt werden, werden die Ausführungen über das innere Mein von Kant gewissermaßen vor die Klammer gezogen:

> Da es [...] in Ansehung des angebornen, mithin inneren Mein und Dein keine Rechte, sondern nur Ein Recht giebt, so wird diese Obereintheilung als aus zwei dem Inhalte nach äußerst ungleichen Gliedern bestehend in die Prolegomenen geworfen und die Eintheilung der Rechtslehre bloß auf das äußere Mein und Dein bezogen werden können[129].

Diese zuletzt genannte Einteilung gliedert sich nun wiederum in zwei „Hauptstücke“, von denen das erste die „Art etwas Äußeres als das Seine zu haben“[130] und das letztere die „Art etwas Äußeres zu erwerben“[131] abhandelt. Hegels Gliederung hingegen ist trichotomisch: Sie unterteilt sich in die Abschnitte über die Besitznahme, den Gebrauch der Sache sowie die Entäußerung des Eigentums.

Das erste Hauptstück der kantischen Theorie entspricht seiner Aufgabenstellung nach der vorangestellten Einleitung in die Eigentumslehre der *Grundlinien* (§§ 41-54). Das zweite Hauptstück der *Metaphysischen Anfangsgründe* bildet ein Korrelat zum Abschnitt über die Besitznahme. Das hegelsche Lehrstück über den Gebrauch der Sache hat kein Pendant im kantischen Text; es ist Ausdruck der Beziehung zwischen Person und Sache

128 Für die von Hegel ebenfalls bloß abstrakt-rechtlich beschriebene, daher ebenso einseitige Kategorie der Strafe hat Klescewski eine derartige Studie vorgelegt: *Klescewski* Die Rolle der Strafe in Hegels Theorie der bürgerlichen Gesellschaft.

129 *Kant* Metaphysische Anfangsgründe der Rechtslehre (VI), S. 238.

130 *Kant* Metaphysische Anfangsgründe der Rechtslehre (VI), S. 245.

131 *Kant* Metaphysische Anfangsgründe der Rechtslehre (VI), S. 258.

und muss daher im kantischen System, in dem sich beide rein äußerlich gegenüberstehen, fehlen. Auch das Kapitel über die Entäußerung des Eigentums findet sich nur bei Hegel: Die Notwendigkeit einer Lehre über die Entäußerungsschranken resultiert aus der Ablehnung einer Differenzierung von innerem und äußerem Mein. Die folgende Darstellung orientiert sich an Kants Einteilung des Privatrechts in Gegenstandslehre und Erwerbslehre. In einem ersten Abschnitt wird die Methode skizziert, anhand derer die Begriffsentwicklung der Privatrechtslehre erfolgt (2.). Im zweiten Abschnitt wird der allen Besitzarten zugrundeliegende Begriff des äußeren Meinen eingeführt (3.); sodann werden der physische Besitz (4.) und der intelligible Besitz (5.) thematisiert. Abschließend erfolgt die Darstellung der Erwerbslehre (6.).

2. Die Topik der Rechtsbegriffe

Da Kant seinen Freiheitsbegriff durch Abstraktion gewinnt, kann er im Rahmen der Kategorienbildung der *Metaphysischen Anfangsgründe der Rechtslehre* nicht auf das hegelsche Verfahren der immanenten Begriffsentwicklung zurückgreifen. Die Methode der Rechtslehre resultiert vielmehr daraus, dass Kant diese in den allgemeinen transzendentalphilosophischen Begründungsrahmen stellt. Unter dem Begriff der Transzendentalphilosophie ist im engeren Sinne eine „Lehre von den Bedingungen der Möglichkeit der Erfahrung" zu verstehen. Im weiteren Sinne ist die Transzendentalphilosophie eine „Theorie der Prinzipien aller Einzelwissenschaften und der Prinzipien möglicher Gegenstände dieser Einzelwissenschaften", die „auf der Übertragung des Transzendentalprinzips auf den Gesamtbereich der aktuellen Wissenschaftsgliederung" beruht[132]. So wie die Transzendentalphilosophie im engeren Sinne eine Kritik der Vernunft als Systemgrundlage erfordert, so kann auch die Rechtsphilosophie nur als „kritische" gedacht werden[133]. Kant bestimmt das Verhältnis von Kritik

132 *Oberer* Praxisgeltung und Rechtsgeltung, S. 87 f.. „Wenn auch Kant in der Kritik der reinen Vernunft eine künftige Metaphysik des Rechts aus der dort entworfenen Transzendentalphilosophie ausgegliedert hat, so muß doch berücksichtigt werden, daß er im Fortgang seiner Arbeiten den Begriff der Transzendentalphilosophie erweitert hat in Hinsicht auf eine Prinzipientheorie des Denkens überhaupt" (*Sänger* Die kategoriale Systematik in den ‚Metaphysischen Anfangsgründen der Rechtslehre', S. 52).

133 *Sänger* Die kategoriale Systematik in den ‚Metaphysischen Anfangsgründen der Rechtslehre', S. 58. Für *Kaulbach* Studien zur späten Rechtsphilosophie Kants und ihrer transzendentalen Methode, Vorwort, ist die Rechtsphilosophie Kants sogar „als die Domäne anzusehen, in der [... die transzendentale Methode] ursprünglich zu Hause ist". Vgl. zum Verhältnis von Rechtslehre und Kritik – und insbesondere zu ablehnenden Stellungnahmen, die die Rechtslehre als von der kritischen Grundlegung losgelöst betrachten – auch oben S. 54 ff. mit weiteren Nachweisen.

und Metaphysik in der transzendentalen Methodenlehre der *Kritik der reinen Vernunft*:

> Die Philosophie der reinen Vernunft ist [...] entweder Propädeutik (Vorübung), welche das Vermögen der Vernunft in Ansehung aller reinen Erkenntnis a priori untersucht, und heißt Kritik, oder zweitens das System der reinen Vernunft (Wissenschaft), die ganze [...] philosophische Erkenntnis aus reiner Vernunft im systematischen Zusammenhange, und heißt Metaphysik[134].

Die Kritik ist Propädeutik der Metaphysik, da sie „die Quellen und Bedingungen ihrer Möglichkeit" darlegt und dadurch das Systemfundament schafft: Aufgabe der Kritik ist es, „einen ganz verwachsenen Boden zu reinigen und zu ebenen"[135]. Diese kritische Bodenbereinigung erfüllt zwei Funktionen im Hinblick auf das nachfolgende System: Sie schafft die Grundlagen der Disziplin und der Doktrin.

Die Disziplin ist der „Zwang, wodurch der beständige Hang, von gewissen Regeln abzuweichen, eingeschränkt, und endlich vertilget wird"[136]. Sie leistet also einen bloß „negativen [...] Beitrag"[137], denn sie erfüllt das „eigentümliche Geschäfte, lediglich den Irrtum abzuhalten"[138]. Die Disziplin schafft keine inhaltliche Erkenntnis, sondern sichert lediglich die Methode des Erkenntnisgewinns, indem sie auf die Grenzen verweist, die die reine Vernunft in ihrem Gebrauch beschränken. Die Kritik bildet das Fundament des nachfolgenden Systems der Disziplin[139], da auch sie bereits auf die Bedingungen der Möglichkeit einer Erkenntnis aus reinen Begriffen reflektiert; die Kritik ist insofern eine Wissenschaft „der bloßen Beurteilung der reinen Vernunft, ihrer Quellen und Grenzen"[140], d.h. ihr Nutzen ist „in Ansehung der Spekulation [...] nur negativ"[141] und dient

134 *Kant* Kritik der reinen Vernunft, B 869/A 841 (S. 701 f.); vgl. auch *ders.* Kritik der reinen Vernunft, B 25/A 11 (S. 62).

135 *Kant* Kritik der reinen Vernunft, A XXI (S. 18).

136 *Kant* Kritik der reinen Vernunft, B 737/A 709 (S. 610).

137 *Kant* Kritik der reinen Vernunft, B 738/A 710 (S. 611).

138 *Kant* Kritik der reinen Vernunft, B 737/A 709 (S. 610).

139 Wie die Doktrin, so ist auch die Disziplin als System zu begreifen: „Wo aber, wie in der reinen Vernunft, ein ganzes System von Täuschungen und Blendwerken angetroffen wird, die unter sich wohl verbunden und unter gemeinschaftlichen Prinzipien vereinigt sind, da scheint eine ganz eigene und zwar negative Gesetzgebung erforderlich zu sein, welche unter dem Namen einer Disziplin aus der Natur der Vernunft und der Gegenstände ihres reinen Gebrauchs gleichsam ein System der Vorsicht und Selbstprüfung errichte, vor welchem kein falscher vernünftelnder Schein bestehen kann, sondern sich sofort, unerachtet aller Gründe seiner Beschönigung, verraten muß" (*Kant* Kritik der reinen Vernunft, B 739/A 711 [S. 612]).

140 *Kant* Kritik der reinen Vernunft, B 25/A 11 (S. 62).

141 *Kant* Kritik der reinen Vernunft, B 25/A 11 (S. 62 f.).

„nicht zur Erweiterung, sondern nur zur Läuterung unserer Vernunft“[142]. Die Doktrin ist das positive Komplement im Begründungsverfahren des Systems[143]: Sie bildet die Metaphysik in den beiden Gebieten der Natur und der Freiheit. So wie die Kritik mit ihrem Aufweis der Grenzen des Vernunftgebrauches die Disziplin fundiert, so ist sie auch eine Propädeutik für die Doktrin, denn sie bestimmt das Muster, nach dem der Erkenntnisfortgang der Metaphysik strukturiert ist: Das positive Systemanliegen der Kritik ist die „Bestimmung der formalen Bedingungen eines vollständigen Systems der reinen Vernunft“[144]. Die kritische Bodenbereinigung leistet also nicht nur einen negativen Systembeitrag; sie bewahrt nicht nur vor dem Bau eines Turmes, „der bis an den Himmel reichen sollte“[145], sondern liefert darüber hinaus in konstruktiver Hinsicht den „Plan und das Bauzeug“[146] für ein Gebäude, dessen Errichtung möglich ist. Indem die Kritik den Systemcharakter der Metaphysik gewährleistet, ermöglicht sie den „sicheren Gang einer Wissenschaft“ [147] und ist Garant für den Zusammenhang aller Einzelerkenntnisse. Metaphysik ist demnach ohne Kritik nicht möglich, weil sie als Wissenschaft nur architektonisch gedacht werden kann: „systematische Einheit [ist] dasjenige [...], was gemeine Erkenntnis allererst zur Wissenschaft, d.i. aus einem bloßen Aggregat derselben ein System macht“[148]. Die Geltung einzelner Prinzipien ist mithin abhängig vom Gesamtsystem, das sich selbst in der Architektonik der Vernunft gründen muss[149]; die Transzendentalphilosophie ist, in den Worten Kants,

> die Idee einer Wissenschaft, wozu die Kritik der reinen Vernunft den ganzen Plan architektonisch, d.i. aus Prinzipien, entwerfen soll, mit völliger Gewährleis-

142 *Kant* Kritik der reinen Vernunft, B 25/A 11 (S. 63). Die Kritik ist insofern – nach einer kantischen Metapher – der „Gerichtshof“, den die reine Vernunft zu ihrer Selbstprüfung einsetzt; (*ders.* Kritik der reinen Vernunft, A XI [S. 13]).

143 Kant bestimmt die Doktrin als Gegenbegriff zur Kritik: „Eine solche [Propädeutik, C.M.] würde nicht eine Doktrin, sondern nur Kritik der reinen Vernunft heißen müssen“ (*Kant* Kritik der reinen Vernunft, B 25/A 11 [S. 62]).

144 *Kant* Kritik der reinen Vernunft, B 735 f./A 707 f. (S. 609).

145 *Kant* Kritik der reinen Vernunft, B 735/A 707 (S. 609).

146 So Kants eigenes Bild: „Wenn ich den Inbegriff aller Erkenntnis der reinen und spekulativen Vernunft wie ein Gebäude ansehe, dazu wir wenigstens die Idee in uns haben, so kann ich sagen, wir haben in der transzendentalen Elementarlehre den Bauzeug überschlagen und bestimmt, zu welchem Gebäude, von welcher Höhe und Festigkeit er zulange“ (*ders.* Kritik der reinen Vernunft, B 735/A 707 [S. 609]).

147 *Kant* Kritik der reinen Vernunft, B XIX (S. 26).

148 *Kant* Kritik der reinen Vernunft, B 860/A 832 (S. 695).

149 „Unter der Regierung der Vernunft dürfen unsere Erkenntnisse überhaupt keine Rhapsodie, sondern sie müssen ein System ausmachen [...]. Ich verstehe aber unter einem Systeme die Einheit der mannigfaltigen Erkenntnisse unter einer Idee“ (*Kant* Kritik der reinen Vernunft, B 860/A 832 [S. 695 f.]).

tung der Vollständigkeit und Sicherheit aller Stücke, die dieses Gebäude ausmachen. Sie ist das System aller Prinzipien der reinen Vernunft[150].

Der Systemcharakter der Metaphysik resultiert aus der Vernunft selbst: Die menschliche Vernunft ist „ihrer Natur nach architektonisch, d.i. sie betrachtet alle Erkenntnisse als gehörig zu einem möglichen System"[151]. Wenn aber die Architektonik des wissenschaftlichen Systems in der Architektonik der Vernunft begründet ist, so kann „kein System in der Welt [... seine] Nothwendigkeit wo anders herleiten, als aus den a priori zum Grunde liegenden Principien der Möglichkeit des Denkens selbst"[152]. Metaphysik ist als Wissenschaft vor diesem Hintergrund nur möglich als Wissenschaft von den Regeln und Gesetzen der Erkenntnisart. Liegen die Wurzeln der Wissenschaft somit in der Spontaneität des Denkens, so ist die synthetische Einheit der Apperzeption „der höchste Punkt, an dem man allen Verstandesgebrauch, selbst die ganze Logik, und, nach ihr, die Transzendental-Philosophie heften muß"[153]. Die transzendentale Logik ist die „Wissenschaft der Verstandesregeln überhaupt"[154]. Als reine Logik ist sie eine Erkenntnis, „welche bloß die Regeln des reinen Denkens eines Gegenstandes"[155] enthält, d.h. sie beschäftigt sich bloß mit solchen Begriffen, die a priori auf Gegenstände bezogen werden können[156]. Die Frage nach der Architektonik der Wissenschaft führt auf diese Weise über die Reflexion auf die Prinzipien der Möglichkeit des Denkens zur Tafel der reinen Verstandesbegriffe: Wissenschaft wird begründet durch die ursprünglich synthetische Einheit der Apperzeption und ihrer Selbstdifferenzierung in den Kategorien; die Kategorien können insofern interpretiert werden als „Grundmethoden oder Verfahrensweisen alles Inhaltsdenkens überhaupt"[157]. Damit ist der positive Systembeitrag der Kritik aufgezeigt: Indem die Kritik die reinen Verstandesbegriffe offen legt, skizziert sie den Plan der nachfolgenden inhaltlichen Metaphysik[158].

---

150 *Kant* Kritik der reinen Vernunft, B 27/A 13 (S. 64).

151 *Kant* Kritik der reinen Vernunft, B 502/A 474 (S. 449).

152 *Kant* Metaphysische Anfangsgründe der Naturwissenschaft (IV), S. 476.

153 *Kant* Kritik der reinen Vernunft, B 134 (S. 137).

154 *Kant* Kritik der reinen Vernunft, B 76/A 52 (S. 98).

155 *Kant* Kritik der reinen Vernunft, B 80/A 55 (S. 101).

156 *Kant* Kritik der reinen Vernunft, B 81/A 57 (S. 101 f.).

157 *Brocker* Kants Besitzlehre, S. 45; *Sänger* Die kategoriale Systematik in den ‚Metaphysischen Anfangsgründen der Rechtslehre', S. 114.

158 Hegel kritisiert freilich, dass bereits die in der Kritik beschriebenen Erkenntniselemente ohne innere Notwendigkeit zueinander stünden: „Als ein fernerer Mangel dieser Philosophie ist es zu betrachten, daß dieselbe nur eine historische Beschreibung des Denkens und eine bloße Herzählung der Momente des Bewußtseins gibt. Diese Herzählung ist nun zwar in der Hauptsache allerdings richtig, allein es ist dabei von der Notwendigkeit des so empirisch Aufgefaßten nicht die Rede" (*Hegel* Enzyklopädie der philosophischen Wissenschaften I [8], § 60 Z, S. 146).

Entsprechend wird die Bedeutung der Kritik für die *Metaphysik der Sitten* von Kant in der Vorrede zur *Kritik der praktischen Vernunft* deutlich herausgehoben: In den Kritiken sei „zu einer systematischen, theoretischen sowohl als praktischen Philosophie als Wissenschaft sicherer Grund gelegt"[159]. Dennoch ergeben sich in der Durchführung des Programms der Kategorienanwendung größte Schwierigkeiten[160]. Die Anwendung der Kategorien ist für die *Metaphysischen Anfangsgründe der Rechtslehre* in der Sekundärliteratur umstritten[161] und noch wenig erforscht[162]. Erste Probleme ergeben sich bereits bei der Frage, welche Kategorientafel in der Rechtslehre Anwendung finden soll. Zum Teil geht die Beurteilung dahin, dass die Freiheitskategorien der *Kritik der praktischen Vernunft* der *Metaphysik der Sitten* in gleicher Weise zugrundeliegen müssten wie die Verstandeskategorien der Naturmetaphysik[163]. Gegen diese Parallelisierung argumentiert jedoch bereits Lisser mit dem Hinweis darauf, dass die Rechtslehre als

159 *Kant* Kritik der praktischen Vernunft (V), S. 12. Auf die abschließende Bedeutung der Kategorien verweist Kant ausdrücklich in der Vorrede der *Metaphysischen Anfangsgründen der Naturwissenschaft*: „Das Schema [...] zur Vollständigkeit eines metaphysischen Systems, es sei der Natur überhaupt, oder der körperlichen Natur insbesondere, ist die Tafel der Kategorien. Denn mehr gibt es nicht reine Verstandesbegriffe, die die Natur der Dinge betreffen können. Unter die vier Klassen derselben, die der Größe, der Qualität, der Relation und endlich der Modalität, müssen sich auch alle Bestimmungen des allgemeinen Begriffs einer Materie überhaupt, mithin auch alles, was a priori von ihr gedacht, was in der mathematischen Construction dargestellt, oder in der Erfahrung als bestimmter Gegenstand derselben gegeben werden mag, bringen lassen. Mehr ist hier nicht zu thun, zu entdecken oder hinzuzusetzen, sondern allenfalls, wo in der Deutlichkeit oder Gründlichkeit gefehlt sein möchte, es besser zu machen" (*ders.* Metaphysische Anfangsgründe der Naturwissenschaft [IV], S. 473 ff.).

160 Auch in den *Metaphysischen Anfangsgründen der Naturwissenschaft* ergeben sich in der Durchführung des Programms der Kategorienanwendung Schwierigkeiten (*Sänger* Die kategoriale Systematik in den ‚Metaphysischen Anfangsgründen der Rechtslehre', S. 118 mit weiteren Nachweisen). Dennoch zeigt sich – anders als in der Rechtslehre – bereits am Aufbau dieses Werkes die Orientierung an der Kategorientafel der *Kritik der reinen Vernunft*.

161 Ablehnend wohl *Beck* Kants Kritik der praktischen Vernunft, S. 280: „Da die *Metaphysischen Anfangsgründe der Naturwissenschaft* entsprechend der Kategorientafel der ersten *Kritik* aufgebaut sind, konnte man darauf gefaßt sein, daß die Tafel der Kategorien der Freiheit der gesamten *Metaphysik der Sitten* in ähnlicher Weise zugrunde liegen würde".

162 Abgesehen von der grundlegenden Arbeit Sängers (Die kategoriale Systematik in den ‚Metaphysischen Anfangsgründen der Rechtslehre') finden sich nur vereinzelte Beiträge zu dieser Problematik; etwa *Brocker* Kants Besitzlehre, S. 123 ff..

163 *Beck* Kants Kritik der praktischen Vernunft, S. 280; ebenso wohl *Kaulbach* Der Begriff der Freiheit in Kants Rechtsphilosophie, S. 87 und *Kühl* Eigentumsordnung als Freiheitsordnung, S. 145 („Kant" könne „auf die in der ‚Kritik der praktischen Vernunft' entwickelten Kategorien der Freiheit zurückgreifen").

Disziplin innerweltlicher Strukturen der Naturlehre verwandt ist[164]. Und auch Sänger gelangt zu dem Resultat, dass „sich doch gerade die Interpretationsschwierigkeiten und Mißverständnisse in der Literatur zur Rechtswissenschaft aus dieser Parallelisierung“ ergeben[165].

Trotz der Probleme, die die Kategorienanwendung im einzelnen bereitet, ist Kant gerade in der Privatrechtslehre deutlich um eine Topik der Rechtsbegriffe bemüht, die sich an der Tafel der reinen Verstandsbegriffe der *Kritik der reinen Vernunft* orientiert. In den *Vorarbeiten* zur *Metaphysik der Sitten* entwirft er verschiedene Tafeln der privatrechtlichen Kategorien, die zwar nur als tastende Versuche einer Systematisierung der Rechtsbegriffe gewertet werden können[166], aber immerhin einen Einblick in die transzendentale Methode gewähren. Eine dieser Tafeln soll im folgenden näher betrachtet werden. Sie findet sich im *Zusammenhängenden Entwurf* und verleiht der Topik der Rechtskategorien folgende Gestalt:

Der „oberste eingeteilte Begriff“ der Rechtslehre ist „der Act der freien Willkür überhaupt“[167]. Die Willkür ist das Begehrungsvermögen nach Begriffen, das mit dem „Bewußtsein des Vermögens seiner Handlung zur Hervorbringung des Objects verbunden ist“[168]; sie ist also das Vermögen, in Bezug auf Gegenstände „nach Belieben zu thun oder zu lassen“[169]. Sofern dieser Willkürbegriff durch die Kategorientafel geführt wird, resultieren die Rechtsbegriffe. Im *Zusammenhängenden Entwurf* der *Vorarbeiten* lehnt sich Kant an die Tafel der *Kritik der reinen Vernunft* an und unterscheidet zwischen „mathematischen“ und „dynamischen“ Rechtskategorien:

> 1.) Mathematische der Freyheit eines jeden in der synthetischen Einheit der Willkühr zur formalen Bestimmung des Rechts damit niemand dem Andern Unrecht thue [...]. 2.) Dynamische der Relation und Modalität in Ansehung der Realität der Willkühr in Absicht auf ihr Object[170].

---

164 *Lisser* Der Begriff des Rechts bei Kant, S. 14 f.. Auf die Bedeutung der *Kritik der reinen Vernunft* verweist auch *Brocker* Kants Besitzlehre, S. 45: „Da die Kategorien [der *Kritik der reinen Vernunft*, C.M.] diese Funktion [der Systembildung, C.M.] für jede metaphysische Betrachtung erfüllen sollen, wird ihre Anwendung auch in den Metaphysischen Anfangsgründen der Rechtslehre zu erwarten sein“.

165 *Sänger* Die kategoriale Systematik in den ‚Metaphysischen Anfangsgründen der Rechtslehre‘, S. 76.

166 So auch *Brocker* Kants Besitzlehre, S. 123: Die Versuche seien „oft ohne Einheit, unvollständig, bisweilen auch unverständlich“.

167 *Kant* Metaphysische Anfangsgründe der Rechtslehre (VI), S. 218.

168 *Kant* Metaphysische Anfangsgründe der Rechtslehre (VI), S. 213.

169 *Kant* Metaphysische Anfangsgründe der Rechtslehre (VI), S. 213.

170 *Kant* Vorarbeiten zur Metaphysik der Sitten (XXIII), S. 218.

Demnach ergibt sich folgende Tafel[171]:

1. Quantität
Einseitige,
Vielseitige
allseitige
Bestimmung der Willkühr zu synthetischer Einheit

2. Qualität
Geboth,
Erlaubnis und
Verboth

3. Relation
Sachenrecht,
persönliches Recht
Gemeinschaftsrecht

4. Modalität
Möglichkeit der Vereinigung der Willkühr über ein Object
Wirklichkeit dieser Vereinigung (im pacto) und
Nothwendigkeit dieser Vereinigung in der unione civili als dem einzigen statu legali

Die Überlegungen dieser Tafel haben – wie schon Brocker nachweist[172] – Eingang gefunden in den veröffentlichten Text der *Metaphysik der Sitten*. Die Relationskategorien sind für das Privatrecht von Bedeutung, da sie die Gegenstände vorgeben, auf die die Willkür gerichtet sein kann; sie leisten insofern den auf der Grundlage des Abstraktionsverfahrens der Kritik noch unmöglichen Gegenstandsbezug der kantischen Freiheitslehre. Deutlich wird dieser Bezug in einem weiteren Entwurf der *Vorarbeiten*, in dem Kant die Relationskategorien bestimmt als solche, die das Verhältnis der Willkür „a, zu Sachen, b Personen c, der Personen als Sachen"[173] bestimmen. In den *Metaphysischen Anfangsgründen der Rechtslehre* schließlich bestimmt Kant die Willkürgegenstände folgendermaßen: „Der äußeren Gegenstände meiner Willkür können nur drei sein: 1) eine (körperliche) Sache außer mir; 2) die Willkür eines anderen zu einer bestimmten That

171 Vgl. *Kant* Vorarbeiten zur Metaphysik der Sitten (XXIII), S. 218.
172 *Brocker* Kants Besitzlehre, S. 125; vgl. auch *Brandt* Das Erlaubnisgesetz, S. 243 f..
173 *Kant* Vorarbeiten zur Metaphysik der Sitten (XXIII), S. 302.

(praestatio); 3) der Zustand eines Anderen in Verhältnis auf mich“[174]. Kant stellt den Bezug dieser Einteilung zur Kategorientafel der Kritik ausdrücklich klar: Sie sei erfolgt „nach den Kategorien der Substanz, Causalität und Gemeinschaft zwischen mir und äußeren Gegenständen nach Freiheitsgesetzen“[175]. Analog dazu strukturiert Kant die Erwerbung des äußeren Mein und Dein im Eröffnungsparagraphen des *Zweiten Hauptstücks* der Privatrechtslehre: „Der Materie (dem Objecte) nach erwerbe ich entweder eine körperliche Sache (Substanz) oder die Leistung (Causalität) eines Anderen oder diese andere Person selbst [...] (das Commercium mit derselben)“[176]. Die Relationskategorien sind insofern verantwortlich für die trichotomische Einteilung des Privatrechts in Sachenrecht, persönliches Recht und auf dingliche Art persönliches Recht.

Die Qualitätskategorien erlangen Bedeutung für die Eigentumsproblematik, weil sie die Frage nach der Möglichkeit einer lex permissiva aufwerfen. Das Sittengesetz stellt die Begehung oder Unterlassung eines Willküraktes als Pflicht vor; es ist insofern „entweder ein Gebot- oder Verbotgesetz“[177]. Eine Handlung, die sittlich weder geboten noch verboten ist, ist „sittlich-gleichgültig“[178]. Angesichts dieser Neutralität des bloß Erlaubten stellt sich in bezug auf die zweite Qualitätskategorie die Frage,

> ob dazu, daß es jemanden freistehe, etwas nach seinem Belieben zu thun oder zu lassen, außer dem Gebotgesetze (lex praeceptiva, lex mandati) und dem Verbotgesetze (lex prohibitiva, lex vetiti) noch ein Erlaubnisgesetz (lex permissiva) erforderlich sei. Wenn dieses ist, so würde die Befugnis nicht allemal eine gleichgültige Handlung (adiaphoron) betreffen; denn zu einer solchen, wenn man sie nach

174 *Kant* Metaphysische Anfangsgründe der Rechtslehre (VI), S. 247.

175 *Kant* Metaphysische Anfangsgründe der Rechtslehre (VI), S. 247. Wie sehr Kant am methodischen Rekurs auf die Kategorien der Kritik gelegen ist, zeigt seine Replik auf die heftige Kritik, die die Rechtsfigur des auf dingliche Art persönlichen Rechts schon kurz nach dem Erscheinen der *Metaphysischen Anfangsgründe der Rechtslehre* auslöste. Kant argumentiert in den 1798 erschienenen, auf die Rezension von *Bouterwek* bezogenen *Erläuternden Anmerkungen zu den metaphysischen Anfangsgründen der Rechtslehre*, dass dieser „neuerdings gewagte Rechtsbegriff“ schon aus systematischen Gründen notwendig sei: „Wenn rechtskundige Philosophen sich bis zu den metaphysischen Anfangsgründen der Rechtslehre erheben oder versteigen wollen (ohne welche alle ihre Rechtswissenschaft bloß statuarisch sein würde), so können sie über die Sicherung der Vollständigkeit ihrer Eintheilung der Rechtsbegriffe nicht gleichgültig wegsehen: weil jene Wissenschaft sonst kein Vernunftsystem, sondern ein bloß aufgerafftes Aggregat sein würde. – Die Topik der Principien muß der Form des Systems halber vollständig sein, d.i. es muß der Platz zu einem Begriff (locus communis) angezeigt werden, der nach der synthetischen Form der Eintheilung für diesen Begriff offen ist“ (*ders.* Anhang erläuternder Anmerkungen zu den metaphysischen Anfangsgründen der Rechtslehre [VI], S. 357).

176 *Kant* Metaphysische Anfangsgründe der Rechtslehre (VI), S. 259.

177 *Kant* Metaphysische Anfangsgründe der Rechtslehre (VI), S. 223.

178 *Kant* Metaphysische Anfangsgründe der Rechtslehre (VI), S. 223.

sittlichen Gesetzen betrachtet, würde kein besonderes Gesetz erfordert werden[179].

Da aus den Verbots- und Gebotsgesetzen das Erlaubte ableitbar ist, scheinen Erlaubnisgesetze überflüssig zu sein; die einzig mögliche Funktion, die Kant ihnen einräumt, besteht in der Beschränkung des Geltungsbereiches der normlogisch vorrangigen Verbotsgesetze. Das Bestehen von Verbotsgesetzen ist also Bedingung der Möglichkeit von Erlaubnisgesetzen: Letztere haben keine eigenständige Aussagekraft, sondern beziehen sich stets auf erstere, indem sie Ausnahmesituationen beschreiben, in denen jene nicht gelten[180]. Genau ein solches Verhältnis besteht zwischen dem Eigentumsprinzip und dem allgemeinen Rechtsprinzip[181]. Die Notwendigkeit des Eigentums ist aus dem allgemeinen Rechtsgesetz nicht deduzierbar, sondern fordert einen synthetischen Rechtssatz a priori[182], der die Verletzung des Eigentums verbietet und damit von den Rechtsgenossen eine über die wechselseitige Willkürbeschränkung des allgemeinen Rechtsprinzips hinausgehende Unterlassung fordert. Das synthetische Rechtspostulat des intelligiblen Besitzes begrenzt insofern das allgemeine Rechtsprinzip in seinem Geltungsumfang und erfüllt damit die Bedingungen des Permissivgesetzes:

> A permissive law states the conditions under which a general prohibition does not apply, and the permission to prohibit others from interfering with our exclusive use of an object is a limitation upon the prohibition, contained in the inherent right of freedom, against interfering with the freedom of activity of others[183].

In den Worten Kants:

> Man kann dieses Postulat ein Erlaubnisgesetz (lex permissiva) der praktischen Vernunft nennen, was uns die Befugnis giebt, die wir aus bloßen Begriffen vom Rechte überhaupt nicht herausbringen könnten: nämlich allen andern eine Verbindlichkeit aufzulegen, die sie sonst nicht hätten, sich des Gebrauchs gewisser

179 *Kant* Metaphysische Anfangsgründe der Rechtslehre (VI), S. 223.

180 Ein solches Verhältnis besteht im geltenden Recht z.B. zwischen Straftatbeständen und Rechtfertigungsgründen. Kant verweist auf die normlogische Priorität des Verbotsgesetzes in: *Kant* Vorarbeiten zu Zum ewigen Frieden (XXIII), S. 157.

181 Ich greife damit auf die Interpretation des Permissivgesetzes von *Brandt* Das Erlaubnisgesetz, S. 241 ff. und *Kersting* Wohlgeordnete Freiheit, S. 248 f. zurück. Bartuschat versteht im Gegensatz dazu den Begriff des Erlaubnisgesetzes nicht normlogisch, sondern material: „Das Postulat [des intelligiblen Besitzes, C.M.] kann [...] ein Erlaubnisgesetz [...] genannt werden, denn es enthält die im Einklang mit dem Recht stehende Erlaubnis einer sich auf subjektive Partikularitäten stützenden Besitzergreifung, die als bloß private rechtens ist“. (*Bartuschat* Praktische Philosophie und Rechtsphilosophie bei Kant, S. 33).

182 Siehe dazu auch oben S. 108 ff..

183 *Gregor* The Laws of Freedom, S. 58.

> Gegenstände unserer Willkür zu enthalten, weil wir zuerst sie in unseren Besitz genommen haben[184].

Die Kategorien der Quantität sind relevant für die Frage nach dem Eigentumserwerb. Kant teilt die Erwerbung des äußeren Mein und Dein nach „dem Rechtsgrunde (titulus) der Erwerbung; welches eigentlich kein besonderes Glied der Eintheilung der Rechte, aber doch ein Moment der Art ihrer Ausübung ist“[185], anhand der Quantitätskategorien ein: „entweder durch den Act einer einseitigen oder doppelseitigen oder allseitigen Willkür, wodurch etwas Äußeres (facto, pacto, lege) erworben wird“[186].

Die Modalitätskategorien schließlich leiten über vom Privatrecht auf das öffentliche Recht. In § 9 der *Metaphysischen Anfangsgründe der Rechtslehre* stellt Kant klar, dass im Naturzustande nur ein „provisorisch-rechtlicher Besitz“[187] denkbar ist. Der peremtorische Besitz hingegen erfordert eine bürgerliche Verfassung, d.h. einen „Zustand, durch welchen jedem das Seine [...] gesichert [...] wird“[188]. Im Zustand der bürgerlichen Verfassung wird die Besitzgarantie geleistet durch die „öffentliche Gerechtigkeit, welche in Beziehung entweder auf die Möglichkeit, oder Wirklichkeit, oder Nothwendigkeit des Besitzes der Gegenstände (als der Materie der Willkür) nach Gesetzen in die beschützende [...], die wechselseitig-erwerbende [...] und die austheilende [...] Gerechtigkeit eingetheilt“ wird[189].

3. Die Exposition des Begriffs des äußeren Meinen

Die Klassifizierung der Willkürgegenstände anhand der Relationskategorien in „1) eine (körperliche) Sache außer mir; 2) die Willkür eines anderen zu einer bestimmten That (praestatio); 3) der Zustand eines anderen in Verhältnis auf mich“[190] trifft keine Aussage darüber, wie das Verhältnis der Willkür zu diesen Gegenständen zu denken ist. Die Frage nach diesem Verhältnis wird vielmehr von den Qualitätskategorien aufgeworfen, denn sie konvergiert mit der Frage nach der Möglichkeit einer lex permissiva. Beantwortet wird sie im ersten Hauptstück der Privatrechtslehre, das sich mit „der Art etwas Äußeres als das Seine zu haben“[191] beschäftigt. Kant eröffnet dieses Lehrstück mit verschiedenen Begriffserläuterungen, die

184 *Kant* Metaphysische Anfangsgründe der Rechtslehre (VI), S. 247.
185 *Kant* Metaphysische Anfangsgründe der Rechtslehre (VI), S. 260.
186 *Kant* Metaphysische Anfangsgründe der Rechtslehre (VI), S. 260.
187 *Kant* Metaphysische Anfangsgründe der Rechtslehre (VI), S. 257.
188 *Kant* Metaphysische Anfangsgründe der Rechtslehre (VI), S. 256.
189 *Kant* Metaphysische Anfangsgründe der Rechtslehre (VI), S. 306.
190 *Kant* Metaphysische Anfangsgründe der Rechtslehre (VI), S. 247.
191 *Kant* Metaphysische Anfangsgründe der Rechtslehre (VI), S. 245.

bereits sämtliche Probleme andeuten, denen seine Eigentumslehre ausgesetzt ist. Diese Begriffsbestimmungen sollen im folgenden dargestellt werden. Sodann werden der physische und der intelligible Besitz behandelt (4. und 5.).

a. Das Rechtlich-Meine

Zunächst exponiert Kant den Begriff des Rechtlich-Meinen:

> Das Rechtlich-Meine (meum iuris) ist dasjenige, womit ich so verbunden bin, daß der Gebrauch, den ein Anderer ohne meine Einwilligung von ihm machen möchte, mich lädiren würde. Die subjective Bedingung der Möglichkeit des Gebrauchs überhaupt ist der Besitz[192].

Anders als Hegel, der den Gegenstandsbezug der rechtlichen Willkür als unmittelbares, positives Verhältnis zwischen Wille und Sache begreift[193], definiert Kant diesen vermittelt über die Möglichkeit der Freiheitsläsion. Dieser Umweg ist bemerkenswert. Für Hegel besteht die Funktion des rechtlichen Sachbezuges „darin, daß sich die bloße Subjektivität der Persönlichkeit aufhebt“[194]: Er begreift die im Eigentum verkörperte Person als Einzelheit, d.h. als eine alle ihr angehörenden Gegenstände idealisierende Totalität[195]. Hegel versteht die Persönlichkeit nicht bloß subjektiv und die Gegenstände nicht bloß objektiv; vielmehr verweist die spekulative Methode auf die Vermittlung dieser scheinbaren Gegensätze und ihre Synthese zu einer Gesamtheit. Kant hingegen kann eine solche innere Beziehung zwischen der Willkür und ihren Gegenständen nicht nachweisen: Indem er die Willkür abstrakt begreift, postuliert er eine statische Trennung zwischen den Willensmomenten der Allgemeinheit und der Besonderheit. In Kants Exposition des Begriffes des Rechtlich-Meinen äußert sich die aus dieser Abstraktion resultierende Äußerlichkeit, mit der sich Willkür und Willkürobjekt gegenüberstehen. Kant führt das Rechtlich-Meine über den umständlichen Rekurs auf die Läsion des inneren Mein ein, weil er eine positive Bestimmung dieses Begriffes nicht angeben kann: Die Exposition des Rechtlich-Meinen als Objekt, auf das sich die Willkür erstreckt, ist ihm nicht möglich. Anders ausgedrückt: Kants Bestimmung des Rechtlich-Meinen über den Umweg der Läsionsmöglichkeit resultiert aus der Verlegenheit, das Eigentum nicht wie Hegel als Emana-

---

192 *Kant* Metaphysische Anfangsgründe der Rechtslehre (VI), S. 245.

193 „Durch die Besitznahme erhält die Sache das Prädikat, die meinige zu sein, und der Wille hat eine positive Beziehung auf sie“. (*Hegel* Grundlinien der Philosophie des Rechts [7], § 59, S. 128).

194 *Hegel* Grundlinien der Philosophie des Rechts (7), § 41 Z, S. 102.

195 Siehe dazu oben S. 36 ff. und S. 146 ff..

tion des Willens begreifen zu können: Die Beschreibung des inneren Verhältnisses zwischen mir und der Sache – dass ich im Eigentum meinen „Willen zur Sache" und die „Sache zu [meinem] Willen"[196] mache –, diese Beschreibung ist Kant nicht möglich. Der Rekurs auf die bloße Möglichkeit der Läsion ist aber tückisch: Wie noch zu zeigen sein wird, ist ohne Angabe des inneren Verhältnisses zwischen Willkür und Sache nicht klarzumachen, weshalb ein Zugriff auf die Sache die Person lädiert. Hegel hat, mit Blick auf den Begriff des abstrakten Rechts, ausdrücklich auf die Begründungsschwierigkeiten hingewiesen, die die Erklärung eines Rechtsbegriffes unter Rückgriff auf die Läsionsmöglichkeit in sich birgt: „Das abstrakte oder strenge Recht sogleich von vornherein als ein Recht zu definieren, zu dem man zwingen dürfe, heißt es an einer Folge auffassen, welche erst auf dem Umwege des Unrechts eintritt"[197]. Gleiches gilt für die Besitzlehre: Dass mich der Zugriff auf das Rechtlich-Meine lädiert – dass ich also zur Unterlassung dieses Zugriffs zwingen darf –, ist lediglich Folge dieses Begriffs, nicht seine Erklärung.

b. Der Gegenstand außer mir

Diese Begründungsstruktur führt Kant zu der Frage nach den Bedingungen dafür, dass der Zugriff auf eine Sache das innere Mein lädiert. Ihre Beantwortung vorbereitend erörtert er zunächst die Weisen des Gegenstandsbezuges der rechtlichen Willkür: den physischen und den bloß rechtlichen Besitz[198]. Der physische Besitz ist diejenige Sachbeziehung, die aus der empirischen Inhabung (detentio) des betreffenden Willkürgegenstandes resultiert[199]. Der rechtliche Besitz hingegen ist ein solcher, der von allen empirischen Raumes- und Zeitbedingungen abstrahiert. Dieser Dichotomie des Besitzbegriffes korreliert eine Dichotomie des Begriffs des Äußeren:

196 *Hegel* Grundlinien der Philosophie des Rechts (7), § 44 Z, S. 106.

197 *Hegel* Grundlinien der Philosophie des Rechts (7), § 94, S. 180.

198 Kant verwendet die Begriffe „bloß-rechtlicher Besitz" und „intelligibler Besitz" äquivok: Der Begriff des Besitzes sei in verschiedenen Bedeutungen – „nämlich des sinnlichen und des intelligiblen Besitzes" – zu nehmen, wobei „unter dem einen der physische, unter dem anderen ein bloß rechtlicher Besitz" zu verstehen sei (*Kant* Metaphysische Anfangsgründe der Rechtslehre [VI], S. 245).

199 Kant verbindet den Begriff des physischen Besitzes an verschiedenen Stellen der *Metaphysik der Sitten* ausdrücklich mit dem der Inhabung (*Kant* Metaphysische Anfangsgründe der Rechtslehre [VI], S. 248, S. 249, S. 253). Dieser Bezug ergibt sich auch im Umkehrschluss aus Kants Bestimmung des intelligiblen Besitzes: „Ein intelligibler Besitz [...] ist ein Besitz ohne Inhabung (detentio)" (*ders.* aaO., S. 245 f.).

> Der Ausdruck: ein Gegenstand ist außer mir, kann aber entweder so viel bedeuten, als: er ist ein nur von mir (dem Subject) unterschiedener, oder auch ein in einer anderen Stelle (positus) im Raum oder in der Zeit befindlicher Gegenstand. Nur in der ersteren Bedeutung genommen, kann der Besitz als Vernunftbesitz gedacht werden; in der zweiten aber würde er ein empirischer heißen müssen[200].

Kant gliedert mit dieser Dopplung des Besitzbegriffes die Privatrechtslehre in die dualistischen Systemgrundlagen ein: die Unterscheidung von empirischem Besitz und Vernunftbesitz entspricht der grundsätzlichen Zweiteilung praktischer Kategorien in Phänomenales und Noumenales. Diese Erstreckung des Dualismus auf den Besitzbegriff muss verwundern; denn die Aufgabenstellung des Privatrechts – die Gewährleistung des Gegenstandsbezuges der rechtlichen Willkür – impliziert gerade eine Überwindung des Dualismus. Die Lehre vom Privatrecht hat als Disziplin der Gegenstände des Freiheitsvermögens die Funktion, eine zwischen noumenaler Freiheit und empirischer Wirklichkeit vermittelnde Schnittstelle zu bilden und auf diese Weise die Einheit der Willensmomente Allgemeinheit und Besonderheit aufzuzeigen. Diese Synthesisfunktion ist jedoch gefährdet, wenn die dualistischen Systemprämissen in die Besitzlehre selbst hineingetragen werden. Die Problematik zeigt sich bereits am dichotomischen Begriff des Äußeren; sie wird explizit im Rahmen der Frage nach den Unterschieden zwischen den Bestimmungen, die Kant diesem Begriff gegeben hat. Ein „in einer anderen Stelle (positus), im Raum oder in der Zeit, befindlicher Gegenstand" ist immer auch ein „von mir (dem Subjekt) unterschiedener" Gegenstand. Um ein inhaltliches Zusammenfallen beider Begriffe zu vermeiden, muss also aufgezeigt werden, wie ein „von mir unterschiedener Gegenstand" möglich ist, dessen Unterschiedenheit nicht aus seiner raumzeitlichen Getrenntheit von mir resultiert. Vor dem Horizont der monistischen Frühwerke Kants, die den synthetischen Begriff des Leibes in den Vordergrund stellen[201], ist ein solcher Gegenstand nicht denkbar. Denn wenn die raumzeitliche Position des Leibes der Bezugspunkt des Auffassens der Gegenstände ist, dann ist auch die Unterschiedenheit dieser Gegenstände von mir immer eine Unterschiedenheit von meinem Leib. In der kritischen Philosophie hingegen erweist sich die Möglichkeit eines Gegenstandes, der von allen Raum-Zeit-Bedingungen abstrahiert: Die *Kritik der reinen Vernunft* lehrt, „das Objekt in zweierlei Bedeutung [zu] nehmen [...], nämlich als Erscheinung, oder als

200 *Kant* Metaphysische Anfangsgründe der Rechtslehre (VI), S. 245. Der Besitz müsse nicht als Inhabung, sondern als Haben gedacht werden, „da dann der Ausdruck des Äußeren nicht das Dasein in einem anderen Orte, als wo ich bin, oder meiner Willensentschließung und Annahme als in einer anderen Zeit, wie der des Angebots, sondern nur einen von mir unterschiedenen Gegenstand bedeutet" (*ders.* aaO., S. 253).

201 Siehe dazu oben S. 131 ff..

Ding an sich selbst"[202]. Entsprechend könnte Kants Beschreibung des rechtlich besessenen Gegenstandes „außer mir" nicht für empirische, sondern nur für intelligible Objekte gelten. Mit einer solchen Begriffsbestimmung würde jedoch das Beweisziel der Eigentumslehre aus den Augen zu geraten: Die Erstreckung der Willkür auf einen intelligiblen Gegenstand gewährleistet den Wirklichkeitsbezug des Rechts gerade nicht. Die Übertragung der Dichotomie des Gegenstandsbegriffs aus der Kritik in die Eigentumslehre würde deshalb die Schematisierungsleistung[203] der *Metaphysik der Sitten* desavouieren: Die Anwendbarkeit des Sittengesetzes auf empirische Verhältnisse kann nur garantiert werden, wenn innerhalb der diese Vermittlung leistenden Lehrstücke der Metaphysik mit dem Begriff eines empirischen Gegenstandes operiert wird[204]. Wie problematisch die konsequente Übertragung des Dualismus auf den Besitzbegriff ist, zeigt sich daran, dass auch Kant vor deren Implikationen zurückschreckt: Im weiteren Verlauf der Eigentumslehre rückt er von der strikten Trennung zweier Begriffe des „Gegenstandes außer mir" ab. Exemplarisch zeigt sich dies in § 7 der *Metaphysischen Anfangsgründe der Rechtslehre*: Kant bestimmt dort die „Art [...], etwas außer mir als das Meine zu haben", als „die bloß rechtliche Verbindung des Willens des Subjects mit jenem Gegenstande, unabhängig von dem Verhältnisse zu demselben im Raum und in der Zeit, nach dem Begriff eines intelligibelen Besitzes"[205]. Anders als in der Begriffsbestimmung des § 1 unterscheidet er an dieser Stelle also nicht zwei Gegenstände, sondern bloß zwei Arten des Verhältnisses der Willkür zu einem Gegenstand. Nicht mehr um die Differenzierung zwischen empirischem und intelligiblem Willkürobjekt, sondern nur noch um die Trennung zwischen sinnlichem und noumenalem Bezug zum empirischen Gegenstand ist es ihm gelegen. Diese Unstimmigkeit verweist nicht bloß auf eine terminologische Ungenauigkeit Kants in § 1; vielmehr ist sie Indiz für die Problematik einer dualistischen Besitzlehre. Im folgen-

202 *Kant* Kritik der reinen Vernunft, B XXVII (S. 31).

203 Siehe zu dieser Aufgabenbestimmung oben S. 46 ff. und S. 78 ff..

204 Den besitztheoretischen Unterschied zwischen intelligiblem Gegenstandsbezug und intelligiblem Gegenstand hebt auch *Bartuschat* Praktische Philosophie und Rechtsphilosophie bei Kant, S. 31, hervor. Undeutlich heißt es bei *Fulda* Erkenntnis der Art, etwas Äußeres als das Seine zu haben, S. 107: „Solcher Besitz ist ein Vernunftgegenstand. Aber er ist dennoch keine bloße, theoretische Denkmöglichkeit, sodaß sein Begriff auch leer sein könnte. Denn der Rechtsgrundsatz ist Grund für rechtliche Besitzverhältnisse, welche empirisch zugängliche äußere Gegenstände betreffen".

205 *Kant* Metaphysische Anfangsgründe der Rechtslehre (VI), S. 253 f.; vgl. auch Kants ausdrückliche Bezugnahme auf die Unterscheidung von Ding-an-sich und Erscheinung: „[...] der empirische Besitz (Inhabung) ist [...] nur Besitz in der Erscheinung (possessio phaenomenon), obgleich der Gegenstand, den ich besitze, hier nicht so, wie es in der transcendentalen Analytik geschieht, selbst als Erscheinung, sondern als Sache an sich selbst betrachtet wird" (*ders.* aaO., S. 249).

den soll deshalb der Begriffsbestimmung des § 7 gefolgt werden: Nur als intelligibler Bezug des Willens zu einem empirischen Objekt ist der Vernunftbesitz ein aussichtsreicher Kandidat für einen gelingenden innerweltlichen Gegenstandsbezug. Wie sich im weiteren Verlauf der Darstellung noch zeigen wird, trägt Kants Begriff der possessio noumenon jedoch stellenweise Züge eines auf einen intelligiblen Gegenstand gerichteten Besitzverhältnisses[206].

c. Das äußere Meine

Bereits im ersten Paragraphen der Privatrechtslehre stellt Kant ausdrücklich klar, dass die „Art, etwas Äußeres als das Seine zu haben", nur der intelligible Besitz sein kann; ein äußeres Meines sei also ohne die Möglichkeit des bloß-rechtlichen Besitzes nicht denkbar: „Etwas Äußeres aber würde nur dann das Meine sein, wenn ich annehmen darf, es sei möglich, daß ich durch den Gebrauch, den ein anderer von einer Sache macht, in deren [ergänze: empirischen, C.M.] Besitz ich doch nicht bin, gleichwohl doch lädirt werden könne"[207]. In § 4 überträgt Kant diesen Gedanken auf jeden der drei möglichen Willkürgegenstände und verdeutlicht somit, dass die Frage nach der Möglichkeit eines intelligiblen Besitzes nicht nur den Sachbezug, sondern auch das persönliche und das auf dingliche Art persönliche Recht betrifft[208]:

> a) Ich kann einen Gegenstand im Raume (eine körperliche Sache) nicht mein nennen, außer wenn, obgleich ich nicht im physischen Besitz desselben bin, ich dennoch in einem anderen wirklichen (also nicht physischen) Besitz desselben zu sein behaupten darf. – So werde ich einen Apfel nicht darum mein nennen, weil ich ihn in meiner Hand habe (physisch besitze), sondern nur, wenn ich sagen kann: ich besitze ihn, ob ich ihn gleich aus meiner Hand, wohin es auch sei, gelegt habe; imgleichen werde ich ihn von dem Boden, auf den ich mich gelagert habe, nicht sagen können, er sei darum mein; sondern nur, wenn ich behaupten darf, er sei immer noch in meinem Besitz, ob ich gleich diesen Platz verlassen habe. Denn der, welcher mir im erstern Falle (des empirischen Besitzes) den Apfel aus der Hand winden, oder mich von meiner Lagerstätte wegschleppen wollte, würde mich zwar freilich in Ansehung des inneren Meinen (der Freiheit), aber nicht des äußeren Meinen lädiren, wenn ich nicht auch ohne Inhabung mich im Besitz des Gegenstandes zu sein behaupten könnte; ich könnte also diese Gegenstände (den Apfel und das Lager) auch nicht mein nennen.

---

206 Siehe insbesondere unten S. 210 ff..

207 *Kant* Metaphysische Anfangsgründe der Rechtslehre (VI), S. 245.

208 *Kant* Metaphysische Anfangsgründe der Rechtslehre (VI), S. 247 f.. Aus diesem Grunde ist Ludwigs diesbezügliche Rekonstruktion der Textgestalt der *Metaphysik der Sitten* zumindest in systematischer Hinsicht schlüssig.

> b) Ich kann die Leistung von etwas durch die Willkür des Andern nicht mein nennen, wenn ich bloß sagen kann, sie sei mit seinem Versprechen zugleich (pactum re initum) in meinen Besitz gekommen, sondern nur, wenn ich behaupten darf, ich bin im Besitz der Willkür des Andern (diesen zur Leistung zu bestimmen), obgleich die Zeit der Leistung noch erst kommen soll; das Versprechen des letzteren gehört demnach zur Habe und Gut (obligatio activa), und ich kann sie zu dem Meinen rechnen, aber nicht bloß, wenn ich das Versprochene (wie im ersten Falle) schon in meinem Besitz habe, sondern auch, ob ich dieses noch nicht besitze. [...]
>
> c) Ich kann ein Weib, ein Kind, ein Gesinde und überhaupt eine andere Person nicht darum das Meine nennen, weil ich sie jetzt als zu meinem Hauswesen gehörig befehlige, oder im Zwinger und in meiner Gewalt und Besitz habe, sondern wenn ich, ob sie sich gleich dem Zwange entzogen haben, und ich sie also nicht (empirisch) besitze, dennoch sagen kann, ich besitze sie durch meinen bloßen Willen, so lange sie irgendwo oder irgendwann existiren, mithin bloß-rechtlich.

Es ist offensichtlich, dass die bisher geleisteten Begriffsbestimmungen diese Schlussfolgerungen nicht tragen. Denn wenn das Rechtlich-Meine dasjenige ist, „womit ich so verbunden bin, daß der Gebrauch, den ein Anderer ohne meine Einwilligung von ihm machen möchte, mich lädiren würde“[209] – und wenn ein Gegenstand außer mir ein raumzeitlich getrenntes Objekt sein kann –, so erfüllt auch der physische Besitz die Bedingungen des Begriffs vom äußeren Mein[210]. Kants Begründung, dass derjenige, der den empirischen Besitz verletzt, „mich zwar [...] in Ansehung des inneren Meinen (der Freiheit), aber nicht des äußeren Meinen“[211] lädiert, ist nicht überzeugend: Ziel der Eigentumslehre ist doch gerade der Nachweis, dass der Zugriff auf etwas Äußeres meine Freiheit (also das innere Mein) verletzt. Deutlich zum Ausdruck kommt diese terminologische Ungenauigkeit in der Ambivalenz zwischen der Namenserklärung und der Sacherklärung des äußeren Meinen:

209 *Kant* Metaphysische Anfangsgründe der Rechtslehre (VI), S. 245.

210 *Baumanns* Kants Antinomie der reinen Rechtsvernunft in systemgeschichtlicher und systematischer Hinsicht, S. 290, beschreibt den physischen Besitz interessanterweise als Bestandteil des inneren Meinen: Zum inneren Meinen würden auch die „Objekte der ‚Inhabung‘ gehören, aufgrund ihrer physischen Verbundenheit mit der leibhaftigen Rechtsperson“. Auf der Grundlage einer solchen Interpretation würde ein äußeres Mein in der Tat nur unter der Voraussetzung des intelligiblen Besitzes möglich sein. Baumanns ist jedoch entgegenzuhalten, dass seine Interpretation mit dem Wortlaut der kantischen Texte nicht verträglich ist. Zwar ist es durchaus richtig, dass Kant den physischen Besitz an den Leibesbegriff koppelt und dass der Leibesbegriff Konstitutionselement des inneren Meinen ist. Dennoch bezeichnet Kant alle Gegenstände, sei der Bezug zu diesen nun empirisch oder intelligibel, als äußeres Meines. Baumanns Interpretation würde die von Kant gezogene Differenz zwischen dem eigenen Leib und den äußeren Dingen gerade wieder verwischen.

211 *Kant* Metaphysische Anfangsgründe der Rechtslehre (VI), S. 248.

> Die Namenerklärung [...] würde sein: Das äußere Meine ist dasjenige außer mir, an dessen mir beliebigen Gebrauch mich zu hindern Läsion (Abbruch an meiner Freiheit [...]) sein würde. – Die Sacherklärung dieses Begriffs aber [...] lautet nun so: Das äußere Meine ist dasjenige, in dessen Gebrauch mich zu stören Läsion sein würde, ob ich gleich nicht im [ergänze: empirischen, C.M.] Besitz desselben (nicht Inhaber des Gegenstandes) bin[212].

Die in der Sacherklärung vorgenommene Reduktion auf den nicht-empirischen Begriff folgt weder aus der Namenserklärung, noch wird sie eigens begründet; sie verfällt damit dem Verdikt der Beliebigkeit. Dies ist insofern problematisch, als sie für den weiteren Gang der kantischen Argumentation bedeutsam ist. Sie suggeriert, dass der Bezug auf Äußeres – und das heißt: der Gegenstandsbezug der rechtlichen Willkür überhaupt – ohne die Möglichkeit des intelligiblen Besitzes schlichtweg undenkbar sei. Die willkürliche Einschränkung des Begriffs des äußeren Mein auf den intelligiblen Besitz nimmt damit das Ergebnis der nachfolgenden Deduktion vorweg.

4. Der physische Besitz

Dass eine Verletzung des physischen Besitzes eine Freiheitsbeeinträchtigung ist, resultiert Kant zufolge analytisch aus dem allgemeinen Rechtsprinzip:

> Der Rechtssatz a priori in Ansehung des empirischen Besitzes ist analytisch; denn er sagt nichts mehr, als was nach dem Satz des Widerspruchs aus dem letzteren folgt, daß nämlich, wenn ich Inhaber einer Sache (mit ihr also physisch verbunden) bin, derjenige, der sie wider meine Einwilligung afficirt (z.B. mir den Apfel aus der Hand reißt), das innere Meine (meine Freiheit) afficire und schmälere, mithin in seiner Maxime mit dem Axiom des Rechts im geraden Widerspruch stehe. Der Satz von einem empirischen rechtmäßigen Besitz geht also nicht über das Recht einer Person in Ansehung ihrer selbst hinaus[213].

Entscheidend an der Konzeption des physischen Besitzes ist, dass Kant das Merkmal der Freiheitsverletzung durch Sacheinwirkung an das Merkmal der empirischen Inhabung koppelt. Der Versuch, die Möglichkeit des Besitzes einer Sache durch die physische Inhabung zu erklären, zeichnet sich dadurch aus, dass von jeglichen noumenal-freiheitstheoretischen Zurechnungsgesichtspunkten abstrahiert wird: Kants Übertragung der dualistischen Systemprämissen auf den Besitzbegriff hat zur Folge, dass die possessio phaenomenon mit empirischen Begriffen vollständig erschlos-

---

212 *Kant* Metaphysische Anfangsgründe der Rechtslehre (VI), S. 248 f..
213 *Kant* Metaphysische Anfangsgründe der Rechtslehre (VI), S. 249 f..

sen wird[214]; sie konstituiert sich ausschließlich im Bereich des Phänomenalen. Dass eine Besitzstörung meine Freiheit beeinträchtigt, muss also allein anhand der empirischen Begriffe der Sachinhabung und der Sacheinwirkung erklärbar sein. Anders ausgedrückt: Um die Rechtsrelevanz des physischen Besitzes aufzuzeigen, muss Kant darlegen, dass dem Merkmal der Inhabung eine spezifische freiheitstheoretische Bedeutung zukommt, d.h. dass die körperliche Inhabung einer Sache ein leistungsfähiges Kriterium für den Gegenstandsbezug der Willkür ist. Dieser Nachweis gelingt Kant aber nicht.

Inhaber einer Sache bin ich Kant zufolge, wenn ich mit dieser „physisch verbunden“[215] bin. Was aber bedeutet der Begriff der physischen Verbundenheit? Zwei Interpretationen sind denkbar, die beide nicht überzeugen können. Kants Beispiele des in der Hand gehaltenen Apfels[216] und des mit mir herumgetragenen Brettes[217] deuten darauf hin, die Verbundenheit als raum-zeitliches Näheverhältnis zwischen der Sache und meinem Leib zu verstehen[218]. Eine solche Auffassung deckt sich zwar mit dem Alltagsverständnis des Besitzes und teilweise auch mit der Besitzauffassung des BGB[219]. Innerhalb des kantischen Systems ist jedoch nicht begründbar, weshalb ein empirischer Zustand freiheitstheoretisch relevant sein soll; die als Näheverhältnis verstandene Kategorie der Inhabung setzt sich daher dem Vorwurf der Beliebigkeit und der Kriterienlosigkeit aus.

Es bleibt deshalb nur die Möglichkeit, die Analytizität der possessio phaenomenon als Rekurs auf den synthetischen Begriff des Leibes zu verstehen und die „physische Verbundenheit“ anhand des Merkmals der Leibesläsion zu interpretieren, d.h. sie genau dann zu bejahen, wenn die Einwirkung auf die Sache eine Körperverletzung impliziert[220]. Der Leib ist im Besitzbegriff vorausgesetzt, weil die Kategorie der Inhabung als „physische Verbindung mit mir“ eine raumzeitliche Präsenz des Ich in der

214 *Kaulbach* Der Begriff der Freiheit in Kants Rechtsphilosophie, S. 87; *Kühl* Eigentumsordnung als Freiheitsordnung, S. 131.

215 *Kant* Metaphysische Anfangsgründe der Rechtslehre (VI), S. 250.

216 *Kant* Metaphysische Anfangsgründe der Rechtslehre (VI), S. 247.

217 *Kant* Vorarbeiten zur Metaphysik der Sitten (XXIII), S. 231.

218 So spricht etwa *Brandt* Das Erlaubnisgesetz, S. 258, vom „Raum-Zeit-bestimmten Besitz des physischen Habens“. Undeutlich *Zotta* Immanuel Kant, Legitimität und Recht, S. 46: „Besitz meint hier mehr als die phänomenologische Beschreibung des Zustandes der körperlichen Verbindung zwischen einem Subjekt und einem äußerlichen Gegenstand“.

219 Der Besitz nach §§ 854 ff. BGB ist die vom Verkehr anerkannte tatsächliche Herrschaft einer Person über eine Sache (*Palandt/Bassenge* Vor § 854, Rn. 1). Dennoch fordert der Besitz nur bedingt ein raumzeitliches Näheverhältnis zur Sache; vgl. etwa den Erbenbesitz gemäß § 857 BGB.

220 So verstehen den physischen Besitz auch *Baumanns* Kants Antinomie der reinen Rechtsvernunft in systemgeschichtlicher und systematischer Hinsicht, S. 290; *Herb/Ludwig* Naturzustand, Eigentum und Staat, S. 289; *Ludwig* Kants Rechtslehre, S. 104.

empirischen Welt erfordert. Kant spricht den Bezug des empirischen Besitzes zum Leib zwar nur selten an[221]; wie schon im Lehrstück über die Zwangsbefugnis setzen seine Ausführungen diesen aber voraus. Unter der Zugrundelegung des Leibesbegriffes ist eine Verletzung des physischen Besitzes eine Freiheitsbeeinträchtigung, weil ich eine Sache nicht aus der körperlichen Gewalt eines anderen entwenden kann, ohne diesen selbst körperlich zu beeinflussen[222]: Die Läsion des physischen Besitzes ist ihrem freiheitstheoretischen Gehalt nach eine Leibesläsion. Diese Konstruktion der possessio phaenomenon anhand des Tatbestandes der Körperverletzung erfährt eine deutliche Ausgestaltung in den Beispielen, anhand derer Kant den physischen Besitz erläutert: Derjenige, „welcher mir [...] den Apfel aus der Hand winden, oder mich von meiner Lagerstätte wegschleppen wollte“[223], beeinträchtigt meine körperliche Integrität in offensichtlicher Weise[224].

Mit diesem Befund zeigt sich das grundlegende Problem, an dem Kants Konzeption des physischen Besitzes krankt: Sie beruht, juristisch gesprochen, auf einer Rechtsgutsvertauschung. Kant zufolge ist der freiheitstheoretisch relevante Verlust, den das Opfer eines Raubes zu erleiden hat, nicht der Gewahrsamsbruch, sondern allein die körperliche Beeinträchtigung. Damit wird zweierlei deutlich. Erstens vermag der physische Besitz die der Besitzkategorie gestellte Aufgabe nicht zu erfüllen. Wie im ersten Kapitel dargelegt wurde, ist es die systematische Funktion des Besitzes, einen Gegenstandsbezug der Willkür ohne Rekurs auf die Synthesisfunktion des Leibes darzulegen. Eben diesem Anspruch genügt der physische Besitz jedoch nicht, denn er erklärt die Besitzverletzung aus-

221 So schreibt Kant etwa im Rahmen der Erörterung des intelligiblen Besitzes: „Ein Platz auf der Erde ist nicht darum ein äußeres Meine, weil ich ihn mit meinem Leibe einnehme (denn es betrifft hier nur meine äußere Freiheit, mithin nur den Besitz meiner selbst, kein Ding außer mir, und ist also nur ein inneres Recht)“ (*Kant* Metaphysische Anfangsgründe der Rechtslehre [VI], S. 254; ebenso *ders.* Vorarbeiten zur Metaphysik der Sitten [XXIII], S. 231).

222 Dieser Zusammenhang deutet sich schon in Kants Besitzdefinition in den *Vorarbeiten* an: „Besitz ist dasjenige Verhältnis eines Objects der Willkühr zum Subject wodurch wenn sich jenes verändert dieses zugleich mit verändert wird“ (*Kant* Vorarbeiten zur Metaphysik der Sitten [XXIII], S. 307).

223 *Kant* Metaphysische Anfangsgründe der Rechtslehre (VI), S. 247 f..

224 Jemand, „der mir einen ‚Apfel aus der Hand winden‘ will, muß meine Finger umbiegen“ (*Ludwig* Kants Rechtslehre, S. 104). *Deggau* Die Aporien der Rechtslehre Kants, S. 136, wendet gegen Kants Apfel-Beispiel ein: „ob derjenige, der ‚mir den Apfel aus der Hand reißt‘ [...], rechtmäßig oder rechtswidrig handelt, hängt von dem Eigentum an dem Apfel ab, nicht von dem empirischen Besitz an ihm“. Dieser Einwand ist unsinnig: Wer meinen Leib verletzt, handelt – solange er nicht auf Notrechte zurückgreifen kann – widerrechtlich; die Eigentumsordnung spielt an dieser Stelle noch keine Rolle. Vgl. zur Kritik an Deggaus Einwand auch *Kersting* Ist Kants Rechtsphilosophie aporetisch?, S. 245 f..

schließlich anhand der Leibesverletzung[225]. Zweitens läuft das Besitzmerkmal leer; denn jede Besitzverletzung ist nur als Körperverletzung und damit gerade nicht mehr in ihrer spezifischen Eigenschaft als Besitzverletzung erklärbar. Diese Konsequenz des kantischen Ansatzes wird deutlich, wenn man sich vor Augen führt, dass eine Leibesläsion auch durch den Gebrauch von Gegenständen verursacht werden kann, die von mir raumzeitlich getrennt sind, etwa durch das Lösen eines Schusses einer auf mich gerichteten Pistole[226]. Die durch die Übertragung der dualistischen Systemprämissen auf den Besitzbegriff bedingte Ausblendung jeglicher freiheitstheoretischer Zurechnungselemente hat also zur Folge, dass zwischen verschiedenen naturkausalen Einflussnahmen auf meinen Leib nicht mehr sinnvoll differenziert werden kann. Anders ausgedrückt: Ohne einen freiheitstheoretischen Wertungsrahmen fehlt jegliches Kriterium dafür, wann ich Inhaber einer Sache bin. Über raum-zeitliche Verhältnisse stehe ich zu jedem Gegenstand in einem Verhältnis der physischen Verbundenheit, denn unter ausschließlich naturwissenschaftlichen Aspekten erscheint auch die Veränderung von entfernten Gegenständen als Ursache einer meinen Leib betreffenden Wirkung. Versteht man die Inhabung derart weit, so besitze ich auch die Pistole, mit der mich mein Feind erschießen möchte – ein offensichtlich unhaltbares Besitzverständnis.

Der bloß empirisch verstandene Begriff der Inhabung verfällt deswegen entweder dem Vorwurf der Beliebigkeit, oder er unterliegt einer inhaltlichen Weite, die ihn letztlich desavouiert. Kants strikte Eskamotierung freiheitstheoretischer Zurechnungselemente hat zur Folge, dass das mit der rechtlichen Kategorie des bloß physischen Besitzes verfolgte Beweisziel – die Klärung, wie sich die Willkür auf bestimmte Gegenstände beziehen kann – gerade nicht geleistet wird[227]: Da sich kein Gegenstand

225 Die Überflüssigkeit eines derart verstandenen Besitzbegriffes hat auch *Kühl* Eigentumsordnung als Freiheitsordnung, S. 147, herausgearbeitet: Man könne „auf eine Begründung meines Rechts auf äußere Gegenstände verzichten, wenn diese nur ergeben würde, daß jemand, der mir z.B. einen Apfel aus der Hand reißt, mich lädiert. Denn daß er dies tut, ist offensichtlich, da er mich körperlich tangiert, was für Kant schon eine Verletzung des inneren Meinen darstellt".

226 Man könnte Kants Beispiele der Besitzverletzung (z.B. das Apfelbeispiel) freilich auch so interpretieren, dass der Besitzbegriff nur auf solche Gegenstände anwendbar ist, auf die ausschließlich in einer Art und Weise eingewirkt werden kann, die eine Körperverletzung impliziert. Das hiesige Pistolenbeispiel würde derartige Anforderungen nicht erfüllen: Die Nutzung der Pistole ist schließlich auch in einer friedlichen, keine Körperverletzung verursachenden Art möglich (etwa, indem der Inhaber der Pistole diese einfach weglegt). Auch bei Zugrundelegung einer solchen Interpretation der kantischen Beispiele bliebe das Problem der Rechtsgutsvertauschung aber bestehen: Das Besitzmerkmal hat keine eigenständige Bedeutung.

227 Gegen die hiesige Interpretation ließe sich einwenden, dass dem physischen Besitz dieser Anspruch überhaupt nicht unterstellt werden darf. In den Textpartien, in denen Kant auf den physischen Besitz zu sprechen kommt, verwendet er diese Kategorie bisweilen nur

außerhalb des Raumes und der Zeit befindet, bin ich letztlich mit jedem Gegenstand physisch verbunden. Der strikte Dualismus erweist sich an dieser Stelle als undurchführbar. Er ist unterkomplex, da die bloß physisch verstandene Beziehung des Willens zur Sache keine hinreichenden Differenzierungen unter den jeweiligen empirischen Vorgängen gestattet.

---

negativ, als Beleg dafür, dass ein analytischer Rechtssatz den Gegenstandsbezug der Willkür gerade nicht hinreichend zu erklären vermag (vgl. z.B. *Kant* Metaphysische Anfangsgründe der Rechtslehre [VI], S. 249 f.). Diesen Nachweis der eigenen Unzulänglichkeit erbringt der physische Besitz, wie die hiesigen Ausführungen zeigen, zweifellos. Und dennoch muss beachtet werden, dass Kant die possessio phaenomenon als eigenständige Rechtskategorie einführt. Es ist daher anzunehmen, dass ihr – neben ihrer negativen Abgrenzungsfunktion zum rein-rechtlichen Besitz – auch ein positiver Gehalt zukommen soll, d.h. dass sie eine ohne den intelligiblen Besitz zwar unzureichende, aber dennoch gelingende erste Weise des Gegenstandsbezuges der Willkür beschreiben soll. So spricht Kant etwa in § 6 der Metaphysischen Anfangsgründe der Rechtslehre von einem „empirischen rechtmäßigen Besitz", d.h. er verwendet den empirischen Besitz explizit als Rechtskategorie (*ders.* aaO., S. 250). Der physische Besitz wäre dann in etwa zu verstehen wie der Besitz im herkömmlichen Sinne: als tatsächliche Sachherrschaft im Unterschied zum intelligiblen Besitz (dem herkömmlichen Eigentum) als rechtlicher Sachherrschaft. In der Sekundärliteratur wird der empirische Besitz ganz überwiegend in diesem Sinne interpretiert. Kaulbach etwa spricht von einem dem Besitzbegriff des BGB analogen Rechtsinstitut (*Kaulbach* Der Begriff der Freiheit in Kants Rechtsphilosophie, S. 86). Kühl hebt zwar die Unterschiede zum modernen Besitzbegriff hervor, meint aber, die kantische Kategorie sei diesem zumindest „ähnlich" (*Kühl* Eigentumsordnung als Freiheitsordnung, S. 132). Und Lehmann meint, dass Kant die herkömmlichen Institute „Besitz" und „Eigentum" abhandle, auch wenn „sein Wortgebrauch mit der gebräuchlichen juristischen Terminologie nicht übereinstimmt" (*Lehmann* Kants Besitzlehre, S. 197). All diesen Ausführungen ist gemeinsam, dass der empirische Besitz als eine zumindest eigenständige, rechtsrelevante Kategorie verstanden wird. In eine solche Einschätzung passt es, wenn auch Baumanns davon ausgeht, dass der rechtliche Besitz „auf gleichen Fuß mit dem Gegenstand der empirischen Inhabung gestellt" wird (*Baumanns* Kants Antinomie der reinen Rechtsvernunft in systemgeschichtlicher und systematischer Hinsicht, S. 291): Der physische Besitz ist dem intelligiblen Besitz insofern gleichgestellt, als auch er eine Weise des Gegenstandsbezuges des Willens beschreibt. Die hiesigen Ausführungen zeigen jedoch, dass die possessio noumenon einem solchen Selbstverständnis jedenfalls nicht genügt. – Als bloß negative Abgrenzungskategorie zum intelligiblen Besitz versteht offenbar *Bartuschat* Praktische Philosophie und Rechtsphilosophie bei Kant, S. 31, den physischen Besitz: Die possessio phaenomenon erkläre „gerade nicht, wie ein Äußeres mein sein kann". – Sehr merkwürdig ist die These Westphals, Kant versuche auch in der Kategorie des intelligiblen Besitzes nur den Besitz, nicht aber das Eigentum zu begründen: „Kant's a priori justification of ownership rights concerns only the rights to possession and to use, not to property. Unfortunately, this crucial distinction too often has been disregarded" (*Westphal* A Kantian Justification of Possession, S. 91). Zur Begründung führt Westphal an, dass der Begriff des Eigentums ein juristischer Terminus technicus sei, der in den modernen Rechtsordnungen als komplexes Rechte- und Pflichtengebilde ausgestaltet sei, das Kant in dieser Form nicht zu begründen suche. Dem ist zwar zuzustimmen; dennoch kann von Eigentum auch in einem sehr pauschalen Sinn als „rechtlicher Sachherrschaft" gesprochen werden im Gegensatz zum Besitz als „tatsächlicher Sachherrschaft"; und genau diese rechtliche Sachherrschaft will Kant vernunftrechtlich legitimieren. Im übrigen ist auch der Besitzbegriff ein juristisch hochkomplexer Begriff, vgl. nur die §§ 854 ff. BGB.

5. Der intelligible Besitz: Die Notwendigkeit des Eigentums

a. Die Argumentationsstruktur: Das Erlaubnisgesetz

Anders als der physische Besitz kann der intelligible Besitz nicht analytisch aus dem allgemeinen Rechtsprinzip gefolgert werden. Der intelligible Besitz ist ein solcher, der von allen empirischen Raumes- und Zeitbedingungen abstrahiert[228]. Er lässt sich daher nicht mit dem Hinweis auf den synthetischen Leibesbegriff erklären; vielmehr wirft er die Frage auf, wie der Gebrauch von Gegenständen an anderem Ort zu einer Freiheitsbeeinträchtigung führen kann, obwohl „unsere [erg.: im Leib verkörperte, C.M.] Freyheit durch die Verhinderung eines Objects außer uns nicht affiziert wird". Die mit der Kategorie der possessio noumenon vorgenommene Abstraktion von der Synthesisfunktion des Leibes hat zur Folge, dass der Zusammenhang zwischen dem empirischen Phänomen der Sacheinwirkung und der noumenalen Freiheitsstörung nicht unmittelbar aus dem Rechtsbegriff abgeleitet werden kann: Der intelligible Besitz geht „über jene einschränkende Bedingungen hinaus, und, weil er einen Besitz auch ohne Inhabung als nothwendig zum Begriffe des äußeren Mein und Dein statuirt, so ist er synthetisch"[229]. Für die Möglichkeit des Eigentums – die Befugnis, „allen andern eine Verbindlichkeit aufzulegen, die sie sonst nicht hätten, sich des Gebrauchs gewisser Gegenstände unserer Willkür zu enthalten"[230] – ist deshalb eine eigene Deduktion erforderlich.

In den *Vorarbeiten zur Rechtslehre* führt Kant diese, indem er – in offenkundiger Analogie zur *Kritik der reinen Vernunft* – eine Antinomienlehre des Eigentums entwickelt, in der sich die konträren Positionen des Besitzrealismus und des Besitzidealismus gegenüberstehen[231]. Der Besitzidealist postuliert die Notwendigkeit des intelligiblen Besitzes; ihm zufolge ist ein rechtlicher Zustand, der nur dem ein Gebrauchsrecht zuspricht, der mit der Sache physisch verbunden ist, undenkbar. Er macht geltend, dass ein Zustand, in dem ich „das Stück Holtz das ich gefunden"[232] oder den

---

228 Siehe oben S. 182 ff..

229 *Kant* Metaphysische Anfangsgründe der Rechtslehre (VI), S. 250. Die Synthetizität des intelligiblen Besitzes verkennt *Gregor* Kant's Theory of Property, S. 775, wenn sie schreibt: „[The concept of property] can be shown to be applicable to acts of free choice if it is presupposed by an imperative derived from the universal principle of Right".

230 *Kant* Metaphysische Anfangsgründe der Rechtslehre (VI), S. 247.

231 Eine sehr detaillierte Analyse der zahlreichen Darstellungen dieser Rechtsantinomie in den verschiedenen Entwürfen der *Vorarbeiten* findet sich bei *Baumanns* Kants Antinomie der reinen Rechtsvernunft in systemgeschichtlicher und systematischer Hinsicht, S. 293 ff.; vgl. dazu auch *Kersting* Wohlgeordnete Freiheit, S. 233 ff.; *ders.* Transzendentalphilosophische und naturrechtliche Eigentumsbegründung, S. 159 ff..

232 *Kant* Vorarbeiten zur Metaphysik der Sitten (XXIII), S. 231.

„Apfel", den ich „in meiner Hand habe"[233] „immer in meinen Händen herumtragen"[234] müsste, um ihn besitzen zu können, unter der Perspektive des Rechts undenkbar sei. Der Besitzrealist hingegen bestreitet die Notwendigkeit des intelligiblen Besitzes; ihm zufolge ist jede über den bloß physischen Besitz hinausgehende Nutzungsregelung an den Gegenständen überflüssig. In diesem eigentumstheoretischen Diskurs steht der Besitzidealist unter Begründungszwang; denn er ist es, der einen synthetischen Rechtssatz a priori fordert. Entsprechend kann der Besitzrealist seine Position durch den Hinweis auf deren analytische Notwendigkeit bekräftigen: Er kann geltend machen, dass die Unmöglichkeit der Behauptung, „daß etwas außer mir mein sey d.i. daß anderer Willkühr durch den Gebrauch eines Gegenstandes außer mir meiner Freyheit Abbruch thue [...] unmittelbar in den Ausdrücken selbst zu liegen"[235] scheint; denn die Kategorie des intelligiblen Besitzes impliziere, dass „meine Freyheit als in mir dem Subject und doch zugleich als ein Object außer mir anzutreffender Zustand"[236] gedacht sei, was bedeute, dass „ich in zwei Orten zugleich sei; welches dann aber soviel sagt, als: ich solle an einem Orte sein und auch nicht sein, wodurch [... sie] sich selbst widerspricht"[237].

Diese Argumentation ist nicht unbedingt stichhaltig; sie beruht im wesentlichen darauf, dass dem Besitzrealisten ein organisches Einheitsdenken prinzipiell fremd ist. Die hegelsche Subjektivitätsstruktur erlaubt mit ihrem Postulat der wechselseitigen Angewiesenheit von Fremdreferenz und Selbstreferenz durchaus eine einheitliche Emanation meiner Freiheit in räumlich getrennten Gegenständen: Die Person, die ihrer Freiheit im Eigentum Dasein verleiht, ist als Einzelheit ja gerade der sistierte Widerspruch. Und auch vor dem Hintergrund der kantischen Ausführungen zum Leibesbegriff in den *Träumen eines Geistersehers* ist die Argumentation des Besitzrealisten keineswegs so überzeugend, wie sie auf den ersten Blick scheinen mag: Kant zögerte in dieser Schrift aus gutem Grund, eine exakte räumliche Fixierung des Geistes innerhalb des Leibes vorzunehmen. Die Argumentation des Realisten desavouiert in letzter Konsequenz nicht bloß den intelligiblen Besitz, sondern eine jede innerweltliche Freiheitsmanifestation: Die Antinomie, die sie rügt, lässt sich auch am Leibesbegriff konstruieren, etwa indem behauptet wird, es sei widersprüchlich,

233 *Kant* Metaphysische Anfangsgründe der Rechtslehre (VI), S. 247.

234 *Kant* Vorarbeiten zur Metaphysik der Sitten (XXIII), S. 231.

235 *Kant* Vorarbeiten zur Metaphysik der Sitten (XXIII), S. 231.

236 *Kant* Vorarbeiten zur Metaphysik der Sitten (XXIII), S. 224.

237 *Kant* Metaphysische Anfangsgründe der Rechtslehre (VI), S. 254; vgl. zur Analytizität des Eigentumsrealismus *Brandt* Das Erlaubnisgesetz, S. 256 f.: „Das bloße Rechtsprinzip der angeborenen Freiheit ist das Prinzip eines egalitären Kommunismus. [...] Der Kommunist nun verfährt wie die analytische Schulphilosophie: Sie erklärt die analytische Logik nicht nur zum notwendigen, sondern auch hinreichenden Wahrheitskriterium".

dass sich meine Freiheit „eben so unmittelbar in der Fingerspitze wie in dem Kopfe“[238], also an zwei verschiedenen Örtern, objektiviere.

Obwohl Kant den Hinweis auf die Analytizität der besitzrealistischen Position ernst nimmt, hält er die Argumentation des Idealisten für den einzig gangbaren Weg. Um dies aufzuzeigen, bedient er sich eines „apagogischen Beweises“[239]: Er versucht, die Notwendigkeit des intelligiblen Besitzes durch den Aufweis der Unhaltbarkeit der These von seiner Überflüssigkeit herzuleiten. Kant argumentiert negativ; er deduziert die possessio noumenon über den Umweg der Widerlegung der besitzrealistischen Position. Diese formallogische Struktur des kantischen Beweises ist in der Sekundärliteratur zu den *Metaphysischen Anfangsgründen der Rechtslehre* auf zum Teil heftige Kritik gestoßen. An ihr wird – insbesondere durch Struck[240] – gerügt, dass das Beweismittel der reductio ad absurdum der Kontradiktion auf den eigentumstheoretischen Diskurs zwischen Besitzrealismus und Besitzidealismus nicht passe. Voraussetzung einer jeden apagogischen Beweisführung sei eine vollständige zweigliedrige Disjunktion. Die Tafel der rechtlichen Bewertungsmöglichkeiten des Besitzrealismus sei jedoch trichotomisch: Neben dessen Rechtlichkeit und Unrechtlichkeit sei zusätzlich seine Nichtrechtlichkeit in Betracht zu ziehen. Um nachzuweisen, dass sich die praktische Vernunft im Recht auch auf Gegenstände außerhalb des Leibes bezieht, hätte Kant – so Struck – hinsichtlich der Frage nach dem Eigentum die Disjunktion „recht – nicht recht“ ansetzen müssen und die Nichtrechtlichkeit des über die bloß empirische Nutzung hinausgehenden Sachgebrauchs nachweisen müssen. Statt dessen widerlege er aber die Unrechtlichkeit des Besitzrealismus. Seine Beweisführung sei dadurch zirkulär:

> die Rechtssphäre darf überhaupt noch nicht als über die Gegenstände ausgedehnt gedacht werden, weil dies das quod erat demonstrandum betrifft. Kant setzt also das zu Beweisende, den Anspruch a priori gültiger Subsumption der Gegenstände unter das Recht, schon voraus[241].

Diese Kritik an Kants Beweisführung ist nicht stichhaltig. Ihre Mängel resultieren aus dem schillernden Begriff der „Nichtrechtlichkeit“ eines

238 *Kant* Träume eines Geistersehers (II), S. 324.

239 So *Kersting* Wohlgeordnete Freiheit, S. 235; *Lehmann* Kants Besitzlehre, S. 200. *Kühl* Eigentumsordnung als Freiheitsordnung, S. 135 spricht von einem „indirekten Beweis“.

240 *Struck* Ist Kants Rechtspostulat der praktischen Vernunft aporetisch?, S. 471 ff.; zu den Einwänden gegen Kants Methode siehe ferner *Fulda* Zum Theorietypus der Hegelschen Rechtsphilosophie, S. 395 ff..

241 *Struck* Ist Kants Rechtspostulat der praktischen Vernunft aporetisch?, S. 471 ff.. Ähnlich argumentierte schon Schopenhauer: „Bisher hat er blos dargethan, daß der kategorische Imperativ [...] nicht verbietet daß einer ein ausschließliches Recht auf ein Ding habe. Nun aber sollte er sagen, wodurch er das Recht *erlangt*. Das thut er nicht.“ (*Schopenhauer* Der handschriftliche Nachlaß, S. 262).

praktischen Satzes: Es gelingt Struck nicht, überzeugend darzulegen, wie dieser Terminus von dem der Unrechtlichkeit abzugrenzen ist. Die Dreiwertigkeit der Modallogik gründet sich auf die Kategorien der Möglichkeit, Unmöglichkeit und Notwendigkeit. Aus der Unmöglichkeit eines praktischen Satzes – etwa dem, dass sich der Gegenstandsbezug der rechtlichen Willkür im physischen Besitz erschöpfe – folgt die Notwendigkeit seiner Gegenposition – also, dass die Willkür eines über das physische Näheverhältnis hinausgehenden Verhältnisses zu ihren Objekten bedarf. Insofern ist an Kants Beweisführung nichts zu beanstanden. Struck ist freilich zuzugestehen, dass Kant das Rechtsprinzip in seiner Argumentation voraussetzt; denn er beweist die Unmöglichkeit des Besitzrealismus, indem er auf seine Unvereinbarkeit mit einem bloß formellen Willkürbegriff verweist[242]. Da die Exposition des Rechtsprinzips in den *Metaphysischen Anfangsgründen der Rechtslehre* gegenüber derjenigen des Eigentums vorrangig ist, impliziert diese Voraussetzung jedoch keinen Zirkel.

Im folgenden soll die kantische Argumentation gegen die Möglichkeit des Besitzrealismus dargestellt und kritisiert werden. Kant tritt den Nachweis der Unhaltbarkeit dieser eigentumstheoretischen Position mit insgesamt drei Argumenten an[243]. Jedes von ihnen soll zunächst dargestellt und sodann auf seine Überzeugungskraft hin überprüft werden.

b. Das erste Argument: § 2 der *Metaphysik der Sitten*

Das einzige von Kant veröffentlichte Argument findet sich in § 2 der *Metaphysischen Anfangsgründe der Rechtslehre*, der Stelle, an der Kant das „rechtliche Postulat der praktischen Vernunft" als synthetischen Rechtssatz a priori einführt. Es ist in drei durch Spiegelstriche getrennte Beweisschritte gegliedert, die im folgenden gesondert wiedergegeben werden sollen.

> Es ist möglich, einen jeden äußern Gegenstand meiner Willkür als das Meine zu haben; d.i.: eine Maxime, nach welcher, wenn sie Gesetz würde, ein Gegenstand der Willkür an sich (objectiv) herrenlos (res nullius) werden müßte, ist rechtswidrig. Denn ein Gegenstand meiner Willkür ist etwas, was zu gebrauchen ich physisch in meiner Macht habe. Sollte es nun doch rechtlich schlechterdings nicht in meiner Macht stehen, d.i. mit der Freiheit von jedermann nach einem allgemeinen Gesetz nicht zusammen bestehen können (unrecht sein), Gebrauch

242 Siehe unten S. 200 Fn. 254.

243 In der Sekundärliteratur wurde bislang meist übersehen, dass es sich hierbei um drei verschiedene Argumente handelt, die nicht aufeinander rückführbar sind. Soweit ich sehe, trennen nur *Baumann* Zwei Seiten der kantischen Begründung von Eigentum und Staat, S. 149, und *Kersting* Recht, Gerechtigkeit und demokratische Tugend, S. 48 ff., jeweils zwei Argumentationsstränge in der kantischen Begründung.

> von demselben zu machen: so würde die Freiheit sich selbst des Gebrauchs ihrer Willkür in Ansehung eines Gegenstandes derselben berauben, dadurch daß sie brauchbare Gegenstände außer aller Möglichkeit des Gebrauchs setzte, d.i. diese in praktischer Rücksicht vernichtete und zur res nullius machte; obgleich die Willkür formaliter im Gebrauch der Sachen mit jedermanns äußeren Freiheit nach allgemeinen Gesetzen zusammenstimmte[244].

Dieser erste Abschnitt bereitet den Argumentationsgang in seinen wesentlichen Zügen vor. Der erste Satz stellt zunächst die Behauptung auf, die im folgenden bewiesen werden soll: ein jeder Gegenstand ist mögliches Willkürobjekt. Die durch das „d.i." angehängte Formel spezifiziert diese Behauptung und stellt deren Bezug zum Besitzrealismus her. Die eigentumstheoretische Position des Besitzrealismus besage, dass ein Recht an den Dingen nur solange bestehe, wie ich diese physisch besitze. Alle Gegenstände, die zufällig nicht physisch besessen werden (weil sie mit niemandem raumzeitlich verbunden sind), seien dementsprechend herrenlos: Sie seien keinem Rechtsteilnehmer zugeordnet, sondern allseitig aneignungsfrei. Der Besitzrealismus widerspreche daher der anfangs aufgestellten Behauptung; er konvergiere mit dem Postulat, dass Gegenstände existieren, die nicht das mögliche Seine von irgendjemandem sind. Kant versucht im folgenden, die Notwendigkeit des intelligiblen Besitzes anhand dieser Konsequenzen der radikalkommunistischen Besitzregelung nachzuweisen; eine Strategie, die sich bereits in den *Vorarbeiten* findet:

> Von Rechtswegen [...] kan niemand von Anderen zu einem Princip genöthigt werden nach welchem äußere brauchbare Sachen überhaupt keinem angehören würden welches geschehen würde wenn jeder von der physischen Bedingung des Besitzes (Inhaber zu seyn) abhängig gemacht würde[245].

Kant versucht diese These zu beweisen, indem er die Unvereinbarkeit der res nullius mit dem allgemeinen Rechtsprinzip aufzeigt. Durch das mit dem Besitzrealismus verbundene Gebrauchsverbot würde sich die Willkür selbst ihrer Gegenstände berauben. Sie würde jene Dinge, zu denen kein raumzeitliches Näheverhältnis besteht, aus der Klasse der Willkürobjekte ausgliedern und auf diese Weise prinzipiell brauchbare Gegenstände unbrauchbar machen. Der Widerspruch, in den sich die Willkür mit diesem Gegenstandsausschluss verwickele, resultiert Kant zufolge daraus, dass der Gegenstandsgebrauch grundsätzlich erlaubt ist: Die Analytizität des physischen Besitzes zeigt die Vereinbarkeit der Gegenstandsnutzung mit dem allgemeinen Rechtsprinzip. Kant expliziert diesen Widerspruch im zweiten Abschnitt seines Argumentes:

> Da nun die reine praktische Vernunft keine andere als formale Gesetze des Gebrauchs der Willkür zum Grunde legt, und also von der Materie der Willkür,

244 *Kant* Metaphysische Anfangsgründe der Rechtslehre (VI), S. 246.
245 *Kant* Vorarbeiten zur Metaphysik der Sitten (XXIII), S. 285.

> d.i. der übrigen Beschaffenheit des Objects, wenn es nur ein Gegenstand der Willkür ist, abstrahirt, so kann sie in Ansehung eines solchen Gegenstandes kein absolutes Verbot seines Gebrauchs enthalten, weil dieses ein Widerspruch der äußeren Freiheit mit sich selbst sein würde[246].

Da das Recht von jeglicher materialer Beschaffenheit der Willkürgegenstände abstrahiere[247], könne es keine Unterschiede zwischen verschiedenen Objekten treffen. In der Optik des Rechts komme der Willkürgegenstand nur in seiner Eigenschaft des Objektseins in den Blick; das Recht behandele insofern alle Willkürgegenstände gleich. Die besitzrealistische These der Möglichkeit einer res nullius besage vor diesem Hintergrund bezüglich eines jeden Willkürgegenstandes, dass dessen Gebrauch nach dem Verlust der physischen Sachherrschaft rechtlich unmöglich, d.i. unrecht sei; mit anderen Worten: Das Recht könne die Erstreckung der Willkür auf Gegenstände nur entweder prinzipiell erlauben oder prinzipiell verbieten. Da die rechtliche Willkür rein formal ist, also alle Gegenstände gleich behandelt, würde sie sich durch das mit der Annahme der res nullius implizierte generelle Gebrauchsverbot daher des Gegenstandsbezuges schlechthin berauben: Sie würde brauchbare Gegenstände prinzipiell unbrauchbar machen. Nun kann aber jedenfalls der physische Besitz analytisch aus dem allgemeinen Rechtsprinzip gefolgert werden, d.h. zumindest der physische Besitz ist mit dem Gebot der wechselseitigen Willkürübereinstimmung vereinbar. Aus diesen beiden Prämissen – das Zugeständnis der res nullius desavouiert den Gegenstandsbezug schlechthin und der physische Besitz folgt analytisch aus dem Rechtsprinzip – lasse sich – so Kant – folgern, dass das mit der res nullius aufgrund der Formalität des Rechtsprinzips postulierte prinzipielle Gebrauchsverbot – indem es dem physischen Besitz widerspricht – mit dem allgemeinen Rechtsprinzip nicht vereinbar sei. Mit Bernd Ludwig lässt sich dieses Argument folgendermaßen zusammenfassen[248]: Da mit der Analytizität der Besitzfigur der possessio phaenomenon erwiesen ist, dass der Gebrauch von Gegenständen rechtlich möglich (erlaubt) ist, und da das Recht aufgrund seiner Formalität den Gebrauch von Gegenständen nur prinzipiell erlauben oder verbieten kann, muss auch ein über die physische Nutzung hinausgehender, bloß rechtlicher Gebrauch erlaubt sein[249].

---

246 *Kant* Metaphysische Anfangsgründe der Rechtslehre (VI), S. 246.

247 Siehe oben S. 40 f. und S. 74 ff..

248 *Ludwig* Kants Rechtslehre, S. 113; vgl. auch die gute Darstellung des Argumentes bei *Herb/Ludwig* Naturzustand, Eigentum und Staat, S. 290.

249 Westphal hingegen rekonstruiert das Argument folgendermaßen: „On this basis, Kant infers, there can be no absolute (that is, unconditional) prohibition on the use of things. If there were, outer freedom, the freedom to act, the sole innate right on which all other acquired rights are based [...], would contradict itself. Presumably, this is because outer freedom would thereby block any prospect of outer action" (*Westphal* A Kantian Justification

Der dritte Abschnitt des Argumentes schließlich besteht in einer begrifflichen Klarstellung und trägt nichts mehr zum eigentlichen Beweisgang bei:

> Ein Gegenstand meiner Willkür aber ist das, wovon beliebigen Gebrauch zu machen ich das physische Vermögen habe, dessen Gebrauch in meiner Macht (potentia) steht: wovon noch unterschieden werden muß, denselben Gegenstand in meiner Gewalt (in potestatem meam redactum) zu haben, welches nicht bloß ein Vermögen, sondern auch einen Act der Willkür voraus setzt. Um aber etwas bloß als Gegenstand meiner Willkür zu denken, ist hinreichend, mir bewußt zu sein, daß ich ihn in meiner Macht habe. – Also ist es eine Voraussetzung a priori der praktischen Vernunft einen jeden Gegenstand meiner Willkür als objectiv mögliches Mein oder Dein anzusehen und zu behandeln[250].

Kants Argumentation ist nicht überzeugend; schon die grundsätzliche Struktur des Beweisganges ist problematisch. Kant versucht, die Unrechtlichkeit des Besitzrealismus aus der Unvereinbarkeit von res nullius und Rechtsgesetz abzuleiten. Die Problematik der Herrenlosigkeit einer Sache betrifft jedoch gar nicht ausschließlich den Besitzrealismus[251]. Vielmehr bleibt sie auch im Falle des Zugeständnisses der possessio noumenon bestehen; denn die rechtliche Kategorie des intelligiblen Besitzes impliziert keineswegs die Unmöglichkeit der res nullius: Keiner Person zugeordnet sind Sachen, an denen entweder nie Eigentum begründet, oder deren Eigentum durch Dereliktion aufgegeben wurde. Das rechtliche Phänomen der Herrenlosigkeit ist keine Implikation genuin des physischen Besitzes; es betrifft in gleicher Weise die possessio noumenon.

Noch problematischer ist aber, dass die Behauptung, mit dem Absehen von der materialen Beschaffenheit der Willkürgegenstände sei eine prinzipielle Erlaubnis der Gegenstandsnutzung und damit die Unmöglichkeit der res nullius impliziert, die Abstraktionsleistung des allgemeinen

---

of Possession, S. 92). Wie Westphal selber andeutet („presumably"), findet sich für eine solche Deutung des § 2 kein Beleg im kantischen Text; auf das Argument, dass die besitzrealistische These eine Zerstörung äußeren Freiheitsgebrauchs impliziere, geht Kant vielmehr in den von Westphal offenbar nicht beachteten *Vorarbeiten* ein. – Undeutlich ist die Darstellung des Argumentes auch bei Fulda: Durch das Verbot von Exklusivnutzungsrechten „käme die äußere Freiheit, deren Betätigung mein angeborenes Recht ist, in einen ‚Widerspruch mit sich selbst'. Sie würde sich in ihrer selbstgesetzgebenden Tätigkeit destruieren" (*Fulda* Erkenntnis der Art, etwas Äußeres als das Seine zu haben, S. 96). Eine Begründung dafür, weshalb die praktische Vernunft sich bei einer solchen Beschränkung in ihrer „Tätigkeit destruieren" würde, bleibt Fulda schuldig; vermutlich interpretiert er den § 2 im Sinne des von Kant in den *Vorarbeiten* ausgeführten Abhängigkeitsargumentes (siehe dazu sogleich S. 201 ff.).

250 *Kant* Metaphysische Anfangsgründe der Rechtslehre (VI), S. 246.

251 *Hecker* Eigentum als Sachherrschaft, S. 186, bezieht das kantische Argument nicht nur auf den intelligiblen, sondern auch auf den physischen Besitz. Eine solche Interpretation wäre dem hiesigen Einwand nicht ausgesetzt, ist aber mit dem kantischen Text und der Systematik der kantischen Besitzlehre nicht in Einklang zu bringen.

Rechtsprinzips überstrapaziert. Sicherlich kann das Recht zwischen verschiedenen Gegenständen nicht differenzieren: Eine Aussage, die auf ein Willkürobjekt zutrifft, gilt in der Perspektive des Rechts auch für jedes andere Willkürobjekt. Das bedeutet für die Frage nach dem Eigentum: Wenn die Nutzung eines bestimmten Gegenstandes in einer bestimmten Art und Weise (als possessio phaenomenon oder als possessio noumenon) geregelt ist, so gilt diese Regelung auch für alle sonstigen Gegenstände. Kants Argument von der Unmöglichkeit der Herrenlosigkeit einer Sache setzt aber zusätzlich voraus, dass die Gleichheitsoptik des Rechts überdies die Differenzen zwischen verschiedenen Gebrauchsweisen der Gegenstände verwischt. Kant zufolge erfüllt das Gesetz des Besitzrealisten „nicht die Bedingung, die an ein Freiheitsgesetz gestellt wird, nämlich von der Beschaffenheit der Gegenstände der Willkür – etwa der physischen Relation, die ein Gegenstand zu mir hat, ob der Apfel hier oder dort ist – zu abstrahieren“[252]. Dieser Argumentation ist zu entgegnen, dass Rechtsgesetze, die von empirischen Bedingungen derart absehen, auf tatsächliche Verhältnisse kaum mehr anwendbar sind. Weder wäre der physische Besitz rechtlich relevant, noch wäre der Tatbestand der Körperverletzung zu begründen; und auch das kantische Erwerbsgesetz des Eigentums, das ja die körperliche Ergreifung der Sache zur Voraussetzung hat, würde die Bedingungen der Rechtlichkeit nicht erfüllen. In seinen Konsequenzen droht ein derart verstandener Rechtsformalismus daher sogar den Unterschied zwischen possessio phaenomenon und possessio noumenon zu desavouieren und auf diese Weise Kants gesamte Besitzlehre zu untergraben; denn der Unterschied der Besitzarten wird ja gerade durch die Relevanz des Näheverhältnisses zwischen Person und Sache definiert. Und in der Tat setzt Kants Argument eine Einebnung der Unterschiede zwischen den Besitzbegriffen voraus; dies zeigt sich daran, dass es zirkelhaft ist. Kant konstruiert den vermeintlichen Widerspruch, dem der Besitzrealismus verfalle, anhand der Behauptung, dass sich die Willkür mit dem Zugeständnis der res nullius hinsichtlich ihres Gebrauches selber einschränke, obwohl sie formaliter „mit jedermanns äußeren Freiheit nach allgemeinen Gesetzen zusammenstimmte“[253]. Solange der intelligible Besitz nicht deduziert ist, gilt der zweite Halbsatz des Argumentes jedoch nicht: Ob der Willkürgebrauch an Gegenständen, mit denen ich körperlich nicht verbunden bin, mit der Freiheit der anderen vereinbar ist, ist doch gerade fraglich. Kant setzt das Ergebnis seiner Deduktion also voraus: Der Besitzrealist könnte ihm entgegnen, dass unter Zugrundelegung des Eigentums einmal in Besitz genommene Gegenstände nicht mehr allseitig

252 *Brandt* Eigentumstheorien von Grotius bis Kant, S. 188.

253 *Kant* Metaphysische Anfangsgründe der Rechtslehre (VI), S. 246.

aneignungsfrei sind und die Freiheit der anderen dadurch sehr wohl über das Maß des allgemeinen Rechtsgesetzes hinaus eingeschränkt sei[254]. Anders ausgedrückt: Kant begeht in seinem Argument eine Kategorienverwechslung. Während dessen erste Prämisse – die Einschränkung des Willkürgebrauches durch den Besitzrealismus – ausschließlich auf die rechtliche Kategorie des intelligiblen Besitzes bezogen ist, lässt sich die zweite Prämisse – die Übereinstimmung des Willkürgebrauches mit jedermanns Freiheit nach allgemeinen Gesetzen – auch so interpretieren, dass sie nur für das Institut des physischen Besitzes gilt[255].

Schon damit steht fest, dass Kants Versuch, die bloß formelle Sichtweise des Rechts für den Thesenstreit zwischen Besitzrealismus und Besitzidealismus fruchtbar zu machen, nicht gelingen kann. Seine prinzipiellen Mängel werden deutlich, wenn man ihn in den Kontext der in den vorigen Kapiteln dargelegten hegelschen Kantkritik stellt. Kants Rechtsprinzip ist abstrakt, weil es von der Materie der Willkür absieht. Kant begreift diese Abstraktion als Befreiung: Dass „die reine praktische Vernunft", wie es im Beweisgang des § 2 der *Metaphysischen Anfangsgründe der Rechtslehre* heißt, „keine andere als formale Gesetze des Gebrauchs der Willkür zum Grunde legt und also von der Materie der Willkür [...] abstrahirt"[256], ist für ihn ein Zeichen von deren Unabhängigkeit. Wie bereits mehrfach dargelegt, kritisiert Hegel an dieser Abstraktion die Äußerlichkeit, mit der sich Wille und Gegenstand gegenüberstehen. Er rügt, dass die Beschreibung der Person als Abstrakt-Allgemeines und der Dinge als deren Antipoden eine Sollensstruktur impliziert, die perennierend ist. Das bedeutet in Bezug auf die Argumentation des § 2 der *Rechtslehre*: Gerade aufgrund der Abstraktion des Rechtsgesetzes vermag der Gegenstandsbezug der Willkür nicht vollständig zu gelingen.

---

254 Auf diesen inhaltlichen Aspekt des Argumentes bezogen ist Strucks Kritik deshalb durchaus berechtigt: „die Rechtssphäre darf überhaupt noch nicht als über die Gegenstände ausgedehnt gedacht werden, weil dies das quod erat demsonstrandum betrifft" (*Struck* Ist Kants Rechtspostulat der praktischen Vernunft aporetisch?, S. 471 ff.).

255 Das übersieht auch Kersting, der Kants Argument für überzeugend hält und folgendermaßen zusammenfaßt: „Der Gebrauch von Gegenständen stimmt grundsätzlich mit der gesetzlichen Freiheit eines jeden zusammen. Würde daher das Recht Willkürgegenstände der Gewalt der Willkür entziehen, die Willkür ihrer Gegenstände berauben, würde es rechtlich mögliche Willkürfreiheit rechtlich unmöglich machen und sich damit in einen Widerspruch verwickeln" (*Kersting* Wohlgeordnete Freiheit, S. 243). Dagegen ist einzuwenden, dass die Rechtlichkeit des Gebrauchs von Gegenständen bislang nur für den physischen Besitz erwiesen ist. Kersting ist zuzugestehen, dass „jeder Willkürgegenstand [...] allein darum, weil er Willkürgegenstand ist, das mögliche Seine von irgend jemandem" (*ders.* aaO.) ist, und dass aus diesem Grunde „ein objektiv herrenloser Gegenstand [...] eine contradictio in adjecto" (*ders.* aaO.) ist. Diese Argumentation trifft den Besitzrealismus jedoch nicht: Dessen Frage, ob Gegenstände, zu denen kein physisches Näheverhältnis besteht, unter die Kategorie der Willkürgegenstände fallen, ist ihr vorgelagert.

256 *Kant* Metaphysische Anfangsgründe der Rechtslehre (VI), S. 246.

Vor diesem Hintergrund ist es daher zumindest erstaunlich, dass Kant ausgerechnet die aus dieser Perspektivenbeschränkung resultierende Formalität des Rechtsgesetzes für die Besitzantinomie fruchtbar zu machen versucht. Aus hegelscher Perspektive fehlt dem Rechtsgesetz gerade wegen seiner Formalität die Potenz, eine bestimmte Art des Gegenstandsbezuges in besonderer Weise auszuzeichnen: Da in der Exposition des allgemeinen Prinzips des Rechts der Gegenstandsbezug ausgeblendet wurde, muss dieses auch hinsichtlich des Streites zwischen Besitzrealismus und Besitzidealismus schweigen. Aus dieser Sprachlosigkeit die Notwendigkeit des letzteren abzuleiten, ist unzulässig: Die Unfähigkeit des Rechtsgesetzes, Eigentum zu verbieten, dokumentiert nur dessen Abstraktheit, beweist aber weder die Unmöglichkeit der besitzrealistischen Position noch die Notwendigkeit der besitzidealistischen. Die Fruchtlosigkeit der Bemühungen, die Besitzantinomie anhand des Rechtsgesetzes lösen zu wollen, wird durch Kants eigene Beschreibung des intelligiblen Besitzes dokumentiert: Dieser gebe eine „Befugnis, die wir aus bloßen Rechtsbegriffen überhaupt nicht" haben können; er sei also synthetisch[257]. Das Argument des § 2 besteht dagegen in dem Bemühen, den intelligiblen Besitz aus bloßen Rechtsbegriffen zu deduzieren: Es versucht, die possessio noumenon auf eine analytische Rechtskategorie zu verkürzen[258].

c. Das zweite Argument: Das Abhängigkeitsargument

Das zweite Argument stammt aus Kants Nachlass, wurde also nicht in die Druckschrift übernommen. Es findet sich in einer Passage der *Vorarbeiten*, überschrieben mit „Analogie des synthetischen Freyheitsgesetzes a priori mit dem wieder den Idealism"[259]. Kant argumentiert an dieser Stelle wie folgt: Gäbe es keinen bloßrechtlichen Besitz der Willkürobjekte,

> so würde alles Brauchbare außer uns durch das Princip der Freyheit nach allgemeinen Gesetzen für jedermann unbrauchbar gemacht (res nullius [...]) werden (denn es bliebe alsdann nur die Befugnis des Subjects übrig sich seiner ihm selbst inhärirenden Bestimmungen ausschlieslich zu bedienen) Weil aber in dem Verhältnis darin dieses gegen äußere Objecte steht die innere Bestimmungen auch von äußeren Dingen abhängen und ohne dieselbe nicht existiren könnten so würde es Recht seyn jedermann zu hindern die innere Bestimmungen zu haben ohne die er doch sich auch seiner selbst nach dem Princip der Freyheit nicht be-

257 Siehe dazu oben S. 108 ff..

258 Darauf weist schon – wenn auch undeutlich – *Baumann* Zwei Seiten der kantischen Begründung von Eigentum und Staat, S. 151, hin. Ähnlich, wenn auch unkritisch, schreibt auch *Gregor* Kant's Theory of Property, S. 776: „Kant seems to have derived practical reason's postulate analytically from the universal principle of Right".

259 *Kant* Vorarbeiten zur Metaphysik der Sitten (XXIII), S. 309.

> dienen kan, d.i. die Abhängigkeit des freyen Gebrauchs äußerer Gegenstände vom physischen Besitz hebt zugleich das angebohrne Recht aus dem Besitze seiner selbst auf oder die Willkühr beraubt sich selbst ihres angebohren Rechts welches sich wiederspricht[260].

Kant argumentiert in den *Vorarbeiten* nicht ausgehend von der Vernunftförmigkeit des allgemeinen Rechtsprinzips, sondern unter Rückgriff auf den Willkürbegriff[261]. Er versucht nachzuweisen, dass die mit dem Besitzrealismus vorgenommene Leugnung des intelligiblen Besitzes den Begriff einer inhaltlich gehaltvollen, weil gegenstandsbezogenen Willkür schlechthin zerstöre: Die besitzrealistische Regelung des Umgangs der Willkür mit den Dingen beruhe auf einem Fehlverständnis der privatrechtlichen Willkür und zerstöre in ihren Konsequenzen auch das innere Mein. Zur Stützung dieser These parallelisiert er – wie die Überschrift des Argumentes bereits verrät – den besitztheoretischen Realismus mit dem erkenntniskritischen Idealismus; er versucht also, das argumentative Potential seiner Idealismuswiderlegung der *Kritik der reinen Vernunft* für die Lösung der Besitzantinomie fruchtbar zu machen. Mit dem Terminus „Idealismus" bezeichnet Kant in der *Kritik der reinen Vernunft* eine erkenntniskritische Position,

> welche das Dasein der Gegenstände im Raum außer uns entweder bloß für zweifelhaft und unerweislich, oder für falsch und unmöglich erklärt; der erstere [Idealismus, C.M.] ist der problematische des Cartesius [...]; der zweite ist der dogmatische des Berkeley[262].

Insbesondere mit dem cartesischen Idealismus setzt sich Kant ausführlich auseinander. Die Widerlegung dieses (problematischen) Idealismus bedarf eines Beweises, der dartut, „daß wir von äußeren Dingen auch Erfahrung und nicht bloß Einbildung haben"[263]. Kant führt diesen Beweis, indem er die Existenz der Dinge außer uns aus dem Bewusstsein unseres eigenen, in der Zeit bestimmten Daseins ableitet. In aller Kürze sieht dieser Gedanke folgendermaßen aus: Eine jede Zeitbestimmung setzt etwas Beharrliches

---

260 *Kant* Vorarbeiten zur Metaphysik der Sitten (XXIII), S. 309 f..

261 Beide Argumentationen unterscheiden sich daher grundlegend, vgl. *Ludwig* Kants Rechtslehre, S. 122. Es ist deshalb problematisch, wenn *Kersting* Wohlgeordnete Freiheit, S. 242, meint: „Der Beweisgang dieses Paragraphen [2 der *Metaphysischen Anfangsgründe der Rechtslehre*, C.M.] nimmt in äußerst geraffter Form eine Argumentation auf, die in den wesentlichen Zügen aus den ‚Vorarbeiten' bekannt ist". Unruh ist der Ansicht, dass Kant die Notwendigkeit des Eigentums zur Realisierung der Freiheit zwar nicht explizit begründe, dass sich dieser „Zusammenhang" aber aus der „Argumentationsstruktur" der Rechtslehre gewinnen lasse (*Unruh* Die Herrschaft der Vernunft, S. 90 ff.). Auch diese Aussage ist zumindest fragwürdig: In den *Metaphysischen Anfangsgründen der Rechtslehre* selber argumentiert Kant, wie gesehen, gerade nicht mit dem Begriff der Freiheitsrealisierung; explizit tut er dies jedoch in den *Vorarbeiten*.

262 *Kant* Kritik der reinen Vernunft, B 274 (S. 254).

263 *Kant* Kritik der reinen Vernunft, B 275 (S. 254).

voraus. Weil „mein Dasein in der Zeit durch dieses Beharrliche allererst bestimmt werden kann“[264], kann dieses Beharrliche nicht eine mir inhärierende Bestimmung, sondern muss ein Ding außer mir sein. Das Bewusstsein meines eigenen Daseins setzt also die Existenz der Dinge voraus.

In den *Vorarbeiten zur Metaphysik der Sitten* überträgt Kant diesen Gedanken auf die Position des Besitzrealisten. Seine Gleichsetzung der Fehlerhaftigkeit des eigentumstheoretischen Realismus mit der des erkenntnistheoretischen Idealismus parallelisiert Willkürstruktur und Bewusstseinsstruktur: So wie die Argumentation des Idealisten der *Kritik der reinen Vernunft* zufolge letztlich daran scheitert, dass das Bewusstsein seinen Grund allererst in den bewusstseinsunabhängigen Dingen außer uns hat, so scheitert den *Vorarbeiten* zufolge die Argumentation des Besitzrealisten an der Abhängigkeit der Willkür von willkürunabhängigen Gegenständen. Bewusstseinserfahrung ist nur möglich durch die Ordnungsmöglichkeit des Verstandes hinsichtlich des gegebenen Anschauungsmaterials. Ebenso ist Freiheitserfahrung nur möglich durch die Einwirkungsmöglichkeit der Willkür auf gegebene Dinge. In der theoretischen Philosophie gilt der Satz „Begriffe ohne Anschauungen sind leer“; in der praktischen Philosophie der Satz „Willkür ohne Gegenstände ist untätig“[265]. Kant verweist mit diesem Argument daher – ohne dies freilich auszusprechen – auf die allgemeine Willensstruktur. Die „Analogie des synthetischen Freiheitsgesetzes a priori mit dem wieder den Idealism“ bildet das eigentumstheoretische Pendant zur im ersten Kapitel dargestellten Gegenstandsgebundenheit des Willens. Denn wenn der Wille, wie bereits gesehen, als Begehrungsvermögen – d.h. als „Vermögen durch seine Vorstellungen Ursache der Gegenstände dieser Vorstellungen zu sein“[266] – charakterisiert ist, so ist er ein gegenstandsbezogenes Vermögen: In seinem äußeren Gebrauche ist der Wille – ganz ähnlich wie der Verstand – ein Ordnungs- und Einwirkungsvermögen von und auf sinnlich gegebene Dinge. Der Kerngehalt des kantischen Analogieargumentes ist deshalb bereits in jenen Passagen enthalten, die bereits oben im Rahmen der Darlegung der Willensstruktur zitiert wurden. So lässt sich etwa die der *Religionsschrift* entnommene Aussage, dass „ohne alle Zweckbeziehung [...] gar keine Willensbestimmung im Menschen statt finden [kann], weil sie nicht ohne alle Wirkung sein kann“[267], mühelos auf den äußeren Willensgebrauch übertragen: Ohne die Einwirkungsmöglichkeit auf die Dinge der Welt wäre der Wille auch in seinem äußeren Gebrauche „ohne alle Wirkung“.

---

264 *Kant* Kritik der reinen Vernunft, B 275 (S. 255).

265 Siehe dazu oben S. 42 ff. und S. 47 ff..

266 *Kant* Metaphysische Anfangsgründe der Rechtslehre (VI), S. 211.

267 *Kant* Die Religion innerhalb der Grenzen der bloßen Vernunft (VI), S. 4 f..

Kant zufolge markiert die besitzrealistische Position ein Fehlverständnis dieser Struktur. Indem der Besitzrealist meine, auf den intelligiblen Besitz verzichten zu können, beschränke er die Gebrauchsmöglichkeiten der Willkür und zwinge das Subjekt, „sich seiner ihm selbst inhärirenden Bestimmungen ausschlieslich zu bedienen“[268]. Da die Ablehnung der possessio noumenon den Bezug der Willkür auf äußere Gegenstände vernichte, verweise der Besitzrealist das Subjekt auf sich selbst zurück; er sei insofern „dogmatischer Idealist bezüglich der möglichen Realität eines äußeren Mein und Dein“[269]. Ihm werde sein Spiel in gleicher Weise wie dem erkenntniskritischen Idealisten „umgekehrt vergolten“[270]: So wie dieser

> sich sagen lassen muß, daß die von ihm einzig akzeptierte innere Erfahrung ihren Realgrund in den bewußtseinsunabhängigen Dingen hat, so muß sich auch der Besitzrealismus darüber belehren lassen, daß das von ihm allein eingeräumte innere und angeborene Mein abhängig ist von dem geleugneten äußeren Mein[271].

Deutlich zum Ausdruck kommt das mit der Leugnung der possessio noumenon verbundene Missverständnis der Willensstruktur in Kants in den *Vorarbeiten zur Rechtslehre* getroffenen Unterscheidung der Freiheit als Unabhängigkeit und als Vermögen: Wären „alle Sachen res nullius“, so schreibt Kant an der betreffenden Stelle, dann wäre „meine Freyheit [...] zwar Unabhängigkeit aber kein Vermögen“[272]. Das heißt: Wären der Willkür alle äußeren Gegenstände entzogen, so wäre sie zwar frei von jeglichen empirischen Einflüssen. Ihr würde jedoch das Betätigungsfeld fehlen, so dass sie in der Untätigkeit verharrte[273]. Mit der „Analogie des synthetischen Freiheitsgesetzes a priori mit dem wieder den Idealism“ unterläuft Kant diese Trennung zweier Freiheitsbegriffe sofort wieder, indem er den Bestand der einen Freiheitsform an den Bestand der ande-

268 *Kant* Vorarbeiten zur Metaphysik der Sitten (XXIII), S. 310.

269 *Brandt* Eigentumstheorien von Grotius bis Kant, S. 188.

270 *Kant* Kritik der reinen Vernunft, B 276 (S. 255); vgl. *Brandt* Eigentumstheorien von Grotius bis Kant, S. 188.

271 *Kersting* Wohlgeordnete Freiheit, S. 239.

272 *Kant* Vorarbeiten zur Metaphysik der Sitten (XXIII), S. 280.

273 „So kann ich Platz nehmen wo ich will wenn ihn nicht ein anderer einnimmt nach dem analytischen Gesetz der Freyheit (als Unabhängigkeit) negativ betrachtet; aber nicht einen Platz darum weil ich ihn vorher eingenommen habe ob ihn gleich jetzt ein anderer einnimmt ohne eine darüber vereinigte Willkühr zum Grunde zu legen welche ein öffentliches Gesetz voraussetzt und die Freyheit (als Vermögen) in Ansehung äußerer Objecte der Willkühr im Verhältnis der Personen gegen einander gründet. – Unterschied der Gesetzmäßigen Freyheit (legitima) von der Gesetzlichen (legalis)“ (*Kant* Vorarbeiten zur Metaphysik der Sitten [XXIII], S. 276). Vgl. dazu auch *Bartuschat* Praktische Philosophie und Rechtsphilosophie bei Kant, S. 29: „Freiheit bestünde in einem Rückzug auf die subjektive Innerlichkeit, wäre aber nicht Vermögen im Hinblick auf ein von ihr Verschiedenes“.

ren Freiheitsform koppelt[274]: „die Abhängigkeit des freyen Gebrauchs äußerer Gegenstände vom physischen Besitz hebt zugleich das angebohrne Recht aus dem Besitze seiner selbst auf“[275] – das als Unabhängigkeit verstandene innere Mein habe also keinen Bestand ohne das auf äußere Gegenstände bezogene Freiheitsvermögen des Willens.

Auch dieses Argument vermag nicht zu überzeugen. Kants im Zusammenhang mit der Eigentumsproblematik vorgenommene Differenzierung zwischen der „Freyheit (als Unabhängigkeit)“ und der „Freyheit (als Vermögen)“ ist lediglich eine Ausprägung jener Dialektik, der ein abstraktes Willenskonzept zwangsläufig verfällt. Vor dem Hintergrund der hegelschen Willensdialektik steht der Aspekt der Unabhängigkeit für den (vergeblichen) Versuch, den Willen als abstrakt-allgemein, d.h. als losgelöst vom Willensmoment der Besonderheit zu beschreiben. Die Charakterisierung der Freiheit als Vermögen hingegen richtet den Blick auf eben jenen Bezug zur Besonderheit: Sie fügt dem abstrakten „Ich will“ das „etwas“ hinzu, das gewollt ist[276]. In der Terminologie Hegels besagt Kants Argument also, dass ein von den Gegenständen getrennt gedachter, rein subjektiver Personenbegriff defizitär ist, weil ihm mit dem objektiven Element seine Realisationsbedingung fehlt[277]. Unter Zugrundelegung dieser Struktur ist dem kantischen Argument gegen den Besitzrealismus zuzugeben, dass die Willkür sich nicht ausschließlich ihrer ihr selbst inhärierenden Bestimmungen bedienen kann, sondern tatsächlich auf Äußeres angewiesen ist. Damit ist zunächst aber bloß die Notwendigkeit des Besitzes überhaupt aufgezeigt. Widerlegt wird mit dieser Argumentation nur eine Position, die in der Eigentumsantinomie gar nicht zur Rede stand und deren Unmöglichkeit bereits analytisch aus dem Rechtsbegriff folgt: eine Position, die den Gegenstandsbezug schlechthin – also auch den physischen Besitz – für nicht rechtserheblich erklären möchte. Zwar ist zuzugeben, dass im Falle des Verzichts auf eine rechtliche Regelung der Nutzbarkeit von mit mir körperlich nicht verbundenen Gegenständen nur ein verkümmerter Rumpfbereich möglicher Willkür übrig bliebe: Der Besitzrealist begrenzt die rechtlich geschützte Gebrauchsfreiheit auf Nutzungsweisen, die allein im Rahmen des physischen Besitzes eines Gegenstandes vollziehbar sind. Derartige an die Inhabung gebundene und sich in der Zeitspanne der Inhabung realisierende Gebrauchsweisen taugen lediglich zur unmittelbaren Befriedigung der Primärbedürfnisse. Da die zweckhafte Tätigkeit des Subjekts ihren Gegenstand benutzt, d.h. ihn

274 Dazu insbesondere *Kersting* Wohlgeordnete Freiheit, S. 238 f..

275 *Kant* Vorarbeiten zur Metaphysik der Sitten (XXIII), S. 310.

276 Dazu *Hegel* Grundlinien der Philosophie des Rechts (7), § 6 handschriftliche Anmerkung, S. 53 sowie § 6 Z, S. 54.

277 Siehe dazu oben S. 42 ff..

verändert, braucht sie ihn jedoch häufig für eine gewisse Zeit. Eine Vielzahl von Zwecken erfordert die Gewähr einer Konstanz dieser Beziehung zu den Gegenständen: Je komplexer die jeweiligen Zwecke sind, desto eher ist ihre Verwirklichung durch die Planbarkeit einer iterierbaren Einwirkungsmöglichkeit bedingt. Derartige die fundamentale Selbsterhaltungsabsicht überschreitende Zwecke würden im Falle des Eigentumsverzichts deshalb in der Tat desavouiert. Die Zwecktätigkeit der Willkür bliebe aber, und das ist einzig relevant, dennoch möglich. Trotz der mit dem Besitzrealismus implizierten Marginalisierung der Willkürmöglichkeiten ist die mit Kants Argument verbundene These, dass der die Konsequenzen seiner Auffassung nicht bedenkende Besitzrealist den Willkürgebrauch schlechthin zerstöre, falsch. Kants Argument fußt auf der Prämisse, dass durch die Leugnung des intelligiblen Besitzes nicht bloß die Realisierung komplexer Zwecke, sondern darüber hinaus der Willkürzugriff auf jegliche Gegenstände vereitelt werde; dies trifft aber, wie gesehen, nicht zu[278]. Dass Kants Argument normativ unterkomplex ist, hat schon Schopenhauer treffend herausgearbeitet:

> Hier begründet er blos, daß es moralisch erlaubt sey, Dinge zu brauchen, nicht aber, sie ausschließlich fortdaurend zu besitzen. Denn nach den hier aufgestellten Sätzen könnte jedes Ding noch immer nur für den Augenblick des Gebrauchs einen Besitzer haben[279].

Baumann führt diese Kritik überzeugend weiter; ihm zufolge impliziert ein Eigentumsverbot

> keineswegs ein Gebrauchsverbot: es ist möglich Gegenstände zu gebrauchen, ohne alle Anderen prinzipiell und auf Dauer vom Gebrauch auszuschließen, und oft kann ein Gegenstand zur gleichen Zeit von Mehreren gebraucht werden. Der Gebrauch von Gegenständen, etwa beim Arbeiten, setzt prinzipiell nicht privates Eigentum voraus[280].

Kants Beweisgang läuft deshalb letztlich auf ein rein pragmatisches Argument hinaus: es ist – in der Tat – ein Klugheitsgebot, den Umgang mit den Dingen im Sinne des Besitzidealismus zu regeln, denn eine solche Regelung erleichtert das Leben und eröffnet viele technische Gestaltungsmöglichkeiten. Ein praktisches Gebot ist das Eigentum deshalb

278 Das gesteht auch *Kühl* Eigentumsordnung als Freiheitsordnung, S. 139, zu: „Gewiß gäbe es noch die zufällige Möglichkeit, Sachen in eigene Verfügungsgewalt zu bringen". Wenn er dann aber schreibt, dass unter Zugrundelegung der besitzrealistischen Position ein „disponierender Umgang mit Sachen meines Besitzes [...] trotz seiner Möglichkeit praktisch unmöglich gemacht" wäre, so ist dem (in Hinsicht auf endliche Ressourcen) zwar zuzustimmen; dies ändert jedoch nichts daran, dass ein anderweitiger Umgang möglich bleibt.

279 *Schopenhauer* Der handschriftliche Nachlaß, S. 262.

280 *Baumann* Zwei Seiten der kantischen Begründung von Eigentum und Staat, S. 150.

allerdings noch lange nicht[281]. Darüber hinaus setzt Kants Argument unhinterfragt die Endlichkeit aller Ressourcen voraus[282]. Es verliert nämlich seine Gültigkeit, sobald man davon ausgeht, dass die von der Willkür genutzten Gegenstände jederzeit zugänglich und in unendlicher Menge vorhanden sind: Dann nämlich ist ein Willkürzugriff stets möglich und Eigentum schlichtweg überflüssig[283]. Und drittens schließlich betrifft die von Kant gestellte Frage nach einem Komplettentzug der Willkürgegenstände maßgeblich die Problematik der Sicherung des Gegenstandsbezuges, nicht aber eine bestimmte Charakterisierung desselben als empirisch oder intelligibel. Bloß physischer Besitz ist aber gegenüber dem Eigentum nicht aufgrund einer stärkeren Verletzbarkeit, sondern allein wegen einer schwächeren Nutzbarkeit defizitär. Anders ausgedrückt: Das Verhältnis von empirischem und intelligiblem Besitz korreliert nicht dem zwischen provisorischem und peremptorischem Rechtszustand, d.h. das Institut des Eigentums erfährt seine Begründung nicht als in der Phänomenwelt notwendige Sicherungsinstanz des physischen Besitzes[284].

---

281 Dies ist insbesondere deshalb der Fall, weil Kant das Recht ja gerade nicht in den Dienst der Wirtschaft stellt: „Kants Rechtslehre abstrahiert von den Bedürfnissen und Zwecken der Menschen"; entsprechend „läßt sich [...] Eigentum an äußeren Dingen nur dann als Rechtsform verstehen, wenn von allen ökonomischen Problemen abstrahiert wird" (*Brandt* Eigentumstheorien von Grotius bis Kant, S. 183, S. 182); mehr noch: Kant gründet das Eigentum nicht einmal auf den Gedanken der Lebenserhaltungspflicht des Menschen (*Hecker* Eigentum als Sachherrschaft, S. 186). Zu Recht konstatiert auch Kersting: „In einer vernunftbegründeten praktischen Philosophie dürfen pragmatische Argumente jedoch keine Rolle spielen [...]. Der Grund, warum der Besitzrealismus abzulehnen ist, ist allein seine Freiheitswidrigkeit" (*Kersting* Freiheit und intelligibler Besitz, S. 34 f.). – Aus diesem Grund ist es falsch, wenn Heinz meint, dass Kant das Eigentum als „das primäre Schema rechtlicher Bedürfnisbefriedigung" darstelle, und dass der Anlass für die kantische Konzeption des Meinen „ein natürliches Bedürfnis sei", „die Welt im Dienste eigener Interessen des Lebewesens zu gebrauchen" (*Heinz* Glanz und Elend der deutschen Rechtsphilosophie am Beispiel des Eigentumskonzepts, S. 439 und S. 440). Ebenso ist es falsch, wenn Westphal die kantische Deduktion nachzuzeichnen versucht anhand des Argumentes: „Human life requires regular and reliable use of things, including sources of food and shelter, which cannot all be physically held or ‚empirically possessed' simultaneously" (*Westphal* A Kantian Justification of Possession, S. 98).

282 *Baumann* Zwei Seiten der kantischen Begründung von Eigentum und Staat, S. 150.

283 Beispielsweise bedarf der Mensch keineswegs des Eigentums an der Luft, um sicherzustellen, dass er jederzeit atmen kann.

284 Dennoch wird in der Sekundärliteratur das Institut des intelligiblen Besitzes bisweilen als Sicherungsinstanz des empirischen Besitzes begriffen, etwa von *Kühl* Eigentumsordnung als Freiheitsordnung, S. 153: Gälte nur „das Prinzip des physischen Besitzes, so gälte die Macht des Stärkeren, und d.h. die Möglichkeit eines jeden, jeden äußeren Gegenstand zu dem Seinen zu machen, wäre prinzipiell vernichtet". Dagegen wendet schon *Ludwig* Rezension zu Kühl, S. 154 zu Recht ein, dass eine solche Interpretation nicht mit dem allgemeinen Rechtsgesetz und dem darauf gegründeten analytischen Rechtssatz des empirischen Besitzes vereinbar ist: Auch ein Eingriff in den physischen Besitz ist unrecht, d.h. der physische Besitz basiert keineswegs auf dem Prinzip des „Rechts des Stärkeren". Peremptori-

Kants Argument wäre fruchtbar, wenn es in einen Eigentumsbegriff hegelscher Couleur überleiten würde. Die Stärke der „Analogie des synthetischen Freiheitsgesetzes a priori mit dem wieder den Idealism“ besteht darin, dass sie das Eigentum – genau wie die hegelsche Theorie – als generell-notwendiges Seinsrecht versteht, d.h. als menschenrechtsanaloges Recht, das jedem Menschen ab initio zukommt[285]: Sie macht geltend, dass das Eigentum unerlässlich ist für die innerweltliche Entfaltung der Person. Der Wahrheitsgehalt, der in der „Analogie des synthetischen Freiheitsgesetzes a priori mit dem wieder den Idealism“ enthalten ist, besteht deshalb in der eigentlich gegen Kants Lehre gerichteten Aussage, dass eine dualistische Trennung zwischen intelligiblem Willen und empirischem Willensgegenstand nicht haltbar ist. Kant hat mit seinem Argument recht, wenn er sagen möchte, dass ein rein subjektiver Personenbegriff defizitär und ein rein objektiver Sachbegriff unwahr ist – und dass die Person deshalb als Einzelheit, d.h. als eine alle ihr angehörenden Gegenstände idealisierende Totalität verstanden werden müsse. Interessant ist in diesem Zusammenhang, dass Hegel die kantische Idealismuswiderlegung der *Kritik der reinen Vernunft* in seinen *Vorlesungen über die Geschichte der Philosophie* tatsächlich in dieser Richtung interpretiert. Nachdem Hegel die kantische Idealismuswiderlegung dargestellt hat, führt er sie ad absurdum, indem er das Begründungsverhältnis zwischen den Dingen und dem Selbstbewusstsein umdreht:

> Man kann dies umgekehrt sagen: Ich bin mir der äußeren Dinge als in der Zeit bestimmter und wechselnder bewußt; diese setzen also etwas Beharrliches voraus, das nicht an ihnen, sondern außer ihnen ist. Und dies bin Ich, der transzendentale Grund ihrer Allgemeinheit und Notwendigkeit, ihres Ansichseins, die Einheit des Selbstbewußtseins[286].

---

schen und intelligiblen Besitz verwechselt auch *von Herrmann* Besitz und Leib, S. 214, wenn er schreibt: „Erst die Zueignung verwandelt den zunächst bloß physischen, wenn auch schon provisorisch-rechtlichen Besitz im Naturzustand in einen peremptorisch (zwingend) rechtlichen Besitz des bürgerlichen Zustands“. Undeutlich ist in dieser Hinsicht auch *Brocker* Kants Besitzlehre, S. 68: „Bleiben die Gegenstände in allem Handeln aber prekär, d.h. werden sie mir entzogen oder drohen jeden Augenblick verloren zu gehen, so wird – in letzter Konsequenz – alles Handeln unmöglich: ‚meine Freyheit wäre zwar Unabhängigkeit aber kein Vermögen‘“. – Kant gibt freilich selber durch undeutliche Formulierungen bisweilen Anlass zu solchen Fehlinterpretationen; so sind etwa Definitionen wie: „die Art, etwas Äußeres als das Seine im Naturzustande zu haben, ist ein physischer Besitz, der die rechtliche Präsumtion für sich hat, ihn durch Vereinigung mit dem Willen aller in einer öffentlichen Gesetzgebung zu einem rechtlichen zu machen“ (*Kant* Metaphysische Anfangsgründe der Rechtslehre [VI], S. 257) zumindest missverständlich.

285 Vgl. dazu *Kersting* Recht, Gerechtigkeit und demokratische Tugend, S. 42; *Vollrath* Ist Eigentum als Menschenrecht begründbar?, S. 114. *Schmidlin* Eigentum und Teilungsvertrag, S. 56 ff. versucht, den generell-notwendigen Charakter des kantischen intelligiblen Besitzes aus der Konstruktion der communio fundi originaria abzuleiten.

286 *Hegel* Vorlesungen über die Geschichte der Philosophie III (20), S. 349.

Die Idealismuswiderlegung ist Hegel zufolge mangelhaft, weil sie die Dinge hypostasiert. Diese Schwäche des transzendentalphilosophischen Dualismus bedeutet jedoch nicht die Richtigkeit des erkenntnisskeptischen Idealismus: Sowenig die Dinge gegenüber dem Begriff ihre Eigenständigkeit behaupten können, sowenig kann das empirische Bewusstsein diesem gegenüber seine Selbständigkeit postulieren:

> Der Idealismus in dem Sinne genommen, daß außer meinem einzelnen Selbstbewußtsein als einzelnem nichts ist, oder die Widerlegung desselben, daß außer meinem Selbstbewußtsein als einzelnem Dinge sind, ist eines so schlecht als das andere. [...] Die Wahrheit oder Unwahrheit liegt nicht darin, ob es Dinge oder Vorstellungen sind, sondern in der Beschränkung und Zufälligkeit derselben, es seien Vorstellungen oder Dinge. Die Widerlegung dieses Idealismus heißt nichts anderes, als eben darauf aufmerksam machen, daß dies empirische Bewußtsein nicht an sich ist, – so wie aber diese empirischen Dinge auch nicht an sich sind[287].

Eigentumstheoretisch gewendet: Der mit der „Analogie zur Widerlegung des Idealismus" geleistete Hinweis auf die Notwendigkeit des Gegenstandsbezuges des Willens besagt lediglich, dass der Wille nicht an sich ist (sondern verwiesen auf Anderes), – so wie aber dieses Andere (die Dinge) auch nicht an sich ist (sondern immer bezogen auf den Willen). Der grundsätzliche Einwand, dem der erkenntnistheoretische Dualismus ausgesetzt ist – dass er nämlich eine freie Begrifflichkeit nicht zu denken vermag – lässt sich auch gegen die dualistische Praxiskonzeption hervorbringen: Da der Wille in ihr nicht als selbstbezüglich gedacht wird, verbleibt sie in einem nicht auflösbaren Dependenzverhältnis zu den äußeren Dingen. Praktische Freiheit ist unter Zugrundelegung dieses dualistischen Konzeptes weder in ihrer negativen Implikation als absolute Schrankenlosigkeit noch in ihrer positiven Implikation als vollständige Selbstbestimmung denkbar.

Vor diesem Hintergrund mag man Hegels Diktum, wahrhaft frei sei nur der Wille, der sich selber zum Inhalt habe, als eigentumstheoretische Entgegnung auf die Idealismuswiderlegung und deren rechtstheoretische Analogie lesen: Nur ein solcher Wille ist „wahrhaft unendlich, weil sein Gegenstand er selbst, hiermit derselbe für ihn nicht ein Anderes noch Schranke, sondern er darin vielmehr nur in sich zurückgekehrt ist"[288]. Eine Eigentumstheorie, die beansprucht, Teil einer Lehre der Freiheitsgesetzlichkeit zu sein, darf den Besitzbegriff nicht als Zugriffsmöglichkeit der Willkür auf einen ihr fremden Gegenstand konstruieren. Sie muss vielmehr erklären, wie und weshalb das Eigentum eine (erste) Art der Selbstbestimmung der Person ist. Als autonome Struktur ist das Eigentum nur denkbar, sofern die Möglichkeit der vollständigen Erreichbarkeit und

---

287 *Hegel* Vorlesungen über die Geschichte der Philosophie III (20), S. 349.

288 *Hegel* Grundlinien der Philosophie des Rechts (7), § 22, S. 74.

Durchdringbarkeit der äußeren Dinge durch die Willkür zugestanden wird.

d. Das dritte Argument: Das Unabhängigkeitsargument

Ist durch die „Analogie des synthetischen Freiheitsgesetzes a priori mit dem wieder den Idealism" also nur die Notwendigkeit des Besitzes überhaupt nachgewiesen, so bedarf es eines weiteren Argumentes, um zu begründen, weshalb dieser darüber hinaus intelligibel sein muss. Ein solches findet sich ebenfalls in den *Vorarbeiten*:

> Würde nun kein äußeres Mein und Dein möglich seyn so würde die Freyheit sich selbst vom physischen Besitz d.i. von Sachen in Raum und Zeit abhängig machen folglich der Rechtsbegrif selbst vom empirischen Bedingungen a priori abhängig mithin selbst empirisch seyn welches dem Begriffe des Rechts wiederspricht[289].

An einer anderen Stelle heißt es:

> Die Freyheit also würde sich in ihrem Gebrauche von etwas anderem als der Bedingung ihrer eigenen Allgemeingültigkeit nämlich von den Objecten der Willkühr zu deren Gebrauch diese das Vermögen hat abhängig machen: d.i. die auf den Besitz des Objects als Bedingung des Mein oder Dein eingeschränkte Willkühr würde keine freye Willkühr seyn, welches sich widerspricht[290].

Das dritte Argument für den Besitzidealismus beruft sich auf die Unabhängigkeit der Vernunft von empirischen Einflüssen. Ihm liegt der Gedanke der Unbegrenztheit der Willkür zugrunde: Die Freiheit der Vernunft ist nur absolut denkbar, darf also nicht durch empirische Verhältnisse bedingt sein. Der Gedankengang gestaltet sich folgendermaßen: Erschöpfte sich der Gegenstandsbezug der rechtlichen Willkür im physischen Besitz, so würde sich die Willkür von Raum- und Zeitverhältnissen abhängig machen; sie hätte ein Betätigungsfeld im Falle der körperlichen Verbundenheit von Leib und Sache, und sie hätte keines im Falle von deren Getrenntheit. Bildete der physische Besitz die Verfügbarkeitsschranke für die Nutzung der Gegenstände, so schlüge also der Herrschaftsanspruch der Vernunft über die Wirklichkeit um in eine Dependenz dieser Willkür von der Empirie. In den *Vorarbeiten* legt Kant die Implikationen eines solchen Abhängigkeitsverhältnisses plastisch dar:

> Das Gesetz [des Besitzrealismus, C.M.] würde also nicht blos Einschränkung der Freyheit auf die Bedingung der Einstimmung mit jedes Anderen Freyheit seyn, sondern der freye Gebrauch der Willkühr in Ansehung der Objecte außer mir die

289 *Kant* Vorarbeiten zur Metaphysik der Sitten (XXIII), S. 336.
290 *Kant* Vorarbeiten zur Metaphysik der Sitten (XXIII), S. 230.

kein Recht besitzen würde durch diese Objecte als ob sie ein Recht hätten [...] aufgehoben[291].

Im Falle der besitzrealistischen Regelung des Umgangs der Willkür mit den Gegenständen würde – so Kant – den Dingen die Eigenschaft zugestanden, Träger von Rechten zu sein: Indem ihnen die Macht zur Freiheitseinschränkung zukäme, würden sie den Personen gleichgestellt. Das Permissivgesetz der praktischen Vernunft beruft sich damit auf denselben Geltungsgrund, auf den sich schon das allgemeine Rechtsgesetz stützt: Fordert jenes die Unabhängigkeit von unrechtlicher, mit dem Gebot der Wechselseitigkeit und Gleichheit unverträglicher Willkür, so postuliert dieses die Unabhängigkeit von Sachen. Erst mit dem Institut des Eigentums ist daher der Gedanke der abstrakt-rechtlichen Freiheit als Schrankenlosigkeit voll entfaltet: Das Eigentumsprinzip stellt sich neben das allgemeine Rechtsprinzip und ergänzt dieses um das Moment der Freiheit von Sacheinflüssen.

Diese Berufung auf die Unabhängigkeit der menschlichen Willkür ist bemerkenswert. Sie stellt die einzige der drei kantischen Beweisführungen dar, die eine genuine Eigenschaft des intelligiblen Besitzes – seine Abstraktion von allen Raumes- und Zeitbeziehungen – als Prämisse voraussetzt. Sie ist damit der einzig aussichtsreiche Kandidat auf eine erfolgreiche Deduktion der possessio noumenon; denn sie vermag diese Besitzart von der possessio phaenomenon abzugrenzen und setzt sich nicht wie die anderen beiden Argumente der Gefahr aus, bloß die Notwendigkeit des Gegenstandsbezuges der Willkür überhaupt – sei dieser nun empirisch oder intelligibel – aufzuzeigen. Nur wenn die spezifische Differenz zwischen physischem und bloß-rechtlichem Besitz für die Deduktion des letzteren fruchtbar gemacht wird, kann nachgewiesen werden, weshalb sich der Gegenstandsbezug der Willkür nicht im Empirischen erschöpfen kann, sondern ein intelligibles Verhältnis zur Sache erfordert. Dieses Argument kann daher als Kants stärkstes bezeichnet werden; zugleich ist es dasjenige, welches die Besonderheiten und die Problematik der kantischen Besitzlehre am deutlichsten zutage treten lässt.

Vergleicht man den kantischen Beweisgang mit der „Analogie des synthetischen Freiheitsgesetzes a priori mit dem wieder den Idealism“, so zeigt sich, dass beide Argumente einander gewissermaßen gegenläufig sind: Beruft sich jenes auf die Unabhängigkeit der Willkür von empirischen Einflüssen, so verweist dieses darauf, dass die zwecktätige Willkür

291 *Kant* Vorarbeiten zur Metaphysik der Sitten (XXIII), S. 225.

an die Zugriffsmöglichkeit auf äußere Gegenstände gebunden ist[292]. Während das Abhängigkeitsargument der hegelschen Begründung des Eigentums ähnlich war, steht das Unabhängigkeitsargument in einem deutlichen Gegensatz zu jener Theorie: So wie das Eigentum im Abhängigkeitsargument als notwendig zur Verwirklichung des Willens beschrieben wird, so wird es in diesem Argument als unerlässlich erachtet für die Unabhängigkeit des Willens von der Wirklichkeit. Stellt man diese Janusköpfigkeit der kantischen Argumentation in den Kontext der im ersten Kapitel beschriebenen Willensstruktur, so zeigt sich, dass die beiden Argumente der *Vorarbeiten* eben jenes „Paradoxon der Methode"[293] widerspiegeln, das Kant im Rahmen der Konstitution des Willensbegriffes anwendet. Wie im ersten Kapitel gezeigt wurde[294], kehrt Kant das Begründungsverfahren der Glückseligkeitslehren der Gorgias-Tradition gewissermaßen um: Er ermittelt das moralisch Richtige nicht anhand eines vorausgesetzten, prudentiellen Begriff des Guten, sondern er bestimmt den moralisch richtigen Willen zunächst formal und ermittelt das Gute sodann als die Folgeausrichtung dieses rektifiziert gedachten Willens[295]. Diese Begründungsstruktur beruht auf dem freiheitstheoretischen Argument, dass der Wille einerseits zwar immer auf Gegenstände des Wollens bezogen sein muss, um überhaupt tätig werden zu können, sich andererseits aber nicht an den empirisch gegebenen Objekten ausrichten dürfe, da er sonst fremdbestimmt würde. In der Moral führt Kant diese Begründungsstruktur dazu, dass der freie Wille – als Vermögen der Zielbestimmung des richtigen Handelns – die Gegenstände des Wollens aus sich selber produziert: Die in der *Tugendlehre* vorgestellten materialen Pflichtzwecke sind Zwecke, die ausschließlich „nach moralischen Grundsätzen begründe[t]"[296], d.h. aus reiner Vernunft gefolgert sind. Die eigentumstheoretischen Argumente der *Vorarbeiten zur Rechtslehre* basieren auf der gleichen Begründungsstruktur. Die „Analogie des synthetischen Freiheitsgesetzes a priori mit dem wieder den Idealism" zeigt, dass der Wille ohne jeglichen Gegenstandsbezug nicht gedacht werden kann. Und das Unabhängigkeitsargument versucht zu zeigen, dass ein solcher Gegenstandsbezug nur dann ein freiheitlicher ist, wenn von allen empirischen Gegenstandsmerkmalen abstrahiert wird.

---

292 Dies wird in der Sekundärliteratur zumeist nicht erkannt, weil die verschiedenen Argumente Kants nicht klar genug voneinander getrennt werden. So vermengen etwa *Kersting* Wohlgeordnete Freiheit, S. 237 f. und *Kühl* Eigentumsordnung als Freiheitsordnung, S. 135, die Argumente miteinander.

293 Siehe dazu oben S. 50.

294 Siehe dazu oben S. 49 ff..

295 *Horn* Wille, Willensbestimmung, Begehrungsvermögen, S. 61.

296 *Kant* Metaphysische Anfangsgründe der Tugendlehre (VI), S. 382.

Eine solche Übertragung der Begründungsstruktur der Ethik auf die Eigentumskategorie kann jedoch nicht gelingen. Anders als in der Moral kann der Wille die im Recht thematischen Gegenstände nämlich nicht aus sich heraus produzieren: Er bleibt auf die in Raum und Zeit befindlichen Dinge der Welt angewiesen. Anders ausgedrückt: Dem Recht fehlt ein Pendant zum materialen Pflichtzweck. Das „Paradoxon der Methode" führt im eigentumstheoretischen Kontext daher zu einem strukturellen Dilemma: dem Dilemma, dass ein abstrakt gedachter Willensbegriff unter Freiheitsgesichtspunkten von allen Willensgegenständen absehen muss und dennoch unter Vollständigkeitsgesichtspunkten auf eben jene Gegenstände angewiesen ist. Die Janusköpfigkeit der kantischen Argumentation ist Ausdruck dieses Dilemmas. Jedes der beiden Argumente der *Vorarbeiten* hebt eines seiner Glieder hervor; jedes ist daher einseitig. Im Rahmen der „Analogie zur Widerlegung des Idealismus" zeigte sich diese Einseitigkeit daran, dass mit ihr nur die Notwendigkeit des Gegenstandsbezuges überhaupt, nicht aber gerade die des intelligiblen Besitzes begründet werden konnte. Die Einseitigkeit des hier thematischen Freiheitsargumentes äußert sich auf zwei Weisen: Zum einen ist die von ihm postulierte Unabhängigkeit der Willkür von den empirischen Gegenständen aufgrund der Äußerlichkeit des Rechts prinzipiell unerreichbar; zum anderen würde ein unter ihrem Paradigma stehender Besitzbegriff – wäre sie vollständig realisierbar – die „Schematisierungsleistung"[297] der Eigentumslehre unterlaufen.

Unerreichbar ist die mit dem Argument geforderte vollständige Unabhängigkeit der Willkür, weil Kant eine Synthese von Geistigem und Körperlichem und damit eine wechselseitige Durchdrungenheit und Abhängigkeit beider Größen bereits mit der Freiheitsobjektivation des Menschen im Leib ausgesprochen hat[298]. Die Willkür ist zumindest insofern empiriegebunden, als sie im Leib ihre innerweltliche Verkörperung erfährt: Sie beginnt ihre Zwecktätigkeit mit der Geburt[299] und beendet sie mit dem Tod[300]. Aber auch hinsichtlich der Willkürgegenstände ist der Phäno-

297 Siehe zu dieser Terminologie oben S. 3, Fn. 11.

298 Siehe dazu oben S. 127 ff..

299 Siehe dazu unten S. 239 ff..

300 Die Bedeutung des Lebensbegriffs für die kantische Rechtslehre ist deshalb nicht zu unterschätzen. Wenn *Brandt* Eigentumstheorien von Grotius bis Kant, S. 180, behauptet, dass „das Leben des Menschen und die conservatio sui für die Kantische Rechtslehre nicht von konstitutiver Bedeutung ist", so ist dem in Hinsicht auf die kantische Marginalisierung des Selbsterhaltungsgedankens sicherlich zuzustimmen. Brandt führt an der angegebenen Stelle jedoch ausgerechnet ein Beispiel Kants an, das geeignet ist, die hier hervorgehobene Bedeutung des Lebens für die Eigentumslehre zu verdeutlichen. Kant zufolge bleibt der „Erblasser Cajus" nämlich nur „so lange er lebt [...] alleiniger Eigentümer" seiner Habe. (*Kant* Metaphysische Anfangsgründe der Rechtslehre [VI], S. 294).

menbezug nicht überwindbar: Die Kategorie des intelligiblen Besitzes soll Kant zufolge diejenige des physischen Besitzes ja nicht ersetzen, sondern lediglich neben sie treten. Die Problematik der Empirieabhängigkeit des Gegenstandsbezuges durch raumzeitliche Näheverhältnisse bliebe daher auch nach erfolgreicher Deduktion der possessio noumenon bestehen. Und selbst für den intelligiblen Besitz sind naturkausale Einflussnahmen auf die noumenal besessene Sache relevant: Das Eigentum an einer Sache beginnt frühestens mit deren Erschaffung und endet spätestens mit ihrer vollständigen Zerstörung. Ein Besitzbegriff, der diese Zusammenhänge leugnen wollte, wäre schlichtweg sinnlos: Die mit ihm verbundene Marginalisierung des Empiriebezuges würde in ihren Konsequenzen die Funktion der Besitzlehre – die Darlegung der Möglichkeit einer Verbindung zwischen den Willensmomenten der Allgemeinheit und der Besonderheit – vereiteln. Kant versteht den intelligiblen Besitz in diesem Argument als eine Art des Gegenstandsbezuges, die von den empirischen Bedingungen der Gegenstände – und das heißt in letzter Konsequenz: auch von deren innerweltlichen Existenzbedingungen – vollständig abstrahiert. Unter einem solchen Besitzbegriff kann daher letztlich nur das Verhältnis der intelligiblen Willkür zu einem intelligiblen Gegenstand verstanden werden. Das Unabhängigkeitsargument der *Vorarbeiten* deutet insofern in jene Richtung, in die schon die terminologische Ungenauigkeit der Begriffsexposition des § 1 der *Metaphysik der Sitten* wies[301]. Kant unterschied dort schließlich den intelligiblen Besitz vom empirischen nicht durch die Art der Bezugnahme auf empirische Gegenstände, sondern durch eine Differenz im Gegenstandsbegriff selbst. Stellt man diese Überlegungen in den Kontext der im ersten Kapitel dargelegten Willensstruktur, so zeigt sich, dass Kant mit dem Unabhängigkeitsargument offenbar versucht, Rechtslehre und Tugendlehre zu parallelisieren: Wie die Tugendlehre eine vom Willen selbstgegebene, intelligible Willensmaterie thematisiere, müsse auch im Recht von allen empirischen Bedingungen abstrahiert werden. Diese Parallelisierung kann jedoch nicht gelingen: Der Gegenstand im Recht ist kein intelligibler und selbstproduzierter, sondern ein empirischer und dem Willen vorgegebener[302].

---

301 Siehe dazu oben S. 180 ff..

302 Auch Bartuschat wendet sich dagegen, den intelligiblen Besitz als Bezugnahme auf einen intelligiblen Gegenstand zu verstehen: „Empirischer und intelligibler Besitz nennen unterschiedliche Weisen, in denen von einer Sache gesagt werden kann, daß sie mein ist; sie bezeichnen auch einen unterschiedlichen Umfang dessen, was besessen werden kann; sie bezeichnen aber nicht etwa unterschiedliche Gegenstände, die besessen werden, relativ auf die Unterscheidung zwischen einer phänomenalen Welt, in der Dinge in Raum und Zeit sind, und einer noumenalen Welt, in der die Dinge von dieser Einschränkung befreit sind. Was rechtlich besessen werden kann, sind selbstverständlich Sachen in Raum und Zeit". (*Bartuschat* Praktische Philosophie und Rechtsphilosophie bei Kant, S. 31).

Die Sinnlosigkeit des Besitzbegriffes, wie er im Unabhängigkeitsargument aus den Kulissen tritt, zeigt sich daran, dass Kant sein Beweisziel aus den Augen zu verlieren droht. Es ist die Aufgabe der Eigentumslehre zu zeigen, wie ein äußeres Meines möglich ist. Und das rechtlich Meine ist der Definition Kants zufolge „dasjenige, womit ich so verbunden bin, daß der Gebrauch, den ein Anderer ohne meine Einwilligung von ihm machen möchte, mich lädiren würde“[303]. Begreift man den intelligiblen Besitz jedoch derart innerlich wie Kant in seinem Unabhängigkeitsargument, so ist die Läsionsmöglichkeit des Eigentums gerade nicht mehr erklärbar: Wenn von jeglichen empirischen Bedingtheiten der Sache abstrahiert wird, so ist nicht darzutun, weshalb etwa die empirische Wegnahme derselben durch einen Dieb das Eigentumsrecht verletzt[304]. Das Insistieren auf der Unabhängigkeit von aller Besonderheit impliziert letztlich das Scheitern des Gegenstandsbezuges des Willens. Kant ergeht es in diesem dritten Argument daher wie jenem von Hegel in anderem Zusammenhang erdachten Kranken, der „aus Ekel oder Bangigkeit vor der Besonderheit, in der ein Allgemeines wirklich ist, nicht diese Allgemeinheit ergreifen oder anerkennen will“[305] und daher, wenn er „Obst verlangte, Kirschen, Birnen und Trauben usf. ausschlüge, weil sie Kirschen, Birnen, Trauben, nicht aber Obst seien“[306]. Das Scheitern des Konzepts des intelligiblen Besitzes ist also der Problematik des physischen Besitzes spiegelbildlich: Während der Gegenstandsbezug bei diesem eine ihn letztlich desavouierende Ausweitung erfährt, wird er bei jenem in einer dieselben Konsequenzen zeitigenden Weise eingeschränkt. Ein bloß empirisch gedachtes Besitzverhältnis ist mit seiner vollständigen Eskamotierung freiheitstheoretischer Zurechnungselemente unterkomplex: Ihm fehlt die Möglichkeit zur Differenzierung zwischen verschiedenen Willkürobjekten[307]. Und ein bloß intelligibel gedachtes Besitzverhältnis ist unterkom-

---

303 *Kant* Metaphysische Anfangsgründe der Rechtslehre (VI), S. 245.

304 Die damit aufgeworfene Problematik findet eine Darstellung in der juristischen Debatte zur Frage, welches Rechtsgut die strafrechtliche Normierung der Eigentumsdelikte schützt. Das bestehende Recht des Eigentümers an der Sache erlischt durch den Diebstahl nicht; es wird unter rein freiheitstheoretisch-normativen Gesichtspunkten also nicht tangiert. Andererseits erschöpft sich § 242 nicht im Besitzschutz; wie die Tatbestandsvoraussetzung der „Fremdheit“ der weggenommenen Sache zeigt, versteht sich diese Norm als Schutzdelikt gegen Läsionen des Eigentums. Diese Antinomie ist nur lösbar, wenn das Eigentum nicht bloß als innerliches Recht (in kantischer Terminologie: als bloß intelligible Beziehung zum Gegenstand), sondern auch als reale Nutzungsmöglichkeit der Sache verstanden wird (Vgl. *Nomos-Kommentar/Kindhäuser* Vor §§ 242 bis 248c, Rn. 6 mit weiteren Nachweisen).

305 *Hegel* Vorlesungen über die Geschichte der Philosophie I (18), S. 37.

306 *Hegel* Enzyklopädie der philosophischen Wissenschaften I (8), § 13, S. 59. Hegel verweist auf dieses Beispiel auch in: *ders.* Vorlesungen über die Geschichte der Philosophie I (18), S. 37.

307 Siehe dazu oben S. 187 ff..

plex, da es den Bezug zu diesen Gegenständen gar nicht erst herzustellen vermag.

6. Die Ersterwerbslehre

a. Der Geltungsgrund des intelligiblen Besitzes

Nachdem im vorigen Abschnitt die Deduktion des intelligiblen Besitzes, d.h. der kantische Notwendigkeitsnachweis des Eigentums, dargestellt wurde, soll im folgenden auf die Ersterwerbslehre eingegangen werden. Da nur das innere Mein angeboren ist, muss alles Äußere erworben werden. Die Rechtsbegründung am äußeren Mein ist auf zwei Weisen möglich: durch Ersterwerb und durch Zweiterwerb. Die Eigentumsentstehung durch Ersterwerb ist ursprünglich; das durch Zweiterwerb erlangte Eigentum ist „von dem Seinen eines Anderen abgeleitet"[308]. Während die nichtursprüngliche Erwerbung unproblematisch ist, scheint die ursprüngliche aporetisch zu sein; denn anders als bei der abgeleiteten Erwerbung soll ein einseitiger Akt der Willkür das Eigentumsrecht begründen, obwohl den anderen dadurch eine über das im Rechtsgesetz normierte wechselseitige Respektierungsgebot hinausgehende Verbindlichkeit auferlegt wird. „Durch einseitige Willkür kann ich keinen Andern verbinden, sich des Gebrauchs einer Sache zu enthalten, wozu er sonst keine Verbindlichkeit haben würde"[309], und dennoch soll im Rahmen der ursprünglichen Erwerbung die Eigentumsentstehung lediglich durch den Sachzugriff meiner Willkür bedingt sein. Dass die ursprüngliche Erwerbung kein einseitiger Willkürakt sein kann, zeigt sich Kant zufolge daran, dass das Eigentumsrecht nicht als „unmittelbares Verhältnis" meiner Willkür „zu einem körperlichen Dinge"[310] beschreibbar ist: „weil dem Recht auf einer Seite eine Pflicht auf der anderen korrespondiert", müsste man sich die Sache so denken, dass sie, „ob sie zwar dem ersten Besitzer abhanden gekommen, diesem doch immer verpflichtet bleibe, d.i. sich jedem anmaßlichen anderen Besitzer weigere, weil sie jenem schon verbindlich ist"[311]. Das Eigentumsrecht kann Kant zufolge als Recht nur interpersonal gedacht werden, so dass es „ungereimt [ist], sich Verbindlichkeit einer Person gegen Sachen und umgekehrt zu denken, wenn es gleich allenfalls erlaubt werden mag, das rechtliche Verhältnis durch ein solches Bild zu versinnlichen"[312].

308 *Kant* Metaphysische Anfangsgründe der Rechtslehre (VI), S. 258.
309 *Kant* Metaphysische Anfangsgründe der Rechtslehre (VI), S. 261.
310 *Kant* Metaphysische Anfangsgründe der Rechtslehre (VI), S. 260.
311 *Kant* Metaphysische Anfangsgründe der Rechtslehre (VI), S. 260.
312 *Kant* Metaphysische Anfangsgründe der Rechtslehre (VI), S. 260.

Kant löst diese scheinbare Paradoxie der ursprünglichen Erwerbung durch die Einführung zweier Ideen: die des ursprünglichen Gesamtbesitzes und die einer vereinigten Willkür. Entfaltet werden diese Ideen in den *Metaphysischen Anfangsgründen der Rechtslehre* in vier Schritten. Da das Sachenrecht nur als interpersonales Verhältnis gedacht werden kann, muss eine allgemeine, vereinigte Willkür denkbar sein. Jede Aneignung setzt Bodenerwerb voraus; der ursprüngliche Gesamtbesitz am Erdboden ist deshalb der Gegenstand dieser vereinigten Willkür. Die ursprüngliche Erwerbung geschieht vor diesem Hintergrund durch Okkupation; ihre Momente sind Apprehension, Deklaration und Appropriation.

aa. Die distributive Willkür

Die Idee der distributiven Willkür trägt dem Gedanken Rechnung, dass sich die ursprüngliche Erwerbung nur als Akt der allseitigen Willkür widerspruchsfrei beschreiben lässt. Aus einem einseitigen Sachzugriff könnte Eigentum nur entstehen, wenn es sich als „unmittelbares Verhältnis" meiner Willkür „zu einem körperlichen Dinge"[313] denken ließe; und das aus einer zweiseitigen Willkürübereinstimmung resultierende Eigentum ist „von dem Seinen eines Anderen abgeleitet"[314], mithin nicht-ursprünglich. Es muss also, soll Ersterwerb möglich sein[315], eine allseitige Willkür denkbar sein, die den Geltungsgrund des Eigentums darstellt. Die Willkür des Einzelnen kann

> eine äußere Erwerbung nicht anders berechtigen, als nur so fern er in einem a priori vereinigten (d.i. durch die Vereinigung der Willkür Aller, die in ein praktisches Verhältnis gegen einander kommen können) absolut gebietenden Willen enthalten ist; denn der einseitige Wille (wozu auch der doppelseitige, aber doch besondere Wille gehört) kann nicht jedermann eine Verbindlichkeit auflegen, die an sich zufällig ist, sondern dazu wird ein allseitiger, nicht zufällig, sondern a priori, mithin nothwendig vereinigter und darum allein gesetzgebender Wille erfordert; denn nur nach dieses seinem Princip ist Übereinstimmung der freien Willkür eines jeden mit der Freiheit von jedermann, mithin ein Recht überhaupt, und also auch ein äußeres Mein und Dein möglich[316].

Die Idee der a priori vereinigten Willkür stellt die Vereinbarkeit der ursprünglichen Erwerbung mit dem Grundsatz „omnis obligatio est

313 *Kant* Metaphysische Anfangsgründe der Rechtslehre (VI), S. 260.

314 *Kant* Metaphysische Anfangsgründe der Rechtslehre (VI), S. 258.

315 Die Denkbarkeit des Ersterwerbs ist notwendig; denn ohne Ersterwerb wäre Zweiterwerb unmöglich. Ohne jede Erwerbsform ließe sich das Eigentum aber nicht verwirklichen, was dem Postulat des § 2 widerspricht.

316 *Kant* Metaphysische Anfangsgründe der Rechtslehre (VI), S. 263.

contracta"[317] sicher und reiht damit das Lehrstück über die Eigentumsentstehung ein in die allgemeine Begründungsstruktur der *Metaphysischen Anfangsgründe der Rechtslehre*. Sie artikuliert prononciert das Resultat der Scheidung von Noumenon und Phaenomenon: empirische Ereignisse sind normativ irrelevant. Die gedankliche Setzung der distributiven Willkür ist durch Kants Überzeugung evoziert, dass naturalistische Vorgänge wie die Ergreifung oder Verarbeitung von Sachen keine Rechte begründen können.

> Durch meine Erwerbung entspringt Anderen eine Verbindlichkeit etwas zu leisten oder sich wovon zu enthalten die sie vor dieser meiner Handlung nicht hatten. – Es kan aber niemandem eine Verbindlichkeit entspringen als die er sich selbst zuzieht [...]. Also kan durch einseitige Willkühr niemand erwerben (wohl aber durch einseitige Handlung) sondern nur durch vereinigte Willkühr derer die in der Erwerbung eine Verbindlichkeit schaffen und sich wechselseitig contrahiren. Die Möglichkeit aber und Befugnis alles Brauchbare erwerben zu können ist a priori nothwendig: folglich auch die Vereinigung der Willkühr der Menschen in Ansehung aller Objecte. Durch dasselbe Princip also der Erwerblichkeit das alle Menschen haben ziehen sie sich auch die Verbindlichkeit zu allein der Idee der Vereinigung ihrer Willkühr über eben dasselbe Object nach Freyheitsgesetzen gemäs erwerben zu können. – Also ist das Princip aller Erwerbung das der Einschränkung jeder auch der einseitigen Willkühr auf die Bedingung der Übereinstimmung mit einer allgemeinen möglichen Vereinigung der Willkühr über dasselbe Object[318].

Die Idee der vereinigten Willkür ist also der Geltungsgrund des Eigentums[319]: „Alles bezieht und gründet sich auf die Idee einer in Ansehung aller Sachen vereinigten Willkühr als ursprünglich objectiv nothwendig"[320].

---

317 *Kant* Vorarbeiten zur Metaphysik der Sitten (XXIII), S. 219.

318 *Kant* Vorarbeiten zur Metaphysik der Sitten (XXIII), S. 219.

319 *Kersting* Wohlgeordnete Freiheit, S. 266; ferner *Kühl* Eigentumsordnung als Freiheitsordnung, S. 184.

320 *Kant* Vorarbeiten zur Metaphysik der Sitten (XXIII), S. 306. – Um die kantische Argumentation zu verstehen, ist es notwendig, die Idee der distributiven Willkür in Bezug zu setzen zum oben dargestellten kantischen Aufweis der Notwendigkeit des Privateigentums. § 2 der *Metaphysischen Anfangsgründe der Rechtslehre* legt dar, dass das Eigentum notwendig ist, d.h. dass alle Menschen Eigentum haben müssen und dass eine Rechtsordnung, die Eigentum verbieten würde, freiheitswidrig wäre. Die Idee der distributiven Willkür begründet diese Notwendigkeit des Eigentums gerade nicht; sie trägt hingegen dem Gedanken Rechnung, dass Rechte nur wechselseitig gedacht werden können und dass daher, wenn ich Eigentum für mich beanspruchen möchte, ich das gleiche Recht auch den anderen Rechtsteilnehmern (im Rahmen einer gleichartigen Erwerbsmöglichkeit) zubilligen muss. Kants Argumentation ist also zweistufig: Wenn ich Eigentum erwerben möchte, so ist dies nur unter Zugrundelegung der Idee der distributiven Willkür möglich. Und da, wie § 2 gezeigt hat, das Eigentum notwendig ist, ist auch die Idee der distributiven Willkür ein notwendiger „praktischer Vernunftbegriff". Diese Struktur des kantischen Arguments verkennt z.B. Guyer. Guyer legt zwar treffend dar, dass Kant zufolge ein Eigentumserwerb nur möglich ist, wenn der Erwerbende einem allgemeingültigen Erwerbsprinzip zustimmt; er fährt dann

bb. Der ursprüngliche Gesamtbesitz

Um die ursprüngliche Erwerbung widerspruchsfrei und das heißt als interpersonales Verhältnis denken zu können, muss neben die Idee der vereinigten distributiven Willkür die Idee eines ursprünglichen Gesamtbesitzes am Erdboden treten. Dieser zusätzliche „praktische[...] Vernunftbegriff"[321] leistet den Gegenstandsbezug der vereinigten Willkür[322]. Indem er die „Beziehung [der Willkür] aller auf die anzueignende Sache"[323] erklärt, legt er dar, wie und weshalb die vereinigte Willkür auf den Vorgang des Eigentumserwerbs Einfluss nimmt: Der Ersterwerb ist zu denken „als Akt gegenseitiger Zuteilung und Verzicht von [im Rahmen des Gesamtbesitzes bestehenden] Besitzansprüchen"[324]. Die distributive Willkür und die communio possessionis originaria ergänzen sich also gegenseitig: Während erstere die Interpersonalität des Eigentumserwerbs auf subjektiver Seite thematisiert, bildet letztere deren objektbezogenes Komplement im Begründungsverfahren der prima occupatio. Entfaltet wird der Begriff des ursprünglichen Gesamtbesitzes in zwei Schritten: § 12 der *Metaphysischen Anfangsgründe der Rechtslehre* legt die allgemeine Bedeutung des Bodens für den Eigentumserwerb, § 13 die der Idee der ursprünglichen Gemeinschaft desselben dar.

> Der Boden (unter welchem alles bewohnbare Land verstanden wird) ist in Ansehung alles Beweglichen auf demselben als Substanz, die Existenz des Letzteren aber nur als Inhärenz zu betrachten und so wie im theoretischen Sinne die Accidenzen nicht außerhalb der Substanz existiren können, so kann im praktischen das Bewegliche auf dem Boden nicht das Seine von jemandem sein, wenn dieser

---

aber fort: „beyond a general appeal to the reciprocity of property rights [...], Kant does not do very much to spell out precise conditions under which it is reasonable for persons to consent to a system of such rights. But one could surely argue that Rawls's difference principle is a plausible interpretation of the conditions under which it would be morally permissible to demand the agreement of others to a system of property and rational for them to consent to it". (*Guyer* Kant on Freedom, Law, and Happiness, S. 281). Der Rückgriff auf Rawlssche Gerechtigkeitsgrundsätze, den Guyer vorschlägt, ist im kantischen System nicht angebracht. Die Idee der distributive Willkür muss Kant zufolge unterstellt werden, weil das Eigentum notwendig ist. Weil eine eigentumsfeindliche Rechtsordnung freiheitswidrig wäre, bin ich gezwungen, dem Okkupationspinzip zuzustimmen, und nur aus diesem Grunde kann ich auch die Zustimmung der übrigen Rechtsteilnehmer zu meinem Eigentumserwerb unterstellen. Aus diesem Grunde ist es auch verfehlt, aus der Idee der distributiven Willkür Gerechtigkeitsgrundsätze abzuleiten (so aber *Guyer* Kant on Freedom, Law, and Happiness, S. 281 ff.).

321 *Kant* Metaphysische Anfangsgründe der Rechtslehre (VI), S. 262.

322 Ebenso *Kühl* Eigentumsordnung als Freiheitsordnung, S. 192: „Dieser Gesamtbesitz ist der ‚Gegenstand', auf den sich der Gesamtwille als seine ‚Habe' bezieht. Siehe ferner *Kersting* Wohlgeordnete Freiheit, S. 271, und *Deggau* Die Aporien der Rechtslehre Kants, S. 98.

323 *Ludwig* Kants Rechtslehre, S. 127.

324 *Ludwig* Kants Rechtslehre, S. 127.

nicht vorher als im rechtlichen Besitz desselben befindlich (als das Seine desselben) angenommen wird[325].

In Kants Besitztheorie ist der Boden anderen Willkürgegenständen gegenüber dadurch ausgezeichnet, dass er zur Fahrnis in einem Substanz-Akzidenz-Verhältnis steht. Der Erwerb beweglicher Sachen ist – so Kant – ohne vorherigen Bodenerwerb nicht möglich, weil der Bodenbesitz die Bedingung einer dauerhaften Lagerung der Fahrnis ist: Sachen müssen, um brauchbar zu sein, einen Platz auf dem Erdboden einnehmen. Ohne Bodenbesitz könnte das Eigentum beweglicher Sachen marginalisiert werden; denn „setzet, der Boden gehöre niemanden an: so werde ich jede bewegliche Sache, die sich auf ihm befindet, aus ihrem Platze stoßen können, um ihn selbst einzunehmen, bis sie sich gänzlich verliert"[326]. Die

---

325 *Kant* Metaphysische Anfangsgründe der Rechtslehre (VI), S. 261.

326 *Kant* Metaphysische Anfangsgründe der Rechtslehre (VI), S. 262. Diese Ausführungen sind in zweifacher Hinsicht problematisch. Zum einen ist offensichtlich, dass Kant nicht a priori, sondern empirisch argumentiert – und dass seine Argumentation zeitgebunden und damit letztlich arbiträr ist. So wird die Bedeutung des Bodens in Zeiten der Luft- und Raumfahrt relativiert: Der Gebrauch von Gegenständen ist auch ohne Bodenbezug zumindest denkbar (so auch *Zotta* Immanuel Kant, Legitimität und Recht, S. 69: „Kant bleibt jedoch den Beweis für die Behauptung schuldig, daß ein herrenloser Gegenstand auf dem Boden nicht ursprünglich erwerbbar ist") und im Zuge des technischen Fortschritts zunehmend verwirklichbar. Zutreffend konzediert daher *Ludwig* Kants Rechtslehre, S. 133, dass die Priorität des Bodenerwerbs eine durch technische Veränderungen „aus der Welt zu schaffende Tatsache" sei. Die Kontingenz der gedanklichen Setzung der Bodenpriorität zeigen auch die Ausführungen Zottas. Zotta weist zutreffend darauf hin, dass der produktive Sachgebrauch neben der dauerhaften räumlichen (bodenbezogenen) Präsenz der Sache weitere unabdingbare Voraussetzungen hat und exemplifiziert dies am Beispiel der Sonne: Die Charakterisierung des Bodens als grundsätzliche Gebrauchsbedingung der Gegenstände „gilt auch für die Sonne (ohne ihre Dienste wächst nichts, was auf dem Acker gepflanzt wurde). Der Einwand, daß der Boden die erste Bedingung von Existenz und Produktion überhaupt ist und es deshalb im Recht in erster Linie um das Problem der Regelung des Eigentums an ihm geht, vermag keinen hinreichenden Unterschied zur Sonne zu etablieren. Ohne sie ist jegliche Existenz auf dem Erdboden ebenfalls undenkbar" (*Zotta* Immanuel Kant, Legitimität und Recht, S. 70; kritisch auch *Kühl* Eigentumsordnung als Freiheitsordnung, S. 196 ff.). Zum anderen ist die Argumentation des § 12 in normativer Hinsicht unterkomplex. Es gelingt Kant nicht, den Bezug der Bodenproblematik zum Eigentumsthema deutlich zu machen: Zwar mag der Fahrnisbesitz ohne Bodenbezug prekär sein; die Notwendigkeit dieses Bezuges impliziert jedoch kein Eigentumsrecht am Boden, sondern kann auch durch ein Aufenthaltsrecht gewährleistet werden. Kants Theorie impliziert in ihren Konsequenzen, dass das Eigentum an beweglichen Sachen nicht nur im Rahmen der ursprünglichen Erwerbung, sondern prinzipiell vom intelligiblen Bodenbesitz abhängig ist. Jeder Eigentümer wäre immer auch Bodeneigentümer. Dass ein solches an die feudale Gesellschaftsordnung erinnerndes Eigentumskonzept (vgl. *Deggau* Die Aporien der Rechtslehre Kants, S. 118), wenn auch nicht aus grundsätzlichen Erwägungen problematisch, so doch keinesfalls – wie von Kant postuliert – normativ notwendig ist, zeigt etwa die derzeit geltende Privatrechtsordnung, die Mobiliareigentum auch ohne Immobiliareigentum ermöglicht. In diesem Sinne kritisch äußert sich auch *Kühl* Eigentumsordnung als Freiheitsordnung, S. 197: Auch „wenn man diesen Vorrang des Bodens vor beweglichen Sachen anerkennt, so bleibt unbewiesen, warum die beweglichen Sachen dem Bodeneigen-

Bodenpriorität reduziert die Frage nach dem Gesamteigentum der Willkürgemeinschaft also auf die Frage nach einer ursprünglichen Bodengemeinschaft: Die Eigentumsverhältnisse an den beweglichen Sachen können im folgenden ausgeblendet werden.

In § 13 überträgt Kant diese Überlegungen zur Bodenabhängigkeit des Fahrnisbesitzes auf den Menschen selbst. Der Mensch ist in seiner empirisch-intelligiblen Konstitution stets als Leib verkörpert. Er ist „zugleich res cogitans und res extensa“[327] und bedarf daher wie jeder Körper eines Platzes auf dem Erdboden. Dieser empirischen Inhabung des Bodens korreliert ein Recht auf den Aufenthaltsort[328]:

> Alle Menschen sind ursprünglich (d.i. vor allem rechtlichen Act der Willkür) im rechtmäßigen Besitz des Bodens, d.i. sie haben ein Recht, da zu sein, wohin sie die Natur, oder der Zufall (ohne ihren Willen) gesetzt hat. Dieser Besitz (possessio), der vom Sitz (sedes) als einem willkürlichen, mithin erworbenen, dauernden Besitz unterschieden ist, ist ein gemeinsamer Besitz wegen der Einheit aller Plätze auf der Erdfläche als Kugelfläche: weil, wenn sie eine unendliche Ebene wäre, die Menschen sich darauf so zerstreuen könnten, daß sie in gar keine Gemeinschaft mit einander kämen, diese also nicht eine nothwendige Folge von ihrem Dasein auf der Erde wäre. – Der Besitz aller Menschen auf Erden, der vor allem rechtlichen Act derselben vorhergeht (von der Natur selbst constituirt ist), ist ein ursprünglicher Gesammtbesitz (communio possessionis originaria)[329].

Die Idee der communia possessionis originaria ist ein „praktischer Vernunftbegriff“[330], d.h. sie versucht nicht, den realen Geschichtsverlauf nachzuzeichnen, sondern ist eine für die Denkbarkeit der prima occupatio notwendige Vorstellung[331]: Die

> ursprüngliche Gemeinschaft des Bodens [...] ist eine Idee, welche objective (rechtlich praktische) Realität hat, und ist ganz und gar von der uranfänglichen (communio primaeva) unterschieden, welche eine Erdichtung ist: weil diese eine gestiftete Gemeinschaft hätte sein und aus einem Vertrage hervorgehen müssen, durch den alle auf den Privatbesitz Verzicht gethan, und ein jeder durch die Vereinigung seiner Besitzung mit der jedes Andern jenen in einen Gesammtbesitz verwandelt habe, und davon müßte uns die Geschichte einen Beweis geben[332].

---

tümer zugerechnet werden sollen“. *Kühl* stellt zu Recht jedoch auch klar, dass die problematische Bodenpriorität für den kantischen Beweisgang der prima occupatio „nicht wesentlich“ (aaO.) ist und die Kritik in ihrer Bedeutung deshalb nicht überbewertet werden darf.

327 *Deggau* Die Aporien der Rechtslehre Kants, S. 36; siehe dazu ausführlich oben S. 127 ff..

328 Dass die empirische Raumausdehnung des Menschen der Grund für seinen Anspruch auf einen Teil des Erdbodens ist, spricht Kant zwar nicht aus, ist in der Sekundärliteratur jedoch weitgehend anerkannt (*Deggau* Die Aporien der Rechtslehre Kants, S. 103; *Zotta* Immanuel Kant, Legitimität und Recht, S. 77 mit weiteren Nachweisen).

329 *Kant* Metaphysische Anfangsgründe der Rechtslehre (VI), S. 262.

330 *Kant* Metaphysische Anfangsgründe der Rechtslehre (VI), S. 262.

331 *Kühl* Eigentumsordnung als Freiheitsordnung, S. 191.

332 *Kant* Metaphysische Anfangsgründe der Rechtslehre (VI), S. 251.

Mittels der Idee der communio possessionis originaria kann der Begriff des ursprünglichen Eigentumserwerbs vollständig entfaltet werden. Für die widerspruchsfreie Denkbarkeit des Ersterwerbs muss die Erde nicht als herrenlos, nicht als res nullius, sondern als res omnium angesehen werden. Da sich jeder Mensch „in einem potentialen aber nur disjunctiv allgemeinen Besitz aller Plätze des Erdbodens“[333] befindet, tangiert der Erwerb von Separatbesitz die Rechte eines jeden. Der Ersterwerb von Eigentum ist auf dieser Grundlage als freiheitsrechtlicher Verteilungsakt des kollektiv besessenen Bodens durch die allseitige Willkür zu begreifen[334].

---

333 *Kant* Vorarbeiten zur Metaphysik der Sitten (XXIII), S. 320.

334 Oder, in den Worten Brandts: „Der Sachbesitz eines anderen und die mit ihm identisch verbundene Einschränkung meiner äußeren Handlungsfreiheit ist rechtlich möglich, weil ich in der Idee auf meinen Mitbesitz verzichtet habe“ (*Brandt* Eigentumstheorien von Grotius bis Kant, S. 190). – In der Sekundärliteratur zu den *Metaphysischen Anfangsgründen der Rechtslehre* wird bisweilen versucht, aus der Denkfigur des ursprünglichen Gesamtbesitzes eine Sozialpflichtigkeit des kantischen Eigentums abzuleiten (insbesondere durch *Kühl* Eigentumsordnung als Freiheitsordnung, S. 264 ff.; *ders.* Von der Art etwas Äußeres zu erwerben, S. 126, S. 128 f.; vgl. ferner *Fetscher* Kommentar zu Kersting, S. 138; *Schmidlin* Eigentum und Teilungsvertrag, S. 56 ff.; siehe außerdem den Literaturüberblick bei *Nicolaus* Freiheitsgesetzlichkeit versus Sozialbindung, S. 222 ff.). Dagegen ist einzuwenden, dass Kant die communio possessionis originaria nur einführt, um die Respektierungspflicht gegenüber den Eigentümern begründen zu können; insofern „lassen sich aus Kants Begriff des intelligiblen Besitzes keine verteilungspolitischen Maximen ableiten“ (*Kersting* Ist Kants Rechtsphilosophie aporetisch?, S. 246; zu weiterer ablehnender Literatur siehe den Überblick bei *Kühl* Von der Art etwas Äußeres zu erwerben, S. 126). Die Ableitung einer Sozialpflicht des Eigentums aus dem Gedanken der ursprünglichen Bodengemeinschaft unterliegt insofern dem gleichen Missverständnis wie die von Hösle vorgetragene, oben dargestellte Intersubjektivitätskritik an Hegels Eigentumskategorie (siehe S. 168 f.). Die Pointe der kantischen Argumentation besteht gerade darin, die inhaltliche Ausgestaltung des Besitztitels dem positiven Recht zu überlassen und – in deutlicher Abgrenzung zur lockeschen Tradition – keine vernunftrechtlichen Aneignungsschranken aufzustellen. Anders als Locke, der bekanntlich den rechtmäßigen Ersterwerb auf die Bedingung begrenzte, es müsse „genug und ebenso gutes den anderen gemeinsam“ verbleiben (*Locke* Zwei Abhandlungen über die Regierung, § 27, S. 217), und anders auch als Nozick, der eine solche Theorie der Aneignungsbedingungen für notwendig erachtet, weil sie „diejenigen Fälle richtig [... behandelt], in denen sich jemand die Gesamtmenge von etwas Lebenswichtigem aneignet“ (*Nozick* Anarchie, Staat, Utopia, S. 167), ist Kants Gerechtigkeitsbegriff prozeduraler Natur: Die Gerechtigkeit der Eigentumsordnung wird Kant zufolge allein dadurch gewährleistet, dass der Eigentumserwerb dem kontraktualistischen Kriterium genügt (*Kersting* Eigentum, Vertrag und Staat bei Kant und Locke, S. 133). Kants Theorie des ursprünglichen Vertrags ist deshalb mit verteilungspolitischen Ersterwerbslehren nozickschen Zuschnitts grundsätzlich nicht vereinbar.

cc. apprehensio, declaratio, appropriatio

Dieser Verteilungsakt setzt sich aus drei Momenten zusammen: der Apprehension, der Deklaration und der Appropriation. Die Apprehension ist die „Besitznehmung des Gegenstandes der Willkür im Raum und der Zeit“[335]; sie erfolgt durch Okkupation, also durch körperliche Bemächtigung[336], und stellt einen einseitigen Willenszugriff auf die Sache dar[337]. Die Rechtmäßigkeit dieser Besitznahme richtet sich ausschließlich nach der „Priorität in Ansehung der Zeit“[338], d.h. die Apprehension ist dann mit dem allgemeinen Rechtsgesetz vereinbar, wenn die Sache nicht schon vorher durch den Erwerbsakt eines Anderen aus dem Allgemeinbesitz in dessen Separatbesitz gewechselt ist. Die Deklaration ist die „Bezeichnung [...] des Besitzes dieses Gegenstandes“[339]; sie trägt dem Gedanken Rechnung, dass nur der äußerlich manifestierte Erwerbswille nach außen erkennbar und daher für andere rechtsrelevant sein kann. Ohne das Moment der Deklaration ließe sich die prima occupatio nicht unterscheiden von der Erlangung eines gewöhnlichen, keinen Eigentumserwerb implizierenden physischen Besitzes. Der Bezeichnungsakt bekundet die Sache öffentlich als dauerhaft (intelligibel) meine und gewährleistet auf diese Weise die Erkennbarkeit der Intentionalität der Apprehension. Die Appropriation schließlich ist ein „Act eines äußerlich allgemein gesetzgebenden Willens (in der Idee), durch welchen jedermann zur Einstimmung mit meiner Willkür verbunden wird“[340]. In der Appropriation erlangen die Ideen der vereinigten Willkür und des ursprünglichen Gesamtbesitzes Bedeutung für die Theorie des Eigentumserwerbs. Sie ist als Verteilungsakt der vereinigten Willkür zu denken, durch den der Kollektivbesitz am Boden in Separatbesitz überführt und die freiheitstheoretische Gültigkeit der ursprünglichen Erwerbung verbürgt wird. Den empirischen Erwerbshandlungen der Apprehension und der Deklaration ist sie normativ vorgeordnet: Nur als gedachte „austheilung durch den gemeinschaftlichen Willen“[341] ist die eigenmächtige Besitznehmung ein Rechtserwerb[342].

---

335 *Kant* Metaphysische Anfangsgründe der Rechtslehre (VI), S. 258.

336 *Kant* Metaphysische Anfangsgründe der Rechtslehre (VI), S. 263.

337 Die „Zueignung (appropriatio), kann in einer ursprünglichen Erwerbung nicht anders als einseitig [...] sein“ (*Kant* Metaphysische Anfangsgründe der Rechtslehre [VI], S. 263).

338 *Kant* Metaphysische Anfangsgründe der Rechtslehre (VI), S. 263.

339 *Kant* Metaphysische Anfangsgründe der Rechtslehre (VI), S. 258.

340 *Kant* Metaphysische Anfangsgründe der Rechtslehre (VI), S. 259.

341 *Kant* Vorarbeiten zur Metaphysik der Sitten (XXIII), S. 223.

342 *Kersting* Wohlgeordnete Freiheit, S. 266.

b. Der Erkenntnisgrund des intelligiblen Besitzes

Der Vorgang der körperlichen Einwirkung auf die Sache wird also durch das Erwerbsmoment der Appropriation in seiner erwerbstheoretischen Bedeutung depotenziert: Wenn die ursprüngliche Eigentumsbegründung als „Austheilung“ durch eine intelligible Willkürgemeinschaft verstanden wird, scheint der empirische Vorgang der Sachergreifung unter dem Signum der Bedeutungslosigkeit zu stehen. Im folgenden soll dargelegt werden, dass dem Erwerbsmoment der Apprehension dennoch eine wichtige Rolle innerhalb der komplexen Struktur der kantischen Eigentumsbegründung zukommt: Seine Funktion besteht in der Inhaltsbestimmung und Konkretisierung des Eigentums.

Nachdem im ersten Hauptstück der Rechtslehre („Von der Art etwas als das Seine zu haben“) die Notwendigkeit des intelligiblen Besitzes und im zweiten Hauptstück („Von der Art etwas Äußeres zu erwerben“) der Geltungsgrund desselben dargetan wurde, fehlt zur Vollständigkeit der Deduktion der possessio noumenon noch die Klärung der „Anwendung des Princips der Möglichkeit des äußeren Mein und Dein auf Gegenstände der Erfahrung“[343]. Der Begriff des intelligiblen Besitzes ist als Vernunftbegriff ein solcher, „dem keine Anschauung correspondirend gegeben werden kann“[344]. Dies impliziert Schwierigkeiten seiner Darstellbarkeit: „Denn denken wir das Verstandeswesen durch nichts als reine Verstandesbegriffe, so denken wir uns dadurch wirklich nichts Bestimmtes, mithin ist unser Begriff ohne Bedeutung; denken wir es uns durch Eigenschaften, die von der Sinnenwelt entlehnt sind, so ist es nicht mehr Verstandeswesen, es wird als eines von den Phänomenen gedacht und gehört zur Sinnenwelt“[345]. Dieses Dilemma resultiert notwendig, wenn der Verstand als intellectus ectypus gedacht wird: Intelligibel

> heißen Gegenstände, so fern sie blos durch den Verstand vorgestellt werden können und auf die keine unserer sinnlichen Anschauungen gehen kann. Da aber doch jedem Gegenstande irgend eine mögliche Anschauung entsprechen muß, so würde man sich einen Verstand denken müssen, der unmittelbar Dinge anschauete; von einem solchen aber haben wir nicht den mindesten Begriff, mithin auch nicht von den Verstandeswesen, auf die er gehen soll[346].

Aus Kants Beschreibung des Verstandes als eines rezeptiven, formellen Vermögens der Verknüpfung gegebener Anschauungen scheint – ganz im Sinne von Hegels Kritik der Inhaltsleere – die inhaltliche Unterdeterminiertheit der noumenalen Begrifflichkeit zu resultieren. Um dies zu ver-

343 *Kant* Metaphysische Anfangsgründe der Rechtslehre (VI), S. 252.
344 *Kant* Metaphysische Anfangsgründe der Rechtslehre (VI), S. 252.
345 *Kant* Prolegomena zu einer jeden künftigen Metaphysik (IV), S. 355.
346 *Kant* Prolegomena zu einer jeden künftigen Metaphysik (IV), S. 316.

meiden, muss dargelegt werden, wie intelligible Begriffe auf die Empirie bezogen werden können. Hinsichtlich der Kategorie des bloß-rechtlichen Besitzes heißt das: Es muss gezeigt werden, wie ihm praktische Realität zukommen kann, d.h. wie er auf Gegenstände der Erfahrung angewendet werden kann. Im folgenden soll gezeigt werden, dass diese Anwendung durch die Appropriation geleistet wird. Das Erwerbsmoment der körperlichen Bemächtigung kann zwar nicht die Geltung des Eigentumsrechts verbürgen; ihm wird von Kant aber eine neue Aufgabe zugewiesen: Es fungiert als notwendige Schnittstelle zwischen Noumenalem und Empirischem. Die folgende Darstellung richtet ihr Augenmerk zunächst auf die Vermittlungsinstanzen, die das kantische System allgemein für die Anwendung intelligibler Begriffe auf die Empirie bereithält (aa). Sodann wird auf die besondere Problematik der Anwendbarkeit der possessio noumenon eingegangen (bb).

aa. Symbol, Schema, Typik

Grundsätzlich wird die Anwendbarkeit intelligibler Begriffe durch die Urteilskraft gewährleistet; geschehen kann sie auf zwei Arten: schematisch oder symbolisch. Die symbolische Darstellung eines intelligiblen Begriffes wendet zuerst „den Begriff auf den Gegenstand einer sinnlichen Anschauung [an], und dann zweitens die bloße Regel der Reflexion über jene Anschauung auf einen ganz andern Gegenstand, von dem der erstere nur das Symbol ist“[347]. Sie bedient sich also des Verfahrens der Analogiebildung: „Eine solche Erkenntniß ist die nach der Analogie, welche nicht etwa, wie man das Wort gemeiniglich nimmt, eine unvollkommene Ähnlichkeit zweier Dinge, sondern eine vollkommne Ähnlichkeit zweier Verhältnisse zwischen ganz unähnlichen Dingen bedeutet“[348]. Das Verfahren der symbolischen Versinnlichung nutzt Kant etwa für das Rechtsprinzip: Die Darstellung desselben erfolgt anhand der Analogie

> zwischen dem rechtlichen Verhältnisse menschlicher Handlungen und dem mechanischen Verhältnisse der bewegenden Kräfte: ich kann gegen einen andern niemals etwas thun, ohne ihm ein Recht zu geben, unter den nämlichen Bedingungen eben dasselbe gegen mich zu thun; eben so wie kein Körper auf einen andern mit seiner bewegenden Kraft wirken kann, ohne dadurch zu verursachen, daß der andre ihm eben so viel entgegen wirke. Hier sind Recht und bewegende Kraft ganz unähnliche Dinge, aber in ihrem Verhältnisse ist doch völlige Ähnlichkeit[349].

347 *Kant* Kritik der Urteilskraft, B 256/A 253 (S. 296).
348 *Kant* Prolegomena zu einer jeden künftigen Metaphysik (IV), S. 357.
349 *Kant* Prolegomena zu einer jeden künftigen Metaphysik (IV), S. 357 f..

Für die Erklärung der Anwendbarkeit der Kategorie des intelligiblen Besitzes auf Gegenstände der Erfahrung nutzt Kant das Analogieverfahren jedoch nicht.

Die schematische Vermittlung zwischen Intelligiblem und Phänomenalem geschieht durch „eine transzendentale Doktrin der Urteilskraft", die aufzeigt, „wie reine Verstandesbegriffe auf Erscheinungen überhaupt angewandt werden können"[350]. Vor dem Hintergrund des Synthesisanspruchs der Erkenntnis einerseits und der Ungleichartigkeit von Verstandeskategorie und Anschauung andererseits „ist klar, daß es ein Drittes geben müsse, was einerseits mit der Kategorie, andererseits mit der Erscheinung in Gleichartigkeit stehen muß, und die Anwendung der ersteren auf die letzte möglich macht"[351]. Für die Konstitution wirklicher Erkenntnisgegenstände ist es unumgänglich, dass dem jeweiligen Begriff die zu ihm passende Anschauung zugeordnet wird, oder umgekehrt: dass die Anschauung in die Form des jeweils richtigen Begriffs gegossen wird. Diese Zuordnungsleistung wird von der Urteilskraft anhand des in der Schematismuslehre beschriebenen Verfahrens erbracht. Dabei wird eine der begrifflichen Synthesis der Kategorien korrespondierende Einheit möglicher Anschauungsdaten in der reinen Anschauung der Zeit erzeugt. Als „Zeitbestimmung a priori" ist das transzendentale Schema somit „rein (ohne alles Empirische) und doch einerseits intellektuell, andererseits sinnlich"[352]. Als vermittelnde Instanz schafft das Schema die Einheit der Erkenntnis; es fungiert zwischen dem reinen Verstandesbegriff und der Anschauung und synthetisiert als „Verfahren der Einbildungskraft, einem Begriff sein Bild zu verschaffen"[353], beide Erkenntnisquellen zu einem ganzheitlichen Erfahrungsgegenstand. Von Hegel wird die Schematismuslehre als eine Lehre der Synthesis gelobt: „Diese Verbindung ist wieder eine der schönsten Seiten der Kantischen Philosophie, wodurch reine Sinnlichkeit und der reine Verstand, die als absolut entgegengesetzte Verschiedene vorhin ausgesagt wurden, vereinigt werden"[354]. Kant habe jedoch die Konsequenzen des Schematismuslehrstücks nicht gezogen; deren Überwindung des Dualismus führe letztlich in einen absoluten Idealismus:

> Es ist ein anschauender, intuitiver Verstand, oder verständiges Anschauen; aber so nimmt und begreift es Kant nicht, er bringt diese Gedanken nicht zusammen, daß er hier beide Erkenntnisstücke in Eins gesetzt hat, – das Ansich derselben. Denken, Verstand bleibt ein Besonderes, Sinnlichkeit ein Besonderes, die auf äu-

350 *Kant* Kritik der reinen Vernunft, B 177/A 138 (S. 187).

351 *Kant* Kritik der reinen Vernunft, B 177/A 138 (S. 187 f.).

352 *Kant* Kritik der reinen Vernunft, B 177/A 138 (S. 188).

353 *Kant* Kritik der reinen Vernunft, B 179 f./A 140 (S. 189).

354 *Hegel* Vorlesungen über die Geschichte der Philosophie III (20), S. 347.

ßerliche, oberflächliche Weise verbunden werden, wie ein Holz und Bein durch einen Strick[355].

Der praktischen Vernunft kann die Schematismuslehre nicht als Erklärungsmodell der Anwendbarkeit ihrer Kategorien dienen. Denn „das sittlich Gute [ist] etwas dem Objecte nach Übersinnliches, für das also in keiner sinnlichen Anschauung etwas Correspondirendes gefunden werden kann“[356]. Während der Verstand als Ordnungsvermögen des Anschauungsmaterials auftritt und deshalb immer schon auf die Empirie verwiesen ist, fehlt dem Sittengesetz jeglicher Bezug zur Sinnlichkeit. Der Verstand wirkt erfahrungskonstituierend; das Sittengesetz hingegen fordert bloß seine Verwirklichung in der erfahrbaren Welt. Entsprechend verweist die reine praktische Urteilskraft nicht auf die Einbildungskraft, sondern auf den Verstand selbst. Die Anwendung des Freiheitsgesetzes ist in der Sinnenwelt möglich, da der Verstand, indem er das Anschauungsmaterial ordnet, eine Gesetzmäßigkeit schafft, die derjenigen des Sittengesetzes entspricht:

> Die Regel der Urtheilskraft unter Gesetzen der reinen praktischen Vernunft ist diese: Frage dich selbst, ob die Handlung, die du vorhast, wenn sie nach einem Gesetze der Natur, von der du selbst ein Theil wärest, geschehen sollte, sie du wohl als durch deinen Willen möglich ansehen könntest[357].

Die Form der Gesetzmäßigkeit des mundus sensibilis fungiert damit als Typus des mundus intelligibilis, d.h. die Betrachtung der Natur unter der Abstraktion von aller Materie derselben liefert eine Darstellung des Sittengesetzes unter empirischen Bedingungen, die die Anwendbarkeit des kategorischen Imperativs garantiert.

> Folglich hat das Sittengesetz kein anderes die Anwendung desselben auf Gegenstände der Natur vermittelndes Erkenntnißvermögen, als den Verstand (nicht die Einbildungskraft), welcher einer Idee der Vernunft nicht ein Schema der Sinnlichkeit, sondern ein Gesetz, aber doch ein solches, das an Gegenständen der Sinne in concreto dargestellt werden kann, mithin ein Naturgesetz, aber nur seiner Form nach, als Gesetz zum Behuf der Urtheilskraft unterlegen kann, und dieses können wir daher den Typus des Sittengesetzes nennen[358].

---

355 *Hegel* Vorlesungen über die Geschichte der Philosophie III (20), S. 347 f.. Ganz ähnlich argumentiert Daval, wenn er behauptet, die Schematismuslehre sei im kantischen Theoriegebäude nur dann nicht überflüssig, wenn sie zu einem absoluten Idealismus führen solle (*Daval* La Métaphysique de Kant, S. 295).

356 *Kant* Kritik der praktischen Vernunft (V), S. 68.

357 *Kant* Kritik der praktischen Vernunft (V), S. 69.

358 *Kant* Kritik der praktischen Vernunft (V), S. 69.

bb. Der Schematismus des Besitzes und die Prädikabile „Haben"

Trotz der in der *Kritik der praktischen Vernunft* eingeräumten Probleme bei der Übertragung der Schematismuslehre auf die praktische Philosophie versucht Kant in den *Vorarbeiten zur Rechtslehre*, einen Schematismus des intelligiblen Besitzes zu entwickeln. Zwar kann das Recht – abgesehen von der symbolischen Zwangsdarstellung anhand des Wechselwirkungsmechanismus der Körper – „als Vernunftbegrif [...] nicht anschaulich gemacht werden"[359]; ebenso wie der kategorische Imperativ entzieht es sich als „Übersinnliches" jeglicher Schematisierung[360]. Möglich sei aber dennoch ein „Schematism des Besitzes der empirisch seyn kann nicht des Rechts"[361]. Der intelligible Besitz könne dargestellt werden, da er im empirischen Besitz ein phänomenales Korrelat habe. Anders als das Recht habe der Besitz eine Doppelnatur; und diese Dichotomie erlaube eine Schematisierung der possessio noumenon anhand der possessio phaenomenon.

> Da der Vernunftbegrif vom Recht [...] objective practische Realität hat d.i. ihm ein Gegenstand (eine Handlung) in der sinnlichen Anschauung mithin in Raum und Zeit correspondirend muß gegeben werden können so muß ein Schematism der aber nicht direct dem Rechtsbegriffe sondern dem physischen Act der Willkühr correspondirt aber so fern diese als frey betrachtet wird correspondiren welches nicht anders zu denken möglich ist als da die Freyheit der Willkühr nicht schematisiert werden kann der physische actus der Willkühr [...] blos als das Schema des Besitzes betrachtet wird. ‚Der physische Besitz die Inhabung muß blos als das Schema des intellectuellen Besitzes (des Rechts) durch die bloße Willkühr im (rechtlichen) Mein und Dein gedacht werden'[362].

Der physische Besitz fungiert also – so Kant in den *Vorarbeiten* – als Erkenntnisgrund des Eigentums; er ermögliche die „Subsumirung unter den intellectuellen Begrif des Besitzes"[363] und leiste auf diese Weise dessen Inhaltsbestimmung. Nur durch die Schematisierungsleistung des physischen Besitzes sei die Anwendbarkeit, d.h. die praktische Realität des intelligiblen Besitzes verbürgt; sie mache den rechtlichen Besitz kenntlich und ermögliche damit den übrigen Rechtsteilnehmern allererst die Beachtung des mit dem Postulat des § 2 ausgesprochenen Gebots, „sich des Gebrauchs gewisser Gegenstände unserer Willkür zu enthalten"[364]. Dieser

359 *Kant* Vorarbeiten zur Metaphysik der Sitten (XXIII), S. 277.
360 Vgl. *Lehmann* Kants Besitzlehre, S. 207.
361 *Kant* Vorarbeiten zur Metaphysik der Sitten (XXIII), S. 277.
362 *Kant* Vorarbeiten zur Metaphysik der Sitten (XXIII), S. 275.
363 *Kant* Vorarbeiten zur Metaphysik der Sitten (XXIII), S. 308.
364 *Kant* Metaphysische Anfangsgründe der Rechtslehre (VI), S. 247.

Entwurf der *Vorarbeiten* ist nicht unproblematisch. Denn da ein Vernunftbegriff nur dann zur Darstellung gelangt, wenn die Schematisierungsleistung erbracht wird, würde im Falle der Schematisierung des bloß-rechtlichen durch den bloß-physischen Besitz die Differenz zwischen beiden Besitzarten wegfallen[365]. Im Augenblick des Verlusts der physischen Herrschaft über die Sache wäre der intelligible Besitz an ihr nicht mehr darstellbar; er verlöre seine praktische Realität und würde somit erlöschen. Das Eigentum an einer Sache würde also auf die Zeitspanne der empirischen Inhabung reduziert, wodurch Kants Bemühen, die besitzidealistische Position der besitzrealistischen gegenüber auszuzeichnen, letztlich hinfällig würde. Man sieht also „leicht ein, daß die Parallelität der theoretischen und praktischen Schematismusfunktion nicht weit trägt: Verliert die Kategorie mit der Ablösung des Schemas jeden Gegenstandsbezug, so muß letzterer bei der possessio noumenon gerade dann erhalten bleiben“[366]. Diese Schwierigkeiten mögen mitverantwortlich dafür gewesen sein, dass Kant die Schematismuslehre nicht in den veröffentlichten Text übernommen hat.

In den *Metaphysischen Anfangsgründen der Rechtslehre* widmet sich § 7 der Problematik der „Anwendbarkeit des Prinzips der Möglichkeit des äußeren Mein und Dein auf Gegenstände der Erfahrung“. Gelöst werden soll sie durch die Einführung eines reinen Verstandesbegriffes eines Besitzes überhaupt. Dieser sei – so Kant in den *Vorarbeiten* – „die zehnte Categorie des Aristoteles, habere; im critischen System aber eine Prädicabile der Categorie der Ursache“[367]. Gewonnen werde die Prädikabile des Habens durch Abstraktion: durch ein Absehen von allen Raumes- und Zeitbedingungen der empirischen Inhabung, das das nicht-empirische Besitzmoment des In-der-Gewalt-Habens herausdestilliert. Der auf diese Weise

365 So auch *Kersting* Wohlgeordnete Freiheit, S. 258; *Ludwig* Kants Rechtslehre, S. 121. *Lehmann* Kants Besitzlehre, S. 208, stimmt Kant hingegen zu: Ihm zufolge ist der physische Besitz Schema des intelligiblen Besitzes in „indirektem Sinne“, auch wenn der Begriff Schema aufgrund seiner Anwendbarkeit im praktischen Bereich prinzipiell problematisch sei und deshalb besser durch den der Typik ersetzt werde. Lehmann gelangt zu dem (schwer nachvollziehbaren) Resultat, dass die „communio fundi originaria der schematisierte intelligible Besitz als Gesamtbesitz“ sei (*ders.* aaO., S. 216).

366 *Ludwig* Kants Rechtslehre, S. 121.

367 *Kant* Vorarbeiten zur Metaphysik der Sitten (XXIII), S. 325. Prädikabilien sind die abgeleiteten reinen Verstandesbegriffe im Unterschied zu den Stammbegriffen (den Prädikamenten). „Wenn man die ursprüngliche und primitive Begriffe hat, so lassen sich die abgeleiteten und subalternen leicht hinzufügen“, indem „man die ontologischen Lehrbücher zur Hand nimmt, und z.B. der Kausalität die Prädikabilien der Kraft, der Handlung, des Leidens; der der Gemeinschaft die der Gegenwart, des Widerstandes; den Prädikamenten der Modalität die des Entstehens, Vergehens, der Veränderung u.s.w. unterordnet“ (*Kant* Kritik der reinen Vernunft, B 108/A 82 [S. 120]; vgl. auch *ders.* Prolegomena zu einer jeden künftigen Metaphysik [IV], S. 323 f.). Tieftrunk versteht die Prädikabile des Habens dagegen als Schema des Besitzes (*Tieftrunk* Philosophische Untersuchungen, S. 211).

ermittelte Verstandesbegriff des Habens fungiere zwischen dem Rechtsbegriff des intelligiblen Besitzes und den empirischen Gegenständen und erlaube so die Anwendung des ersteren; denn „nur ein Verstandesbegriff [kann] unter Rechtsbegriffe subsumirt werden“[368]. Der Rechtsbegriff des Vernunftbesitzes kann also

> nicht unmittelbar auf Erfahrungsobjecte und auf den Begriff eines empirischen Besitzes, sondern muß zunächst auf den reinen Verstandesbegriff eines Besitzes überhaupt angewandt werden, so daß, statt der Inhabung (detentio), als einer empirischen Vorstellung des Besitzes, der von allen Raumes- und Zeitbedingungen abstrahirende Begriff des Habens, und nur daß der Gegenstand als in meiner Gewalt [...] sei, gedacht werde[369].

Auch dieser Versuch der Erklärung des Gegenstandsbezuges durch die Prädikabile des Habens begegnet erheblichen Schwierigkeiten. Denn wenn von allen Raumes- und Zeitbedingungen der empirischen Inhabung abstrahiert wird, so resultiert ein intelligibles Besitzverhältnis. Es stellt sich also die Frage, was Kant mit dem nicht-empirischen Begriff des reinen In-der-Gewalt-Habens meint: Eine Differenz zwischen der Prädikabile des Habens und der possessio noumenon ist nicht festzustellen[370]. Letztlich bietet die Konzeption der Subsumierbarkeit des „bezüglich der Unabhängigkeit von Anschauungsbedingungen gleichartigen Verstandesbegriffs des Besitzes unter dessen Vernunftbegriff“ daher „nicht mehr als eine erneute Explikation des Konzepts eines bloß rechtlichen Besitzes“[371]; das in der Überschrift des Paragraphen angekündigte Anwendungsproblem hingegen wird nicht gelöst[372]. Das diesbezügliche Scheitern der Prädikabilienlehre ist dem Versagen der besitztheoretischen Schematismuslehre spiegelbildlich: Fällt die vermittelnde Instanz bei ersterer mit dem intelligiblen Besitz

368 *Kant* Metaphysische Anfangsgründe der Rechtslehre (VI), S. 253.

369 *Kant* Metaphysische Anfangsgründe der Rechtslehre (VI), S. 253.

370 So auch *Deggau* Die Aporien der Rechtslehre Kants, S. 139: „Damit wird die Differenz letztendlich hinfällig; denn das Haben beinhaltet nichts anderes als die allgemeine Form des Besitzes“; ferner *Kühl* Eigentumsordnung als Freiheitsordnung, S. 154: „Diese Kennzeichnung galt auch schon in § 1 für den intelligiblen Besitz, so daß man [...] von einer bloßen Explikation dieses Begriffes in § 7 sprechen kann“. – *Kersting* Wohlgeordnete Freiheit, S. 254, sieht die „Differenz zwischen dem Verstandesbegriff des Besitzes und dem Vernunftbegriff des Besitzes [...] darin, daß der erste ein theoretisches Verhältnis bezeichnet, der zweite hingegegen ein praktisches. Das kategoriale Haben besitzt ebensowenig wie sein empirisches Gegenstück, die Inhabung, eine eigene rechtlich-praktische Bedeutung; sie thematisiert nur die Verknüpfung zwischen der Willkür und ihrem Gegenstand, einmal logisch-begrifflich und zum andern empirisch-anschaulich“. Auch Kersting konzediert jedoch, dass die Anwendbarkeitsproblematik der possessio noumenon durch die Einführung der Prädikabile des Habens nicht gelöst wird.

371 *Kersting* Wohlgeordnete Freiheit, S. 256.

372 Dies gibt der Text selbst zu erkennen: Wie Kersting zutreffend feststellt, lässt das Wörtchen „zunächst“ eine Fortführung der Ausführungen zum Anwendungsproblem erwarten, die dann aber nicht geleistet wird (*Kersting* Wohlgeordnete Freiheit, S. 254).

zusammen, so ist sie bei letzterer mit der possessio phaenomenon identisch. Überwunden wird der Dualismus in beiden Lehrstücken nicht.

cc. Die Theorie der Okkupation

Geleistet wird der geforderte Gegenstandsbezug schließlich im Rahmen der Theorie der prima occupatio: durch das Erwerbsmoment der Apprehension[373]. Die Erwerbstheorie ist „der Teil des Privatrechts, in welchem die Verknüpfung der Gegenstände der Willkür mit dem Subjekt (der ‚intelligible Besitz') durch äußere – sinnliche – Akte des einzelnen hergestellt wird"[374]. Während der intelligible Besitz insbesondere durch das Unabhängigkeitsargument der *Vorarbeiten* als losgelöst von allen empirischen Raum- und Zeitbedingungen beschrieben wurde, bezieht sich das Erwerbsmoment der Apprehensio ausdrücklich auf eben diese Bedingungen: Durch den empirischen Akt der Bemächtigung wird ein nicht-empirischer Besitz begründet. Die Erwerbstheorie versucht insofern, den strikten Dualismus zwischen Noumenalem und Phänomenalem zu über-

373 Die Bedeutung der Apprehension in Hinblick auf die Anwendbarkeitsproblematik des § 7 der *Metaphysischen Anfangsgründe der Rechtslehre* hat insbesondere *Kersting* Wohlgeordnete Freiheit, S. 261 ff. klar herausgearbeitet; siehe außerdem *Ludwig* Kants Rechtslehre, S. 126 f.. Ähnlich, wenn auch undeutlich, argumentiert auch *Kaulbach* Immanuel Kant, S. 309: Die prima occupatio vollzieht „den Übergang von der intelligiblen Sphäre zur empirischen". – Bedenken gegen die hiesige Kant-Interpretation, die die empirische Erwerbshandlung auf die Funktion einer Darstellungsbedingung des intelligiblen Besitzes reduziert, äußert jedoch *Bartuschat* Apriorität und Empirie in Kants Rechtsphilosophie, S. 41: Die Pointe der Ersterwerbslehre sei vielmehr, dass „die subjektive Freiheit, in der analytisch der uneingeschränkte Gebrauch von Objekten gelegen ist, sich als Freiheit des Gebrauchs überhaupt nur in empirischen und darin kontingenten Akten äußert, also stets auf ein bestimmtes Objekt geht". Bartuschat kehrt die Begründungsstruktur zwischen empirischer Erwerbshandlung und intelligiblem Besitz gewissermaßen um: „Gerade weil Eigentum Vertragseigentum ist [...], sind die empirischen Handlungen nicht nur individuierende Darstellungen eines schon geltenden apriorischen Gesetzes, sondern in ihrem konfliktträchtigen Gegeneinander der Ausgang, in bezug auf den das Rechtsgesetz erst zur Geltung zu bringen ist". Bartuschat ist recht zu geben, dass der Wille im Recht immer nur auf empirische Objekte Bezug nehmen kann, d.h. dass es in der Tat die Rechtmäßigkeit der empirischen Zugriffshandlung ist, die es zu begründen gilt. Seiner Argumentation ist aber entgegenzuhalten, dass sie mit dem kantischen Text nicht in Einklang zu bringen ist: Kant erörtert zunächst die denkbaren Gebrauchsweisen der Gegenstände und stößt dabei auf das Postulat des intelligiblen Besitzes. Die Ersterwerbslehre, die erst danach abgehandelt wird, behandelt dann die Frage, wie intelligibler Besitz erworben werden kann – d.h., sie geht nicht von der Erwerbshandlung, sondern vom Begriff der possessio noumenon aus. – *Kühl* Eigentumsordnung als Freiheitsordnung, S. 186, stellt den Bezug der Apprehension zum Anwendbarkeitsproblem nicht her; er hebt bloß die Zeichenfunktion der Erwerbung und die durch diese gewonnene Orientierung der Nichtbesitzer hervor.

374 *Ludwig* Kants Rechtslehre, S. 126 f..

winden: Sie rekurriert „explizit auf die Gegenstände als ‚phaenomena'"[375]. Damit ist die Funktion klargestellt, die dem Erwerbsmoment der Apprehension nach seiner Eskamotierung als Geltungsgrund des Eigentums zukommt: Es bestimmt das Eigentum inhaltlich und macht den Vernunftbegriff des intelligiblen Besitzes damit allererst auf empirische Verhältnisse anwendbar[376]. In den *Metaphysischen Anfangsgründen der Rechts-*

375 *Ludwig* Kants Rechtslehre, S. 126 f..

376 Die Tatsache, dass Kant die bloße Ergreifung einer Sache als Ersterwerbsakt genügen lassen will, ist in der Sekundärliteratur zu den *Metaphysischen Anfangsgründen der Rechtslehre* auf zum Teil heftigen Widerspruch gestoßen. So begleitet das Privatrechtskapitel der *Metaphysik der Sitten* seit seinem Erscheinen der Vorwurf, in seiner Gleichgültigkeit gegenüber der materialen Güterverteilung Recht mit Macht zu vertauschen und mit der Erhebung der Okkupation zum alleinigen Verteilungsprinzip der blanken Gewalt das Wort zu reden. Schon Schopenhauer behauptet bekanntlich: „Nur aus Kants Altersschwäche ist mir seine ganze Rechtslehre, als eine sonderbare Verflechtung einander herbeiziehender Irrthümer, und auch dieses erklärlich, daß er das Eigenthumsrecht durch erste Besitzergreifung begründen will. Denn wie sollte doch die bloße Erklärung meines Willens, Andere vom Gebrauch einer Sache auszuschließen, sofort auch selbst ein Recht hiezu geben?" (*Schopenhauer* Die Welt als Wille und Vorstellung, S. 419). Schopenhauer verwirft daher die kantische Ersterwerbslehre mit der These: „Ich sage: das ist Faustrecht". (*Schopenhauer* Der handschriftliche Nachlaß, S. 262). Und auch in der neueren Literatur wird der Vorwurf der unkritischen Affirmation faktischer Machtverhältnisse immer wieder erhoben. So schreibt Lisser, Kant habe das Eigentum auf Gewalt gegründet (*Lisser* Der Begriff des Rechts, S. 39); und er sei deshalb hinter Locke und sogar Rousseau (so *Borries* Kant als Politiker, S. 108) zurückgefallen. Auch Saage konstatiert, dass „die ursprüngliche Okkupation „als einseitiger Zwangsakt interpretiert werden" müsse (*Saage* Eigentum, Staat und Gesellschaft bei Immanuel Kant, S. 21), und für Metzger ist die Ablehnung der Arbeitstheorie nur Ausdruck dafür, dass Kant „für die menschliche Bedeutung des Eigentums [...] keinen Sinn gehabt" habe (*Metzger* Gesellschaft, Recht und Staat in der Ethik des deutschen Idealismus, S. 90). Ähnliche Vorwürfe kommen auch aus der neueren angelsächsischen Kant-Literatur. So schreibt etwa Carter, Kant sei „the most influential philosopher to argue for the derivation of property rights from the first occupancy" (*Carter* The Philosophical Foundations of Property Rights, S. 79); und Becker stellt mit zweifelnder Verwunderung fest: Kant „argued that an act of will in appropriating a thing creates a property right in that thing" (*Becker* Property Rights, S. 28). In diese Linie kritischer Einschätzungen der Okkupationstheorie passt es, dass Kant zu seiner Zeit mit dem Gedanken der Eigentumsbegründung allein durch körperliche Ergreifung allein dastand: Sowohl der junge Fichte (*Fichte* Beitrag zur Berichtigung der Urteile des Publikums über die französische Revolution, S. 82 f.) als auch die frühen Kantianer Erhard (*Erhard* Über das Recht des Volks zu einer Revolution und andere Schriften, S. 151 ff.), Schmalz (*Schmalz* Das reine Naturrecht, S. 60 ff.), Schmid (*Schmid* Grundriß des Naturrechts, S. 104 ff.) und Buhle (*Buhle* Lehrbuch des Naturrechts, S. 118 f.) schließen sich der damals herrschenden Arbeitstheorie des Eigentums an; und auch im bedeutsamsten Werk der politischen Philosophie nach Kant, den hegelschen *Grundlinien der Philosophie des Rechts*, heißt es, wie gesehen, ganz im Sinne Lockes: „Das Formieren [...] ist die der Idee angemessenste Besitznahme, weil sie das Subjektive und Objektive in sich vereinigt" (*Hegel* Grundlinien der Philosophie des Rechts [7], § 56, S. 121). – Diesen kritischen Einschätzungen wird man entgegenhalten müssen, dass sie die Funktion der Okkupationstheorie missverstehen: Die körperliche Ergreifung bildet ja gerade nicht den Geltungsgrund des Eigentums, sondern dient lediglich der äußeren Erkennbarkeit des Erwerbsaktes. Die Kritik an Kants Ersterwerbslehre übersieht also, dass Kant

lehre setzt sich damit eine gedankliche Linie fort, die in den *Vorarbeiten* ihren Ausgang nimmt: Bereits im Rahmen der Entwürfe zur Schematismuslehre war Kant zeitweilig davon abgewichen, den Zustand des physischen Besitzes als Schema des intelligiblen zu betrachten. Vielmehr werde letzterer allein durch die Erwerbshandlung des physischen Besitzes, d.h. den Vorgang der körperlichen Bemächtigung schematisiert; und in diesem Zusammenhang findet sich auch bereits der Begriff der Apprehension:

> Rechtsbegriffe können nur Erkentnis werden wenn der Wille anderer vorgestellt wird wie er erscheint und sich äußerlich den Sinnen offenbahrt. Daher apprehension als Zeichen des Willens zum Besitz[377].

An anderer Stelle heißt es, die Apprehension diene als zum „anderer Willkühr einschränkenden Kennzeichen daß ein Recht gegründet worden"[378].

---

die Berechtigung des Eigentumsanspruchs gerade nicht auf faktische Machtverhältnisse stützen möchte, sondern auf die freiheitstheoretische Konstruktion der communio originaria mei et tui. Und dennoch ist der Kritik zumindest insofern rechtzugeben, als in der Okkupationstheorie die Äußerlichkeit, mit der sich Wille und Willensgegenstand in Kants Theorie gegenüberstehen, zum Ausdruck gelangt. Zu Recht konstatiert in diesem Sinne *Dreier* Eigentum in rechtsphilosophischer Sicht, S. 166, dass zwischen der Idee der vereinigten Willkür und dem okkupationsrechtlichen Prioritätsprinzip „offenkundig ein Spannungsverhältnis" bestehe: „Das Okkupationsprinzip ist Ausdruck des Prinzips größtmöglicher individueller Freiheit, das Konsensprinzip Ausdruck des Erfordernisses der Kompatibilität individueller Freiheitssphären". Vor dem Hintergrund der hegelschen Kantkritik erscheint es in der Tat befremdlich, dass die bloße Ergreifung für den Ersterwerbsakt genügen soll. Anders ausgedrückt: Es erscheint nicht einleuchtend, dass der a priori vereinigte Wille Aller darauf gerichtet sein soll, dass derjenige Eigentum erwirbt, der zufällig mit einer Sache in Berührung kommt. Unter Wertungsgesichtspunkten wäre es überzeugender, die Arbeitstheorie des Eigentums mit dem Gedanken der distributiven Willkür zu verbinden: Auch wenn man, wie Kant, den Geltungsgrund des Eigentums in einem contractus originarius sieht, wäre es überzeugender, diesen Vertrag inhaltlich so zu gestalten, dass die mit der Formierung der Gegenstände verbundene Vermischung von Subjekt und Objekt Berücksichtigung findet. Das Eigentum könnte dann als Erstreckung der Person auf die Gegenstände, d.h. als Konstitutionsbedingung des Personseins, verstanden werden; und die Verpflichtung der übrigen Rechtsteilnehmer, die mit dem Ersterwerbsakt verbundene Ausdehnung der Sphäre der besitzenden Person zu respektieren, würde aus dem contractus originarius folgen.

377 *Kant* Vorarbeiten zur Metaphysik der Sitten (XXIII), S. 277.

378 *Kant* Vorarbeiten zur Metaphysik der Sitten (XXIII), S. 235. – Dass die Kennzeichnung des Eigentumserwerbs ausgerechnet durch die physische Inbesitznahme geschieht, ist keineswegs notwendig: Möglich wäre etwa eine Regelung, derzufolge das Eigentum durch öffentliche Beschlüsse verteilt wird – eine solche Regelung würde den Gedanken des Kontraktualismus direkt auf den Erwerbsvorgang anwenden. Es wäre auch denkbar, in der Ersterwerbslehre auf Kants Definition des Eigentums zu rekurrieren: Da Kant das Eigentum nicht im positiven Sinne als Nutzungsrecht des Eigentümers definiert, sondern (negativ) als Recht, Andere vom Gebrauch auszuschließen, könnte die Ersterwerbshandlung auch statt der Besitzergreifung die bloße Verhinderung des Zugriffs Anderer sein. Darüber hinaus steht Kants Ersterwerbslehre auch der Besitzergreifung durch Arbeit durchaus aufgeschlossen gegenüber; nur wäre die Arbeit selber dann – anders als in der Theorie Lockes – bloß die Kennzeichnung, nicht aber der Geltungsgrund des Eigentums.

Der Gedanken der Verlagerung der Versinnlichungsleistung weg vom Zustand des Besitzes hin zum Vorgang der Besitzergreifung gilt jedoch für beide Seiten: Nur die physische Bemächtigung, nicht aber die empirische Inhabung kann schematisieren; und nicht der intelligible Besitz, sondern bloß der Rechtserwerb wird schematisiert. Daran zeigen sich die Kosten, die ein dualistisches Besitzkonzept mit sich bringt: Nur der Erwerb des intelligiblen Besitzes ist empirisch darstellbar, d.h. der Begriff der possession noumenon hat praktische Realität nur bezüglich des Vorgangs des Rechtserwerbs; sein Zustand hingegen entzieht sich der Darstellbarkeit. Der Zustand des Besitzes selbst kann – anders als etwa das allgemeine Rechtsprinzip – nicht versinnlicht werden; die Frage, was Eigentum sei, wird von Kant im Unterschied zu Hegel nicht beantwortet. Deutlich wird diese Konsequenz durch einen erneuten Blick auf die Schematismuslehre der *Vorarbeiten*. Dort schrieb Kant:

> Der Anfang des physischen Besitzes ist die Ergreifung (Apprehensio) die Fortdauer desselben Aufbehaltung (detentio). Beyde als in der Zeit existirend gehören nicht zum intellectuellen Besitz als Bestimmungen desselben – dennoch kan ohne die sinnliche Bedingungen des physischen Besitzes das Daseyn des intellectuellen nicht erkannt werden weil jener die Darstellung von diesem[379] in einer möglichen Erfahrung ausmacht[380].

Der physische Besitz setzt sich also aus zwei Momenten zusammen, der Ergreifung (apprehensio) und der Aufbehaltung (detentio). Kants in den *Vorarbeiten* unternommener Versuch, den physischen Besitz insgesamt – also beide Elemente – als Schematismus des intelligiblen Besitzes zu verstehen, schlägt fehl, weil der intelligible Besitz dann im Augenblick des physischen Sachverlustes nicht mehr möglich wäre – er wäre mit dem physischen Besitz letztlich identisch. Im veröffentlichten Text dient deshalb nur noch das erste Element des physischen Besitzes, die Apprehension, der Versinnlichung der possessio noumenon. Auch dieser Versuch schlägt jedoch fehl; denn damit wird der intelligible Besitz nur verkürzt schematisiert: nur noch, wie Kant schreibt, in seinem „Anfang" – nicht aber in seiner „Fortdauer". Das hat unter anderem zur Folge, dass auch die prima occupatio die Frage nach der Läsionsmöglichkeit des intelligiblen Besitzes nicht beantworten kann: Da sie eben nur den Rechtserwerb, nicht aber das Recht selbst versinnlicht, bleibt unklar, wie intelligibler Besitz verloren oder verletzt werden kann. Kants Bestimmung des Rechtlich-Meinen („dasjenige, womit ich so verbunden bin, daß der Gebrauch, den ein Anderer ohne meine Einwilligung von ihm machen möchte, mich lädieren würde") bleibt also weiterhin unaufgelöst.

---

379 Im Text heißt es versehentlich „jenem". Die Textkorrektur stammt von *Lehmann* Kants Besitzlehre, S. 209.

380 *Kant* Vorarbeiten zur Metaphysik der Sitten (XXIII), S. 217.

III. Arbeit und Okkupation

Nachdem im vorigen Kapitel aufgezeigt wurde, dass die Dichotomie der Besitzlehre Kants auf den Dualismus zwischen Phaenomenon und Noumenon zurückzuführen und daher problematisch ist, soll abschließend dargelegt werden, dass auch Kants und Hegels Urteile über die Arbeitstheorie des Eigentums jeweils systembedingt sind: Die kantische Ablehnung ist unmittelbar auf den Dualismus zwischen Mensch und Ding-an-sich zurückzuführen, und Hegels Befürwortung derselben findet ihre Ursache in dem Bemühen, diesen Dualismus in seinen rechtsphilosophischen Implikationen mittels der Denkfigur des „objektiven Geistes" zu überwinden. Die Aufgabe des folgenden Abschnitts besteht also darin, aufzuzeigen, dass die im ersten Kapitel erörterten Grundsätze über die allgemeine Struktur des Willens auch die jeweilige Theorie der Erwerbsart des Eigentums maßgeblich prägen.

1. Das Interpersonalitätsargument

Weshalb wendet sich Kant so vehement gegen die Arbeitstheorie, d.h. weshalb soll der schöpferisch-gestalterische Zugriff auf die Dinge kein Eigentum an diesen Dingen begründen können? Es sind im wesentlichen drei verschiedene Argumente, die Kant gegen die Arbeitstheorie lockescher Provenienz[381] ins Feld führt. Erstens macht er geltend, dass die Arbeitstheorie das Eigentumsverhältnis fälschlich als Beziehung der Person zu einer Sache verstehe und nicht als interpersonalen Achtungsanspruch. Zweitens impliziere die Arbeitstheorie, dass derjenige, der ursprünglich Eigentum erwirbt, den anderen Rechtsteilnehmern ohne deren Einverständnis eine Verbindlichkeit auferlegen könne; dies sei eine unter freiheitstheoretischen Gesichtspunkten inakzeptable Konsequenz. Und drittens schließlich wirft Kant der Arbeitstheorie vor, dass sie das Verhältnis zwischen der Form und der Materie (der Substanz) der besessenen Sachen missverstehe. Dass Kant drei verschiedene und jeweils eigenständige Argumente gegen die Arbeitstheorie ins Feld führt, wurde in der Sekundärliteratur – soweit ich sehe – bislang kaum beachtet[382]; üblicherweise wird das Kontraktualismusargument stark in den Vordergrund gestellt. Erstaunlicherweise ist aber ausgerechnet das dritte Argument

381 Vgl. zur Arbeitstheorie nach Locke oben S. 154 f..

382 Wie hier trennt aber auch Brocker deutlich zwischen den verschiedenen Argumenten für die Okkupationstheorie (*Brocker* Arbeit und Eigentum, S. 354 ff.).

hauptsächlich dafür verantwortlich, dass Kant sich von der Arbeitstheorie abgewendet hat.

Den zuerst genannten Vorwurf, die Arbeitstheorie verstehe das Eigentumsverhältnis fälschlich als Beziehung der Person zu einer Sache, spricht Kant in den *Metaphysischen Anfangsgründen der Rechtslehre* deutlich aus:

> daß der, welcher an einen Boden, der nicht schon vorher der seine war, Fleiß verwendet, seine Mühe und Arbeit gegen den Ersteren verloren hat, ist für sich selbst so klar, daß man jene so alte und noch weit und breit herrschende Meinung schwerlich einer anderen Ursache zuschreiben kann, als der insgeheim obwaltenden Täuschung, Sachen zu personificiren und, gleich als ob jemand sie sich durch an sie verwandte Arbeit verbindlich machen könne, keinem Anderen als ihm zu Diensten zu stehen, unmittelbar gegen sie sich ein Recht zu denken[383].

Träfe Lockes – und Hegels – These der direkten Verbindung zwischen Person und Sache zu, dann müsste

> die äußere Sache, ob sie zwar dem ersten Besitzer abhanden gekommen, diesem doch immer verpflichtet bleibe[n], [...] weil sie jenem schon verbindlich ist, und so mein Recht, gleich einem die Sache begleitenden und vor allem fremden Angriff bewahrenden Genius, den fremden Besitzer immer an mich weise[n]. Es ist also ungereimt", folgert Kant, „sich Verbindlichkeit einer Person gegen Sachen und umgekehrt zu denken, wenn es gleich allenfalls erlaubt sein mag, das rechtliche Verhältniß durch ein solches Bild zu versinnlichen und sich so auszudrücken[384].

An einer anderen Stelle heißt es, dass man sich der Arbeitstheorie zufolge „ein Recht in einer Sache so denken [müsste]: als ob die Sache gegen mich eine Verbindlichkeit hätte, [...] welches eine ungereimte Vorstellungsart ist"[385]. Kant will im Rahmen der Konstitution des Eigentumsbegriffes also von allen Aspekten der Relation zwischen Person und Sache abstrahieren: Die „Weglassung oder das Absehen (Abstraction) von [den ...] sinnlichen Bedingungen des Besitzes als eines Verhältnisses der Person zu Gegenständen, die keine Verbindlichkeit haben, [ist] nichts anders als das Verhältnis einer Person zu Personen"[386]. Und in der Tat ermöglichen es die Ideen der a priori vereinigten Willkür und des ursprünglichen Gesamtbesitzes, den intelligiblen Besitz als Beziehung nicht zwischen der Person

---

383 *Kant* Metaphysische Anfangsgründe der Rechtslehre (VI), S. 269. Die These, dass die Arbeitstheorie Sachen personifiziere, d.h. sie als Träger von Rechten und Pflichten identifiziere, wird auch in der Sekundärliteratur zu den *Metaphysischen Anfangsgründen der Rechtslehre* immer wieder vertreten; vgl. nur *Kersting* Transzendentalphilosophische und naturrechtliche Eigentumsbegründung, S. 169.

384 *Kant* Metaphysische Anfangsgründe der Rechtslehre (VI), S. 260.

385 *Kant* Metaphysische Anfangsgründe der Rechtslehre (VI), S. 261.

386 *Kant* Metaphysische Anfangsgründe der Rechtslehre (VI), S. 268.

und der Sache, sondern zwischen der Person und den übrigen Rechtsteilnehmern zu denken[387].

Diese erste kantische Kritik an der Arbeitstheorie ist recht einfach zu widerlegen: Sie wird der von ihr gerügten lockeschen (und in Lockes Nachfolge: hegelschen) Ersterwerbslehre schlicht nicht gerecht. Die Arbeitstheorie besagt ja nicht – wie Kant meint –, dass die Sache dem Besitzer verpflichtet sei; der Begriff der Verpflichtung kann im eigentumstheoretischen Kontext überhaupt nur einen Achtungsanspruch der Rechtsteilnehmer untereinander bedeuten. In der Arbeitstheorie wird die Sache durch die Bearbeitung nicht verpflichtet, sondern subjektiviert; die Beziehung, die zwischen besitzender Person und besessener Sache zustande kommt, ist keine rechtliche, sondern eine gewissermaßen ontologische. Der aus der Person-Sach-Beziehung resultierende Rechtsanspruch gegenüber den übrigen Rechtsteilnehmern ist nur ein Reflex dieser vorrechtlichen Verbundenheit[388]. Damit zeigt sich, dass Kants Argument nicht überzeugend ist. Im Gegenteil: Wie sich im Rahmen der Darstellung der kantischen Ableitung des Eigentumsrechts zeigte, ist es gerade die Schwäche der Okkupationstheorie, diese vorrechtliche Verbindung von Person und Sache nicht thematisieren zu können und daher weder Notwendigkeit noch Läsionsmöglichkeit des Eigentums hinreichend klar darstellen zu können. Man kann deshalb Kants Argument umdrehen und die in der Okkupationstheorie vorgenommene Verengung des Blicks ausschließlich auf die Personen als Schwäche der kantischen Privatrechtslehre lesen: Sie ist einmal mehr Ausdruck dafür, dass Kant die eigentlich relevante Synthesisbeziehung des Eigentums nicht thematisieren kann. In diesem Sinne mag man einer ausschließlich sozialen Eigentumsauffassung und Ersterwerbslehre sogar mit Sartre entgegenhalten: „daraus,

387 Die Tragweite dieses Eigentumsverständnisses ist nicht zu unterschätzen: Kants Kritik an der Arbeitstheorie hat eine radikale Normativierung der Rechtsbegriffe des Privatrechts zur Folge; in juristischen Termini gesprochen stellt seine Eigentumstheorie den Versuch dar, die Lehre von den Rechtsgütern in eine reine Zurechnungslehre umzuformulieren. Da das Eigentum Kant zufolge nur interpersonal denkbar ist, ist auch eine Eigentumsverletzung nur durch personale Akte möglich: Das Abbrennen meines Hauses kann nur dann in einem freiheitstheoretisch relevanten Sinn als Rechtsgutsverletzung bezeichnet werden, wenn jemand anderes für diese Zerstörung zuständig ist, nicht jedoch, wenn sie durch naturgegebene Vorgänge, etwa durch Blitzschlag, verursacht wurde.

388 Aus diesem Grunde ist es auch nicht überzeugend, wenn Kersting schreibt: „Von der persönlichkeitstheoretischen Selbstzuschreibungsmeinigkeit führt kein Weg zur rechtstheoretisch gehaltvollen und für ein eigentumstheoretisches Begründungsargument verwendbaren Meinigkeit und Mirzugehörigkeit" (*Kersting* Eigentum, Vertrag und Staat bei Kant und Locke, S. 125). Die Pointe der arbeitstheoretischen, insbesondere hegelschen, Subjektivierungsthese ist es ja gerade, das Recht als objektiven Geist zu verstehen, d.h. das Eigentum als Dasein der Freiheit zu begreifen und Persönlichkeitsrechte als Reflex auf die innerweltliche Verwirklichung der Person zu interpretieren.

daß die Gesellschaft tatsächlich nach gewissen Prinzipien das Recht auf Besitz verleiht, folgt zunächst nicht, daß sie die Aneignungsbeziehung schafft. Allenfalls legitimiert sie sie"[389].

2. Das Kontraktualismusargument

Schwerer als dieser erste Vorwurf wiegt die zweite Kritik Kants: Die These, dass der Eigentumserwerb – wie jeder Rechtserwerb – der Zustimmung der übrigen Rechtsteilnehmer bedürfe, um rechtswirksam zu sein. Locke hatte noch betont, dass die Zustimmung der übrigen Rechtsteilnehmer zum Eigentumserwerb nicht erforderlich sei:

> Das Gras, das mein Pferd gefressen, der Torf, den mein Knecht gestochen, und das Erz, das ich an irgendeiner Stelle gegraben, wo ich mit anderen gemeinsam ein Recht dazu habe, werden ohne die Anweisung und Zustimmung von irgend jemandem mein Eigentum. Es war meine Arbeit, die sie dem gemeinsamen Zustand, in dem sie sich befanden, enthoben hat und die mein Eigentum an ihnen bestimmt hat[390].

Und auch in Hegels Eigentumslehre findet sich das Erfordernis der Zustimmung der übrigen Rechtsteilnehmer nicht: Die Person eignet sich Dinge an, indem sie ihren Willen in sie legt. Kant wendet sich von diesem Monologismus deutlich ab. In § 11 der *Metaphysischen Anfangsgründe der Rechtslehre* schreibt er: „Durch einseitige Willkür kann ich keinen Andern verbinden, sich des Gebrauchs einer Sache zu enthalten, wozu er sonst keine Verbindlichkeit haben würde"[391]. Und in § 14 heißt es ganz ähnlich:

> denn der einseitige Wille [...] kann nicht jedermann eine Verbindlichkeit auflegen, die an sich zufällig ist, sondern dazu wird ein allseitiger, nicht zufällig, sondern a priori, mithin nothwendig vereinigter und darum allein gesetzgebender Wille erfordert; denn nur nach dieses seinem Princip ist Übereinstimmung der freien Willkür eines jeden mit der Freiheit von jedermann, mithin ein Recht überhaupt, und also auch ein äußeres Mein und Dein möglich[392].

Kants offensichtlich gegen die Arbeitstheorie gemünzte These ist zunächst einmal – vor jeder wissenschaftlichen Auseinandersetzung – intuitiv nicht unbedingt einleuchtend: Es erscheint viel naheliegender, dass derjenige, der ein bestimmtes Produkt erschaffen hat, ein Eigentumsrecht – im Sinne eines Urheberrechtes – an diesem seinen Produkt haben sollte. Dieser erste Eindruck findet eine Bestätigung, wenn man Kants Kritik in den Kontext der hegelschen Eigentumstheorie stellt. Aus hegelscher Per-

389 *Sartre* Das Sein und das Nichts, S. 1005.

390 *Locke* Zwei Abhandlungen über die Regierung, § 28, S. 217 f..

391 *Kant* Metaphysische Anfangsgründe der Rechtslehre (VI), S. 261.

392 *Kant* Metaphysische Anfangsgründe der Rechtslehre (VI), S. 263.

spektive ließe sich gegen die kantische Berufung auf das Interpersonalitätserfordernis des Eigentumserwerbs nämlich einwenden, dass sie in gewisser Weise zirkulär ist; denn wenn man – wie die Arbeitstheorie hegelscher Couleur – das Eigentum als Objektivations-, und das heißt: als Konstitiutionsbedingung des Personseins versteht, so ginge der Erwerbsakt desselben jeglichem interpersonalen Bezug voran. In anderen Worten: Bevor interpersonale Bezüge diskutiert werden können, muss zunächst der Personenbegriff vollständig entfaltet sein – und in diesem ist eben, so jedenfalls die These Hegels, neben dem wechselseitigen Respektierungsgebot des § 36 der *Grundlinien* auch die Objektivierungsbedingung des Eigentums enthalten.

Deutlich wird diese Problematik der Interpersonalitätskategorie im eigentumstheoretischen Kontext, wenn man sich vor Augen hält, dass Kant selber zugestehen muss, dass einseitigen empirischen Akten durchaus Bedeutung für die innerweltliche Konstitution der Person zukommen kann: In seiner Theorie gewinnt die Person ihren innerweltlichen Standpunkt durch das Ereignis der Geburt. Die Geburt ist als empirischer Akt rechtskonstituierend; sie begründet nicht nur die durch das allgemeine Rechtsgesetz verbürgte allseitige Respektierungspflicht der körperlichen Integrität des geborenen Leibes, sondern darüber hinaus sogar ein Recht am Boden, den der Leib einnimmt: „Alle Menschen [...] haben ein Recht, da zu sein, wohin sie die Natur, oder der Zufall (ohne ihren Willen) gesetzt hat“[393]. Ebenso heißt es in den *Vorarbeiten*: „Ich habe das angebohrne Recht auf dem Boden zu seyn (einen Platz auf Erden einzunehmen) auf welchen mich die Natur oder der Zufall (also ohne meine Willkühr) gesetzt hat“[394]. Da erst die Geburt die Willensfreiheit des Menschen begründet, kann sie selber nicht als interpersonaler Organisationsakt verstanden werden: Sie ist nicht als Kommunikationsakt mit den übrigen Rechtsgenossen beschreibbar und entzieht sich daher dem Interpersonalitätserfordernis des Eigentumserwerbs[395]. Beachtenswert ist, dass Kant

393 *Kant* Metaphysische Anfangsgründe der Rechtslehre (VI), S. 262.

394 *Kant* Vorarbeiten zur Metaphysik der Sitten (XXIII), S. 314.

395 So interpretiert auch *Brandt* Eigentumstheorien von Grotius bis Kant, S. 180, den kantischen Text: „Der Mensch hat ein ursprüngliches Recht, auf Erden zu sein, ein Recht zu dem von ihm selbst nicht verschuldeten räumlichen Da-sein (§13)“. Hingwiesen sei an dieser Stelle aber auf die von Kersting vorgelegte Deutung der Idee des ursprünglich vereinigten Willens nicht nur als Grundlage sachenrechtlicher Ansprüche, sondern auch als rechtliche Verankerung des Geborenwerdens: „Ziehen wir die Linien dieser Konstruktion aus, dann zeichnen sich neben der Antwort auf die spezifischen sachenrechtlichen Begründungserfordernisse unerwartete, ins Spekulative weisende rechtliche Implikationen ab. Denn letztlich verlangt diese Konzeption, die Bemächtigung und Besitznehmung eines freien Bodens als Darstellung und indirekte Schematisierung des angeborenen Rechts, auf dem Erdboden zu sein, über die normale Okkupationshandlung auszudehnen und auch schon das Auf-Erden-zur-Wirklichkeit-kommen selbst als Rechtswahrnehmung zu inter-

dieses Recht explizit als angeborenes Recht bezeichnet; das Recht auf Respektierung der Sphäre des eigenen Leibes sowie das Recht, einen Platz auf dem Erdboden einnehmen zu dürfen, sind ursprüngliche Rechte und bedürfen deshalb in der kantischen Theorie nicht der Zustimmung der übrigen Rechtsgenossen. In gleicher Weise werden auch sonstige Rechte einseitig erworben, die dem inneren Meinen zugerechnet werden können, z.B. der empirische Besitz: Wenn ich eine Sache physisch in Besitz nehme, so ist dieser Besitz zu respektieren, da ein unerlaubter Zugriff eine unrechtliche Leibesläsion darstellen würde. Der Besitzerwerb ist dabei ein einseitiger Rechtserwerb: Ich verpflichte die übrigen Rechtsteilnehmer allein durch die Ergreifung dazu, sich des Gebrauchs des betreffenden Gegenstandes während der Zeitspanne meiner physischen Inhabung zu enthalten; die Idee des ursprünglichen Vertrages ist in der kantischen Theorie gerade keine Erwerbsvoraussetzung des empirischen Besitzes. Das kontraktualistische Argument Kants setzt also voraus, dass die Erwerbung des äußeren Meinen nach grundsätzlich anderen Regeln verläuft als die Erwerbung des inneren Meinen. In anderen Worten: Sein Argument setzt voraus, dass das Eigentum nicht als Emanationsvoraussetzung der Person, sondern als ein Recht der im Leib vollständig verkörperten Person an einer Sache verstanden wird. Die Frage nach der Bedeutung der Arbeit für das Eigentum wandelt sich damit in die Frage nach der Bedeutung der Eigentumsbegründung für die Konstituierung der Person; sie reduziert sich auf die Frage, ob in freiheitstheoretischer Hinsicht zwischen dem Leib und den äußeren Gegenständen differenziert werden kann. An den unterschiedlichen Antworten, die Kant und Hegel auf diese Frage

pretieren. Die Inbesitznahme des mir ursprünglich-rechtlich zustehenden Platzes beginnt nicht erst als Freilandbesetzung, sie beginnt mit der Geburt. Das Geburtsereignis ist Besitznehmung, das Geborenwerden besitztheoretisch als empirische Apprehension interpretierbar. Der menschliche Eintritt in die Welt ist Rechtsausübung, das für die menschliche Freiheit schlechthin Skandalöse, die Unverfügbarkeit des eigenen Anfangs, wird so selbst unter Freiheitsgesetze gestellt. Dasjenige, was nur widerfahren kann, bekommt die Bedeutung der Realisierung des angeborenen Rechts ‚zu jedem Platz' auf der Erde [...], und die Geburt erscheint gleichsam als archetypischer Besitzschematismus" (*Kersting* Wohlgeordnete Freiheit, S. 270). Kerstings Deutung unterläuft die kantische Unterscheidung zwischen dem Leib und den äußeren Dingen. Sie konvergiert mit dem Gedanken, dass jegliche innerweltliche Konstitution der Person interpersonal begründet sein muss, d.h. dass der vernunftgebotene Achtungsanspruch gegenüber anderen Personen einen Achtungsanspruch auch bezüglich der Konstitutionsbedingungen des Personseins impliziert. Das auf den Eigentumsersterwerb gerichtete Respektierungsgebot wäre also gleichursprünglich mit der Respektierung der Person als solcher, d.h. es würde unmittelbar aus dem allgemeinen Rechtsgesetz folgen. Kerstings Sichtweise macht deshalb die Idee der ursprünglichen Willkür als genuin sachenrechtliches Institut letztlich überflüssig und löst das Eigentum aus der Sonderstellung, die Kant ihm gibt. Sie deckt sich daher weitgehend mit der hier vorgeschlagenen Hegel-Interpretation, siehe dazu oben S. 159 ff..

geben, zeigt sich der basale Unterschied zwischen der Arbeits- und der Okkupationstheorie[396].

Kant zieht eine Trennlinie zwischen dem personkonstituierenden Leib und den äußeren Dingen: Während der Leib geistdurchdrungen sei[397], versperrten sich die Dinge jeglicher Subjektivierung; während das Subjekt den Leib als mit sich identisch identifiziere, seien die äußeren Sachen stets von ihm unterschieden[398]. Damit einher geht eine grundsätzliche Differenz zwischen dem Eigentumsrecht und sonstigen personalen Rechten: In Kants Theorie nimmt das Eigentumsrecht eine Sonderstellung unter den personalen Rechten ein; und nur deshalb bedarf es der eigens für dieses Recht kreierten Konstruktion der ursprünglichen Bodengemeinschaft.

---

396 Die Parallele zwischen dem Erwerb des Leibes durch Geburt und dem Ersterwerb von Gegenständen durch Verarbeitung sieht auch Brandt. In seiner Darstellung der frühen Eigentumstheorie Kants, die noch eine Variante der Arbeitstheorie darstellte, heißt es treffend: „Wie zum Erwerb des eigenen Körpers keine Absprache der Menschen untereinander nötig ist, so geschieht auch die Aneignung von Gegenständen der Natur auf dem Wege eines natürlichen Verhältnisses des Menschen zur Natur, nicht auf Grund einer Konvention" (*Brandt* Eigentumstheorien von Grotius bis Kant, S. 170).

397 Vgl. dazu die Ausführungen oben S. 127 ff..

398 Siehe dazu oben S. 77 ff.. Kersting begreift diese Dichotomie von Leib und Sache als große Stärke der Okkupationstheorie; denn eine Verwischung dieser Differenz habe zur Folge, dass der Eigentumsbegriff auch auf den eigenen Leib anwendbar sei – eine Konsequenz, die Hegel in der Tat ausdrücklich zieht (siehe oben S. 149 f.). Kersting kritisiert diese Folge der Arbeitstheorie: Noch „problematischer als die verdinglichende Rede von der Vermischung von Person und Objekt durch Arbeit ist die These, daß der Mensch ein Eigentum an seiner Person habe" (*Kersting* Eigentum, Vertrag und Staat bei Kant und Locke, S. 124; *ders.* Recht, Gerechtigkeit und demokratische Tugend, S. 60). Kant hingegen habe „wohlweislich nie das rechtlich Meine als obersten eingeteilten Begriff hinsichtlich des inneren und äußeren Meinen gebraucht. Das rechtlich Meine hat das Eigentumsfähige überhaupt als seinen möglichen Gegenstand, bezieht sich auf das Verhältnis der Willkür zu ihren Gegenständen. Wäre das innere Mein durch systematische Einteilung des rechtlichen Meinen konstituiert, dann würde ersteres in den Bestimmungsbereich des Eigentumsbegriffes gezogen; nichts liegt Kant aber ferner: homo est sui iuris, homo non est dominus sui ipsius" (*ders.* Wohlgeordnete Freiheit, S. 229). Kersting will offensichtlich darauf hinaus, dass die Arbeitstheorie den Leib auch vertragstheoretisch dem sonstigen Eigentum gleichstellen müsse und daher keine Entäußerungsschranken aufstellen könne – d.h., dass die Arbeitstheorie beispielsweise den Verkauf des eigenen Leibes in die Sklaverei gut heißen müsste. Einer solchen Argumentation ist entgegenzuhalten, dass gerade Hegels Privatrechtslehre – im Gegensatz zu derjenigen Kants – um eine Darstellung von Verfügungsschranken bemüht ist (siehe dazu oben S. 158 f.). – Darüber hinaus ist schon Kerstings These, Kant habe „wohlweislich nie das rechtlich Meine als obersten eingeteilten Begriff hinsichtlich des inneren und äußeren Meinen gebraucht" (*ders.* Wohlgeordnete Freiheit, S. 229), nicht zutreffend: Wie schon Oberer herausstellt, ist das innere Meine bei Kant aus bloß literarischen Gründen „in die Prolegomenen geworfen" – würde der Leib in der Rechtslehre völlig ausgeblendet, wäre nicht klarzumachen, weshalb Leibesläsionen rechtsrelevant und die staatliche Bestrafung der Delikte gegen Leben und Gesundheit legitim sind (*Oberer* Rezension zu Kersting: Wohlgeordnete Freiheit, S. 121).

Die Arbeitstheorie hingegen verwischt die genannte Differenz und behandelt Leib und Gegenstände prinzipiell gleich[399]. Indem Hegel das Eigentum ganz allgemein als Konstitutionsbedingung des Personseins versteht, entfällt die grundsätzliche Differenz zwischen innerem Mein und äußerem Mein, zwischen dem Recht am eigenen Leib und den Rechten an den äußeren Gegenständen. Der Eigentumsbegriff fungiert als oberste eingeteilte Kategorie jedweder Freiheitsemanation, und die Person wird beschrieben als eine alle ihr angehörenden Gegenstände idealisierende und dadurch synthetisierende Größe. Das Eigentum wird deshalb eingebettet in den allgemeinen freiheitstheoretischen Rahmen des objektiven Geistes. Wie im vorigen Kapitel bereits dargestellt[400], legt dieser Befund eine Interpretation der hegelschen Eigentumstheorie nahe, die die Ersterwerbstheorie der *Grundlinien* freiheitstheoretisch verankert und damit vom Naturalismus lockescher Provenienz abhebt; eine Interpretation, die zwar über den hegelschen Text selber hinausweist, aber dennoch Anhaltspunkte in den *Grundlinien* findet. Danach ergibt sich die soziale Fundierung des Eigentumsanspruchs in Hegels monistischer, Leib und Gegenstände gleich behandelnder Theorie direkt aus dem allgemeinen Rechtsgebot. Dies wird deutlich, wenn man sich die Systematik des abstrakten Rechts ansieht: Zunächst entwickelt Hegel in § 36 das dem kantischen allgemeinen Rechtsprinzip entsprechende Rechtsgebot: „Sei eine Person und achte die anderen als Personen". Dieses Personalitätsprinzip entspricht dem kantischen angeborenen Gleichheitsrecht und fordert die wechselseitige Achtung der jeweiligen Rechtskreise. In den nachfolgenden Paragraphen (41-104) entwickelt Hegel sodann den Personenbegriff, und im Rahmen dieser Begriffsanalyse wird das Eigentum als notwendiges Konstitutionselement der Person charakterisiert. Hegels Text kann deshalb so verstanden werden, dass sich die soziale Fundierung des Eigentums direkt aus dem allgemeinen Rechtsgebot ergibt: Die Respektierungspflicht anderen Personen gegenüber impliziert nämlich die Pflicht, auch die Konstitutionsbedingungen des Personseins zu achten.

Der Unterschied zur kantischen Theorie besteht dann darin, dass Hegel das Eigentum nicht anders als alle übrigen personalen Rechte auch behandelt und daher auf die Figur der communio originaria mei et tui schlicht verzichten kann: Da das Eigentumsrecht in der hegelschen

399 Treffend *Brandt* Eigentumstheorien von Grotius bis Kant, S. 170 f.: Die „Gegenstände werden gefaßt als materielles Substrat, in das hinein der Mensch seinen Willen durch Arbeit entäußern kann, um es so gleichsam als Organ zu erwerben nach Analogie seiner ihm von Natur geschenkten Glieder", und „der äußere Gegenstand wird durch die natürliche Arbeit zu einem erweiterten Organ meines Leibes".

400 S. 159 ff..

Theorie keine Extrastellung unter den generell-notwendigen[401] Seinsrechten einnimmt, bedarf es auch keiner vom allgemeinen Rechtsgesetz losgelösten, eigenständigen interpersonalen Fundierung. Eine solche Lösung gründet den Achtungsanspruch hinsichtlich fremden Eigentums unmittelbar auf das allgemeine Personalitätsprinzip; die Verpflichtung, fremdes Eigentum zu achten, ist in ihr identisch mit der Verpflichtung, nicht unrechtlich in fremde Rechtskreise einzugreifen. In diesem Sinne hat schon Brandt in seinem Aufsatz *Das Erlaubnisgesetz* darauf hingewiesen, dass das arbeitstheoretische Subjektivationsmodell des Ersterwerbs den Sachbesitz unmittelbar aus dem Freiheitsprinzip ableite und dass es entsprechend kein Erlaubnisgesetz benötige: „Hier also bedarf es keines Postulats oder Erlaubnisgesetzes, weil die Handlung selbst im Rechtsprinzip der gesetzmäßigen Übereinstimmung der Freiheit eines jeden mit der aller andern begründet ist oder doch sein soll"[402]. Es ist die Konsequenz dieser – meines Erachtens richtigen – Interpretation des Subjektivationsmodells, dass auch die Idee der distributiven Willkür überflüssig ist: Hegels Eigentumslehre ist eine Theorie, „die die Möglichkeit des äußeren Mein und Dein unmittelbar mit dem allgemeinen Rechtsprinzip verknüpft, in der also die prima occupatio nicht nur ein Akt einseitiger Willkür ist, sondern eine Handlung gesetzmäßiger Freiheit"[403]. Da Hegels Theorie das Eigentum den sonstigen personalen Rechten gleichstellt, leitet sie auch die Rechtmäßigkeit der Ersterwerbshandlung aus dem allgemeinen Personalitätsprinzip ab und bedarf daher keines genuin eigentumstheoretischen contractus originarius.

3. Das Argument der Substanzhaftigkeit der Sachen

a. Die Bedeutung der kantischen Substanz-Akzidenz-Metaphysik für die Okkupationstheorie

Damit ist die Charakterisierung der Willkür als ein Vermögen, das sich auf einen von ihm prinzipiell getrennten Gegenstand bezieht, unmittelbar ursächlich für Kants Ablehnung der Arbeitstheorie des Eigentums; das Interpersonalitätserfordernis des Ersterwerbs findet seinen tieferen Grund in der kantischen Ontologie. Vor diesem Hintergrund ist es nur konsequent, wenn Kant im Rahmen der Widerlegung der Arbeitstheorie mit dem Substanz-Akzidenz-Verhältnis zwischen dem Boden und seinen

401 Dazu *Kersting* Recht, Gerechtigkeit und demokratische Tugend, S. 42.
402 *Brandt* Das Erlaubnisgesetz, S. 265.
403 *Brandt* Das Erlaubnisgesetz, S. 264.

Eigenschaften argumentiert: Die Aussage, dass „die erste Bearbeitung, Begränzung oder überhaupt Formgebung eines Bodens keinen Titel der Erwerbung desselben" begründen könne, ist für ihn identisch mit derjenigen, dass „der Besitz des Accidens nicht einen Grund des rechtlichen Besitzes der Substanz abgeben könne"[404]. Ebenso heißt es in § 15 der *Metaphysischen Anfangsgründe der Rechtslehre*: Ist

> die Bearbeitung des Bodens (Bebauung, Beackerung, Entwässerung u. dergl.) zur Erwerbung desselben nothwendig? Nein! denn da diese Formen (der Specificirung) nur Accidenzen sind, so machen sie kein Object eines unmittelbaren Besitzes aus und können zu dem des Subjects nur gehören, so fern die Substanz vorher als das Seine desselben anerkannt ist[405].

Wie ist dies zu verstehen? Offenbar wendet sich Kant überhaupt nicht mit dem Argument gegen die Arbeitstheorie, dass der schöpferische Vorgang der Arbeit kein Eigentum zu begründen vermöge. Vielmehr verkenne die Arbeitstheorie, dass dieser Schöpfungsakt immer nur die Akzidenzien, nie aber die Substanz der Sache betreffe. Ganz in diesem Sinne gesteht Kant in § 55 der *Metaphysik der Sitten* zu: „Was jemand aber der Substanz nach selbst gemacht hat, davon hat er unbestrittenes Eigenthum"[406]. Und auch in den *Vorarbeiten* hat Kant diese Akzentverschiebung seines Argumentes in aller Deutlichkeit herausgehoben:

> Der Wille der zugleich das Object in seiner Gewalt hat ist der der Schöpfung des Objects und dieses ist alsdann ohne wiederrede sein. – Der aber welcher die Existenz der Objecte als von seinem Willen unabhängig existirend annehmen muß kan auch bey der größten macht nichts für sich selbst zu dem seinen machen[407].

Der Zusammenhang zwischen der Gegenständlichkeit der Dinge und der Machtlosigkeit des Schöpfungsaktes der Arbeit wird zudem erhellt durch die Ausführungen zum Substanzbegriff in der *Kritik der reinen Vernunft*. Als Kategorie der Relation wird die Substanz schematisiert durch „die Beharrlichkeit des Realen in der Zeit, d.i. die Vorstellung desselben, als eines Substratum der empirischen Zeitbestimmung überhaupt, welches also bleibt, indem alles andre wechselt"[408]. Deutlichen Ausdruck findet sie in der ersten Analogie der Erfahrung: „Bei allem Wechsel der Erscheinungen beharret die Substanz, und das Quantum derselben wird in der Natur weder vermehrt noch vermindert"[409]. Es ist offensichtlich, dass die Bedeutung der Gestaltung und Formierung der Dinge durch den Menschen vor diesem Hintergrund unter Schöpfungsgesichtspunkten marginal ist: Der

404 *Kant* Metaphysische Anfangsgründe der Rechtslehre (VI), S. 268.
405 *Kant* Metaphysische Anfangsgründe der Rechtslehre (VI), S. 265.
406 *Kant* Metaphysische Anfangsgründe der Rechtslehre (VI), S. 345.
407 *Kant* Vorarbeiten zur Metaphysik der Sitten (XXIII), S. 306.
408 *Kant* Kritik der reinen Vernunft, B 183/A 144 (S. 191).
409 *Kant* Kritik der reinen Vernunft, B 224/A 182 (S. 220).

Boden als Substanz der Fahrnis ist nicht vermehrbar. Das Resultat der Arbeit, die Veränderung der Dinge, kann „nur an Substanzen wahrgenommen werden“[410]; es betrifft die Substanz selber daher nicht. In der *Kritik der reinen Vernunft* verdeutlicht Kant dies an einem schönen Beispiel:

> Ein Philosoph wurde gefragt: wie viel wiegt der Rauch? Er antwortete: ziehe von dem Gewichte des verbrannten Holzes das Gewicht der übrigbleibenden Asche ab, so hast du das Gewicht des Rauchs. Er setzte also als unwidersprechlich voraus: daß, selbst im Feuer, die Materie (Substanz) nicht vergehe, sondern nur die Form derselben eine Abänderung erleide. Eben so war der Satz: aus nichts wird nichts, nur ein Folgesatz aus dem Grundsatze der Beharrlichkeit, oder vielmehr des immerwährenden Daseins des eigentlichen Subjekts an den Erscheinungen[411].

Damit enthält der Grundsatz „Gigni de nihilo nihil“ den Kerngehalt der kantischen Ablehnung der Arbeitstheorie. Und es zeigt sich eine erstaunliche Parallele zwischen der Okkupationstheorie und der sich auf die Analogie zur Widerlegung des erkenntniskritischen Idealismus stützenden Argumentation des Besitzidealisten[412]: Sowohl der Besitzrealist als auch der Vertreter der Arbeitstheorie unterliegen nach Kant dem Irrtum, den äußeren Gegenstand als eine dem Subjekt inhärierende Bestimmung zu verstehen. Die Arbeitstheorie des Eigentums hätte – so Kants Interpretation – Recht, wenn die äußeren Dinge ähnlich wie der Leib vollständig in Subjektivität auflösbar wären: „die Veränderungen des besessenen Gegenstandes sind trivialerweise zugleich Veränderungen des Besitzers, wenn beide in einer Person zusammenfallen“[413]. Diesen Anspruch könne sie aber nicht einlösen. Zwar werde ein Gegenstand durch Formierung subjektiviert; weil er aber per definitionem vom Willen getrennt sei, bleibe immer ein von diesem nicht erreichbarer Objektivitätsrest, der sich dem Ich entgegenstelle, als Substrat des Gegenstandes bloß diesem inhäriere und damit dessen Eigenständigkeit gegenüber dem Subjekt behaupte. Damit bedingt die unüberschreitbare Grenze zwischen Ding und Willkür, zwischen äußerem Mein und innerem Mein[414], die Ablehnung der Arbeitstheorie innerhalb des kantischen Systems. In der Sekundärliteratur zu den *Metaphysischen Anfangsgründen der Rechtslehre* wird diese Position zumeist für unmittelbar evident befunden: Dass allein der Leib eine Einheit von Innen und Außen, von Geist und Körperlichkeit sei und dass die Außendinge zu einer solchen Einheit nicht fähig seien, sei keiner weiteren Begründung

410 *Kant* Kritik der reinen Vernunft, B 231/A 188 (S. 225).

411 *Kant* Kritik der reinen Vernunft, B 228/A 185 (S. 223).

412 Schon Kersting weist auf die diesbezügliche Ähnlichkeit der Arbeitstheorie mit der Position des Besitzrealisten hin: *Kersting* Wohlgeordnete Freiheit, S. 290 f..

413 *Kersting* Wohlgeordnete Freiheit, S. 229.

414 So auch *Brandt* Eigentumstheorien von Grotius bis Kant, S. 192: Unter Zugrundelegung der Arbeitstheorie wäre „jeder Eingriff invito domino [...] die Läsion einer jeweils anderen Ich-Welt; das äußere Mein wäre Bestandteil des inneren Mein“.

bedürftig. Entsprechend apodiktisch wird dieses Argument gegen die Arbeitstheorie in der Kantliteratur herausgehoben. Kersting etwa schreibt:

> Die stoffliche Materie, der substanzhafte Boden ist durch Bearbeitung nicht in Subjektivität auflösbar, ist keine freie Wirkung des Willens, sondern dessen Schranke. Eine eigentumsrechtliche Normierung des Gebrauchs äußerer Gegenstände auf der Basis des Subjektivierungsmodells wäre möglich, wenn die Gegenstände wirklich und gänzlich Objektivationen unseres Willens wären, dann aber auch überflüssig: das Eigentumsrecht des Schöpfers an seinen Schöpfungen ist unbestreitbar[415].

b. Die Okkupationstheorie und Hegels Kritik am Ding-an-sich

Wie im folgenden gezeigt werden soll, ist Kants Position jedoch keineswegs derart selbstverständlich, wie diese Ausführungen suggerieren. Die Strukturgleichheit zwischen der Argumentation für die Okkupationstheorie und derjenigen für den Besitzidealismus hat nämlich zur Folge, dass die im vorigen Abschnitt vorgetragenen Bedenken auch der kantischen Ersterwerbslehre gegenüber geltend gemacht werden können. Aus hegelscher Perspektive ist die Ablehnung der Arbeitstheorie des Eigentums lediglich Ausdruck der Abstraktheit des Willens. Sie ist die erwerbstheoretische Ausprägung des kantischen Dualismus zwischen Subjekt und Objekt, zwischen Begriff und Ding-an-sich, zwischen Wille und Gegenstand. Schon Sartre hat darauf hingewiesen, dass eine „realistische Theorie der Aneignung" die „interne ontologische Verbindung des Besitzes mit dem Besitzer" nicht erklären kann: „Wenn sich der Realismus tatsächlich als eine Lehre ausgibt, die aus Subjekt und Objekt zwei unabhängige [...] Substanzen macht, kann man die Aneignung ebensowenig verstehen wie die Erkenntnis, die eine ihrer Formen ist; beide bleiben externe Beziehungen, die nur vorübergehend das Subjekt mit dem Objekt vereinigen"[416]. Wenn Arbeit, d.h. die Formierung und Gestaltung der Dinge, diese nicht in Subjektivität auflösen können soll, so führt das zu der Annahme eines abstrakten Seins, das von der äußeren Form des Gegenstandes unterschieden ist.

---

415 *Kersting* Wohlgeordnete Freiheit, S. 290 f.; vgl. auch *ders.* Transzendentalphilosophische und naturrechtliche Eigentumsbegründung, S. 169. Bei *Brandt* Eigentumstheorien von Grotius bis Kant, S. 192, heißt es entsprechend: „Nun ist der Mensch allenfalls in seinen Träumen produktiv; die äußeren Gegenstände der Willkür entspringen nicht der Arbeit oder dem Willen des Produzenten, sondern sind – allen – gegeben und können durch Arbeit nur modifiziert werden". Vgl. auch *Kühl* Eigentumsordnung als Freiheitsordnung, S. 180 (mit Verweis auf Brandt): „Ohne rechtlichen Akt könnte nach Kant etwas Äußeres nur dann das Eigentum von Menschen sein, wenn sie produktiv im Sinne der Schöpfung, nicht bloß der Modifikation von vorgegebenem Material wären".

416 *Sartre* Das Sein und das Nichts, S. 1007.

Die Undurchführbarkeit eines derartigen Dualismus zeigen die Ausführungen Hegels in der *Wissenschaft der Logik* über das „Ding und seine Eigenschaften". Das Ding wird von Hegel eingeführt als ein Existierendes, das „Relativität und seinen mannigfachen Zusammenhang mit anderen Existierenden an ihm selbst" erhält[417]. Das Verhältnis des Dinges zur Existenz korreliert damit demjenigen des Etwas zum Sein[418]: Beide erstgenannten Kategorien zeichnen sich dadurch aus, dass sie im Vergleich zu den danach genannten vermittelt sind – und das heißt, dass sie qualitativ bestimmt sind. So wie das Etwas nur Etwas ist, weil es sich auf Anderes bezieht, so kann das Ding nur als Ding identifiziert werden, weil es durch die wechselseitige Referenz auf andere Dinge ausgezeichnet ist: Dadurch, dass es sich von den anderen Existierenden durch das abgrenzt, was nur spezifisch ihm zukommt, ist es wesentlich durch den Bezug auf dieses Andere vermittelt. Wie schon bei der Kategorie des Etwas stellt sich diese Fremdreferenz auch beim Ding als eine eigene Bestimmung dar: Bei jenem ist sie die Qualität, bei diesem dessen Eigenschaft; beide reziprok aufeinander bezogenen Dinge, „da sie hiermit nicht die Verschiedenheit an ihnen selbst haben, sondern jedes nur an dem anderen, sind keine unterschiedenen; das Ding-an-sich verhält sich, indem es sich auf das andere Extrem als ein anderes Ding-an-sich verhalten soll, zu einem von ihm Ununterschiedenen"[419]. Diese „eigene Beziehung auf sich als auf ein Anderes"[420] ist die Eigenschaft des Dinges; sie ist „der sich an ihm brechende Reflex"[421] der komplexen hegelschen Subjektivitätsstruktur, wonach Selbstreferenz und Fremdreferenz ineins fallen. Die Eigenschaft ist insofern die Ausprägung der „Beziehung [des Dinges] auf sich als auf ein Anderes oder Vermittlung, die unmittelbar ebensosehr Identität mit sich ist"[422], wodurch das Ding „an sich selbst bestimmt"[423] ist. Vor diesem Hintergrund ist klar, dass das Ding Hegel zufolge nicht – wie in der herkömmlichen Philosophie[424] – als ein von seinen Eigenschaften getrenntes Substrat gedacht werden darf:

> Ein Buch ist ein Ding, und jedes seiner Blätter ist auch ein Ding und ebenso jedes Stückchen seiner Blätter und so fort ins Unendliche. Die Bestimmtheit, wodurch ein Ding nur dieses Ding ist, liegt allein in seinen Eigenschaften. [...] Dem Dinge ohne seine Eigenschaften bleibt deswegen nichts als das abstrakte

417 *Hegel* Enzyklopädie der philosophischen Wissenschaften I (8), § 124, S. 254.
418 *Hegel* Wissenschaft der Logik II (6), S. 129.
419 *Hegel* Wissenschaft der Logik II (6), S. 132.
420 *Hegel* Wissenschaft der Logik II (6), S. 133.
421 *Hegel* Wissenschaft der Logik II (6), S. 131.
422 *Hegel* Wissenschaft der Logik II (6), S. 133.
423 *Hegel* Wissenschaft der Logik II (6), S. 133.
424 Vgl. *Taylor* Hegel, S. 353 ff..

> Ansichsein, ein unwesentlicher Umfang und äußerliches Zusammenfassen. Das wahrhafte Ansichsein ist das Ansichsein in seinem Gesetztsein; dieses ist die Eigenschaft. Damit ist die Dingheit in die Eigenschaft übergegangen[425].

Im hiesigen Kontext von besonderem Interesse ist dabei der Umstand, dass Hegel ausgerechnet der Transzendentalphilosophie eine Verkennung dieser Struktur vorwirft und das kantische Ding-an-sich als eben jene im Allegat genannte Abstraktion der Dingheit von allen Eigenschaften enttarnt: „Die Dinge heißen an-sich, insofern von allem Sein-für-Anderes abstrahiert wird, das heißt überhaupt, insofern sie ohne alle Bestimmung, als Nichtse gedacht werden“[426]. Die Dinge-an-sich sind also das Resultat eines vollständigen Absehens von jeglicher „Reflexion-in-Anderes“[427]; sie sind „nichts als wahrheitslose, leere Abstraktionen“[428]. Zwar ist die Kategorie des abstrakten, qualitätslosen Dings-an-sich wie schon die des Seins eine notwendige Kategorie der Logik: Da sie als vollständig unbestimmt auch gänzlich voraussetzungslos ist, konstituiert letztere sogar den Anfang der Logik[429]. Als abstrakteste Kategorie erfährt das abstrakte Sein seine Wahrheit jedoch erst im Hinblick auf die nachfolgenden, konkreten Bestimmungen der Idee; und eben dies verkennt die Transzendentalphilosophie:

> Das Wesentliche der Unzulänglichkeit des Standpunkts, auf dem jene [kantische] Philosophie stehenbleibt, besteht [...] darin, daß sie an dem abstrakten Ding-an-sich als einer letzten Bestimmung festhält und die Reflexion oder die Bestimmtheit oder Mannigfaltigkeit der Eigenschaften dem Ding-an-sich gegenüberstellt, indem in der Tat das Ding-an-sich wesentlich jene äußerliche Reflexion an ihm selbst hat und sich zu einem mit eigenen Bestimmungen, mit Eigenschaften begabten bestimmt, wodurch sich die Abstraktion des Dinges, reines Ding-an-sich zu sein, als eine unwahre Bestimmung erweist[430].

In der hegelschen Optik der Dialektik des Ausschließens ist die kopernikanische Wende nichts anderes als eine Absorbierung der Eigenschaften vom substanzhaften, abstrakten Objekt durch eine Verlagerung derselben in das Subjekt.

---

425 *Hegel* Wissenschaft der Logik II (6), S. 137 f..

426 *Hegel* Wissenschaft der Logik I (5), S. 130.

427 *Hegel* Enzyklopädie der philosophischen Wissenschaften I (8), § 124, S. 254.

428 *Hegel* Wissenschaft der Logik I (5), S. 130.

429 „So muß der Anfang absoluter, oder, was gleichbedeutend ist, abstrakter Anfang sein; er darf so nichts voraussetzen, muß durch nichts vermittelt sein noch einen Grund haben; er soll vielmehr selbst Grund der ganzen Wissenschaft sein. Er muß daher schlechthin ein Unmittelbares sein oder vielmehr nur das Unmittelbare selbst. Wie er nicht gegen Anderes eine Bestimmung haben kann, so kann er auch keine in sich, keinen Inhalt enthalten, denn dergleichen wäre Unterscheidung und Beziehung von Verschiedenem aufeinander, somit eine Vermittlung“ (*Hegel* Wissenschaft der Logik I [5], S. 69).

430 *Hegel* Wissenschaft der Logik II (6), S. 136.

> Indem dieses philosophische System alle Bestimmtheit der Dinge sowohl der Form als dem Inhalte nach in das Bewußtsein verlegt, so fällt es nach diesem Standpunkt in mich, in das Subjekt, daß ich die Baumblätter nicht als schwarz, sondern als grün, die Sonne rund und nicht viereckig sehe, den Zucker süß und nicht bitter schmecke; daß ich den ersten und zweiten Schlag einer Uhr als sukzedierend und nicht nebeneinander, noch den ersten als Ursache, auch nicht als Wirkung des zweiten bestimme usf.[431].

Die Nichterkennbarkeit des Dings-an-sich ist nach dieser Enttarnung desselben als eines Resultates einer absoluten Abstraktion nicht verwunderlich: „Denn die Frage Was? verlangt, daß Bestimmungen angegeben werden; indem aber die Dinge, von denen sie anzugeben verlangt würde, zugleich Dinge-an-sich sein sollen, das heißt eben ohne Bestimmung, so ist in die Frage gedankenloserweise die Unmöglichkeit der Beantwortung gelegt“[432]. Das in der kantischen Philosophie absolut gesetzte Ding-an-sich ist damit der Bezugspunkt eines perennierenden Sollens: Es ist theoretisch nicht erkennbar und praktisch nicht subjektivierbar. In den Worten Hegels: Der transzendentale Idealismus kommt

> über die Beschränktheit des Ich durch das Objekt, überhaupt über die endliche Welt nicht hinaus[...], sondern [ändert] allein die Form der Schranke, die ihm ein Absolutes bleibt, [...] indem er sie nämlich nur aus der objektiven Gestalt in die subjektive übersetzt und dasjenige zu Bestimmtheiten des Ich und einem in diesem als einem Dinge vorgehenden wilden Wechsel derselben macht, was das gewöhnliche Bewußtsein als eine ihm nur äußerlichen Dingen angehörige Mannigfaltigkeit und Veränderung weiß[433].

Ob Hegel das kantische Ding-an-sich als „leere Abstraktion von aller Bestimmtheit“[434] zutreffend erfasst, mag zweifelhaft erscheinen[435]; insbesondere befremdet die mit dieser Identifikation verbundene Gleichsetzung von Ding-an-sich und Substanz[436]. Die Überzeugungskraft der hegelschen Kantinterpretation kann hier jedoch dahingestellt bleiben; denn Hegels Ausführungen dienen jedenfalls einer prägnanten Herausstellung dessen, was die Eigenständigkeit der äußeren Gegenstände gegenüber dem Subjekt allein ausmachen kann. In den *Grundlinien* übernimmt Hegel daher die genannte Charakterisierung des Dings-an-sich; er beschreibt dieses in § 52

---

431 *Hegel* Wissenschaft der Logik II (6), S. 135.

432 *Hegel* Wissenschaft der Logik I (5), S. 130.

433 *Hegel* Wissenschaft der Logik II (6), S. 136.

434 *Hegel* Wissenschaft der Logik II (6), S. 135.

435 So auch *Schnädelbach* Hegels praktische Philosophie, S. 208.

436 Vgl. aber *Kant* N 5292 (XVIII), S. 145: „Das Substantiale ist das Ding an sich selbst und unbekant“; ferner *Eisler* Kant Lexikon, S. 517: „Substanzen sind die Dinge aber nur als Erscheinungen, als Gegenstände möglicher Erfahrung, nicht als Dinge an sich, die man höchstens nach Analogie einer Substanz denken kann“.

als „Materie ohne Eigenschaften“[437] und nutzt die Arbeitstheorie des Eigentums als Einwand gegen die mit ihm verbundene Abstraktion:

> Diejenige sogenannte Philosophie, welche den unmittelbaren einzelnen Dingen, dem Unpersönlichen, Realität im Sinne von Selbständigkeit und wahrhaftem Für- und Insichsein zuschreibt [Kants Eigentumslehre, C.M.], ebenso diejenige, welche versichert, der Geist könne die Wahrheit nicht erkennen und nicht wissen, was das Ding an sich ist [Kants theoretische Philosophie, C.M.], wird von dem Verhalten des freien Willens gegen diese Dinge unmittelbar widerlegt. Wenn für das Bewußtsein, für das Anschauen und Vorstellen die sogenannten Außendinge den Schein von Selbständigkeit haben, so ist dagegen der freie Wille der Idealismus, die Wahrheit solcher Wirklichkeit[438].

Im Zusatz zu § 44 heißt es ganz ähnlich:

> Der freie Wille [...] ist der Idealismus, der die Dinge nicht, wie sie sind, für an und für sich hält, während der Realismus dieselben für absolut erklärt, wenn sie sich auch nur in der Form der Endlichkeit befinden. Schon das Tier hat nicht mehr diese realistische Philosophie, denn es zehrt die Dinge auf und beweist dadurch, daß sie nicht absolut selbständig sind[439].

Man kann Hegels Argumentation umdrehen und nicht das Eigentum als Stütze für die Widerlegung des Dualismus der theoretischen Philosophie, sondern die dargestellte Dialektik des Dings-an-sich als Einwand gegen die Okkupationstheorie werten. Die Ablehnung der Arbeitstheorie des Eigentums beruht demnach auf einem Fehlverständnis des Verhältnisses zwischen dem Ding und seinen Eigenschaften.

Und in der Tat bereitet ein strikter Dualismus zwischen beiden Sachmomenten nicht nur in der logischen Begriffsanalyse, sondern auch in der praktischen Philosophie größte Schwierigkeiten. Denn wenn die Bearbeitung eines Dinges dessen Eigenschaften, nicht aber seine qualitätslose Dinghaftigkeit verändert, und wenn dieser Schöpfungsakt eigentumsbegründend wirkt, so muss es,

> wenn ich aus Gold einen Becher verfertigt habe, einem anderen freistehen, das Gold zu nehmen, wenn er nur dadurch meine Arbeit nicht verletzt. So trennbar dies auch in der Vorstellung ist, so ist in der Tat dieser Unterschied eine leere Spitzfindigkeit; denn wenn ich ein Feld in Besitz nehme und beackere, so ist

437 *Hegel* Grundlinien der Philosophie des Rechts (7), § 52, S. 117.

438 *Hegel* Grundlinien der Philosophie des Rechts (7), § 44, S. 106.

439 *Hegel* Grundlinien der Philosophie des Rechts (7), § 44 Z, S. 107; ganz ähnlich heißt es in der Einleitung in die Naturphilosophie, es sei ein wesentliches Merkmal des praktischen Verhaltens des Menschen, „daß, da unser Zweck das Letzte ist, nicht die natürlichen Dinge selbst, wir sie zu Mitteln machen, deren Bestimmung nicht in ihnen selbst, sondern in uns liegt, wie wenn wir z.B. die Speisen zu Blut machen“ (*ders.* Enzyklopädie der philosophischen Wissenschaften II [9], § 245 Z, S. 14).

nicht nur die Furche mein Eigentum, sondern das Weitere, die Erde, die dazu gehört[440].

Man könnte den hegelschen Ausführungen mit der nozickschen Frage begegnen, weshalb „die Vermischung von Eigentum mit Nichteigentum nicht zum Verlust des Eigentums statt zum Gewinn des Nichteigentums" führe[441]; und man mag diese Frage mit Kant dahingehend beantworten, dass „der, welcher an einen Boden, der nicht schon vorher der seine war, Fleiß verwendet, seine Mühe und Arbeit gegen den Ersteren verloren hat"[442]. Dann aber verschreibt man sich einer Substanz-Akzidenz-Metaphysik, die die Dinge verabsolutiert und die menschliche Freiheit durch die Gegenständlichkeit der Materie begrenzt. Wie problematisch eine solche Substanzlehre im eigentumstheoretischen Kontext ist, zeigt sich daran, dass die bereits mehrfach angesprochene Problematik der Läsionsmöglichkeit des Eigentums auch im Kontext der Begründung der Okkupationstheorie wieder aufflammt. Denn wenn die Willkür stets nur auf die Eigenschaften zugreifen kann, der bloß-rechtliche Besitz jedoch auf die Substanz gerichtet ist, so ist das Eigentum unverletzlich: Sowenig es durch äußere Zugriffe erworben werden kann, sowenig kann es durch dieselben lädiert werden. An Hegels Feldbeispiel: Wenn ich das auf dem Acker wachsende Getreide abbrenne, so zerstöre ich zwar die Akzidenzien; „das Weitere, die Erde, die dazugehört", wird von dem Vorgang jedoch nicht tangiert. Leider nutzt Hegel dieses Argument nicht zur Stützung der Arbeitstheorie. Er führt es aber unter explizitem Hinweis auf das Ding-an-sich als Replik auf die These der Unverletzlichkeit der Seele an[443]. Die mit der Geltungsreduzierung der Arbeit verbundene Teilung der Dinge in ein qualitätsloses Sein einerseits und die Summe ihrer Eigenschaften andererseits ist vor diesem Hintergrund unhaltbar: Mit der Separation des unveränderbaren Substrates von seinen gestaltbaren Eigenschaften tritt ein Sachbegriff aus den Kulissen, der in seiner Unerreichbarkeit ein abstraktes Für-sich-sein der Materie postuliert, das einen absoluten Freiheitsbegriff letztlich desavouiert. Damit zeigt sich das Dilemma, dem die kantische Eigentumslehre ausgesetzt ist: In dem Maße, in dem dem Willen die Zugriffsmöglichkeiten auf die Gegenstände abge-

---

440 *Hegel* Grundlinien der Philosophie des Rechts (7), § 52 Z, S. 117; vgl. dazu *Hecker* Eigentum als Sachherrschaft, S. 240 f..

441 *Nozick* Anarchie, Staat, Utopia, S. 164.

442 *Kant* Metaphysische Anfangsgründe der Rechtslehre (VI), S. 269.

443 „Insofern Ich lebe, ist meine Seele (der Begriff und höher das Freie) und der Leib nicht geschieden, dieser ist das Dasein der Freiheit, und Ich empfinde in ihm. Es ist daher nur ideeloser, sophistischer Verstand, welcher die Unterscheidung machen kann, daß das Ding an sich, die Seele, nicht berührt oder angegriffen werde, wenn der Körper mißhandelt und die Existenz der Person der Gewalt eines anderen unterworfen wird" (*Hegel* Grundlinien der Philosophie des Rechts [7], § 48, S. 111).

sprochen wird – und das heißt nach dem Gesagten: in dem Maße, in dem die Arbeit in ihrer erwerbstheoretischen Bedeutung marginalisiert wird –, wird gegenstandsbezogene Freiheit unmöglich, obwohl sie als innerweltliche Willensrealisierung gefordert ist. Die idealistische Kritik der Okkupationstheorie greift damit das gegen die Arbeitstheorie vorgebrachte Argument wieder auf, verkehrt es in sein Gegenteil und wendet es gegen Kant selber: Dieser geht fälschlich von einer den Dingen inhärierenden Substanz aus, auf die das Subjekt prinzipiell nicht zugreifen kann. In einem ontologisierenden Sinne wird Kant sein „Spiel“ daher „umgekehrt vergolten“[444]: Nicht die Arbeits-, sondern die Okkupationstheorie obliegt „der ingeheim obwaltenden Täuschung, Sachen zu personificiren“[445] und ihnen Rechte zuzubilligen. Dieser statische Sachbegriff ist es, der dazu führt, dass Kant hinsichtlich der menschlichen Einwirkungen auf die Natur und damit auch hinsichtlich der geschichtlichen Veränderungen der Welt letztlich stumm bleiben muss. In seinem Aufsatz *Person und Eigentum* hat Ritter diesen Aspekt der hegelschen Kritik an all jenen Eigentumstheorien, die die Sache verabsolutieren, deutlich herausgearbeitet:

> Daher kann für Hegel keine Philosophie die formierte Natur und das auf sie gegründete Naturverhältnis des Menschen begreifen, die von einer Natur ausgeht, die selbständig dem Menschen gegenübersteht und so seinem Anschauen und Vorstellen unmittelbar gegeben sein soll. Sie bleibt für ihre eigene geschichtliche Voraussetzung blind; sie sieht nicht, daß die Natur erst Objekt zu sein vermag, wenn sie zur Sache und damit der Mensch zu ihrem Subjekt geworden ist[446].

Wenn Hegel schreibt, dass der freie Wille die Wahrheit der Wirklichkeit sei, so bezieht er sich damit auf

> das in solcher Philosophie übersprungene und in der Annahme einer konstanten Subjekt-Objekt-Relation ausgelassene geschichtliche Verhältnis, in dem die Natur aufhört, die ‚unmittelbar vorgefundene Welt‘ zu sein und durch den Menschen zu der Natur formiert wird, die als Sache in seiner Hand nur nicht den ‚Schein der Selbständigkeit‘ hat, weil sie als sein Objekt die Welt ist, in der er, der Mensch, Gegenwart hat, ohne daß er noch ‚in diesem Raum‘ und ‚in dieser Zeit‘ selbst anwesend ist (§ 56). [...] Daher gibt es für Hegel keine Möglichkeit mehr, Freiheit aus dem Naturstand des Menschen oder aus einem geschichtslosen konstanten Naturbegriff herzuleiten[447].

444 *Kant* Kritik der reinen Vernunft, B 276 (S. 255).
445 *Kant* Metaphysische Anfangsgründe der Rechtslehre (VI), S. 269.
446 *Ritter* Person und Eigentum, S. 64.
447 *Ritter* Person und Eigentum, S. 65.

Schlussbetrachtung

Hegels Bedenken gegen die Trennung von Wille und Gegenstand lassen sich für den Rechtsbereich als eine idealistische Kritik an Kants Eigentumstheorie lesen. Diese Kritik weist auf innere Brüche der kantischen Privatrechtslehre hin, die ihre Wurzel in der Abstraktheit des Freiheitsverständnisses und dem daraus resultierenden Scheitern des Gegenstandsbezugs des Willens haben. Die Konzeption des physischen Besitzes misslingt, weil sich die Läsion eines bloß empirisch verstandenen Besitzverhältnisses im Tatbestand der Körperverletzung erschöpft. Die Deduktion des intelligiblen Besitzes stützt sich auf Argumente, die sich gegenseitig widersprechen. Diese Widersprüche, so wurde gezeigt, lassen sich auf die hegelsche Dialektik des abstrakten Willens zurückführen; Kants Begründungsstruktur weist stellenweise sogar direkte Parallelen zur Struktur des dialektischen Argumentes auf. Und die Bejahung der Okkupationstheorie des Eigentums ist letztlich bloß Ausdruck der Schwierigkeiten, die der Willenszugriff auf die Dinge der kantischen Theorie bereitet.

Zusammenfassen lassen sich diese Ergebnisse in dem Befund, dass Kants Eigentumstheorie ihre Funktion verfehlt. Ihr kommt innerhalb des kantischen Systems die Aufgabe zu, den Bezug des Willens auf die Gegenstände der Welt zu erklären und zwischen beiden Antipoden zu vermitteln. Da sie die Dichotomie von Vernunft und Wirklichkeit jedoch in die Besitzlehre selber hineinträgt und zwischen einem strikt phänomenalen und einem rein vernünftigen Besitz unterscheidet, weicht sie dieser Aufgabe aus. Der Dualismus von rechtlicher Freiheit und Natur bleibt damit in der kantischen Privatrechtslehre unaufgelöst: Der Wille erhält neben dem Leib kein innerweltliches Standbein, und das allgemeine Rechtsprinzip bleibt außerhalb des wechselseitigen Leibeszwanges bedeutungslos. Damit zeigt sich, dass eine praktische Philosophie, die Freiheit ausschließlich als interpersonales Phänomen begreift und nicht in der Lage ist, das Verhältnis des Menschen zur Natur zu thematisieren, unterkomplex ist. Ohne eine adäquate Beschreibung dessen, was das „Dasein" des freien Willens ausmacht, lässt sich das Verhältnis dieses Willens zu den anderen Rechtsteilnehmern nicht angemessen diskutieren. Mit diesem Befund fällt zugleich auf Hegels Rechtslehre ein vorteilhaftes Licht. Denn in ihm zeigt sich die Berechtigung und die Bedeutung der Theorie des objektiven Geistes: Die Einprägung des Willens in die Natur, d.h. seine innerweltliche Manifestation, ist ein notwendiges Konstitutionselement der menschlichen Freiheit.

Literaturverzeichnis

1. Werke Hegels

Die Werke Hegels werden nach der zwanzigbändigen Werkausgabe von Eva Moldenhauer und Karl Markus Michel zitiert:

Hegel, G. W. F.: Werke in zwanzig Bänden. Herausgegeben von Eva Moldenhauer und Karl Markus Michel. Frankfurt am Main 1969-1971

Aus folgenden Werken wird zitiert:

Glauben und Wissen (Band 2)
Differenz des Fichteschen und Schellingschen Systems (Band 2)
Über die wissenschaftlichen Behandlungsarten des Naturrechts (Band 2)
Phänomenologie des Geistes (Band 3)
Logik für die Mittelklasse (Band 4)
Philosophische Enzyklopädie für die Oberklasse (Band 4)
Begriffslehre für die Oberklasse (Band 4)
Friedrich Heinrich Jacobis Werke (Band 4)
Wissenschaft der Logik I (Band 5)
Wissenschaft der Logik II (Band 6)
Grundlinien der Philosophie des Rechts (Band 7)
Enzyklopädie der philosophischen Wissenschaften I (Band 8)
Enzyklopädie der philosophischen Wissenschaften II (Band 9)
Enzyklopädie der philosophischen Wissenschaften III (Band 10)
Vorlesungen über die Philosophie der Geschichte (Band 12)
Vorlesungen über die Ästhetik I (Band 13)
Vorlesungen über die Ästhetik II (Band 14)
Vorlesungen über die Ästhetik III (Band 15)
Vorlesungen über die Philosophie der Religion I (Band 16)
Vorlesungen über die Philosophie der Religion II (Band 17)
Vorlesungen über die Geschichte der Philosophie I (Band 18)
Vorlesungen über die Geschichte der Philosophie II (Band 19)
Vorlesungen über die Geschichte der Philosophie III (Band 20)

Darüber hinaus wird aus folgenden Werken zitiert:

Hegel, G. W. F.: Naturphilosophie und Philosophie des Geistes. Vorlesungsmanuskript zur Realphilosophie (1805/1806). In: Gesammelte Werke. Herausgegeben von der Rheinisch-westfälischen Akademie der Wissenschaften, Band 8. Hamburg 1976 *ders.*: Wissenschaft der Logik, Erster Band, erstes Buch. Das Sein, Faksimileabdruck nach der Erstausgabe von 1812. Herausgegeben von W. Wieland. Göttingen 1966

ders.: Vorlesungen über die Rechtsphilosophie 1818-1831. Herausgegeben von Karl-Heinz Ilting. Stuttgart u.a. 1974

ders.: Vorlesungen über die Philosophie des Rechts, Berlin 1819/1820. Nachgeschrieben von Johann Rudolph Ringier. Hamburg 2000

ders.: Die Philosophie des Rechts. Die Mitschriften Wannenmann (Heidelberg 1817/1818) und Homeyer (Berlin 1818/1819). Herausgegeben von K.-H. Ilting. Stuttgart 1983

ders.: Philosophie des Rechts. Die Vorlesung von 1819/1820 in einer Nachschrift. Herausgegeben von D. Henrich. Frankfurt am Main 1983

Hoffmeister, J. (Hrsg.): Briefe von und an Hegel. Band II: 1813-1822. Hamburg 1953

ders.: Briefe von und an Hegel. Band III: 1823-1831. Hamburg 1954

2. Werke Kants

Kants Werke werden nach der Ausgabe der Preußischen Akademie der Wissenschaften (Berlin 1900 ff.) zitiert.

Insbesondere werden auch die *Metaphysischen Anfangsgründe der Rechtslehre* nach der Akademie-Ausgabe zitiert, obwohl deren Textgrundlage durch Bernd Ludwig stark in Zweifel gezogen worden ist. Ludwig zufolge entspricht die herkömmliche Textgrundlage nicht dem kantische Original; er hat deshalb eine Ausgabe der *Metaphysischen Anfangsgründe der Rechtslehre* herausgegeben, in der er den ursprünglichen Text seinen Vorstellungen entsprechend rekonstruiert hat. Das Ergebnis ist „ein Werk, dessen innere Logik und Kohärenz wesentlich besser ist als in dem Druck, der bisher als authentisch galt" (*Brandt* „Das Wort sie sollen lassen stahn", S. 364). Andererseits liegt es aber auch auf der Hand, dass Ludwigs Textrevisionen „alles andere als philologisch harmlos" sind (*Kersting* Rezension zu Ludwig, S. 101). Dies ist insbesondere deshalb der Fall, weil Ludwig seine Eingriffe nur durch textimmanente Gedankensprünge und logische Brüche motivieren kann; eine textexterne Begründung der Eingriffe liegt bislang nicht vor.

Aus folgenden Werken wird zitiert:

Principiorum primorum cognitionis metaphysicae nova dilucidatio (Band I)
Träume eines Geistersehers, erläuert durch Träume der Metaphysik (Band II)
Von dem ersten Grunde des Unterschiedes der Gegenden im Raume (Band II)
De mundi sensibilis atque intelligibilis forma et principiis (Band II)
Prolegomena zu einer jeden künftigen Metaphysik, die als Wissenschaft wird auftreten können (Band IV)

Grundlegung zur Metaphysik der Sitten (Band IV)
Metaphysische Anfangsgründe der Naturwissenschaft (Band IV)
Kritik der praktischen Vernunft (Band V)
Die Religion innerhalb der Grenzen der bloßen Vernunft (Band VI),
Die Metaphysik der Sitten. Metaphysische Anfangsgründe der Rechtslehre (Band VI)
Die Metaphysik der Sitten. Metaphysische Anfangsgründe der Tugendlehre (Band VI)
Anthropologie in pragmatischer Hinsicht (Band VII)
Über den Gemeinspruch: Das mag in der Theorie richtig sein, taugt aber nicht für die Praxis (Band VIII)
Zum ewigen Frieden (Band VIII)
Verkündigung des nahen Abschlusses eines Tractats zum ewigen Frieden in der Philosophie (Band VIII)
Logik (Band IX)
Reflexionen zur Metaphysik (Bände XVII und XVIII)
Reflexionen zur Rechtsphilosophie (Band XIX)
Bemerkungen zu den Beobachtungen über das Gefühl des Schönen und Erhabenen (Band XX)
Über die von der Königlichen Akademie der Wissenschaften zu Berlin für das Jahr 1791 ausgesetzte Preisfrage: Welches sind die wirklichen Fortschritte, die die Metaphysik seit Leibnizens und Wolffs Zeiten in Deutschland gemacht hat? (Band XX)
opus postumum (Bände XXI, XXII)
Vorarbeiten zur Metaphysik der Sitten (Band XXIII)
Vorarbeiten zu Zum ewigen Frieden (Band XXIII)
Naturrecht Feyerabend (Band XXVII)
Moralphilosophie Collins (Band XXVII)
Metaphysik der Sitten Vigilantius (Band XXVII)

Die *Kritik der reinen Vernunft* und die *Kritik der Urteilskraft* werden unter Angabe der A/B-Paginierung zitiert. Zugrunde gelegt wird hinsichtlich dieser Werke die Weischedel-Ausgabe:

Kant, I.: Werkausgabe in zwölf Bänden. Herausgegeben von Wilhelm Weischedel. Frankfurt am Main 1968.

Kritik der reinen Vernunft (Bände III und IV)
Kritik der Urteilskraft (Band X)

3. Weitere Literatur

Adorno, T. W.: Drei Studien zu Hegel. Frankfurt am Main 1969

Angehrn, E.: Freiheit und System bei Hegel. Berlin u.a. 1977

ders.: Besitz und Eigentum. Zu einem Problem der politischen Philosophie. In: Zeitschrift für philosophische Forschung 43 (1989), S. 94 ff.

Bärthlein, K./Wolandt, G. (Hrsg.): Lehrstücke der praktischen Philosophie und der Ästhetik. Basel u.a. 1977

Bartuschat, W.: Apriorität und Empirie in Kants Rechtsphilosophie. In: Philosophische Rundschau 34 (1987), S. 31 ff.

ders.: Praktische Philosophie und Rechtsphilosophie bei Kant. In: Philosophisches Jahrbuch 94 (1987), S. 24 ff.

Bauer-Drevermann, I.: Der Begriff der Zufälligkeit in der Kritik der Urteilskraft. In: Kant-Studien 56 (1965), S. 497 ff.

Baumann, P.: Zwei Seiten der Kantischen Begründung von Eigentum und Staat. In: Kant-Studien 85 (1994), S. 147 ff.

Baumanns, P.: Kants Antinomie der reinen Rechtsvernunft in systemgeschichtlicher und systematischer Hinsicht. In: Philosophisches Jahrbuch 100 (1993), S. 282 ff.

Beck, L. W.: Kants „Kritik der praktischen Vernunft". Ein Kommentar. 3. Auflage. München 1995

Becker, L. C.: Property Rights. Philosophic Foundations. London 1977

Bitsch, B.: Sollensbegriff und Moralitätskritik bei G.W.F. Hegel. Interpretationen zur „Wissenschaft der Logik", „Phänomenologie" und „Rechtsphilosophie". Bonn 1977

Blühdorn, J./Ritter, J. (Hrsg.): Recht und Ethik. zum Problem ihrer Beziehung im 19. Jahrhundert. Frankfurt am Main 1970

Bockelmann, P.: Hegels Notstandslehre. Berlin u.a. 1935

Bohnert, J.: Hegels Darstellung der bürgerlichen Gesellschaft im Naturrechtsaufsatz von 1802. In: Zeitschrift für philosophische Forschung 35 (1981), S. 531 ff.

Borries, K.: Kant als Politiker. Zur Staats- und Gesellschaftslehre des Kritizismus. Leipzig 1928

Braitling, P.: Hegels Subjektivitätsbegriff. Eine Analyse mit Berücksichtigung intersubjektiver Aspekte. Würzburg 1991

Brandt, R.: Zu Lockes Lehre vom Privateigentum. In: Kant-Studien 63 (1972), S. 426 ff.

ders.: Eigentumstheorien von Grotius bis Kant. Stuttgart u.a. 1974

ders.: Das Erlaubnisgesetz, oder: Vernunft und Geschichte in Kants Rechtslehre. In: ders. (Hrsg.), Rechtsphilosophie der Aufklärung, S. 233 ff.

ders.: „Das Wort sie sollen lassen stahn". Zur Edition und Interpretation philosophischer Texte, erläutert am Beispiel Kants. In: Zeitschrift für philosophische Forschung 44 (1990), S. 351 ff.

ders. (Hrsg.): Rechtsphilosophie der Aufklärung. Symposium Wolfenbüttel 1981. Berlin u.a. 1982

Brandt, R. B.: Ethical Theory. The Problems of Normative and Critical Ethics. Englewood Cliffs 1959

Brentano, F.: Vom Ursprung sittlicher Erkenntnis. 4. Ausgabe. Hamburg 1955

Brocker, M.: Kants Besitzlehre. Zur Problematik einer transzendentalphilosophischen Eigentumslehre. Würzburg 1987

ders.: Arbeit und Eigentum. Der Paradigmenwechsel in der neuzeitlichen Eigentumstheorie. Darmstadt 1992

Brugger, W.: Liberalismus, Pluralismus, Kommunitarismus. Studien zur Legitimation des Grundgesetzes. Baden-Baden 1999

Buhle, J. G.: Lehrbuch des Naturrechts. Göttingen 1798

Burkhardt, B.: Hegels Kritik an Kants theoretischer Philosophie. Dargestellt und beurteilt an den Themen der metaphysica specialis. München 1989

ders.: Hegels „Wissenschaft der Logik" im Spannungsfeld der Kritik. Systematische Untersuchungen zur Diskussion um Funktion und Leistungsfähigkeit von Hegels „Wissenschaft der Logik" bis 1831. Hildesheim 1993

Busch, W.: Die Entstehung der kritischen Rechtsphilosophie Kants 1762-1780. Berlin 1979

Carter, A.: The Philosophical Foundations of Property Rights. New York 1989

Collmer, Th.: Aktuelle Perspektiven einer immanenten Hegel-Kritik. Negative Totalisierung als Prinzip offener Dialektik. Gießen 1992

Daval, R.: La Métaphysique de Kant. Perspectives sur la Métaphysique de Kant d'après la théorie du schématisme. Paris 1951

Deggau, H.-G.: Die Aporien der Rechtslehre Kants. Stuttgart u.a. 1983

ders.: Die Architektonik der praktischen Philosophie Kants. In: Archiv für Rechts- und Sozialphilosophie 71 (1985), S. 319 ff.

Dorschel, A.: Die idealistische Kritik des Willens. Versuch über die Theorie der praktischen Subjektivität bei Kant und Hegel. Hamburg 1992

Dreier, R.: Eigentum in rechtsphilosophischer Sicht. In: Archiv für Rechts- und Sozialphilosophie 73 (1987), S. 159 ff.

Düsing, K.: Hegel und die Geschichte der Philosophie. Ontologie und Dialektik in Antike und Neuzeit. Darmstadt 1983

Dulckeit, G.: Naturrecht und positives Recht bei Kant. Leipzig 1932

Ebbinghaus, J.: Die Strafen für Tötung eines Menschen nach Prinzipien einer Rechtsphilosophie. Bonn 1968

ders.: Die Formeln des kategorischen Imperativs und die Ableitung inhaltlich bestimmter Pflichten. In: ders., Gesammelte Aufsätze, Vorträge und Reden, S. 140 ff.

ders.: Kant und das 20. Jahrhundert. In: ders., Gesammelte Aufsätze, Vorträge und Reden, S. 97 ff.

ders.: Gesammelte Aufsätze, Vorträge und Reden. Hildesheim 1968

Eisler, R.: Kant-Lexikon. Nachschlagewerk zu Kants sämtliche Schriften, Briefen und handschriftlichem Nachlaß. 4. unveränderter Nachdruck. Hildesheim 1994

Erhard, J. B.: Über das Recht des Volks zu einer Revolution und andere Schriften. Herausgegeben von H. G. Haasis. München 1970

Fetscher, I.: Kommentar zu Kersting. In: Thompson (Hrsg.), John Locke und/and Immanuel Kant, S. 135 ff.

Fichte, J. G.: Beitrag zur Berichtigung der Urteile des Publikums über die französische Revolution. Herausgegeben von R. Schottky. Hamburg 1973

Forschner, M.: Gesetz und Freiheit. Zum Problem der Autonomie bei I. Kant. München u.a. 1974

Fries, J. F.: Politik oder philosophische Staatslehre. In: Sämtliche Schriften. Band 11. Herausgegeben von G. König und L. Geldsetzer. Aalen 1970

ders.: Philosophische Rechtslehre und Kritik aller positiven Gesetzgebung. Mit Beleuchtung der gewöhnlichen Fehler in der Bearbeitung des Naturrechts. In: Sämtliche Schriften. Band 9. Herausgegeben von G. König und L. Geldsetzer. Aalen 1971

Fulda, H. F.: Zum Theorietypus der Hegelschen Rechtsphilosophie. In: Henrich/Horstmann (Hrsg.), Hegels Philosophie des Rechts, S. 393 ff.

ders.: Erkenntnis der Art, etwas Äußeres als das Seine zu haben. In: Höffe (Hrsg.), Kant: Metaphysische Anfangsgründe der Rechtslehre, S. 87 ff.

Geismann, G.: Ethik und Herrschaftsordnung. Ein Beitrag zum Problem der Legitimation. Tübingen 1974

Gerhardt, V./Kaulbach, F.: Kant. Darmstadt 1979

Gregor, M.: The Laws of Freedom. A Study of Kant's Method of Applying the Categorical Imperative in the Metaphysik der Sitten. Oxford 1963

dies.: Kant's Theory of Property. In: Review of Metaphysics 41 (1988), S. 757 ff.

Guyer, P.: Kant on Freedom, Law, and Happiness. Cambridge 2000

Habermas, J.: Technik und Wissenschaft als Ideologie. Frankfurt am Main 1968

Haensel, W.: Kants Lehre vom Widerstandsrecht. Ein Beitrag zur Systematik der Kantischen Rechtsphilosophie. Berlin 1926

Hanisch, M.: Dialektische Logik und politisches Argument. Untersuchungen zu den methodischen Grundlagen der Hegelschen Staatsphilosophie. Königstein 1981

Harrison, J.: Kant's Examples of the First Formulation of the Categorical Imperative. In: Wolff (Hrsg.), Kant, A Collection of Critical Essays, S. 228 ff.

Hartmann, K. (Hrsg.): Die ontologische Option. Studien zu Hegels Propädeutik, Schellings Hegel-Kritik und Hegels Phänomenologie des Geistes. Berlin u.a. 1976

Hassemer, W. (Hrsg.): Strafrechtspolitik. Bedingungen der Strafrechtsreform. Frankfurt am Main u.a. 1987

Hecker, D.: Eigentum als Sachherrschaft. Zur Genese und Kritik eines besonderen Herrschaftsanspruchs. Paderborn u.a. 1990

Heidemann, I.: Prinzip und Wirklichkeit in der kantischen Ethik. In: Kant-Studien 57 (1966), S. 230 ff.

Heinz, K. E.: Glanz und Elend der deutschen Rechtsphilosophie am Beispiel des Eigentumskonzepts. In: Rechtstheorie 24 (1993), S. 435 ff.

Henrich, D./Horstmann, R.-P. (Hrsg.): Hegels Philosophie des Rechts. Die Theorie der Rechtsformen und ihre Logik. Stuttgart 1982

Henrich, D. (Hrsg.): Kant oder Hegel? Über Formen der Begründung in der Philosophie. Stuttgart 1983

Herb, K./Ludwig, B.: Naturzustand, Eigentum, Staat. Immanuel Kants Relativierung des „Ideal des hobbes". In: Kant-Studien 84 (1993), S. 283 ff.

von Herrmann, F.-W.: Besitz und Leib. In: Philosophische Perspektiven 3 (1971), S. 195 ff.

Hoerster, N.: Kants kategorischer Imperativ als Test unserer sittlichen Pflichten. In: Riedel (Hrsg.), Rehabilitierung der praktischen Philosophie, S. 455 ff.

Höffe, O.: Recht und Moral: Ein kantischer Problemaufriß. In: Neue Hefte für Philosophie 17 (1979), S. 1 ff.

ders.: Kategorische Rechtsprinzipien. Ein Kontrapunkt der Moderne. Frankfurt am Main 1990

ders.: Immanuel Kant. 5. Auflage. München 2000

ders. (Hrsg.): Immanuel Kant: Metaphysische Anfangsgründe der Rechtslehre. Berlin 1999

ders. (Hrsg.): Immanuel Kant: Kritik der praktischen Vernunft. Berlin 2002

Hösle, Vittorio: Wahrheit und Geschichte. Studien zur Struktur der Philosophiegeschichte unter paradigmatischer Analyse von Parmenides bis Platon. Stuttgart u.a. 1984

ders.: Was darf und was soll der Staat bestrafen? Überlegungen im Anschluß an Fichtes und Hegels Straftheorien. In: ders. (Hrsg.), Die Rechtsphilosophie des deutschen Idealismus, S. 1 ff.

ders.: Hegels System. Der Idealismus der Subjektivität und das Problem der Intersubjektivität. 2. Auflage. Hamburg 1998

ders.: Die Rechtsphilosophie des deutschen Idealismus. Hamburg 1989

Holzhey, H./Kohler, G. (Hrsg.): Eigentum und seine Gründe. Bern u.a. 1983

Hommes, U.: Das Problem des Rechts und die Philosophie der Subjektivität. In: Philosophisches Jahrbuch 70 (1962/1963), S. 311 ff.

Horn, Ch.: Wille, Willensbestimmung, Begehrungsvermögen (§§ 1-3, 19-26). In: Höffe (Hrsg.), Immanuel Kant: Kritik der praktischen Vernunft, S. 43 ff.

Ilting, K.-H.: Rechtsphilosophie als Phänomenologie des Bewußtseins der Freiheit. In: Henrich/Horstmann (Hrsg.), Hegels Philosophie des Rechts, S. 225 ff.

ders.: Diskussionsbeitrag. In: Blühdorn/Ritter (Hrsg.), Recht und Ethik, S. 64 f.

ders.: Gibt es eine kritische Ethik und Rechtsphilosophie Kants?. In: Archiv für Geschichte der Philosophie 63 (1981), S. 325 ff.

Kahle, C.M.: Darstellung und Critik der Hegelschen Rechtsphilosophie. Berlin 1845

Kaiser, H.: Widerspruch und harte Behandlung. Zur Rechtfertigung von Strafe. Berlin 1999

Kaulbach, F.: Immanuel Kant. Berlin 1969

ders.: Moral und Recht in der Philosophie Kants. In: Blühdorn/Ritter (Hrsg.), Recht und Ethik, S. 43 ff.

ders.: Der Begriff der Freiheit in Kants Rechtsphilosophie. Joachim Ritter zum 70. Geburtstage. In: Philosophische Perspektiven 5 (1973), S. 78 ff.

ders.: Das Prinzip Handlung in der Philosophie Kants. Berlin 1978

ders.: Leibbewußtsein und Welterfahrung beim frühen und späten Kant. In: Kant-Studien 54 (1963), S. 464 ff.

ders.: Studien zur späten Rechtsphilosophie Kants und ihrer transzendentalen Methode. Würzburg 1982

ders.: Einführung in die Philosophie des Handelns. 2. Auflage. Darmstadt 1986

Kersting, W.: Transzendentalphilosophische und naturrechtliche Eigentumsbegründung. In: Archiv für Rechts- und Sozialphilosophie 67 (1981), S. 157 ff.

ders.: Freiheit und intelligibler Besitz. Kants Lehre vom synthetischen Rechtssatz a priori. In: Allgemeine Zeitschrift für Philosophie 1981, S. 31 ff.

ders.: Neuere Interpretationen der kantischen Rechtsphilosophie. In: Zeitschrift für philosophische Forschung 37 (1983), S. 282 ff.

ders.: Rezension zu: Kaulbach, Studien zur späten Rechtsphilosophie Kants und ihrer transzendentalen Methode. In: Kant-Studien 77 (1986), S. 123 ff.

ders.: Ist Kants Rechtsphilosophie aporetisch? Zu Hans-Georg Deggaus Darstellung der Rechtslehre Kants. In: Kant-Studien 77 (1986), S. 241 ff.

ders.: Rezension zu: Kant, Metaphysische Anfangsgründe der Rechtslehre, neu herausgegeben von Bernd Ludwig. In: Archiv für Geschichte der Philosophie 71 (1989), S. 100 ff.

ders.: Eigentum, Vertrag und Staat bei Kant und Locke. In: Thompson (Hrsg.), John Locke und/and Immanuel Kant, S. 109 ff.

ders.: Wohlgeordnete Freiheit. Immanuel Kants Rechts- und Staatsphilosophie. 2. Auflage. Frankfurt am Main 1993

ders.: Recht, Gerechtigkeit und demokratische Tugend. Abhandlungen zur praktischen Philosophie der Gegenwart. Frankfurt am Main 1997

Kesselring, Th.: Die Produktivität der Antinomie. Hegels Dialektik im Lichte der genetischen Erkenntnistheorie und der formalen Logik. Frankfurt am Main 1984

Klesczewski, D.: Die Rolle der Strafe in Hegels Theorie der bürgerlichen Gesellschaft. Eine systematische Analyse des Verbrechens- und Strafbegriffs in Hegels Grundlinien der Philosophie des Rechts. Berlin 1991

Klinger, C.: Die politische Funktion der transzendentalphilosophischen Theorie der Freiheit. Sinn und Grenzen der Hegelschen Kritik der Freiheitstheorie Kants. Köln 1982

Kraft, J.: Die Methode der Rechtstheorie in der Schule von Kant und Fries. Berlin 1924

Krausser, P.: Über eine unvermerkte Doppelrolle des kategorischen Imperativs in Kants Grundlegung zur Metaphysik der Sitten. In: Kant-Studien 59 (1968), S. 318 ff.

Kroner, R.: Von Kant bis Hegel. Erster Band: Von der Vernunftkritik zur Naturphilosophie. Tübingen 1921

Krüger, G.: Philosophie und Moral in der Kantischen Kritik. 2. Auflage. Tübingen 1967

Kühl, K.: Eigentumsordnung als Freiheitsordnung. Zur Aktualität der Kantischen Rechts- und Eigentumslehre. München 1984

ders.: Von der Art, etwas Äußeres zu erwerben, insbesondere vom Sachenrecht. In: Höffe (Hrsg.), Immanuel Kant: Metaphysische Anfangsgründe der Rechtslehre, S. 117 ff.

Küper, W.: Immanuel Kant und das Brett des Karneades. Das zweideutige Notrecht in Kants Rechtslehre. Heidelberg 1999

Küsters, G.-W.: Recht und Vernunft: Bedeutung und Problem von Recht und Rechtsphilosophie bei Kant – Zur jüngeren Interpretationsgeschichte der Rechtsphilosophie Kants. In: Philosophische Rundschau 30 (1983), S. 209 ff.

Kuhlmann, W.: Moralität und Sittlichkeit. Das Problem Hegels und die Diskursethik. Frankfurt am Main 1986

Kulenkampff, A.: Antinomie und Dialektik. Zur Funktion des Widerspruchs in der Philosophie. Stuttgart 1970

Landau, P.: Hegels Begründung des Vertragsrechts. In: Riedel (Hrsg.), Materialien zu Hegels Rechtsphilosophie, Band 2, S. 152 ff.

Lange, E. M.: Das Prinzip Arbeit. Frankfurt am Main u.a. 1980

Larenz, K.: Sittlichkeit und Recht. Untersuchungen zur Geschichte des deutschen Rechtsdenkens und zur Sittenlehre. In: ders. (Hrsg.), Reich und Recht in der deutschen Philosophie, Band 1, S. 169 ff.

ders. (Hrsg.): Reich und Recht in der deutschen Philosophie. Band 1. Stuttgart u.a. 1943

Lehmann, G.: Kants Besitzlehre. In: ders., Beiträge zur Geschichte und Interpretation der Philosophie Kants. Berlin 1969

ders.: Beiträge zur Geschichte und Interpretation der Philosophie Kants. Berlin 1969

Lisser, K.: Der Begriff des Rechts bei Kant. Mit einem Anhang über Cohen und Görland. Berlin 1922

Locke, J.: Zwei Abhandlungen über die Regierung. Herausgegeben und eingeleitet von Walter Euchner. Deutsche Übertragung von Jörn Hoffmann. Frankfurt 1967

Lübbe-Wolff, G.: Begründungsmethoden in Kants Rechtslehre untersucht am Beispiel des Vertragsrechts. In: Brandt (Hrsg.), Rechtsphilosophie der Aufklärung, S. 286 ff.

Ludwig, B.: Rezension zu: Kühl, Eigentumsordnung als Freiheitsordnung. In: Archiv für Rechts- und Sozialphilosophie 73 (1987), S. 153 ff.

ders.: Kants Rechtslehre. Mit einer Untersuchung zur Drucklegung Kantischer Schriften von Werner Stark. Hamburg 1988

Ludwig, R.: Kategorischer Imperativ und Metaphysik der Sitten – die Frage nach der Einheitlichkeit von Kants Ethik. Frankfurt am Main 1992

Menke, Ch.: Tragödie im Sittlichen. Gerechtigkeit und Freiheit nach Hegel. Frankfurt am Main 1996

Metzger, W.: Gesellschaft, Recht und Staat in der Ethik des deutschen Idealismus. Heidelberg 1917

Meyer, R. W.: Das Verhältnis von „Person" und „Eigentum" in Hegels Philosophie des Rechts. In: Holzhey/Kohler (Hrsg.), Eigentum und seine Gründe, S. 69 ff.

Nelson, L.: Fortschritte und Rückschritte der Philosophie. Von Hume und Kant bis Hegel und Fries. In: Gesammelte Schriften in neun Bänden. Siebter Band. Herausgegeben von Bernays u.a.. Hamburg 1962

ders.: System der philosophischen Rechtslehre und Politik. In: Gesammelte Schriften in neun Bänden. Sechster Band. Herausgegeben von Bernays u.a.. Hamburg 1964

ders.: Die kritische Ethik bei Kant, Schiller und Fries. Eine Revision ihrer Prinzipien. In: Gesammelte Schriften in neun Bänden. Achter Band, S. 27 ff.. Herausgegeben von Bernays u.a.. Hamburg 1971

Neumann, U./ Jung, H. (Hrsg.): Nomos Kommentar zum Strafgesetzbuch. Baden-Baden seit 1995

Nicolaus, H.: Freiheitsgesetzlichkeit versus Sozialbindung. Sozialistische Rezeptionen des Kantischen Eigentumsrechts. In: Archiv für Rechts- und Sozialphilosophie 82 (1996), S. 222 ff.

Nozick, R.: Anarchie, Staat, Utopia. München 1976

Oberer, H.: Praxisgeltung und Rechtsgeltung. In: Bärthlein/Wolandt (Hrsg.), Lehrstücke der praktischen Philosophie und der Ästhetik, S. 87

ders.: Ist Kants Rechtslehre kritische Philosophie? Zu Werner Buschs Untersuchung der Kantischen Rechtsphilosophie. In: Kant-Studien 74 (1983), S. 217 ff.

ders.: Rezension zu: Kersting, Wohlgeordnete Freiheit. In: Kant-Studien 77 (1986), S. 118 ff.

Oizerman, T. I.: Zur Frage einer positiven Bewertung der Widersprüche in der Rechtsphilosophie Hegels. In: Henrich/Horstmann (Hrsg.), Hegels Philosophie des Rechts, S. 277 ff.

Palandt, O. (Begr.): Bürgerliches Gesetzbuch. 64. Auflage. München 2005

Paton, H. J.: Der kategorische Imperativ. Eine Untersuchung über Kants Moralphilosophie. Berlin 1962

Pawlik, M.: Das unerlaubte Verhalten beim Betrug. Köln 1999

ders.: Hegel und die Vernünftigkeit des Wirklichen. In: Der Staat 2002, S. 183 ff.

ders.: Der rechtfertigende Notstand. Zugleich ein Beitrag zum Problem strafrechtlicher Solidaritätspflichten. Berlin 2002

Peperzak, A. Th.: Hegels praktische Philosophie. Ein Kommentar zur enzyklopädischen Darstellung der menschlichen Freiheit und ihrer objektiven Verwirklichung. Stuttgart u.a. 1991

Porphyrios: Einleitung in die Kategorien. In: Aristoteles, Schriften in sechs Bänden, Band 1, übersetzt von E. Rolfes. Hamburg 1995

Prauss, G.: Kant über Freiheit als Autonomie. Frankfurt am Main 1983

Puntel, L. B.: Transzendentaler und absoluter Idealismus. In: Henrich (Hrsg.), Kant oder Hegel?, S. 198 ff.

Reich, K.: Rousseau und Kant. Tübingen 1936

Rescher, N.: Choice without Preference. A Study of the History and the Logic of the Problem of „Buridan's Ass". In: Kant-Studien 51 (1959/1960), S. 142 ff.

Riedel, M. (Hrsg.): Rehabilitierung der praktischen Philosophie. Band II: Rezeption, Argumentation, Diskussion. Freiburg 1974

ders. (Hrsg.): Materialien zu Hegels Rechtsphilosophie. Band 2. Frankfurt am Main 1975

Ritter, Ch.: Der Rechtsgedanke Kants nach den frühen Quellen. Frankfurt am Main 1971

Ritter, J.: Person und Eigentum. Zu Hegels „Grundlinien der Philosophie des Rechts" §§ 34-81. In: Siep (Hrsg.), G.W.F. Hegel: Grundlinien der Philosophie des Rechts, S. 55 ff.

Römpp, G.: Moralische und rechtliche Freiheit. Zum Status der Rechtslehre in Kants praktischer Philosophie. In: Rechtstheorie 22 (1991), S. 287 ff.

Saage, R.: Eigentum, Staat und Gesellschaft bei Immanuel Kant. Stuttgart u.a. 1973

Sänger, M.: Die kategoriale Systematik in den „Metaphysischen Anfangsgründen der Rechtslehre". Ein Beitrag zur Methodenlehre Kants. Berlin u.a. 1982

Sartre, J.-P.: Das Sein und das Nichts. Versuch einer phänomenologischen Ontologie. Hamburg 1993

Schelling, F. W. J.: System des transzendentalen Idealismus. Herausgegeben von H. D. Brandt und P. Müller. Hamburg 1992

Schick, F.: Hegels Wissenschaft der Logik – metaphysische Letztbegründung oder Theorie logischer Formen?. Freiburg 1994

Schmalz, Th.: Das reine Naturrecht. 2. Auflage. Königsberg 1795

Schmid, C. Ch. E.: Grundriß des Naturrechts. Frankfurt am Main u.a. 1795

Schmidlin, B.: Eigentum und Teilungsvertrag. Zu Kants Begründung des Eigentumsrechts. In: Holzhey/Kohler (Hrsg.), Eigentum und seine Gründe, S. 47 ff.

Schmidt am Busch, H.-Ch.: Hegels Begriff der Arbeit. Berlin 2002

Schnädelbach, H.: Hegel und die Vertragstheorie. In: ders., Zur Rehabilitierung des animal rationale, S. 185 ff.

ders.: Zur Rehabilitierung des animal rationale. Vorträge und Abhandlungen 2. Frankfurt am Main 1992

ders.: Hegels praktische Philosophie. Ein Kommentar der Texte in der Reihenfolge ihrer Entstehung. Frankfurt am Main 2000

Scholz, G.: Das Problem des Rechts in Kants Moralphilosophie. Köln 1972

Schopenhauer, A.: Die Welt als Wille und Vorstellung. Erster Band, zweiter Teilband. In: ders., Werke in 10 Bänden, Zürcher Ausgabe Band 2. Zürich 1977

ders.: Der handschriftliche Nachlaß in fünf Bänden. Band 2: Kritische Auseinandersetzungen (1809-1818). Unveränderter Nachdruck der von A. Hübscher herausgegebenen historisch-kritischen Edition. München 1985

Schreiber, H.-L.: Der Begriff der Rechtspflicht. Quellenstudien zu seiner Geschichte. Berlin 1966

Seelmann, K.: Anerkennungsverlust und Selbstsubsumtion. Hegels Straftheorien. Freiburg u.a. 1995

Siep, L.: Intersubjektivität, Recht und Staat in Hegels ‚Grundlinien der Philosophie des Rechts'. Korreferat zu Karl-Heinz Ilting. In: Henrich/Horstmann (Hrsg.), Hegels Philosophie des Rechts, S. 255 ff.

ders.: Hegels Metaphysik der Sitten. In: ders., Praktische Philosophie im Deutschen Idealismus, S. 182 ff.

ders. (Hrsg.): Praktische Philosophie im Deutschen Idealismus. Frankfurt am Main 1992

ders. (Hrsg.): G.W.F. Hegel: Grundlinien der Philosophie des Rechts. Berlin 1997

Singer, M. G.: Verallgemeinerung in der Ethik. Zur Logik moralischen Argumentierens. Frankfurt am Main 1975

Steinvorth, U.: Stationen der politischen Theorie. Hobbes, Locke, Rousseau, Kant, Hegel, Marx, Weber. Stuttgart 1981

ders.: Freiheitstheorien in der Philosophie der Neuzeit. Darmstadt 1987

Struck, P.: Ist Kants Rechtspostulat der praktischen Vernunft aporetisch? Ein Beitrag zur neuerlich ausgebrochenen Kontroverse um Kants Rechtsphilosophie. In: Kant-Studien 78 (1987), S. 471 ff.

Taylor, Ch.: Hegel. 3. Auflage. Frankfurt am Main 1997

Theunissen, M.: Die verdrängte Intersubjektivität in Hegels Philosophie des Rechts. In: Henrich/Horstmann (Hrsg.), Hegels Philosophie des Rechts, S. 317 ff.

Thompson, M. P. (Hrsg.): John Locke und/and Immanuel Kant: historische Rezeption und gegenwärtige Relevanz. Berlin 1991

Tieftrunk, J. H.: Philosophische Untersuchungen über das Privat und öffentliche Recht zur Erläuterung und Beurtheilung der metaphysischen Anfangsgründe der Rechtslehre vom Herrn Prof. Imm. Kant. Erster Theil. Halle 1797

Timmons, M. (Hrsg.): Kant's Metaphysics of Morals. Interpretative Essays. Oxford 2002

Tugendhat, E.: Vorlesungen über Ethik. Frankfurt am Main 1993

Unruh, P.: Die Herrschaft der Vernunft. Zur Staatsphilosophie Immanuel Kants. Baden-Baden 1993

Westphal, K. R.: A Kantian justification of Possession. In: Timmons (Hrsg.), Kant's Metaphysics of Morals, S. 89 ff.

Wildt, A.: Autonomie und Anerkennung. Hegels Moralitätskritik im Lichte seiner Fichte-Rezeption. Stuttgart 1982

Willaschek, M.: Praktische Vernunft. Handlungstheorie und Moralbegründung bei Kant. Stuttgart 1992

Wolff, Ch.: Vernünfftige Gedancken von Gott, der Welt und der Seele des Menschen, auch allen Dingen überhaupt. In: Gesammelte Schriften, I. Abteilung, Deutsche Schriften, Band 2. Herausgegeben von Ch. A. Corr. Hildesheim u.a. 1983

Wolff, E. A.: Die Abgrenzung von Kriminalunrecht zu anderen Unrechtsformen, In: Hassemer (Hrsg.), Strafrechtspolitik, S. 137 ff.

Wolff, R. P.: The Autonomy of Reason. A Commentary on Kant's Groundwork of the Metaphysics of Morals. New York u.a. 1973

ders. (Hrsg.): Kant. A Collection of Critical Essays. London u.a. 1968

Wood, A. W.: Kant's Ethical Thought. Cambridge 1999

Zotta, F.: Immanuel Kant, Legitimität und Recht. Eine Kritik seiner Eigentumslehre, Staatslehre und seiner Geschichtsphilosophie. Freiburg u.a. 2000

Personenregister

Sachregister